SUZANNE WHITE

Die Chinesische Astrologie

Schicksal und Zukunft im Zeichen
von Ratte · Ochse · Tiger
Katze · Drache · Schlange · Pferd
Ziege · Affe · Hahn · Hund
Schwein

Aus dem Amerikanischen
von Martin Schulte

Mosaik
bei GOLDMANN

Umwelthinweis:
Alle bedruckten Materialien dieses Taschenbuches
sind chlorfrei und umweltschonend.

Aktualisierte Taschenbuchausgabe Januar 2001
© 1983 Wilhelm Goldmann Verlag, München
in der Verlagsgruppe Bertelsmann GmbH
© 1976 Suzanne White
Originalverlag: M. Evans and Company, Inc., New York
Originaltitel: Suzanne White's Book of Chinese Chance
Umschlaggestaltung: Design Team München
Satz: Uhl + Massopust, Aalen
Druck: Elsnerdruck, Berlin
Verlagsnummer: 10915
kö · Herstellung: Max Widmaier
Made in Germany
ISBN 3-442-10915-9
www.goldmann-verlag.de

5 7 9 10 8 6 4

Inhalt

Für meinen Affen

Einführung

Wer bin ich?

Vor langer Zeit lebte in Paris, fern von ihrer Heimat, eine junge Frau, die sterben wollte. Das war ich – Suzanne White. Ich war nicht krank, ich hatte kein Gebrechen, kein heimtückisches Leiden bedrohte mein Leben; mein Äußeres – ich war gerade fünfundzwanzig Jahre alt geworden – war durchaus passabel. Und doch, selbst der Zauberspiegel der Phantasie zeigte mir nichts als Leere; keine Hoffnung, keine Zukunft. »Ich Arme«, sagte ich. »Niemand liebt mich. Was bleibt mir anderes, als zu sterben?« Das würde ihnen die Augen öffnen! Das würde diese Leute aus ihrer Gleichgültigkeit aufwecken!

Offenbar war mir auch der letzte Rest von Objektivität abhanden gekommen. Ich konnte wirklich nicht sehen, was so Besonderes daran sein sollte, jung und hübsch zu sein und in Paris zu leben. Der bloße Gedanke, morgens aufzustehen, war mir zuwider. Den Eiffelturm vor Augen, sah ich nicht über meine gerötete Nasenspitze hinaus. Mein penetrantes Selbstmitleid ging allen Leuten auf die Nerven. Man lud mich nicht mehr ein. Wozu einem toten Pferd die Sporen geben?

Und dann, eines Tages, warf die verdrießliche Prinzessin Suzanne einen Blick durch das Guckloch des Elfenbeinturms, in dem sie sich selbst eingeschlossen hatte. Und was, glauben Sie, sah sie? Einen exotischen Astrologen mit Zopf und geflochtenem Bart, der aus den Champs-Elysées heraustrat und drohend eine Tafel mit meinem Namen schwang? Weit gefehlt. Es war viel prosaischer. Ich begegnete einem Mann.

Kein Bart und kein Zopf verdüsterten seine strahlende Erscheinung. Statt eines langen, mit Sonnen und Monden bestickten Gewandes trug dieser Astrologe Blue Jeans und eine Büchertasche von Gucci. Das Pferd meines Helden war ein silbergrauer Ferrari, seine Rüstung ein gewinnendes Lächeln. Sein Name war Todd.

Todd, wie so viele vor ihm, hörte sich meine Geschichte mit höflichem Interesse an. Aber irgendwie war es diesmal anders. Wenn ich weinte, lachte er. Wenn ich schäumte, war er hingerissen. Wenn ich ihm vorwarf, dass er mich nicht ernst nehme, klopfte er mir besänftigend auf die Schulter und sagte: »Warum akzeptieren Sie sich nicht so, wie Sie sind? Es ist Ihre Natur, gefühlsbetont zu sein. Höhen und Tiefen zu durchleben ihr Schicksal. Warum kämpfen Sie so dagegen an?«

»Ach, Unsinn«, erwiderte ich. »Warum soll ich nicht so sein wie alle anderen? Warum kann ich mich nicht einfach entspannen und die Dinge so sehen, wie sie sind?«

Todd sah mich erstaunt an. »Weil Sie so geboren sind. Das sagt Ihr chinesisches Horoskop. Ich habe mir Ihr Tierzeichen angesehen. Konflikte ziehen Sie an. Sie werden nie die Dinge leicht nehmen können. Sie müssen lernen, damit zu leben.« Er warf das so gleichgültig hin, als hätte ich ihn gebeten, mir das Salz herüberzureichen.

Todd versuchte nie, seinen Willen durchzusetzen. Er behauptete, das liege nicht in seiner Ziege-Natur. Für Todd war das Leben etwas Köstliches, wie der delikate Duft, der von einer Platte Coq au vin aufsteigt. Seine Methode, meine Skepsis gegenüber der chinesischen Astrologie zu überwinden, war einfach und schmerzlos. Todd brachte mich zu einem exotischen Astrologen mit Zopf, einem langen geflochtenen Bart und einem freundlichen Zwinkern der Augen, der in der Nähe der Champs-Elysées wohnte.

An diesem Tag gab mir der hutzelige alte vietnamesische Gentleman eine präzise Analyse meines Charakters und praktische Ratschläge für mein Leben, die nicht mit Gold aufzuwiegen waren. Mit gelassener Ruhe und angenehm zurückhaltender Freundlichkeit sagte der alte Weise: »Sie sind sentimental. Ihr Herz ist voller Tränen. Aber sorgen Sie sich nicht so viel. Sie sind sehr intelligent. Die Worte kommen Ihnen leicht. Sie sind sehr stark. Verdienen Sie Ihren Lebensunterhalt mit Schreiben?«

Mir kamen wieder die Tränen, aber ich beherrschte mich und sagte: »Nein, Monsieur. Ich bin Mannequin. Ich verdiene meinen Lebensunterhalt damit, Kleider vorzuführen.«

Der alte Mann warf mir einen durchdringenden Blick zu. »Sie

müssen diese Tätigkeit aufgeben; sie ist nicht anspruchsvoll genug für Sie. Gebrauchen Sie Ihren Kopf, und versuchen Sie zu schreiben. Wenn Sie nicht wirklich arbeiten, wird Ihr Geist krank werden.«

Tatsächlich, er hatte ins Schwarze getroffen. Mein Geist war krank; ich hatte immer davon geträumt, Schriftstellerin zu werden. Doch bis jetzt hatten sich meine literarischen Bestrebungen darauf beschränkt, zehn Seiten lange Briefe an meine Freunde zu verfassen, die sich meist nicht einmal die Mühe machten zu antworten. Die Vorstellung, dass Schreiben mein Beruf sein könnte, war mir immer nur wie ein Jungmädchentraum erschienen, der nie in Erfüllung gehen würde. Nicht dass es mir an Selbstvertrauen, Intelligenz oder Talent fehlte. Die Tatsache, dass ich kein Ziel hatte, war es, die mein Leben so unerträglich machte.

Kurz: Was der Astrologe mir sagte, war etwas, was ich wahrscheinlich immer schon geahnt hatte, was mir aber nie deutlich bewusst geworden war. *Ich hatte die Gaben nicht genutzt, die ich bei meiner Geburt mitbekommen hatte.* Statt meine Sensitivität als Geschenk anzusehen, statt mich über meine Tätigkeit, alles stärker und intensiver zu erleben als andere, zu freuen, hatte ich die Dinge auf den Kopf gestellt und mich dagegen gewehrt, mich so zu akzeptieren, wie ich war. Einem intelligenten jungen Menschen, der zudem außergewöhnlich emotionell veranlagt war, konnte eine Karriere, wie ich sie mir ausgesucht hatte, nicht viel bieten. Kleider vorführen war nicht gerade eine geistige Herausforderung und gab mir nicht viel mehr an Befriedigung, als von Zeit zu Zeit ein hübsches Foto von mir auf Glanzpapier nach Buffalo, New York, zu schicken.

Gelegentliche Konsultationen meines vietnamesischen Wahrsagers und Todds ständiges Drängen, mein Schicksal zu akzeptieren, brachten mich schließlich dazu, erste vorsichtige Schritte auf den ersehnten Beruf hin zu unternehmen. Die Ratschläge des weisen Mannes waren manchmal überraschend, aber immer hilfreich.

Ich beklagte mich über Mangel an Inspiration. Er sagte mir, ich hätte noch nicht gelernt, meine ungeduldige Natur zu zügeln.

Ich erboste mich darüber, dass ich immer wieder auf gemeine und niederträchtige Schöntuer hereinfiel, die meine Liebe nur ausnutzten. Er sagte lächelnd: »Sie haben ein gutes Herz. Sie helfen anderen Menschen zu viel. Versuchen Sie, sich selbst zu helfen. Sie kommen zuerst.«

Trotz aller ausgezeichneten Ratschläge vollzog sich die Metamorphose der Suzanne White nicht über Nacht. Ziemlich lange noch blieb ich skeptisch – einmal glaubte ich an die Weisheit meines orientalischen Tierzeichens, dann wieder verwarf ich sie. Schließlich nahm ich eine Stellung als Sekretärin des Chefs des Pariser Büros von *Women's Wear Daily* an. So blieb ich mit der Modewelt verbunden und konnte gleichzeitig schreiben lernen.

Paris ist nicht gerade eine kleine Stadt, aber nirgendwo breitet sich eine Modeneuheit so rasch aus wie in seinen kleinen gewundenen Pflasterstraßen und seinen breiten Prachtavenuen. Immer häufiger sprach »Tout-Paris« über das *Chinesische Horoskop*. Die chinesische Astrologie war dabei, *très à la mode* zu werden. Neben der Akupunktur und den neuen Restaurants mit ihren köstlich würzenden Küchen hatten die Flüchtlinge aus Indochina, die nach dem Abzug der französischen Truppen aus ihrer schwer geprüften Halbinsel nach Frankreich gekommen waren, auch eine neue Art von Horoskop nach Europa mitgebracht.

Diese chinesische Methode der Schicksalsdeutung existierte schon seit tausenden von Jahren. Meine Zweifel an ihrer Glaubwürdigkeit waren in meiner Unwissenheit begründet, und vielleicht war auch ein wenig Angst im Spiel, sie könnte wahrscheinlich wahr sein.

Immerhin, niemand zwang mich dazu, mich für dieses Thema zu interessieren und zu versuchen, mehr darüber zu erfahren.

Niemand drängte mich, immer mehr Bücher über orientalische Charakterdeutung zu beschaffen und zu lesen. Meine eigene Neugier, die Gespräche mit Menschen, die ich schätzte, und die Präzision der Menschenbeurteilung, die ich immer wieder bestätigt fand, waren die eigentlichen Beweggründe für mein intensives Studium der chinesischen Astrologie.

Einige Jahre sind vergangen, seit ich begonnen habe, mich mit diesem ungewöhnlichen Gebiet zu beschäftigen. Inzwischen hat sich das chinesische Horoskop von einem beliebten Konversationsthema bei Intellektuellen in Frankreich zu einem Gegenstand allgemeinen Interesses in allen Bevölkerungsschichten Europas entwickelt. Das Schicksal kennt keine sozialen Barrieren. Das chinesische Horoskop hat jedem von uns etwas zu sagen. Wenn Sie mir nicht glauben, fragen Sie einmal einen französischen Taxifahrer: »Quel est votre horoscope Chinois?« Er wird Ihnen wahrscheinlich einen langen Vortrag über Ihre schmeichelhaften Zukunftsaussichten halten.

Als ich 1975 (einem Jahr der Katze) in die Staaten zurückkehrte, glaubte ich, meine amerikanischen Landsleute würden sich ebenso mit dem chinesischen Horoskop auskennen wie die Franzosen. Ich war überzeugt, wenn ich irgendjemand nach seinem chinesischen Horoskopzeichen fragte, würde er die Antwort ebenso parat haben, wie ein Pariser Taxifahrer. Weit gefehlt. Von den meisten Leuten bekam ich auf meine Frage solche Dinge zu hören wie: »Ich bin ein Widder. Welches Jahr ist das?«

Immer wieder die mir durch intensives Studium und langjährige Erfahrung vertraut gewordenen Dinge erklären zu müssen, war auf die Dauer ermüdend. Ich verbrachte fast meine ganze freie Zeit nur noch damit, Leuten zu erzählen: »Es ist nicht der Monat, sondern das Jahr«, oder: »Nein, ich brauche nicht Ihre Geburtsstunde zu wissen«, und: »Warum regen Sie sich so auf? Es ist herrlich, ein Schwein zu sein. Schweine sind in China sehr geschätzte Tiere.«

Darum entschloss ich mich, dieses Buch zu schreiben. Es ist den neugierigen Menschen gewidmet, die mich mitten in der Nacht anrufen, um zu fragen: »Wenn sie Drache ist und ich bin Affe, glauben Sie, dass es richtig ist, sie für Dienstag zum Tennisspielen einzuladen?«

Alles, was Sie über die verschiedenen Zeichen und ihre Verträglichkeit oder Unverträglichkeit wissen müssen – welcher Lebensgefährte zu Ihnen passt, wo Ihre Stärken und Schwächen liegen, nach welchen Gesichtspunkten Sie einen Geschäftspartner wählen sollen oder wie Sie Ihre Kinder besser nach ihren Horoskopzeichen verstehen lernen –, alles das werden Sie in diesem Buch finden.

Und wenn Sie das alles gelesen haben, werden Sie vielleicht fragen, was mein eigenes Zeichen ist. Bin ich ein lustiger Affe, der Sie zum Lachen bringen will, damit Sie Ihre Sorgen vergessen und das Leben wieder schön finden? Könnte ich eine philosophische Schlange sein, die gute Ratschläge für Misanthropen bereithält? Oder vielleicht bin ich ein Feuer speiender Drache, der immer nur über sich selbst spricht. Ich könnte ein empfindsames Schwein sein.

Aber es ist auch möglich, dass ich im Jahr des kritischen Hundes geboren bin. Alle diese Vermutungen könnten richtig sein – oder auch keine von ihnen. Aber aus reiner Bosheit verrate ich es Ihnen nicht.

Die Grundlagen der chinesischen Astrologie

Vom Jahr der Ratte bis zum Jahr des Schweines umfasst das System der orientalischen Astrologie zwölf Tierzeichen. Um Ihr Zeichen zu finden, brauchen Sie nichts anderes zu wissen als Ihr Geburtsjahr. Zwar gibt es hier nicht solche Komplikationen wie Aszendenten und Ephemeriden, man muss aber berücksichtigen, dass der chinesische Neujahrstag (in Vietnam nennt man ihn Tet) jedes Jahr auf ein anderes Datum fällt, und zwar zwischen Mitte Januar und Mitte Februar. Wenn Sie also in einem dieser beiden Monate geboren sind, müssen Sie die Tabelle am Anfang jeden Kapitels zu Rate ziehen, damit Sie sich nicht falsch einordnen. Wenn jemand Ende Januar in einem Jahr der Schlange geboren ist, ist sein Zeichen vielleicht nicht das der Schlange, sondern des vorhergehenden Drachens.

Der Zyklus des chinesischen Tierkreises wiederholt sich alle zwölf Jahre. 1900 war das Jahr der Ratte. Da die Ratte das erste der zwölf Tierzeichen ist und mit ihr das Jahrhundert beginnt, kann man leicht die Tierkreiszeichen aller Zeitgenossen berechnen.

Die Legende berichtet, dass die Ordnung der zwölf Tierzeichen vor Tausenden von Jahren von Buddha selbst festgelegt worden ist. Eines Tages erkannte Buddha, dass China dringend eine neue Ordnung brauchte. Aus Anlass des neuen Jahres lud er alle Tiere des Reiches zu einer Versammlung ein; aber nur zwölf Tiere folgten seinem Ruf.

Als Erstes traf die aggressive Ratte ein, gefolgt vom arbeitsamen Ochsen. Bald folgten der lächelnde Tiger und seine Gevatterin, die vorsichtige Katze. Dann kamen der elegante Drache und die weise Schlange. Hinter ihnen galoppierte das intelligente Pferd und hüpfte die freundliche Ziege. Ihnen folgten auf dem Fuße der muntere Affe und der sich spreizende stolze Hahn. Den Schluss bildeten der treue Hund und das zuverlässige Schwein.

Buddha ehrte sie alle bei dieser Gipfelkonferenz, indem er jedem von ihnen in der Reihenfolge ihres Erscheinens ein eigenes Jahr zuteilte. Von diesem neuen Jahr an trug jedes folgende Jahr des chinesischen Kalenders den Charakter des Tieres, das ihm den Namen gab. Darüber hinaus sollten alle Menschen, die in den spezifischen Tierjahren geboren werden, von der Natur und der Disposition ihres Tieres geprägt sein. Natürlich dürfen wir diese symbolischen Merkmale nicht allzu wörtlich nehmen. Menschen, die in Jahren des Ochsen geboren werden, müssen nicht unbedingt starkknochig oder muskulös sein. Wenn Sie aber die Zeichen genauer studieren, werden Sie nach und nach manche physischen Ähnlichkeiten entdecken. Wenn Sie sich mit den Charakteristiken Ihres eigenen Zeichens vertraut gemacht haben, dann prüfen Sie die Kapitel, die Ihre Partner, Freunde, Kollegen und Verwandte beschreiben. Sie werden dann bald sogar in der Lage sein, die entsprechenden Zeichen von Fremden zu erahnen.

Einige Fakten über die chinesische Astrologie

Sie werden in diesem Buch eine alte orientalische Kunst des Charakterlesens und der Zukunftsdeutung kennen lernen, die in den fernöstlichen Ländern seit vielen Jahrhunderten verbreitet ist. Zwar unterscheidet sich das chinesische Horoskop wesentlich von der westlichen Astrologie wie auch von anderen Systemen der Sterndeutung; aber auch hier ist das Datum der Geburt der entscheidende Faktor, durch den dem Menschen gewisse vorbestimmte Merkmale mitgegeben werden. Sie erlauben, die Grundzüge eines Menschen zu deuten. Anders als die westliche Astrologie befasst sich das chinesische Horoskop nicht mit dem Einfluss der Sterne und Planeten auf die menschliche Persönlichkeit. Das chinesische Horoskop eliminiert die Komplikation. Wir müssen nicht einen alten Weisen in Peking konsultieren, um unsere eigene Natur kennen zu lernen. Unser Tiersymbol sagt uns genug, um die Erkenntnis unseres Wesens zur Richtschnur unseres Handelns zu machen.

Jeder Mensch im Fernen Osten, der eine wichtige Entscheidung in Fragen der Heirat, der Familie, des Berufes, des Wohnungswechsels oder eines Begräbnisses zu treffen hat, wird zunächst einmal prüfen, ob sein Tierzeichen und die der anderen Beteiligten anzeigen, dass der beabsichtigte Schritt sich vorteilhaft auswirkt und ob der gewählte Zeitpunkt richtig ist. In Japan und China werden viele Ehen von den Eltern arrangiert. Wenn die Familie zu der Ansicht kommt, dass ihr Hahn-Sohn nicht mit dem Ratte-Mädchen harmonisiert, kommt die Heirat oft nicht zu Stande.

Alle sechzig Jahre gibt es ein Jahr des Pferdes, das das Jahr des Feuerpferdes genannt wird. Die Geburt eines Kindes unter dem Zeichen des Feuerpferdes ist zwar günstig für das Kind selbst, gilt aber als böses Omen für Heim und Familie. Da 1966 ein Jahr des Feuerpferdes war und viele schwangere Japanerinnen befürchteten, dass ihre Familie einem unheilvollen Einfluss ausgesetzt würde, schnellte die Abtreibungsquote 1965 sprunghaft in die Höhe.

Gewisse Jahre sind nicht besonders produktiv für die Landwirtschaft. Im Zeichen des Ochsen Geborene, die eine besondere Begabung für den Ackerbau haben, sind in solchen Jahren gefährdet. Ein Ochse soll in der Zeit vor den Jahren der Ziege und des Affen Vorräte anlegen, um in diesen mageren Jahren keine Not leiden zu müssen. Sie werden ähnliche Voraussagen für Ihr eigenes Zeichen am Ende eines jeden Kapitels finden.

Es ist nichts Ungewöhnliches, in Städten wie Hongkong ganze Blocks verlassener Häuser zu sehen, die auf den Abbruch warten, weil die Weisen gesagt haben, dass die richtige Zeit für einen Abbruch noch nicht gekommen sei. In Japan ist die temporäre Bestattung von Familienmitgliedern durchaus üblich. Erst wenn die Zeichen nach dem orientalischen Horoskop günstig stehen, werden die Ahnen in ihre letzte Ruhestätte gebracht. Auch über die Lage der endgültigen Grabstätte wird erst nach der Beratung mit den Auguren entschieden.

Wie Sie Ihr chinesisches Horoskop
richtig nutzen

Die Astrologie ist – wie die Psychologie, die Telepathie, die transzendentale Meditation und das Yoga – ein Weg, uns selbst zu erkennen und die Voraussetzungen zu schaffen, um glücklicher zu werden. Die Astrologen beanspruchen nicht, alle Antworten zu kennen. Ich kann (und will) Ihnen nicht vorhersagen, ob sie an einem bestimmten Tag einen neuen Anzug kaufen sollen oder nicht. Aber was ich Ihnen sagen kann, dass das Tiersymbol, das Ihr Geburtsjahr regiert, Sie mit bestimmten Grundeigenschaften ausgestattet hat und Ihnen helfen kann, die Grundzüge Ihrer Natur zu definieren.

Wenn Sie sich dieser Eigenschaften bewusst geworden sind und auch gewisse Mängel akzeptiert haben, werden Sie eine bessere Chance haben, Ihr Leben mit Ihrem Charakter zu koordinieren. Wenn Sie erst einmal Klarheit über Ihre Fähigkeiten gewonnen haben, können Sie Ihren eigenen Lebensstil entwickeln und Ihren Wünschen und Ambitionen anpassen. Und wenn Sie sich mit den Tierzeichen befasst haben, die für Ihre Freunde und Bekannten gelten, werden Sie manche Ihnen bisher unverständlichen Verhaltensweisen besser begreifen.

Das Leben wird zweifellos erfüllter und reicher, wenn wir uns selbst besser kennen. Und doch beobachten wir manchmal, dass wir in negative Verhaltensweisen zurückfallen oder unsere alten Fehler wiederholen. Vielleicht müssen wir an die Fallgruben erinnert werden, die uns bedrohen, damit wir aus den falschen Gleisen herauskommen, in denen wir uns festzufahren drohen. Es ist richtig, dass gesellschaftliche Bedingungen oder Lebensumstände uns daran hindern können, unserer wahren Natur zu folgen. Ein ungünstiges Milieu oder unglückliche Kindheitserfahrungen haben manches Leben zerstört und viele Menschen daran gehindert, ihr gewünschtes Lebensziel zu erreichen. Aus vielerlei Gründen unterdrücken oder verändern wir manchmal unser wirkliches Selbst, um eines anderen Menschen, einer beruflichen oder familiären Situation willen.

Wir sollten uns jedoch in unserer Zeit der offenen Gesellschaft und der persönlichen Freiheit nicht länger von äußeren Zwängen einengen und zurückhalten lassen. Heute ist es selbstverständlich, seine eigenen Ziele zu verfolgen.

Für die meisten von uns ist die Entdeckung der eigenen Natur schon der halbe Weg zum Ziel. Wenn wir nicht wissen, was wir sind, können wir nicht hoffen, der Verwirrung zu entrinnen, die uns immer wieder fragen lässt: Warum ich? Was habe ich falsch gemacht? Und solche Selbstbemitleidung und Selbsttäuschung sind die größten aller Hindernisse.

Wenn Sie mehr vom Leben haben wollen, sollten Sie versuchen, möglichst viel Nutzen aus diesem Buch zu ziehen. Lesen Sie aufmerksam das, was Ihr eigenes Zeichen betrifft. Wenn es nicht Ihrem Charakter zu entsprechen scheint, kennen Sie sich vielleicht selbst nicht so gut, wie Sie denken. Lassen Sie es jemand anderen lesen. Hören Sie sich seine Kommentare an. Und lesen Sie auch über die Zeichen Ihrer Freunde, um zu prüfen, ob diese Ihnen zutreffend erscheinen.

Das chinesische Horoskop ist nicht nur amüsant und informativ. Ich glaube, dass Sie in diesem Buch manche angenehme Überraschung finden werden. Und ich bin sicher, dass es Ihnen genügend zusätzliche Selbsterkenntnis vermitteln wird, um Ihnen helfen zu können, Ihre Zukunft sicherer und erfolgreicher zu meistern.

Die chinesischen Jahre

Ratte	1900	1912	1924	1936	1948	1960	1972	1984	1996	2008
Ochse	1901	1913	1925	1937	1949	1961	1973	1985	1997	2009
Tiger	1902	1914	1926	1938	1950	1962	1974	1986	1998	2010
Katze	1903	1915	1927	1939	1951	1963	1975	1987	1999	2011
Drache	1904	1916	1928	1940	1952	1964	1976	1988	2000	2012
Schlange	1905	1917	1929	1941	1953	1965	1977	1989	2001	2013
Pferd	1906*	1918	1930	1942	1954	1966*	1978	1990	2002	2014
Ziege	1907	1919	1931	1943	1955	1967	1979	1991	2003	2015
Affe	1908	1920	1932	1944	1956	1968	1980	1992	2004	2016
Hahn	1909	1921	1933	1945	1957	1969	1981	1993	2005	2017
Hund	1910	1922	1934	1946	1958	1970	1982	1994	2006	2018
Schwein	1911	1923	1935	1947	1959	1971	1983	1995	2007	2019

* Jahre des Feuerpferdes

Die Ratte

DIE JAHRE DER RATTE

31. Januar	1900	bis	18. Februar	1901
18. Februar	1912	bis	5. Februar	1913
5. Februar	1924	bis	24. Januar	1925
24. Januar	1936	bis	10. Februar	1937
10. Februar	1948	bis	28. Januar	1949
28. Januar	1960	bis	14. Februar	1961
15. Februar	1972	bis	2. Februar	1973
2. Februar	1984	bis	19. Februar	1985
19. Februar	1996	bis	6. Februar	1997
7. Februar	2008	bis	25. Januar	2009
25. Januar	2020	bis	11. Feburar	2021

RATTEN SIND: Verführerisch. Energisch. Gute Berater. Charmant. Sehr genau. Gesellig. Vergnügt. Hartnäckig. Humorvoll. Intelligent. Liebenswert. Sentimental. Großzügig. Ehrenhaft.
ABER SIE KÖNNEN AUCH SEIN: Gewinnsüchtig. Manipulierend. Erregbar. Spieler. Habgierig. Engstirnig. Argwöhnisch. Ruhelos. Langweilig. Destruktiv. Machthungrig.

Ratten, die ich gekannt und geliebt habe

Was man über Menschen wissen muss, die im Zeichen der Ratte geboren sind, ist vor allem eines: Wenn man ihnen einmal klargemacht hat, dass man weiß, was man von ihnen zu erwarten hat, sind sie sehr nett... oder sie verschwinden sofort und endgültig. Halbheiten liegen ihnen nicht.

Seltsam genug: Nach chinesischer Auffassung ist die anziehendste Eigenschaft des Ratte-Menschen die Ehrenhaftigkeit. Ich interpretiere diese orientalische Spielart von Ehrenhaftigkeit lieber als Sinn für Fairplay oder einfach als ausgeprägtes Empfinden für Gerechtigkeit. Ratten lieben es nicht, wenn übertriebene Parteilichkeit zur Schau gestellt wird – es sei denn, besagte Ratte wäre selbst der Anstifter dieses so wenig schätzenswerten Verhaltens.

Die Ratte ist eine doppelgesichtige Persönlichkeit. Nach außen hin gibt sie sich großzügig und liebenswert. Sie erscheint ruhig und ausgeglichen. Innerlich sind Ratte-Menschen von einem exzessiven Egoismus besessen, der sie zu Habgier und Gewinnsucht treibt. Was den Ratte-Geborenen von einem gewöhnlichen Geizhals unterscheidet, ist sein ehrliches Bemühen, denen einen angemessenen Anteil zuzugestehen, die es nach seiner Meinung verdienen.

Ratten stellen hohe Ansprüche an sich selbst. Sie lassen sich nicht leicht von hochstapelnden Schönrednern einwickeln. Wenn ein Ratte-Mensch Sie mag, dann versteckt er seine Gefühle nicht. Hat er sich erst einmal entschlossen, jemandem seine Freundschaft anzubieten, werden seine Großzügigkeit und seine Freigebigkeit nicht durch Grenzen gehemmt, auf die er sonst argwöhnisch achtet.

Gerade wegen der strengen Maßstäbe, mit denen der Ratte-Mensch sich selbst misst, kann er sehr heftig reagieren, wenn einer seiner »weniger Auserwählten« ihn hintergeht oder ihn auszunützen versucht. Er ist dann zu übertriebenen Vergeltungsmaßnahmen fähig. Ratten können es nicht ertragen, wenn man sich über sie lustig macht oder wenn man ihnen etwas einreden will. Im Geschäft wie in der Liebe sind sie rücksichtslos bis zum Äußersten, wenn man sie betrügt.

Lassen Sie mich eine typische Ratte-Geschichte erzählen. In der

Nähe meiner Wohnung in Paris leben zwei Amerikaner in benachbarten Holzhäusern, die sie sich aus ehemaligen Gartenschuppen selbst aufgebaut haben. In den ersten Nachkriegsjahren (als die Einhaltung der Bauordnungen noch nicht so streng überwacht wurde wie heute) konnte man solche Schätze noch mitten in der Stadt finden und sie mit minimalem Aufwand in angenehme Behausungen verwandeln. Die Zeiten haben sich geändert. So erfuhr ich jedenfalls von meiner Nachbarin Claire Augustus (geboren 1936) vor einigen Monaten.

Sie kam herüber, um mir zu erzählen, dass ihr Ehemann Nick einen kleinen Geräteschuppen in ihrem Garten zu einem Gästehäuschen ausbauen wollte. Mit düsterer Miene berichtete sie mir folgende Begebenheit:

»Als wir diesen Sommer in Mallorca waren, fand ein Meeting des Bauausschusses statt, bei dem über Bebauungsfragen in unserem Wohnviertel diskutiert wurde. Unser Antrag auf Baugenehmigung wurde abgelehnt. Ich bin so wütend, dass ich heulen könnte.« Claire machte mit einem tiefen Seufzer ihrem Herzen Luft und fuhr fort: »Nachdem, was man mir gesagt hat, war unser Nachbar Paul Kradlow bei dem Meeting anwesend. Er ist Präsident der Copropriété. Fast immer wird gemacht, was Paul sagt. Ich verstehe das einfach nicht. Paul besteht darauf, dass es nicht sein Fehler war. Er behauptet, er habe eine sehr überzeugende Rede zu unseren Gunsten gehalten. Das kleine Gästehaus würde doch niemanden stören. Außer Paul kann niemand diese Hütte auch nur sehen. Die Entscheidung ist unfair; aber wir haben keine Möglichkeit, dagegen anzugehen.« Ihre Augen füllten sich mit Tränen einer frustrierten Hausbesitzerin.

Vierzehn Tage nach Claires Ausbruch über die Ungerechtigkeit dieser Abstimmung lief ich Paul Kradlow in einer Künstlerkneipe auf dem Montparnasse über den Weg. Paul ist Maler. Er gehört nicht gerade zu meinen Freunden, doch sind wir schon so lange Nachbarn, dass wir uns höflich grüßen, wenn wir uns irgendwo begegnen. An diesem Tag bat Paul mich entgegen seiner Gewohnheit an seinen Tisch. »Setzen Sie sich bitte eine Minute zu mir«, sagte er. Ich setzte mich.

»Also«, begann Paul verlegen, »ich vermute, Sie haben von ihrem wilden Plan gehört, den Schuppen zu einem Gästehaus umzubauen?« Ich nickte. Etwas schuldbewusst fuhr er fort: »Natürlich habe ich als Präsident der Copropriété eine gewisse Verantwortung gegenüber den Baubehörden. Im Sommer hatten wir ein Meeting. Die Augustus waren verreist, ich musste also in absentia über ihren Antrag abstimmen lassen. Unglücklicherweise waren die meisten der Befürworter nicht anwesend. Das Ergebnis der Abstimmung war negativ.« Pauls anschließender Seufzer klang nicht überzeugend genug.

»Wie haben Sie abgestimmt, Paul?«

Er wurde blass, trank einen Schluck von seinem weißen Bordeaux und zwinkerte mir zu, als er antwortete: »Negativ.« Dann grinste er und zwinkerte noch mehr.

Ich rückte abrupt von ihm weg. »Ein feiner Freund sind Sie«, schimpfte ich ärgerlich. »Wenn ich Claire wäre, ich würde…«

»Sie hat…«, murmelte er traurig.

»Sie hat was?«, fragte ich.

»Einer der Leute, die beim Meeting waren, hat ihr erzählt, dass ich mich gegen ihren Antrag ausgesprochen habe.«

Seine Augen suchten einen kleinen Funken nachbarlichen Verständnisses in meinen Augen zu entdecken. Stattdessen starrte ich ihn entrüstet an. Er fuhr fort: »Letzte Nacht hat Claire mir etwas Schreckliches angetan.« Paul sah vollkommen gesund aus. Keine Kratzer oder Schnittwunden oder blaue Flecken. Er hatte auch keine Familie, die vielleicht für ihn hatte büßen müssen. Ich konnte mir deshalb nicht vorstellen, zu welchen Mitteln Claire gegriffen hatte, um sich für den schändlichen Vertrauensbruch zu rächen.

Paul zog einen Filzschreiber aus der Tasche und begann auf das Papiertischtuch zu schreiben: »Das ist es, was sie getan hat«, sagte er. »Diese Worte hat sie auf die Seitenwand des Schuppens gemalt. Mit riesigen weißen Lettern auf das dunkelgrüne Holz.«

Ich sah mir die Botschaft an, die er auf das Tischtuch geschrieben hatte. Sie lautete: »Du sollst kein falsches Zeugnis geben wider deinen Nachbarn.«

Ich konnte einen Lachausbruch nicht unterdrücken. Nur eine Ratte konnte sich einen solchen Racheakt ausdenken. Pauls Ausblick aus der Küche war für immer verdorben durch die ständige Erinnerung an seinen Verrat.

Mit dem Ausdruck gekränkten Künstlerstolzes sagte Paul resigniert: »Ich kann es nicht einmal überstreichen. Diese Hütte steht auf seinem Grundstück. Meinen Sie nicht, dass es typisch Ratte ist, so etwas einem alten Freund anzutun?«

Ich stand auf und grinste ihn schadenfroh an: »Hüten Sie sich vor Ratten, Paul. Sie sind überall, wohin man schaut.«

Ratte-Menschen sind charmant. Wenn sie noch so schlecht gelaunt sind, sie haben immer einen freundlichen Gruß und ein paar liebenswürdige Worte für einen Besucher oder einen flüchtigen Bekannten, dem sie begegnen. Gesellschaften und Partys sind ihr Lebenselixier. Schließen Sie einen Ratte-Menschen von fröhlicher Geselligkeit aus, so wird er dahinwelken und an Einsamkeit zu Grunde gehen. Da ein Ratte-Mensch ein verbindliches Wesen und gewinnende Umgangsformen hat, versteht er es zu unterhalten, Partys zu geben, für seine Gäste exotische Gerichte zuzubereiten und Festlichkeiten und Bälle zu organisieren. Sollte man Sie zu einer Ratte-Party einladen, nehmen Sie mit Freuden an. Sie werden nicht enttäuscht werden. Vielleicht erleben sie einige vergnügliche Überraschungen, denn Menschen, die im Zeichen der Ratte geboren sind, haben den Ehrgeiz, immer wieder Neues zum Zeitvertreib für sich selbst und ihre Freunde zu erfinden.

Ein solches erstaunliches Individuum ist mein bester Ratte-Freund – Richard Reventlow. Wenn Richard eine Party gibt oder auch nur irgendeinen unbedeutenden Familiengeburtstag feiert, steigt mein Neugierbarometer sogleich an. Als ich am Tag nach der Geburtstagsparty für seine Frau Sheila kurz bei ihnen hereinschaute, fand ich Sheila völlig verstört. »Was wird er sich das nächste Mal ausdenken? Manchmal glaube ich fast, Richard ist nicht mehr ganz bei Sinnen.« Sheila taumelte in ihrem verwüsteten Wohnzimmer herum, richtete Tische und Stühle auf, pickte Konfetti auf und versuchte, Flecken von Eiskremresten aus dem Teppich zu reiben. »Weißt du, der erste Trupp Affen hat mich nicht einmal so sehr gestört«, sagte sie. »Die kleinen Biester waren ja ganz possierlich, als sie auf ihren Dreirädern hereinfuhren und ihre Kunststückchen vorführten. Meine Schwiegermutter sah ein bisschen verängstigt aus, als dieser schwarze Rhesusaffe in ihre Kaffeetasse sprang, aber sie muss ja ihren Richard allmählich kennen. Ich nehme an, sie wird's überleben.«

Es hörte sich wie ein Schrei der Verzweiflung an, als sie von der

Küche aus rief: »Aber diese Schimpansen! Hast du gesehen, wie schmutzig sie waren? Warum Richard sie sich nicht angesehen hat, bevor er sie bestellte, werde ich nie begreifen. Ich meine, wirklich, Suzanne, wer hat je so etwas gehört: sechs wilde Bestien anzuheuern, um sie auf Mini-Motorrädern in einem Fifth-Avenue-Wohnzimmer herumfahren zu lassen? Allein der Krach war fürchterlich.«

Sheila zog mich mit in ihr Schlafzimmer. »Setzen wir uns einen Augenblick und erholen wir uns bei einem Drink. Wir können uns ja einen blöden TV-Film ansehen. Alles ist besser, als diese Schweinerei anzuschauen.«

Als wir uns vor den Fernseher gesetzt hatten – Sheila auf das Bett und ich auf eine Chaiselongue –, fiel mir ein, Sheila zu fragen, was Richard ihr zum Geburtstag geschenkt hatte.

»Ich weiß es noch nicht. Er sagt, es wird eine Überraschung. Vielleicht wird er es heute Abend mitbringen. Wie ich ihn kenne, wird es wohl ein abgerichteter Gorilla sein.« Sheila lachte gequält.

Als sie den Fernseher mit der Fernbedienungstaste einschaltete, fing sie plötzlich am ganzen Körper an zu zittern. Zuerst konnte ich ein Lachen nicht unterdrücken. Es sah so albern aus, wie sie da auf ihrem Bett saß und vom Kopf bis zu den Füßen bebte. Alles, was ich hörte, war ihr Vibratoschrei: »Dieser verdammte Richard. Er ist total verrückt. Weißt du, was er jetzt wieder angestellt hat?«

So alarmierend ihre seltsame Verfassung war, ich konnte vor Lachen keinen Ton herausbringen. Schließlich gelang es mir, keuchend zu fragen: »Was ist los? Bist du in Ordnung?«

Ebenso abrupt, wie das Zittern begonnen hatte, hörte es auf. Der Fernseher ging aus. Sheila las mir, von glucksenden Lauten unterbrochen, einen Zettel vor, der an ihr Kopfkissen geheftet worden war. »Meine liebe Frau«, las sie, »ich hoffe, dass dir das kleine Präsent gefällt. Es nennt sich magische Finger. Erinnerst du dich, welchen Spaß du daran hattest, als wir in dem komischen kleinen Motel in Ohio waren? Der Fernseher zum Massieren! Ich liebe dich auf ewig. Dein Richie.«

Ich kann Ihnen versichern, dass Richard Reventlow kein Wahnsinniger ist. Er benimmt sich nur so. Letztes Jahr, zum 10. Hochzeitstag, überraschte er Sheila mit einem Feuerwerk. Das Jahr zuvor gab er zu seinem eigenen Geburtstag eine Rollschuhparty. Er mietete eine Rollschuhbahn für den Abend, lud fünfzig Freunde ein und ließ das Fest mit einer Heuwagenfahrt durch den Central Park ausklingen.

Ratte-Menschen haben eine unbestreitbare Vorliebe dafür, das Alltagsleben durch einen Hauch von Luxus zu verschönern. Immer, wenn ich einen neuen Ratte-Menschen kennen lerne, ist das Erste, was ich bemerke, die gewählte Kleidung, der fein abgestimmte Schmuck und die guten Manieren. Bankkonto, Herkunft oder sozialer Status spielen dabei keine Rolle. Ratte-Menschen legen Wert auf ihre äußere Erscheinung. Sie umgeben sich mit erlesenen Gegenständen. Die Frauen ihres Zeichens haben einen exquisiten Geschmack in ihrer Kleidung und sicheres Stilgefühl für dekorative Einrichtung. Ihre Wohnungen sind oft wahre Ausstellungsräume für ausgefallene Antiquitäten und exotische Pflanzen, die niemand sonst zum Wachsen bringen könnte.

Ihre Vorliebe für die schönen Dinge des Lebens hindert Ratte-Menschen nicht daran, verantwortungsbewusste und liebevolle Eltern zu sein. Jede Entwicklungsstufe eines Kindes begleiten sie mit gewissenhafter Anteilnahme. Wenn eines ihrer Kinder verletzt wird, sei es physisch oder moralisch, oder wenn es einen Kummer hat, ist für sie eine verständnisvolle Fürsorge oberstes Gebot. Ihr Wunsch zu helfen ist auch das Motiv für ihren Drang, sich als »Wohltäter« hervorzutun. Sie werden ständig zu Präsidenten irgendeines Komitees zur Bekämpfung irgendwelcher Missstände oder zu Vorsitzenden irgendeines karitativen Vereins ernannt.

Einer unserer berühmtesten Ratte-Menschen, Marlon Brando (geboren 1924), hat sich dem Kampf für die Rechte der amerikanischen Indianer verschrieben. Er war davon so besessen, dass er einen »Oscar« ablehnte, um auf diese Weise die Öffentlichkeit auf sein Anliegen aufmerksam zu machen und so die Ernsthaftigkeit seines Einsatzes zu dokumentieren.

Brando ist ein sehr gutes Beispiel für die Eigenschaften eines Ratte-Geborenen. Er hat es immer verstanden, seinen Charme voll auszuspielen. Er hat in seiner künstlerischen Laufbahn Charaktere sehr unterschiedlicher Art mit beeindruckender Gestaltungskraft verkörpert und damit seinen Zuschauern hinreißende Erlebnisse vermittelt. Aber als echter Ratte-Mensch ist Brando nicht kompromissfähig im Umgang mit Regisseuren oder anderen Schauspielern. Sein Arbeitsstil hat bei seinen Kollegen von Film und Fernsehen keinen guten Ruf. Ratten haben immer etwas zu bemängeln. Sie sind oft unzufrieden mit den Leistungen anderer. Es fällt ihnen schwer, die Tatsache zu akzeptieren, dass niemand – auch sie selbst nicht – vollkommen ist. Dieses Gefühl der Unzufriedenheit äußert sich dann als Arroganz und Besserwisserei. Ratten können ihren Mitarbeitern das Leben sehr schwer machen.

Meine Mutter pflegte über meinen Ratte-Onkel etwas abschätzig zu sagen: »Ed ist ein Engel in Gesellschaft, aber ein Teufel zu Hause.« Es stimmte wirklich. Mit meinem Onkel Ed zusammenzuleben, war eine Qual. Er kam niemals rechtzeitig zum Essen; er saß abends oft stundenlang in seinem Büro, in der Hoffnung, endlich den großen Coup in seinem Immobiliengeschäft zu landen (was ihm dann schließlich auch gelang). Er nörgelte ständig an seinen Kindern herum, und er hatte, wie meine Mutter sagte, »Frauengeschichten«.

Wie meine Mutter in ihrer altmodischen Art Onkel Ed beschrieb, sagt manches über den Charakter der Ratte aus. Aber wer Ed kannte, der wusste auch, wie sehr man sich in schwierigen Situationen auf ihn verlassen konnten und dass er ein Herz für seine Mitmenschen hatte. Tatsache ist, dass Eds »Frauengeschichten« nichts mit dem zu tun hatten, was man gewöhnlich unter diesem Zeitvertreib versteht. Aber er organisierte Spendenaktionen bei den Damen seiner Kirchengemeinde, er hatte ständig mit seinem Wagen irgendwelche Transporte für ein Nonnenkloster zu machen, und er war sein Leben lang in einem Komitee zur Verbesserung der Lebensbedingungen in einem Altenheim für allein stehende Damen tätig. Auf diese Dinge beschränkten sich seine »Frauengeschichten«.

Ratten machen eine Wissenschaft aus der Kunst, Leute zu beeindrucken. Niemand kann einem Ratte-Geborenen gegenüber gleichgültig sein. Entweder wird er gehasst (und sogar gefürchtet), oder er wird von denen, die ihn kennen, angebetet. In jeder Situation aber verstehen die Ratten, ihren Charme zur Geltung zu bringen.

Ratten passen sich kontroversen Milieubedingungen erstaunlich gut an. Sie fühlen sich immer in ihrem Element, ob sie nun beim Besuch des britischen Premierministers im exklusiven Kreis über Politik diskutieren, ob sie in der Bar an der Ecke bei einem gemütlichen Umtrunk mithalten oder in der Autowerkstatt um einen Preisnachlass schachern.

Es wäre unfair, den Ratten einen Hang zu zwielichtigen Manipulationen zu unterstellen. Aber sie sind ausgesprochene Überredungskünstler und haben keine Hemmungen, wenn es darum geht, ihren Willen durchzusetzen. Ob es sich um Geschäfte handelt oder um intime persönliche Beziehungen, bei Ratte-Menschen ist immer ein gewisses Maß berechnender Schläue im Spiel. Ihre wärmsten Gefühlsäußerungen und ihre großzügigsten Gesten haben immer einen leichten Beigeschmack von Interessenabwägung. Selten – wenn überhaupt – schenkt ein Ratte-Mensch Liebe und Freundschaft, wenn er nicht davon überzeugt ist, dass er selbst Nutzen daraus ziehen kann. Sein Motto ist: Eine Hand wäscht die andere. Es ist ein Gemeinplatz, dass man nichts für nichts bekommt. Was die Ratte hier zum Sonderfall macht, ist die Unfähigkeit, von dieser Verhaltensweise abzuweichen, außer wenn es darum geht, in Erinnerung an schöne vergangene Zeiten einem ehemaligen Partner etwas Gutes zu tun. Süßliche, kitschige Sentimentalität ist der Natur des Ratte-Menschen fremd, aber er ist aufgeschlossen für schöne Erinnerungen und für alte Freundschaften.

Um die Zuneigung eines Menschen oder um Kapital zu gewinnen, ist dem Ratte-Menschen keine Anstrengung zu viel. Ob es sich um eine Romanze oder um ein Gewinn versprechendes Geschäft handelt, er wird alle Emotionen ausschalten, bis er sein Ziel erreicht hat. Aus diesem Grunde sind Ratte-Menschen hervorragende Profitmacher. Manchmal hat man den Eindruck, dass alles, was sie anfassen, sich in Gold verwandelt. Ratten sind die geborenen Problembewältiger. Sie können sich in einem bankrotten Unternehmen engagieren, und in ein paar Wochen haben sie alle Hürden genommen, und die ganze Sache ist wieder in bester Ordnung. Sie erkennen Schwachstellen, finden Auswege und trennen sich geschickt und elegant von Verlust bringenden Geschäftsbeziehungen.

Diese Fähigkeiten, durch Mauern zu sehen und ein Gespür für den richtigen Zeitpunkt führen, wenn sie klug gehandhabt werden, den Ratte-Menschen bei fast allen Unternehmungen zum Erfolg. Er ist allerdings auch dazu fähig, seine Talente brachliegen zu lassen und sich dem völligen Nichtstun zu verschreiben. Wenn die Ratte ein zu leichtes Leben hat, wird sie träge.

Ratten wollen geliebt werden. Dass sie so viel Freude am gesellschaftlichen Leben haben und gute Unterhalter sind, bedeutet nicht, dass die prosaischen Dinge des alltäglichen Lebens sie nicht belasten. Die Ratte-Menschen sind kontakthungrig, sie suchen Intimität, sie wollen ihre Gedanken und Gefühle mit jemandem teilen. Sie brauchen einen Partner, mit dem sie über ihre Gedanken und Pläne sprechen können. Die Ratten brauchen Diskussionen, um zu Entscheidungen zu kommen. Philosophische Grübeleien bringen ihnen nichts. Auch wenn sie viel Zeit mit Lesen und mit dem Studium von Dokumenten verbringen, müssen sie, sobald sie ein Buch weggelegt haben, sofort über das Gelesene diskutieren. Wenn Ihr Ehepartner unter dem Zeichen der Ratte geboren ist, müssen Sie sich darauf einrichten, bis in die Nacht seinen Tiraden über seine strategischen Pläne, seine Geschäfte, seine Freundschaften usw. interessiert zuzuhören.

Ratte-Menschen lieben die gute Küche. Sie wissen fast ausnahmslos alles über gute Weine und Feinschmeckergerichte. Sie verstehen es, die wunderbarsten Speisen zuzubereiten, und zieren sich auch nicht, beherzt zuzugreifen, wenn ihnen etwas Gutes angeboten wird. Die meisten Ratte-Menschen, die ich kenne, haben Gewichtsprobleme. Sie können einfach nicht Nein sagen zu schmackhaften *Gourmandises*. Ratten sind naschhaft, sie knabbern gern.

Sonderangebote und Preisvorteile, die in Inseraten, Prospekten oder auf Werbetafeln angeboten werden, lassen sich Ratten nie entgehen. Wenn ein Supermarkt zwanzig Gläser Konfitüre zum Preis von zehn anbietet, können Sie sich darauf verlassen, dass mindestens die Hälfte der »Ladenstürmer« in einem Jahr der Ratte geboren ist. Der Volksglaube will wissen, dass Ratten unermüdlich alle möglichen und unmöglichen Dinge horten, um in mageren Zeiten nicht Entbehrungen leiden zu müssen. Denken Sie nicht, Ratten wären knauserig oder würden nicht gern mit anderen teilen; sie wollen nur einfach für schlechte Zeiten gerüstet sein. Sie sind Sparer, Versicherungsfanatiker und Zukunftsplaner. Und wenn sie glauben, ein Loch in ihrer Altersversorgung entdeckt zu haben, können sie viel Zeit darauf verwenden, sich Sorgen zu machen.

Ich habe eine Ratte-Freundin, die so auf Sicherheit und Vorratshaltung fixiert ist, dass ich sicher bin, dass sie noch nie etwas spontan gekauft hat, was ich ihr oft vorhalte. Wenn sie nicht schon im Januar mit den Weihnachtseinkäufen beginnt, hat sie Angst, im Dezember mit leeren Händen dazustehen.

Jayne kauft ihren französischen Wein, deutsches Bier, ihre Gänseleberpastete und andere nicht verderbliche Waren kisten- oder fässerweise. Sie hat einen zusätzlichen Öltank neben ihrem Haus, um für eine Ölkrise gewappnet zu sein. Jeder legt sich gern einen Vorrat der wichtigsten Bedarfsgüter an – meine Ratte-Freundin Jayne aber macht sich sogar Sorgen, dass die Luxusgüter knapp werden könnten. Ihr Heim ist ein wahrer Luftschutzbunker für Gourmetproviant.

Wenn man Ratte-Menschen wegen ihrer seltsamen Prioritätsvorstellungen angreift, haben sie eine unangenehme Art, sich zu verteidigen. Wenn sie in die Ecke gedrängt werden, werden sie äußerst aggressiv. Schon eine so harmlose Diskussion, was man mit einem beschädigten Rollladen machen soll, kann sie zu völlig unmotivierten Attacken verleiten. Ratte-Menschen handeln nach dem Grundsatz: Angriff ist die beste Verteidigung. Wenn sie sich auch nur im Geringsten angegriffen fühlen, schlagen sie zurück. Nicht selten nehmen sie eine arrogante oder autoritäre Haltung ein und retten sich in Platitüden von der Art: »Ich bin hier der Boss.«

Wer jemals die Temperamentssprünge von Ratte-Menschen erlebt hat, wird im Umgang mit ihnen auf der Hut sein und Diskussionen über problematische Fragen möglichst aus dem Weg gehen, um Ärger zu vermeiden. Da sie bei heiklen Themen leicht Anstoß nehmen und zu Wutanfällen neigen, wird ein gewitzter Freund sich lieber nicht auf solche Erörterungen einlassen. Wäre dem Ratte-Menschen seine Reizbarkeit bewusst, würde er wahrscheinlich versuchen, sich mehr zu beherrschen. Ratte-Menschen lieben Debatten und harte Auseinandersetzungen, aber da sie nicht gern einen Irrtum oder ein Fehlurteil zugeben, lassen sich ihre Partner nicht gern in Diskussionen mit ihnen ein.

Letztes Jahr arbeitete ich für einen französischen Ratte-Mann, der Feuerwerk verkaufte, nicht für Knallkörper und Raketen, sondern ganze Schauspiele farbenprächtiger Kaskaden. Da Monsieur Lupin beschlossen hatte, die amerikanische pyrotechnische Industrie im Sturm zu erobern, aber kein Wort Englisch sprach, heuerte er mich als Dolmetscherin an. Zusammen flogen wir zu unserem Eroberungsfeldzug in die Vereinigten Staaten, doch Lupin konnte sich mit seinen prospektiven Kunden nicht ohne meine Hilfe unterhalten, und seinen amerikanischen Gesprächspartnern ging es ebenso. Ich ahnte nicht, was da auf mich zukam. Aber wer kann schon einem Job widerstehen, bei dem die Produktvorstellung auf freiem Feld bei Nacht unter feurigen Kaskaden bunter Sternschnuppen und farbenprächtiger Blumenbuketts stattfindet?

Die Dolmetscherei für Monsieur Lupin wäre, wie ich rückblickend erkenne, eine Kleinigkeit gewesen, wenn er nicht das eigenartige Handikap gehabt hätte, nicht für sich allein operieren zu können. Wie ich schon gesagt habe, sind Ratten kommunikationsbesessen. Sie müssen sich reden hören, um das Gefühl zu haben, zu leben und zu denken. Können Sie sich vorstellen, was es bedeutet, drei volle Wochen (einschließlich der Wochenenden) als Seh- und Hörorgan bei einem geschwätzigen Ratte-Chef zu fungieren, den völlige Isolierung plötzlich taubstumm gemacht hat und dessen einziges Kontaktorgan mit einer fremden Umwelt Sie sind? Um die Sache noch schwieriger zu machen, schließt die Psychologie der Ratte eine kräftige Portion Argwohn ein, und diese besondere Ratte fühlte sich schon ausgeschlossen, wenn ich nur »Good Morning, Mister Jones« sagte. Als wir diese Seite des Atlantik verließen, war Monsieur Lupin ein spektakulärer Fall von paranoider Americanophobie geworden.

Sobald meinen Lippen englische Laute entströmten, war Lupin überzeugt, dass ich versuchte, ihn zu hintergehen und mir die Schwarzpulvervorräte der Welt anzueignen. Bei einer Gelegenheit glaubte er, dass ich mit seinen schärfsten Konkurrenten in diesem Land gemeinsame Sache machte. Ja, er bezahlte mich. Er hatte mich in Frankreich engagiert. Ich hatte nie ein Feuerwerksspektakel aus nächster Nähe gesehen, bevor ich ihn traf. Meine Arbeit war sehr befriedigend, wenn sie sich darauf beschränkte, zu interpretieren, was Monsieur Lupin einem Kunden oder Fabrikanten mitzuteilen gedachte. Aber diese nächtlichen Talk-ins bei »einem Whisky nach dem anderen« in den trübseligen Hotelbars quer durch Amerika... Nach einer Woche glaubte ich wirklich, ich würde an verbaler Unmäßigkeit sterben.

Für die meisten Ratten ist das Leben nur eine ausgedehnte Schachpartie. Sie verschwenden eine Menge Zeit mit taktischen Manövern, um eine offensive Position zu behaupten. Der Rest des Ratte-Lebens erschöpft sich in der Ausarbeitung von aggressiven Methoden, um den unzähligen Fallstricken zu entgehen, die vor dem nächsten Zug auf sie warten.

Im Grunde ist die Ratte eine gutmütige Kreatur. Obwohl das Unbehagen über ihr eigenes Image sie immer wieder dazu verführt, sich durch Kratzen und Schlagen gegen vermeintliche Feinde zu wehren, so sollte man das doch nicht überbewerten. Ratten sind keine tyrannischen Partner, die um des Erfolges willen über Leichen gehen. Wenn sie auch etwas wahllos zuschlagen, so sind ihre blinden Eskapaden doch nur das Ergebnis selbstquälerischer Unsicherheit und ängstlicher Sorge um ihre Attraktivität. Wenn Ratten nicht die Wahrheit sagen, halten sie ihre Flunkerei für ein faires Mittel der Selbstverteidigung. Je harmloser die Lüge, desto mehr Vergnügen bereitet sie der Ratte.

Ratten können, auch wenn sie noch so erfolgreich und angesehen sind, extrem bescheiden sein. Keine Arbeit ist ihnen zu niedrig, keine Besprechung zu läppisch, wenn es sich darum handelt, einem Freund einen Dienst zu erweisen.

Vor ein paar Jahren, als Freunde mich mit dem Ratte-Filmstar Keir Dullea (geboren 1936) bekannt machten, konnte ich mich selbst davon überzeugen, wie liebenswert Ratten sein können. Keir Dullea hat himmelblaue Augen, deren Farbe je nach Stimmung zwischen Delft und Wedgwood variiert. Er sieht blendend aus, ist berühmt, talentiert und hat immer noch den Blick des »verlorenen Jungen« aus dem Film *David and Lisa*. Wie alle Ratten ist er gesprächig, amüsant und energisch.

Keir ist auch ein zuverlässiger Freund. Er gehört zu den Menschen, von denen man sagt, dass sie ihr letztes Hemd weggeben. Er ist großmütig und immer vergnügt.

Der Tag, an dem ich ein winziges Studio fand, in dem ich meinen literarischen Ambitionen nachgehen wollte, war für mich ein Siegestag. Das Zimmer war klein und dunkel, feucht und furchtbar primitiv ausgestattet, kurz: typisch pariserisch. Aber es gehörte mir. Keir war zu der Zeit gerade zu Besuch in Paris und bot sich an, mir beim Renovieren des Zimmers zu helfen. Da ich meine Unbegabtheit für handwerkliche Arbeiten kenne, war ich höchst erfreut über seine Bereitwilligkeit, Nägel einzuschlagen und Wände zu streichen.

Da ich mir auch klar darüber war, dass die organisatorischen Fähigkeiten einer Ratte den meinen überlegen sein mussten, schlug ich Keir vor, dass er den Schlachtplan für die Verschönerungsoperation entwerfen sollte. Ich erklärte mich bereit, das Material herbeizuschaffen, musste aber zugeben, dass ich nicht die blasseste Ahnung hatte, wo ich anfangen sollte.

Eins nach dem anderen: Keir schleppte mich zu einem Teppichladen, wo wir strapazierfähigen Teppichboden kauften, um damit den schäbigen Linoleumbelag abzudecken. Ich bat darum, den Teppichboden zuzustellen, aber Keir sagte: »Sie werden ihn bestimmt nicht rechtzeitig anliefern. Ich nehme ihn besser gleich mit.« Und damit hievte er die rote Teppichrolle auf seine Schultern und krachte damit gegen die Deckenlampe, die in tausend Stücke zerbarst.

Nachdem sich unsere Lachmuskeln beruhigt und wir dem netten Ladenbesitzer die Lampe bezahlt hatten, wanderte Keir gemächlich ungefähr einen Kilometer durch die Straßen von Paris, bepackt mit der Riesenteppichrolle und dazu lustig pfeifend, als wäre er einer der Sieben Zwerge. Die Pariser, an solche Vorführungen nicht gewöhnt, bestaunten und belachten den tapferen Lastenträger. Unnötig zu sagen, dass unser Ratte-Held solche französischen Spöttereien nicht zur Kenntnis nahm. Keir hatte einen Teppich erstanden, und was war selbstverständlicher, als ihn eigenhändig an seinen Bestimmungsort zu schleppen? Außerdem lieben es Ratten, sich in Szene zu setzen, besonders wenn sie Applaus dabei einheimsen können.

Jedenfalls bin ich die einzige in Paris lebende amerikanische Schriftstellerin, deren Studio von einem Filmstar eigenhändig dekoriert worden ist. Keir arbeitete drei Tage lang, klebte Tapeten, malte, legte Regale und Schubfächer mit Papier aus und passte den Teppich mithilfe eines Brotmessers in die Ecken ein. Die Ausdauer und Genauigkeit, mit der er alle diese Arbeiten verrichtete, führten dann auch zu einem ansehnlichen und zugleich praktischen Ergebnis.

Richard Nixon (geboren im Ratte-Jahr 1912/13) galt bei vielen Amerikanern als ein stets lächelnder unbedeutender Allerweltspolitiker, den die Parteibonzen glaubten herumschieben und nach ihren eigenen Vorstellungen von einem Präsidentschaftskandidaten modeln zu können; aber er entwickelte seinen eigenen Stil als Politiker. Ich glaube, dass die Welt die Natur der Ratte nicht richtig erkannt hatte, die alle Macht für sich selbst will. Wenn Nixons

Spießgesellen etwas von der chinesischen Astrologie verstanden hätten, dann hätten sie vorher gewusst, dass eine Ratte, die in die Enge getrieben wird, immer einen von zwei Auswegen benutzt: Entweder sie findet ein Schlupfloch und macht sich unsichtbar, oder sie stellt sich und beißt wütend um sich. Als die Aggressivität fehlschlug, verschwand er im Dickicht.

Neben Marlon Brando (geboren 1924), von dem wir schon gesprochen haben, hat unsere Zeit viele berühmte Ratte-Persönlichkeiten hervorgebracht. Adlai Stevenson sen. wurde 1900 geboren. Das Jahr 1912 schenkte uns den Dramatiker Eugène Ionesco. 1924 brachte uns gleich ein Quartett berühmter Ratte-Menschen: die Schauspielerin Lauren Bacall, die Romanciers James Baldwin und Truman Capote und den schon genannten Marlon Brando. Das Jahr 1936 hielt den Rekord mit Richard Bach, dem Autor von *Jonathan Livingston Seagull*, mit Dick Cavette, den Schauspielern Keir Dullea und Dennis Hopper und dem französischen Couturier Yves Saint-Laurent. Der Sänger und Komponist James Taylor ist 1948 geboren, ebenso wie die Eiskunstläuferin Peggy Fleming.

Ratten gehen jede Aufgabe mit fast aggressivem Elan an. Ob es sich ums Vergnügen, ums Geldmachen oder um Liebesaffären handelt, alles wird mit gleicher Dynamik in Angriff genommen. Wenn sie Gelegenheit haben, einen charmanten Ratte-Menschen bei der Verfolgung seiner Lebensziele zu beobachten, dann können Sie immer sicher sein, dass Ihnen eine große Show zu kleinen Eintrittspreisen geboten wird.

Die Ratte-Frau

Die Ratte-Frau ist zugleich Femme fatale und Karrierefrau. Um beiden Rollen gerecht werden zu können, führt sie ständig einen fast aussichtslosen Kampf mit der Zeit. Wenn Sie sie unangemeldet besuchen, erwischen Sie sie vielleicht gerade beim Spurt zwischen Frühjahrsputz und Komiteesitzung, Mopp und Eimer in der Hand und einen Seidenschal über die Lockenwickler gebunden. Bei flüchtigem Hinsehen würden Sie sie für die Putzfrau halten. Aber wenn Sie genauer hinschauen, dann hat die Dame ein perfektes

Make-up aufgelegt, die Fingernägel frisch manikürt, und unter ihrem Kittel trägt sie einen schmucken marineblauen Rock mit Bluse. Achten Sie auf ihre Füße, die in flachen, aber eleganten Schuhen stecken, und die adrett bestrumpften Beine. Jeder Tag ihres Lebens ist ein furioser Kampf gegen die Zeit, ein Rennen gegen die unerbittliche Uhr, um ihre beiden Persönlichkeiten zu behaupten.

Die Ratte-Frau ist gern verheiratet. Flirts und galante Affären können ihr Interesse nicht für längere Zeit binden. Ganz gleich, wie zeitraubend ihr Beruf und wie viel Energie sie für die »Zweisamkeit« aufwenden muss, aus ganz bestimmten Gründen will sie auf das gemeinsame Leben mit einem Partner nicht verzichten. Nicht dass die Qualität der ehelichen Beziehung für Ratte-Frauen besonders wichtig wäre. Sie scheinen sich von Spannungen und Auseinandersetzungen, von übermäßigem Alkoholkonsum oder anderen unangenehmen Eigenschaften ihrer Ehemänner nicht beeindrucken zu lassen. Für Ratte-Frauen ist das alles von untergeordneter Bedeutung.

Was für die Ratte-Frau zählt, ist Sicherheit. Sie ist sparsam, hortet Zucker, weil er knapp werden könnte, und sie knausert nicht beim Kauf von Kleidung für sich und die Familie (Qualität hält länger!). Andererseits haben Ratte-Frauen auch etwas für kostspielige Extravaganz übrig, und von Zeit zu Zeit sind sie zu wahren Orgien der Verschwendung geneigt. Hin und her schwingt das Pendel zwischen Extravaganz und Pfennigknauserei. Sie kauft enorme Mengen ebenso teurer wie nutzloser Dinge, die sie in einer plötzlichen Anwandlung um sich streut – als Liebesbeweise oder zur emotionalen Erpressung.

Tatsächlich ist Großzügigkeit für die Ratte-Dame kein Ausdruck ihres Wesens. Obwohl sie sich gern als Philantroph bewundern lässt, ist Freigiebigkeit (welcher Art auch immer) etwas, wozu sie sich zwingen muss. Oh, sie wird Ihnen erzählen, dass für sie Verschwendung etwas ganz Furchtbares ist, weil sie als kleines Mädchen immer die abgelegten Kleider ihrer älteren Schwester tragen musste und nie eine richtige Geburtstagsparty hatte, weil ihre Familie kein Geld besaß. Und wahrscheinlich glaubt sie sogar selbst an diese psychologische Begründung für ihre Abneigung, anderen etwas von sich selbst zu geben, sei es Zeit, Liebe, Zuneigung oder ein Lächeln. Glauben Sie ihr kein Wort. Ich (und Sie wahrscheinlich auch) kennen viele Menschen, die trotz ihrer Armut großzügig und hilfsbereit sind.

Die ambivalente Haltung der Ratte-Frau zur Wohltätigkeit erscheint mir als besonders seltsam, weil die meisten Frauen dieses Zeichens, die ich kenne, nach außen hin sehr großzügig sind. Sie geben fabelhafte Dinnerpartys und sind immer bereit, sich Ihrer Kinder anzunehmen, wenn Sie einmal etwas vorhaben. Aber man hat das Gefühl, dass ihnen dabei nicht wohl ist. Ratte-Frauen leben in ständiger Sorge: Wenn ich das für Frau X tue, was wird Frau X dann für mich tun? – das ist wohl eine zutreffende Beschreibung der von Furcht und Hoffnung zugleich bestimmten Gefühle der Ratte-Frau.

In der Mann-Frau-Beziehung haben Ratte-Frauen eine Tendenz, sich sehr stark auf ihre Partner zu stützen. Dass sie, wie ich früher erwähnt habe, die eheliche Bindung einer weniger festen Partnerbeziehung oder einer Liebesaffäre vorziehen, hängt mit ihrem Sicherheitsbedürfnis zusammen. Ratte-Frauen sind sehr tüchtig im Beruf, und sie sind gesellschaftlich sehr versiert, aber wenn es Schwierigkeiten gibt, suchen sie Halt bei ihrem Partner. Sie vermeiden jeden Anschein, dass sie selbst eine Entscheidung treffen. »Ich kann wirklich nicht sagen, ob ich am Sonntag zum Tee kommen kann. Ich muss Ralph erst fragen, ob er mich zu Hause braucht.« Solche Äußerungen bekommen Sie von Ratte-Frauen ständig zu hören. Vielleicht ist es Ralph völlig gleichgültig, ob und wohin sie zum Tee geht; aber sie will das nicht wahrhaben.

Da eine Ratte-Frau immer Angst hat, ihren Mann zu verlieren, wirkt sie oft verkrampft und überspannt. Ihr Pech ist, dass der Typ des schwachen, hilflosen Weibchens bei Männern heute nicht mehr sehr gefragt ist. Sie bekommen davon höchstens eine Gänsehaut. Starke Männer fühlen sich immer mehr von selbstbewussten Partnerinnen angezogen. Der dem Ratte-Weibchen angeborene Instinkt, sich auf den starken Partner zu stützen, wirkt auf diesen eher abschreckend. Infolgedessen zieht die Ratte-Frau oft schwächliche Männer an, die sich bereitwillig ihren Launen fügen. Aber wenn die Ratte-Frau sich einen solchen Schwächling eingefangen hat, dann lässt sie ihn ihre Verachtung für seine schüchternen Annäherungsversuche unbarmherzig spüren.

Falls Sie sich in eine Ratte-Frau verliebt haben, gebe ich Ihnen einen simplen Rat: Lernen Sie als Erstes, sie in ihrer eigenen Falle zu fangen. Versuchen Sie, ihr so liebevoll wie möglich klarzumachen, dass Sie sich für ihre zärtlichen Aufmerksamkeiten (und davon hat sie eine Menge zu bieten) mit Liebe und Sicherheit revanchieren werden, solange sie Sie so akzeptiert, wie Sie sind. Andernfalls, wenn Sie Ihrer zukünftigen Frau nicht Ihre Absicht deutlich gemacht haben, zumindest teilweise von ihr unabhängig zu bleiben, wird sie Ihre Liebe zerstören, indem sie Ihren Geist erstickt. Sie wird es für ihre Pflicht halten, Sie zu ändern. Jede Ratte-Frau hat eine genaue Vorstellung, wie ihr Märchenprinz sein sollte. Wenn Sie sich ihr widersetzen und sich weigern, ihren drakonischen Kriterien von Männlichkeit und Stärke gerecht zu werden, so wird sie Sie auf die Dauer fallen lassen.

Elizabeth, meine beste Ratte-Freundin, ist Engländerin. Sie lebt in London. Liz ist mit einem sehr attraktiven Schauspieler verheiratet, der trinkt, sie regelmäßig verprügelt und ein ausgemachter Schürzenjäger ist. Bei den seltenen Gelegenheiten, wo sie miteinander sprechen, behandelt Liz Tony wie ein Kind. »Komm, Liebling, lass mich die Krawatte binden. Komm nicht zu spät ins Theater, Schatz. Wir wollen doch nicht, dass du deinen Auftritt verpasst«, flattert sie um ihn herum.

»Ich wette mit dir, dass er sich nach dem Theater betrinkt«, sagte Liz an einem Abend zu mir, als Anthony das Haus verlassen hatte. »Er ist nur noch eine wandelnde Gintränke. Von Zärtlichkeit und Liebe keine Spur mehr. Aber ich rate ihm auch, mir nicht zu nahe zu kommen. Er widert mich an.«

Einmal, als sie besonders deprimiert war, fragte ich sie: »Warum bleibt ihr beide eigentlich zusammen? Ist es wegen der Kinder?«

»Um Himmels willen, nein!«, antwortete Liz, wie schockiert von der Erwähnung ihrer Sprösslinge. »Die sind ja im Internat. Welchen Unterschied könnte es für sie schon machen?« Sie schlug ihre seidenbestrumpften Beine übereinander und steckte sich eine Zigarette in ihre Elfenbeinspitze.

Ich starrte sie mit offenem Mund an. »Aber warum dann?«

Mit einem Schulterzucken und einem vernichtenden Blick warf Liz mir hin: »Ihr Amerikaner stellt doch die indiskretesten Fragen. Ich denke, ich bleibe mit Anthony Granville verheiratet, weil er mein Ehemann ist. Ist das nicht Grund genug?«

Ja, Liz. Die Ehe ist für sich allein Grund genug. Was eine Ratte-Frau am meisten braucht, ist ein attraktiver Lebensrahmen, aus dem sie in die Welt hinaustreten kann, um ihren Charme und ihre Verführungskunst auszuspielen. Sie ist eine vortreffliche Hausfrau, eine wunderbare Gastgeberin – ihre Gesellschaft ist immer faszinierend.

Der Ratte-Mann

Das Ratte-Männchen ist niemals im Unrecht, sieht sich nie als unattraktiv oder egoistisch. Die Welt ist ein scheußlicher Platz, die Menschen taugen nichts, und er hat zu viele Verpflichtungen und findet zu wenig Unterstützung von denen, die er liebt. Tatsächlich, Ratten sind von Geburt an benachteiligt. Also, Bruder Ratte, beschwere dich. Schreibe einen Brief an den lieben Gott, rufe den Papst an. Setz Scotland Yard auf deinen Fall an.

Eines Tages, als ich auf dem Dachboden im Hause meiner Mutter stöberte, fiel mir eine Holzkiste in die Hände, die einige persönliche Dinge und die Korrespondenz meines Onkels Ed enthielt, der im Zeichen der Ratte geboren war. Die Bündel von Papieren, Briefen und Dokumenten erregten meine Neugier, vor allem ein vergilbter Hefter, der eine Anzahl handschriftlicher datierter Listen enthielt. Jede trug die Überschrift »Opfer«. Es waren Notizen meines Onkels, eine Art Tagebuch seiner Gedanken und Gefühle über das Leben, das er von Beginn der Großjährigkeit bis ins hohe Alter geführt hatte.

So typisch für den Ratte-Mann sind diese Aufzeichnungen, dass ich Ihnen einige davon mitteilen muss. Die Opfer des 18. April 1935 sind mir die liebsten. Die kaum noch leserlichen Bleistiftaufzeichnungen lauten: (1) Heute habe ich meinen guten Füllfederhalter verloren. (2) Der Hund ist am Sonntag entlaufen. (3) Shirley erklärte mir, ich hätte Halitosis. (Das ist Mundgeruch.) (4) Ich habe die Uhr meines Großvaters auf der alten Farm gefunden. Sie ist zerbrochen. (5) Morgen ist mein Geburtstag und Shirley will mir keine Party geben. Kein Geld. (6) Mein Auto ist nicht mehr zu reparieren. Der Gashebel blockiert. (7) Ich habe seit einer Woche nicht ein Haus verkauft.

Arme Ratten. Niemand versteht sie – das heißt niemand außer ihnen selbst. Weil Ratten immer einen Mangel an Verständnis bei anderen feststellen, sind sie manchmal unerträgliche Gesellschafter. Sie sind niemals mit der augenblicklichen Lage zufrieden und versuchen daher, sie mit enormem Einsatz von Zeit und Geld zu verbessern. Statt einmal zuzugeben, dass sie sich bei einem Urteil oder einem Vorschlag geirrt haben, ziehen sie es vor, ihre Energie damit zu verschwenden, stundenlang herumzugrübeln oder einem wehrlosen Kreis von Zuhörern endlose Rechtfertigungstiraden vorzuführen.

Für den Fall, dass Fortuna Sie auf einen dieser »freiwilligen« Zuhörerposten berufen sollte, erlaube ich mir, Ihnen einen Tipp zu geben: Glauben Sie nie, unter gar keinen Umständen, auch nur für eine Sekunde, dass Sie mit einer männlichen Ratte argumentieren können. Überlassen Sie ihm das Reden. Er muss die Dinge mit sich selbst diskutieren, bevor er sie in die Tat umsetzen kann. Nicken Sie, lächeln Sie, brummen Sie teilnahmsvoll, schütteln Sie den Kopf, und machen Sie häufig tsst, tsst. Kurz: Leihen Sie ihm Ihr Ohr, wenn Sie wollen, aber behalten Sie Ihre Meinung für sich. Sich in dieses Labyrinth von Gedankengängen eines Ratte-Mannes verwickeln zu lassen, mag ihm selbst helfen, seine Ideen zu klären und seine verwirrte Seele zur Ruhe zu bringen, aber Sie wären reif für den Psychiater oder brauchten drei Tage, um sich diesen Mann aus den Haaren zu waschen.

Ratten sind hervorragende Liebhaber. Auf sexuellem Gebiet sind sie sehr phantasievoll und entwickeln einen herzhaften Appetit. Ratte-Männer gehen im Bett keineswegs haushälterisch mit ihren Kräften um. Man spürt einen Anflug von Eigennutz in ihren Liebesbeziehungen, aber schließlich ist niemand vollkommen.

Der Ratte-Mann macht eine gute Figur bei Partys und Gesellschaften. Er mag zwar nicht immer freundlich zu Kellnern oder Dienstboten sein, aber im Umgang mit Gästen und Freunden ist er äußerst charmant und liebenswürdig. Und seine Umgangsformen sind fast immer untadelig.

Die Frauen, an denen Ratte-Männer ihre Verführungskünste erproben, sind meist unglücklich oder stehen unter starkem, seelischem Druck. Ratte-Männer brauchen das Gefühl, helfen zu können. Gefährlich wird eine solche Beziehung dann, wenn das Objekt der Verführung wieder auf beiden Beinen zu stehen beginnt und nicht länger mehr Trost und Hilfe braucht. Dann wird der Ratte-Liebhaber versuchen, ihre Unterwerfung zu erzwingen, oder er wird sich abrupt von ihr trennen.

Der Ratte-Mann ist stolz darauf, wenn er Sie zum Lachen oder Weinen gebracht hat. Er liebt Gefühlsausbrüche und Nervenkitzel. Fade und routinierte Beziehungen interessieren ihn nicht. Er sucht Romantik, Leidenschaft und Zärtlichkeit, die er bis zur Unerträglichkeit übertreibt.

Irgendwie ist wohl niemand von uns einem Menschen gegenüber ganz gleichgültig, der unsere Gefühle zu stimulieren versteht. Die übersteigerte Emotionalität der Ratte kann für ihre Freunde und ihre Feinde sehr gefährlich sein.

Variationen im Jahreskreis

Ratte/Widder (21. März–20. April)

Das Zeichen der Ratte wird vom Element Wasser beherrscht; der Widder steht unter dem Einfluss des Feuers. Die Verbindung beider Elemente erzeugt heftige Bewegung. Durchs Leben stürmend, sich bombastisch in Szene setzend, ein erfolgreicher Geschäftsmann und ein selbstgerechter Alleswisser – das ist dieser Ratte-Typ. Niemals wird die Widder-Ratte bereit sein, sich unterzuordnen, einen Rat anzunehmen, sich aus ihren eingefahrenen Gewohnheiten zu lösen. Die Widder-Ratte ist arrogant, aber ihr Hochmut entspringt der Angst vor dem Versagen oder vor der Zurückweisung. Sie schöpft aus dem Vollen – und kann doch ihren unmäßigen Appetit nicht befriedigen. Die Widder-Ratte kann großzügig und freigebig sein, wenn sie mit Anerkennung rechnet. Sie ist ein Wohltäter, der nicht anonym bleiben will.

Ratte/Stier (21. April–21. Mai)

Der Stier übt einen beruhigenden Einfluss auf die nervöse Ratte aus. Aber wenn sie auf Widerstand stößt, dann weicht sie nicht aus, sondern geht zum Angriff über. Ihre sinnenhafte und hedonistische Lebensfreude machen sie zu einem guten Gastgeber und liebenswürdigen Gefährten. Da die junge Stier-Ratte auf äußeren Druck langsamer reagiert als ihre Artgenossen, wird sie später zum Erfolg kommen als diese. Geben Sie ihr Zeit und Gelegenheit, ihre Probleme in einem möglichst frühen Entwicklungsstadium zu bewältigen; Ihre Geduld wird sich auszahlen. Stier-Ratten haben eine Abneigung gegen jede Art von Autorität. Sie sind aufgeschlossen für die Kunst und begabt für künstlerische Betätigung. Sie fühlen sich am wohlsten, wenn sie von viel liebevoller Zuneigung und freundlicher Anerkennung umgeben sind. Sie sind sensible und zärtliche Ehegatten und Eltern.

Ratte/Zwillinge (22. Mai–21. Juni)

Unbeständig bis zum Exzess, findet dieser Ratte-Typ in seiner heimischen Umgebung keine Befriedigung. Er ist immer auf der Suche nach neuen, besseren Gelegenheiten, mit seinen Talenten zu brillieren. Die vom Element der Luft geprägten Zwillinge geben der dem Element des Wassers verbundenen Ratte zusätzlichen Elan zur Verfolgung ihrer hochfliegenden Pläne. Die Zwillinge-Ratte führt nie etwas zu Ende, sie hat keine Ausdauer, immer ist jemand anderer für ihre Pfuscharbeit verantwortlich. So sympathisch diese Menschen sein mögen, man kann sie nie ernst nehmen. Als Schauspieler und Komödianten sind sie brillant. Sie lieben jede Art von Tätigkeit, bei der man viel reisen muss.

Ratte/Krebs (22. Juni–23. Juli)

Ein besonders günstiges Geburtszeichen für die Ratte. Der Krebs übt einen dämpfenden Einfluss aus. Die Phantasie der Ratte und der gesunde Menschenverstand des Krebses befähigen die Krebs-

Ratten zu Höchstleistungen. Seelische Empfindsamkeit und Herzensgüte machen sie zu geschätzten Partnern und beflügeln ihre künstlerische Schaffensfreude. Achten Sie auf die Symptome innerer Unrast, Ängstlichkeit und unterdrückten Ärgers. Hedonismus ist die eine Seite des Charakters, gefährlicher ist die andere: Selbstzerstörung durch Maßlosigkeit. Die Krebs-Ratte ist ein Nestbauer, ein Haus- und Gartenpfleger. Sie liebt eine exquisite Küche, die stilvoll serviert werden muss. Krebs-Ratten sind gute Unterhalter. Es liegt ihnen im Blut.

Ratte/Löwe (24. Juli–23. August)

Volldampf voraus. Hier verbinden sich Feuer mit Wasser zu ungewöhnlicher Energieentfaltung. Wenn Sie den Eindruck haben, dass die Löwe-Ratte kurz vor dem Herzinfarkt steht, beruhigen Sie sich – Aktivität ist das Einzige, was die zwanghafte Unrast ihres Geistes beruhigt. Dieser Ratte-Typ ist machthungrig und kritikfreudig. Er braucht und verdient auch die Führungsposition, die er sich erringt. Bei all seinem Ungestüm spürt man immer einen Anflug von Unstabilität, die seine Selbstsicherheit gefährdet. Er muss alle Dinge durchdiskutieren und seine innere Unruhe durch pathetische Rhethorik wettmachen. Lassen Sie ihn reden. Wenn er zur Ruhe gekommen ist, kann er ein vorzüglicher Lehrer sein. Er weiß eine Menge und kann sein Wissen mit ungewöhnlicher Überzeugungskraft vermitteln.

Ratte/Jungfrau (24. August–23. September)

Ist es nicht merkwürdig, dass Ratten unter dem Zeichen der Jungfrau geboren werden können? Irgendwie scheinen Reinheit und naive Gutwilligkeit nicht zu ihnen zu passen. Überraschenderweise verträgt sich diese Erd-Wasser-Dualität aber bemerkenswert gut. Die Jungfrau-Ratte ist noch penibler als die schon sehr heikle Jungfrau. Sie wird jeden Eingriff in ihre persönlichen Ordnungsvorstellungen schnell und scharf zurückweisen, und sei es nur, dass man sich etwas von ihr ausleiht und nicht an den richtigen Platz zurücklegt. Sie kleidet sich mit gewählt gutem und sicherem Geschmack und wirkt sehr attraktiv auf Angehörige des anderen Geschlechts. Lassen Sie sich nicht dadurch täuschen, dass sie sich den Anschein gibt, für »solchen Firlefanz« nichts übrig zu haben. Unter der Förmlichkeit der Jungfrau-Ratte verbirgt sich eine starke Sinnlichkeit. Der Panzer steifer Wohlerzogenheit hält stürmischen Angriffen nicht stand.

Ratte/Waage (24. September–23. Oktober)

Was für ein Mundwerk! Ich weiß wirklich nicht, wie man das bändigen könnte. Liebe Waage, tun dir nicht von Zeit zu Zeit die Kinnbacken weh? Wenn diese Person nicht einen Beruf findet, in dem ihr Redestrom sich austoben kann, wird sie zu einem gesellschaftlichen Schreckgespenst. Ratte-Menschen müssen die Lösung ihrer Probleme durch wortreiche Analysen erarbeiten. Waage-Geborene, die für jeden Aspekt des Lebens das Gleichgewicht suchen, widmen einen großen Teil ihrer Zeit wortreichen Prüfungen des Für und Wider jeder Angelegenheit. Der unstete Leichtsinn der Ratte wird in dieser Verbindung gebremst. Sicherlich können wir einen starken Hang zu den subtileren Genüssen des Lebens erwarten. Luxus ist für diesen Ratte-Typ nicht nur erstrebenswert, er passt auch zu ihm. Wenn ich mit einem solchen Menschen auf eine einsame Insel verschlagen würde, würde ich mir die Ohren verstopfen und ihm den Mund zukleben, um dem Wahnsinn zu entgehen.

Ratte/Skorpion (24. Oktober–22. November)

Wenn es einen Nobelpreis für Intelligenz und für den scharfsichtigen Einblick in die Wirkungsmechanismen des menschlichen Geistes gäbe, so würde die Skorpion-Ratte ihn bekommen. Der Okkultismus ist ihr Spezialgebiet, sie ist ein Grübler und Räsonierer, spitzfindig und von heftigem Temperament. Das alles macht sie ihren Mitmenschen nicht ganz geheuer. Den ganzen Tag über (und manchmal auch nachts) entwirft ihr Geist die wundervollsten Ideen, dreht und wendet sie und verwirft sie schließlich. Die Skorpion-Ratte weiß vieles, was anderen Menschen verborgen ist. Sie ist ein Wahrheitsfanatiker; und da niemand gern die Wahrheit hört, ist sie manchmal entmutigt und sagt dann gar nichts mehr. Am nächsten Tag schon ist sie wieder ganz dabei. Vielleicht, denkt die Skorpion-Ratte, werden sie jetzt auf mich hören. Bis sie erneut ins Fettnäpfchen tritt und ihr jemand, dem sie zu nahe gekommen ist, einen Kinnhaken versetzt. Wenn Sie einen solchen Menschen in Ihrem Bekanntenkreis haben, hören Sie ihm gut zu und befolgen Sie seinen Rat. Nichts von dem, was er sagt, sollten Sie auf die leichte Schulter nehmen. Auch wenn er manchmal nur zu scherzen scheint – jedes Wort seiner Warnungen oder seiner Vorhersagen ist ernst gemeint. Er kennt die Welt mit ihren guten und ihren schlechten Seiten. Schenken Sie ihm Ihre volle Aufmerksamkeit.

Ratte/Schütze (23. November–21. Dezember)

Takt ist nicht die hervorstechendste Eigenschaft der Ratte-Menschen, die im Zeichen des Schützen geboren sind. »Die Wahrheit und nichts als die Wahrheit«, das scheint der Motor zu sein, der sie antreibt. Privat ist dieser Ratte-Typ ein idealistischer Intellektueller, in der Öffentlichkeit ist er ein großsprecherischer Wichtigtuer. Er kann aus einer Mücke einen Elefanten machen, aus einem Sandhaufen einen Berg. Bewundernswert ist die Fähigkeit der Schütze-Ratte, gegen unüberwindbar scheinende Widerstände anzugehen, und sie mit ihrem Charme zu bezwingen. Schützen sind aggressiv, Ratten sind ausdauernd. Das ist eine Kombination von Energiefaktoren, die den Erfolg garantiert. Voraussetzung ist allerdings, dass die Umwelt ihren Elan nicht bremst. Sie sind immer gut gelaunt, solange man ihnen Beifall spendet und ihnen den Rahmen gibt, auf den sie Anspruch zu haben glauben.

Ratte/Steinbock (22. Dezember–20. Januar)

Der Steinbock hat einen sicheren Fuß in felsigem Gelände. Er unternimmt nie etwas, was nicht schon oft erprobt worden ist. Auch Ratten sind traditionsbewusst und fürchten den Wandel. Die Steinbock-Ratte ist der Typ des stillen Dulders, sie hat wenig Selbstvertrauen und ist schwer zufrieden zu stellen. Dieses fein ausbalancierte und vorsichtige Wesen zu einem Entschluss zu bringen, erfordert viel gutes Zureden, oder vielleicht könnte eine Wahrheitsdroge es aus seiner Lethargie lösen. Hat man diesen Ratte-Typ aber einmal in Bewegung gebracht, dann wird er in den Grenzen seiner natürlichen Begabung hervorragender funktionieren als jeder andere Ratte-Typ. Er wird Ihnen einreden, dass es seine eigene Idee war, das Schilaufen zu lernen, wenn er einen gefährlichen Hang in Schussfahrt nimmt und jedes Hindernis elegant und geschickt umfährt. Er ist ein Typ, der Beistand braucht und daher das Junggesellenleben nicht liebt. Er muss immer jemanden in der Nähe haben, dem er seine Gedanken, Ängste, Wünsche und Erfolge anvertrauen kann.

Ratte/Wassermann (21. Januar–19. Februar)

Mit Abstand der verrückteste aller Ratte-Typen. Die Wassermann-Ratte führt ein Leben, das von unbekümmertem und furchtlosem Draufgängertum geprägt zu sein scheint. Sie sieht sich selbst als Bahnbrecher einer besseren Zukunft. Wie viele andere Ratte-Typen kann auch dieser um die Ecke sehen und unbeschädigt durch die Wand gehen. Das Ärgerliche ist, dass ihm nahe stehende Menschen selten von seinen Heldentaten profitieren. Er kann extrem gleichgültig gegenüber seiner Familie und seinen Freunden sein. Wassermann-Ratten haben immer das Gefühl, Wichtigeres zu tun zu haben, als am häuslichen Kamin zu plaudern und das liebevoll bereitete Mahl im Kreise der Familie zu genießen. Was könnte wichtiger sein, als sich um das Wohlergehen der Not leidenden Massen zu kümmern? Die Sorge um die Familie muss zurücktreten hinter der Sorge für die unterentwickelten Nationen. Der Anspruch der eigenen Kinder auf seine Fürsorge kommt erst an zweiter Stelle, solange es noch hungernde Kinder in Afrika gibt. Die Familie kann drängen, so viel sie will, sie muss abwarten, wann die Ratte sich entschließt, ihre Erforschung der Ursachen für das Leiden der Menschheit, für die Kreuze, die sie tragen und die Bürden, die sie schleppen muss, einmal für kurze Zeit zurückzustellen. Wie der Wassermann-Ratte-Mensch das sieht, stellt seine Umgebung immer höhere Ansprüche an seine Gefühle, als er zu erfüllen im Stande ist.

Ratte/Fische (20. Februar–20. März)

Ohne eine kräftige Stütze für ihr Rückgrat und einen kühlen Kopf, um ihren vielfältigen Ideen einen Halt zu geben, wäre diese verschwommene Kombination von Widersprüchen nicht lebensfähig. Mehr als alles andere zählt bei der Fische-Ratte der Wunsch, sich auf andere zu stützen. Unter den Nassauern dieser Welt ist sie der Champion. Ob nach Art der Vögel des Himmels oder aus der Tasche anderer, dieser Ratte-Typ wird immer versuchen, sich ein komfortables Leben mit der geringst möglichen körperlichen und geistigen Anstrengung zu sichern. Er hat unleugbar Charme. Sein Witz und seine schwärmerische Naturliebe wirken auf stärkere Menschen anziehend. Leider ist die selbstlose Liebe, die er so freigebig anderen zuzuwenden scheint, oft berechnend und nicht ohne eigennützige Hintergedanken. Ob in subtil geistiger oder in grob pekuniärer Hinsicht, die Fische-Ratte will immer einen nicht geringen Anteil am Reichtum ihrer Partner für sich selbst. Ihre Stärke liegt in der gleichmütigen Unbekümmertheit, mit der sie Fehlschläge und Entbehrungen hinnimmt, ohne den Mut zu neuen spektakulären Coups zu verlieren. Fische-Ratten haben nicht selten Erfolg als Künstler oder Schriftsteller. Geschäftliche Ambitionen sollten sie besser Menschen überlassen, die mehr Augenmaß haben und nicht ständig in den Wolken schweben.

Ratschläge für die Zukunft

Räuberische Ratte, du bist eines der stärksten Tiere des chinesischen Tierkreises. Als Buddha alle Tiere zu sich rief, kamst du als Erstes. In grauer Vergangenheit schon war dir die Gabe der Klarheit und des Scharfsinns verliehen worden. Warum musst du, die du doch mit besonderen Kräften der Voraussicht begabt bist, immer wieder in die alten Fehler zurückfallen? Warum hängst du so leidenschaftlich an der Vergangenheit? Und außerdem müssen wir dich fragen, warum du Aggressivität als den einzigen Weg ansiehst, um deine Differenzen mit der Gegenwart auszutragen.

Hauptsächlich, vermute ich, bedrückt die Gabe der Scharfsinnigkeit deine Seele. In Wirklichkeit fühlst du dich (vielleicht zu Recht) denen überlegen, mit denen du täglich zu tun hast. Aber ohne Kommunikation, das weißt du selbst, werden wir dich niemals so begreifen, wie du dich selbst siehst. Wie, fragst du dich, können diese Geschöpfe, denen der Stil fehlt, ihr Leben mit Charme und Schwung zu meistern, mich jemals verstehen?

Hörst du dich selbst manchmal reden? Wenn ja, so werde ich mit dir jede Wette eingehen, dass du dir als dein eigener Zuhörer nicht sehr gefällst.

Du willst, dass deine Ideen von intelligenten Menschen aufgenommen werden; aber du traust deinen eigenen Vorstellungen nicht genug, um sie dem Forum des eigenen Verstandes zur Beurteilung vorzulegen. Dabei weißt du doch genau, dass du sensibel und verständig bist. Warum musst du so unzufrieden mit dir selbst sein? Wir alle finden dich charmant und witzig. Doch du zweifelst an dir selbst und brauchst uns, um dir immer wieder deine Pläne und Ideen bestätigen zu lassen.

»Aber«, könntest du sagen, »ich will nicht in Ruhe gelassen werden. Ich will, dass ihr mir zuhört, Gedanken mit mir austauscht. Ich will mich nicht in eine Höhle vergraben und mir meinen Weg durch die Fährnisse des Lebens bahnen, ohne andere Anteil daran nehmen zu lassen.«

Ein gutes Argument. Ich glaube, du hast Recht, dass du kein Einzelgänger bist. Du brauchst einen (oder gar sechs?) Menschen um dich, die die Angriffe für dich abfangen, die du so unermüdlich heraufbeschwörst.

Aber Menschen, auch solche, die dich anbeten, werden müde. Sie mögen sogar (was Gott verhüte) den Wunsch haben, ihr eigenes Leben zu leben.

Du bist ehrgeiziger als die meisten von uns. Du erbringst manchmal übermenschliche Leistungen. Du bist intelligent und tüchtig und setzt alles daran, dir den Respekt deines Publikums zu verschaffen. Aber du sorgst dich zu viel. Du fühlst dich immer wieder enttäuscht von denen unter uns, die nicht deinem hohen Leistungsniveau entsprechen.

Versuche uns zu nehmen, wie wir sind. Dann mache dir klar, wie hoch du in Wirklichkeit über uns stehst. Akzeptiere die Rolle der Größe, Nachsicht und Gelassenheit, und du wirst bald sehen, dass sie dir angemessen ist.

Beziehungen zu anderen Tierzeichen

Herzensangelegenheiten

Die nervöse Ratte wird am glücklichsten mit einem Partner sein, der unter dem Zeichen des vornehmen Drachen geboren ist. Ratten sind oft übermäßig ängstlich und selbstzweiflerisch; die Drachen scheuen sich nicht, ihre Sorgen offen zu zeigen und über sie zu sprechen. Sie verstehen es, Dampf abzulassen, wenn der Druck zu groß wird. Als Ratte-Menschen sollten Sie Ihre Sorgen und Ängste dem mutigen Drache-Partner aufbürden. Der Drache ist nicht nur aufregend, sondern auch weise. Er wird Ihnen viel von Ihren täglichen Mühen abnehmen. Den Drachen zu bewundern, ihn zu ermutigen und ihm zu applaudieren, dürfte der großzügigen und redegewandten Ratte nicht schwer fallen.

Ein möglicher Partner ist auch der Ochse. Ochsen sind Arbeitstiere. Wenn der Ratte-Mensch mutlos wird, ist der Ochse-Partner zur Stelle, um ihn aus seinem seelischen Tief herauszuziehen. Der Ochse-Partner wird immer der Herr im Hause sein, aber er wird auch dem geliebten Ratte-Menschen die Plagen des täglichen Lebens so weit wie möglich abnehmen.

Ratte-Menschen lassen sich gern von Affe-Partnern bezaubern. Vorausgesetzt, der Affe geht mit seiner Trickkiste behutsam um, wird dieses Duo sehr glücklich sein. Ratten geben um der Liebe willen vieles auf; der geschäftige Affe muss aber die Treueklausel respektieren.

Als Liebespartner für die Ratte eignen sich auch Hund und Schwein. Der Hund teilt die Vorliebe der Ratte für Sentimentalität und Romantik. Solange die Ratte daran denkt, von ihren langen

Reisen Geschenke mitzubringen, wird der Hund brav zu Hause bleiben und sich um die gemeinsamen Belange kümmern. Wenn der Ratte-Mensch sich der delikaten Natur des Schwein-Partners anzupassen versteht und sich um etwas mehr Liebenswürdigkeit bemüht, als ihm im Allgemeinen eigen ist, dann kann eine Ratte-Schwein-Verbindung durchaus Erfolg versprechen. Beide sind Bonvivants, beide machen gern einen Scherz, beide leben gern und beide sind extrem sinnlich veranlagt.

Der übersensible Ratte-Mensch sollte ernsthafte Liebesaffären und Ehen mit Pferd-Partnern vermeiden. Die große Dosis Egozentrik, die das Pferd seiner geliebten Ratte verabreichen würde, könnte diese verwirren und verletzen. Unerträglich dürften andererseits der häuslichen und zurückgezogen lebenden Katze die gesellschaftlichen Ambitionen der Ratte sein. Nebenbei bemerkt: Die gescheite Katze könnte kaum der Versuchung widerstehen, der Aggressivität der Ratte durch ihr friedliches Temperament entgegenzuwirken. Wenn die Leidenschaft nicht zu überwältigend ist, sollten Ratte-Menschen vermeiden, Pferd- oder Katze-Partner zu wählen, und völlig dürfte eine Verbindung mit einem Feuerpferd auszuschließen sein. Eine Katastrophe wäre unvermeidbar.

Freundschaften und gesellschaftliche Beziehungen

Ratten lieben Gesellschaft. Sie sind umgänglich und großzügig und schließen gern Freundschaft. Aber bei weitem nicht jeder kommt mit dem lebhaften und nervösen Ratte-Temperament zurecht. Ratte-Geborene freunden sich schnell miteinander an, weil die Schwächen ihrer Partner ihnen vertraut sind. Aber sie neigen auch dazu, sich gegenseitig auf die Nerven zu gehen. Das Schwein ist ein ausgezeichneter Kumpel für die fidele Ratte. Vereint werden sie sich mit übermütigen Possen auf Kosten anderer amüsieren. Die Ratte wird sich den Schabernack ausdenken; das gutmütige Schwein wird die lustigen Streiche ausführen. Auch Schlangen sind gute Partner für die Ratten. Schlangen geben wertvolle Ratschläge, die Ratten sich gern zu Eigen machen. Mit dem Drachen freundet sich die Ratte gern an, weil sie seinen Schwung und seine Energie schätzt. Der Drache seinerseits fühlt sich durch Applaus geschmeichelt. Affen sind natürlich eine faszinierende Gesellschaft für die Ratte, die ihre geistige Behändigkeit und ihren angeborenen Charme bewundert und sie darum beneidet. Der boshafte Affe führt die ernste Ratte gern an der Nase herum, sodass emotionale Spannung das Verhältnis leicht trüben kann. Zwischen Ratte und Hahn kommt es selten zu mehr als einer oberflächlichen Bekanntschaft. Die aufschneiderische Prahlerei des Hahns geht der Ratte auf die Nerven.

Ratten sollten sich von den Idealisten Tiger und Hund fern halten. Sie sind sich zu fremd, um sich zu verstehen. Auch Katzen sollten sie sich vom Leibe halten. Sie haben nicht den nötigen Respekt, auf den die Ratte Anspruch zu haben glaubt. Ihre Beziehung wird kaum mehr als höflich sein.

Geschäfte

Ratten sind oft aktive, selbstständige Geschäftsleute, die den direkten Kontakt mit Kunden brauchen, an denen sie ihre Überredungskunst und ihren Charme erproben können. Der Ratte-Mensch führt gern seine eigene Bar oder sein eigenes Restaurant. Er liebt aber auch das Prestige einer leitenden Position. Allerdings sind Ratten meist ungeeignet für Schreibtischtätigkeit. Sie sind gute Verkaufsmanager, reisen gern, verhandeln mit Kunden, knüpfen Geschäftskontakte an, wobei sie nicht zimperlich mit Spesen sind, organisieren Meetings. Ihre Abrechnungen mit einer Firma sind immer peinlich korrekt.

Wenn der Ratte-Geschäftsmann eine Partnerschaft eingehen will, ist er gut beraten, einen entscheidungsfreudigen Drachen, ein glückliches Schwein oder vielleicht auch einen Affen zu wählen. Mit einem Affen kann er sich allerdings allerhand Ärger einhandeln. Affen sind trickreiche und gerissene Geschäftsleute. Ratten sind geneigt, Affen zu vergöttern, manchmal blindlings. Der Affe ist im Stande, den naiven Ratte-Partner übers Ohr zu hauen, ohne dass dieser etwas merkt. Das Erwachen wird dann schrecklich sein. Wie bei der Liebe und der Freundschaft sind die egozentrischen, arroganten Pferde für die freundliche, zutrauliche Ratte im Allgemeinen gefährliche Partner. Eine gute Zusammenarbeit könnte sich mit dem Ochsen ergeben. Solange die Ratte erfolgreich zu verkaufen und neue Geschäftsbeziehungen anzuknüpfen versteht, wird der Ochse zuverlässig die Arbeit im Büro und im Geschäft erledigen.

Familie

Ratte-Eltern sind fürsorglich und autoritär. Ratten freuen sich, wenn ihre Kinder schon früh Anzeichen von Intelligenz erkennen lassen. Sie verbringen viel Zeit mit den Kleinen, fördern ihre geistige Entwicklung, erfinden Spiele und ermutigen ihre Kreativität. Aus diesen Gründen kommen sie am besten mit fügsamen, liebebedürftigen Kindern zurecht. Unter dem Zeichen des Ochsen, der Ziege und des Schweins geborene Kinder sind ein Glücksfall für Ratte-Eltern. Eine gewisse Komplizenschaft findet man manchmal im Verhältnis zu dem verhätschelten Affe-Kind, das die nachsichtigen Ratte-Eltern mit seinem Witz und seiner Lustigkeit entzückt. Unter dem Zeichen des Pferdes geborene Kinder bringen die Ratte-Eltern oft zur Verzweiflung. Warum muss er/sie so eigensüchtig sein?, fragen sich die irritierten Eltern. Wenn ein solches Kind das Nest nicht schon in jungen Jahren verlässt, werden die Ratte-Eltern es zwingen, sich frühzeitig auf eigene Füße zu stellen und sein Glück draußen zu suchen.

Da die Ratte ein geselliger Typ ist und die Gemeinschaft liebt, wird sie versuchen, ihre Kinder, gleich unter welchem Zeichen sie geboren sind, zu Freunden zu gewinnen, ihnen mit Rat und Tat beizustehen und für ihre Bedürfnisse großzügig zu sorgen. Ratte-Kinder, die unter dem Zeichen des Tigers, Drachens oder Hundes geboren sind, werden oft ihre mühsam sich abrackernden Eltern mit einer gewissen geringschätzigen Überlegenheit behandeln. Ihnen gegenüber werden die Ratte-Eltern ihre Aggressivität ausspielen, den einzigen Weg, den sie kennen, um sich Respekt zu verschaffen.

Der Ochse

DIE JAHRE DES OCHSEN

19. Februar	1901	bis	8. Februar	1902
6. Februar	1913	bis	25. Januar	1914
25. Januar	1925	bis	12. Februar	1926
11. Februar	1937	bis	30. Januar	1938
29. Januar	1949	bis	16. Februar	1950
15. Februar	1961	bis	4. Februar	1962
3. Februar	1973	bis	22. Januar	1974
20. Februar	1985	bis	8. Februar	1986
7. Februar	1997	bis	27. Januar	1998
26. Februar	2009	bis	13. Februar	2010
12. Februar	2021	bis	31. Januar	2022

OCHSEN SIND: Geduldig. Arbeitsam. Häuslich. Methodisch. Grüblerisch. Führungsstark. Stolz. Ausgeglichen. Zurückhaltend. Aufopfernd. Urwüchsig. Schweigsam. Leidensfähig. Stark. Hartnäckig.
ABER SIE KÖNNEN AUCH SEIN: Langsam. Tölpelhaft. Störrisch. Schlechte Verlierer. Autoritär. Konventionell. Fortschrittsfeindlich. Unverstanden. Unbeweglich. Nachtragend. Eifersüchtig.

Ochsen, die ich gekannt und geliebt habe

Der Ochse ist die personifizierte Beständigkeit. Was man auch sonst von ihm halten mag, seine Standhaftigkeit im Unglück ist, jedenfalls in den meisten Fällen, bewundernswert. Er mag tiefe Seufzer der Verzweiflung ausstoßen, erbittert die Hände ringen und endlos die Frivolität seiner Mitmenschen bejammern – er steht es durch. Auf den Ochsen kann man sich verlassen.

Was das Wesen des Ochsen mehr als alles andere kennzeichnet, ist seine Gründlichkeit. Selten wird man den Typ des »Hans Dampf in allen Gassen« bei Menschen finden, die im Zeichen des Ochsen geboren sind. Karriere zu machen, Geld zu scheffeln, sich wohlhabende Freunde zu sichern für schwere Zeiten, das sind die geringsten ihrer Sorgen. Ochsen sind ausdauernde Arbeitstiere. Sie verabscheuen solche Leichtfertigkeiten wie Charme, Aggressivität, Brillanz und Ungestüm. Wenn sie das Wort ergreifen, dann haben sie etwas zu sagen. Ihre natürliche Redegewandtheit wird sich immer in Grenzen vorsichtiger, überlegter (manchmal auch in witziger Form dargebotener) Nüchternheit halten, die sehr überzeugend ist.

Es gibt so viele Beispiele erfolgreicher Ochsen in allen Lebensbereichen, dass es schwer fällt, eine Auswahl zu treffen. In allen Gesellschaftsklassen, unter Freunden und Feinden, werden Sie kaum einen im Zeichen des Ochsen geborenen Menschen finden, der ein Versager ist. Ein Ochse-Mensch mag Ihnen schwerfällig oder unfreundlich erscheinen, aber sein oft plumpes Gehabe sollte Sie nicht darüber täuschen, dass er gewöhnlich sehr wohl im Stande ist, sein eigenes Leben zu meistern und oft auch das Schicksal seiner Mitmenschen zu bestimmen.

Als ich die Geburtsdaten berühmter Menschen aus den letzten hundert Jahren überprüfte, war ich höchst erstaunt, wie viele von ihnen in einem Jahr des Ochsen geboren waren. Es würde den Rahmen dieses Kapitels sprengen, ihre Lebensschicksale detailliert zu beschreiben. Ich muss mich darauf beschränken, Ihnen eine Namensliste vorzulegen. Überraschend groß ist der Anteil der Männer. Auf die vermutlichen Gründe für dieses Übergewicht werde ich später eingehen.

Interessanterweise wird die Liste angeführt von dem verhasstesten Menschen unseres 20. Jahrhunderts, Adolf Hitler (Stier/Ochse, geboren 1889). Ich bin kein Historiker; die Gründe für seine entsetzlichen Taten werden mir wohl immer unverständlich bleiben. Ich beschränke mich daher auf die Vermutung, dass er ein teuflisch genialer Wahnsinniger war.

Um die freundlichere Seite aufzuschlagen: Charlie Chaplin wurde ebenfalls im Jahr des Ochsen 1889 geboren. Sein glückliches Genie hat mehr Menschen zum Lächeln und zum Lachen gebracht, als man zählen könnte. Als Schauspieler, Familienvater und Bürger war Chaplin eine großartige Persönlichkeit.

Das Jahr 1901 brachte uns Gary Cooper und Walt Disney. Diese beiden unvergesslichen großen Männer unserer Zeit haben sich ihren Ruhm nicht mit leichter Hand verdient. Wenn ein begabter Ochse sich vornimmt, etwas zu erreichen, so können ihn Fehlschläge nicht entmutigen. Er wird sich allen Hindernissen zum Trotz durchsetzen. Die Ernte 1913 war nicht weniger gut. In diesem Jahr des Ochsen finden wir Burt Lancaster, Vivien Leigh, den berühmten Couturier Oleg Cassini und den Giganten der existenzialistischen Literatur – Albert Camus. Erkennen Sie den Zusammenhang? Die Geburtsregister der Ochsen-Jahre verzeichnen selten – wenn überhaupt – leichtgewichtige und exzentrische Hochflieger. Der Typ des Ochse-Menschen ist der sich langsam entwickelnde, machtvolle Gestalter von Bildern und Formen.

Das Ochsenjahr 1925 bescherte uns eine noch reichhaltigere Anzahl bedeutender Gestalten. Im fünfundzwanzigsten Jahr des vergangenen Jahrhunderts kamen zur Welt: Malcolm X., William Styron, Gore Vidal, Richard Burton, Art Buchwald, Russell Baker, Howard Baker, Johnny Carson, Sammy Davis jr., Jack Lemmon, Peter Sellers, Jonathan Winthers, William Buckley und Velvet Fog Mel Torme. Das ist eine stattliche Schar von Ochsen. Viele dieser Mitglieder der Ochsenrasse haben in unserer Gesellschaft tiefe Spuren hinterlassen; von manchen dürfen wir noch großartige Leistungen erwarten. Wenn Ochsen an die Arbeit gehen, dann trödeln sie nicht herum.

Sie könnten einwenden: »Das ist zu voreilig. Die Menschen des Jahrgangs 1925 sind heute logischerweise auf dem Höhepunkt ihrer Karriere.« Wenn das stimmt, wie sieht es dann mit dem Jahrgang 1937 aus? Schauen Sie die Liste derjenigen an, die 1975 schon den Durchbruch geschafft haben: Bill Cosby, Dustin Hoffman oder Robert Redford. Und Eric Segals winziger Buchmonolith rührt noch immer die Herzen der meisten Amerikaner.

Und was ist mit den Ochse-Geborenen Jane Fonda und Dory Previn? Ich werde nicht die Stirn haben, zu behaupten, dass diese Damen ihren Erfolg nur ihren Beziehungen verdanken. Glück in der Wahl der Eltern oder der Ehegatten zu haben, ist für die hartnäckigen und methodisch arbeitenden Ochse-Menschen völlig nebensächlich. Wenn sie ein Ziel haben, erreichen sie es. Oder sie gehen vorher zu Grunde.

Jack Nicholson ist gewiss kein Zufallsgenie. Diesem Filmwunderknaben scheint der Erfolg in den Schoß gefallen zu sein. Immerhin, er ist ein begabter Schauspieler. Wie könnte ein so talentierter junger Mann keinen Erfolg haben? Nun, liebe Freunde, ich kannte Jack Nicholson vor langer Zeit, 1965, in Frankreich. In dem Jahr ging bei ihm alles schief.

Wir waren zum Filmfestival in Cannes. Jack Nicholson war damals ein blasser, unscheinbarer Abklatsch des stattlichen Burschen von heute. Ich war ein »schöpferisches« Publicrelationsgirl, das riesige rote Ballons am Strand entlangtrug, um für einen grässlichen Film zu werben, den niemand sehen wollte. Jack war in diesem Jahr als Agent für ein paar Roger-Corman-Western in Cannes, die niemand kaufen wollte. Verschossene Jeans waren in diesem Jahr kein Hit. Jack trug sie, weil er sonst nichts besaß. Er war kein Schauspieler, so weit man wusste. Übrigens wusste auch niemand von uns, dass er überhaupt Schauspieler werden wollte. Er war das, was manche Leute als »Wühler« bezeichnen würden.

Während des Festivals freundete Jack sich mit einer Freundin von mir an. Pam war ein nettes, lebhaftes, ballontragendes englisches Girl. Nach dem Festival traf sich das Pärchen zufällig in London wieder. Dann gingen sie zusammen nach Kalifornien. Schließlich lösten sie ihr Verhältnis. Ich traf meine Freundin kaum zwei Jahre später zufällig bei Harrod's in der Delikatessenabteilung und fragte sie: »Was ist eigentlich aus dem netten Hippiejungen geworden, den du in Cannes getroffen hast?«

»Oh der! Ich habe ihn eine Zeit lang häufig gesehen. Aber er ist nicht mein Typ. Ich bin sogar mal mit ihm in Kalifornien gewesen.

Aber er schuftete und schuftete unentwegt. Ich bin allein nach hier zurückgekommen. Er war ein hoffnungsloser Fall.« Pam ist nicht der Typ, der das Moos unter den Steinen wachsen lässt.

»Was macht er jetzt?«, fragte ich.

»Er ist Schauspieler. Er spielt in diesem neuen Peter-Fonda-Dings mit, *Easy Rider*. Jack ist das Beste an diesem Film.« Sie setzte das Lächeln der stolzen Liebhaberin eines berühmten Mannes auf.

»Ich wusste gar nicht, dass er schauspielern kann.« Ich war angenehm überrascht.

»Ich wusste es auch nicht. Aber eines weiß ich ganz sicher: Wenn Nicholson etwas haben will, dann hält ihn nichts auf. Er ist ein ungewöhnliches Talent. Der Film wird dich umhauen.«

Pam hatte Recht. Mit Millionen anderer Kinofans war ich von Jack Nicholson begeistert. Er hatte sich tatsächlich zu einem außergewöhnlichen Schauspieler gemausert. Wer hätte das gedacht?

Ein paar Jahre später, als ich gerade vor dem schicken Dress-Shop stand, den ich im Pariser Quartier Latin managte, wer anders schlendert da vorbei als der alte Jack Nicholson.

»He!« Er starrte mich an. »Was, zum Teufel, tun Sie denn hier?«

»Und Sie?« Ich küsste ihn auf beide Wangen und fragte: »Was sucht denn ein berühmter Hippiefilmstar in einem Pariser Coutureladen? Oder sprechen Sie nicht mehr mit mir, wo Sie jetzt ein so bedeutender Mann sind?«

Jack wurde rot. »Ich arbeite in Frankreich an meinem neuen Film. Ich habe eine Freundin dabei. Haben Sie nicht etwas Passendes für sie? Sie hat ungefähr Ihre Größe.« Jack schien sich in der Plüschatmosphäre nicht sehr wohl zu fühlen, aber er setzte sich schließlich doch hin, während ich ihm einige Kleider zeigte. Sein Starkollege Dennis Hopper stellte sich freundlich neben ihm auf, offensichtlich von der feudalen Kulisse ziemlich entnervt. Jack fragte mich, wieso es mich in einen Shop verschlagen hätte. Offensichtlich erinnerte er sich an meine glorreiche Zeit in Cannes, komplett mit Rolls-Royce und Longdrinks auf der Terrasse des eleganten Carlton-Hotels.

»Schwere Zeiten, alter Junge. Ich ziehe meine Kinderchen jetzt allein auf. Versuche nebenbei, ein bisschen zu schreiben, um nicht aus der Übung zu kommen«, sagte ich, während ich ihm unsere hübschesten Modellkleider heraussuchte.

Der brave Ochse-Junge war sofort wie verwandelt. »He, das wusste ich ja gar nicht. So, es ist also aus mit dem alten Mann? Gut für Sie, Baby.« Er klopfte auf den Stuhl neben sich. »Setzen Sie sich eine Minute zu mir. Lassen wir das mit dem Kleid. Ich schicke sie morgen vorbei. Sie kann sich selbst aussuchen, was ihr gefällt. Ich bin sowieso ein hoffnungsloser Fall für solche Sachen.«

Ich setzte mich und wir schwatzten ungefähr zehn Minuten. Er wollte mir ein paar Dinge beibringen, wie man »es macht«. Er warnte mich, dass ich enttäuscht sein würde. Dass die Leute mich unterkriegen würden. Dass man meine Arbeiten wer weiß wie oft ablehnen würde, bevor einmal eine angenommen würde. Er sagte, es sei ein harter Job. Und – typisch Ochse – er bot mir an, mir zu helfen, so gut er könne. Wenn ich ihm ein Script oder einen Auszug aus meinem Roman schickte, wollte er versuchen, es einem befreundeten Verleger zu zeigen. Brauchte ich etwas Geld? Waren die Kinder okay? Und so weiter und so fort.

Dass er ein Star geworden war, hatte Jack Nicholsons Natur nicht um ein Jota geändert. Er zählt für mich zu den wenigen Menschen, die den Weg nach oben schaffen, ohne dass die Oberflächlichkeit des Milieus ihnen etwas anhaben kann. Mit beiden Füßen auf dem Boden stehend, gut, stark und hilfsbereit – das ist der Charakter des Ochsen. Nicholson war beeindruckt, dass ich tatkräftig und entschlossen mein Leben selbst in die Hand genommen hatte. Obwohl ich ihn von früher kannte, muss ich doch gestehen, dass mich seine Freundschaftsdemonstrationen ein wenig aus der Fassung brachten.

Als Jack mit seinem berühmten Kumpel auf dem Weg zur Tür war, rief er mir noch einmal über die Schulter zu: »Haben Sie keine Hemmungen, mir Ihre Story zu schicken. Ich werde versuchen, Ihnen zu helfen.«

Ich hatte nie Gelegenheit, Jack Nicholsons großzügiges Angebot in Anspruch zu nehmen. Und ich bin mir nicht sicher, ob er mir wirklich geholfen oder ob er meine Story nicht einfach in den Papierkorb geworfen hätte. Aber als ich die astrologischen Daten meiner früheren Bekannten durchsah und feststellte, dass Nicholsons Geburtsjahr 1937 war, überraschte es mich nicht, dass er ein Ochse-Geborener ist.

Wie ich in der Einführung des Buches schon gesagt habe – nichts im Leben eines Menschen ist vollkommen. Die Ochse-Geborenen machen hier keine Ausnahme. Das Erscheinungsbild des Ochsen ist oft täuschend. Viele von ihnen sind manchmal tief unglücklich, verwirrt, eifersüchtig oder ärgerlich. Was sie von anderen Typen unterscheidet, ist Folgendes: Während die Plackerei und Schufterei der täglichen Routine für einen unausgeglichenen Menschen unerträglich werden können, besitzt der Ochse-Typ von Geburt her viel Geduld und Leidensfähigkeit. Rückschläge, die sogar den phantasiebegabten zähen Tiger oder das stürmische Pferd umwerfen, berühren den schweigsamen Ochsen kaum. Missgeschick scheint ihm fast willkommen zu sein. Je mehr Schwierigkeiten es gibt, umso besser. Das ist nur Wasser auf seine Mühle.

Noch einmal zurück zum »Weißen Haus« in Paris, wo mir seit vielen Jahren ein Ochse-Geborener sehr nahe steht. Madame Anne-Marie (geboren 1913) ist eine wahre Heilige, deren unspektakuläre Wundertaten vielleicht besser inkognito bleiben sollten. Sie ist die Betreuerin meiner Kinder, meine langjährige Freundin, meine Adoptivmutter in einem fernen Land, mein barmherziger Engel, eine Zierde unter den französischen Köchinnen und der Liebling des Vierzehnten Arrondissements. In dieser rundlichen guten Fee aus dem Märchenland steckt mehr Weisheit, als in vielen klugen Büchern zu finden ist. Leider waren ihre Eltern zu arm, um sie in die Schule schicken zu können. Sie kann nicht sehr gut schreiben. Nicht dass eine so lächerliche Sache ihr viel ausgemacht hätte; sie brachte sich selbst das Alphabet bei und lernte das Lesen mit den fünfzig Kindern, die sie in ihrem Leben aufgezogen hat. Sie beherrscht das ganze Wissen, das den Kindern vom ersten bis zum fünften Schuljahr beigebracht wird. Im Alter von zehn oder elf Jahren kommen ihre Schützlinge gewöhnlich ins Internat, und sie muss mit ihren neuen Schülern wieder von vorn beginnen. In ihrem Kopf wirbelt es nur so von missverstandenen Wissensfetzen; aber ihr Geist ist sehr wach, und ihr Instinkt trifft immer das Richtige.

Anne-Marie wurde 1913 in einem kleinen Weiler in der damals noch sehr rückständigen und unzugänglichen Bretagne geboren. Bis zu ihrem vierten Lebensjahr sprach sie nur ihre keltische Muttersprache. (Die Bretonen akzeptieren noch heute nicht, dass sie ein Teil Frankreichs sind.) Mit fünf Jahren wurde sie als das vierte von acht Kindern ihrer Familie »verdingt«. Ich hatte nie gewusst, was das bedeutete, bis ich Anne-Marie traf. Das Verdingen war in früheren Zeiten (bis in die ersten Jahrzehnte unseres Jahrhunderts) üblich, wenn arme Familien mehr Kinder hatten, als sie ernähren konnten. Die Kinder wurden, kaum dass sie stehen und gehen konnten, zum Viehhüten, Babysitten, für Küchenarbeiten und zum Flaschenspülen an reiche Bauern in der Umgebung vermietet. Die Mädchen waren davon am meisten betroffen. Jungens blieben meist zu Hause und arbeiteten auf dem Hof der Eltern.

Mit fünf Jahren also wurde Anne-Marie zum Viehhüten verdingt. Als Gegenleistung für ihre Arbeit erhielt das Kind eine komfortable Unterkunft (der Heuboden!), eine Schürze pro Jahr, ein Paar Holzschuhe alle zwei Jahre, freie Schläge und Prügel und die hübsche Summe von jährlich einhundert alten Francs (nach dem Wert von 1918 etwa fünf Dollar). Dieses Geld ging direkt an die Eltern.

Im Alter von zehn Jahren floh Anne-Marie aus dieser Sklaverei zu ihrem Onkel, einem Café-Besitzer an der bretonischen Küste. Der Onkel war ein freundlicher Mann. Er bildete sie zur Serviererin aus. Bis der Bauer sich bei ihren Eltern nach Anne-Marie zu erkundigen wagte (er befürchtete, dass sie ihm einen Prozess wegen Misshandlung anhängen würden), war fast ein Jahr vergangen. Anne-Marie erhielt die Erlaubnis, bei ihrer Tante und ihrem Onkel zu bleiben. Mit zwölf Jahren war sie Köchin und Serviererin in dem Strandcafé. Sie erzählt phantastische Geschichten aus dieser Zeit, wie sie die großen Burschen, wenn sie ein wenig über den Durst getrunken hatten und zu krakeelen anfingen, beim Kragen gepackt und auf die Straße befördert hatte. Kinderarbeit war natürlich 1925 nach dem Gesetz von Frankreich verboten; aber ihr Onkel hatte Freunde bei den Gendarmen.

Mit fünfzehn zog Anne-Marie nach Paris, um ihr Glück zu machen. Es ist kein Geheimnis, dass zu dieser Zeit Mädchen vom Lande, die nach Paris kamen, schnell irgendwo unterkommen konnten – entweder als Hausmädchen oder als Prostituierte (manchmal auch waren sie ein wenig von beidem, wenn der Herr des Hauses danach war). Anne-Marie fand eine Stelle als Dienstmädchen im Hause eines reichen Aristokraten. Alle Männer der Familie, vom gelangweilten Vater bis zum idiotischen Sohn, klopften nachts an die Tür ihres ungeheizten Dachzimmers (nach dem

Motto *Noblesse oblige*). Als gutes frommes Mädchen verbrachte Anne-Marie die nächsten zehn Jahre ihres Lebens damit, neue Methoden der Türverbarrikadierung zu erfinden und schmutzigen Blicken, tätschelnden Händen auszuweichen und zweideutige Bemerkungen zu überhören. Mit fünfundzwanzig Jahren heiratete sie. Sie war eine sehr hübsche junge Braut. Sie ging stolz in Weiß zum Traualtar.

Ihr Ehemann, ein fescher, wenn auch etwas träger junger Bursche aus dem Süden Frankreichs, war nie so etwas wie die starke Stütze der Familie. Aber das war für Anne-Marie kein Grund zum Klagen. Sie zog es vor, die Dinge selbst in die Hand zu nehmen. Während des Zweiten Weltkriegs brachte sie zwei Kinder zur Welt. Damit ihre Kinder in der feinen Umgebung der von ihr bewunderten »großen Welt« aufwachsen konnten, für die Anne-Marie als Dienstmädchen, Köchin und Kindermädchen gearbeitet hatte, nahm sie eine Stellung als Concierge in einem vornehmen alten Haus des Sechzehnten Arrondissements an. Wenn sie auch nur eine Art Mädchen für alles und Pförtnerin in diesem eleganten Haus war, sollten ihre Kinder doch mit den Sprösslingen der vornehmen Familie zur Schule gehen. Sie sollten es einmal besser haben, als sie es gehabt hatte. Ihre Kinder waren ebenso gut wie die der anderen. Sie sollten auf die Universität gehen. Natürlich würden sie nicht ihre eigenen Zimmer und Schreibtische zum Studieren haben, und nicht immer würde das Geld für Bücher reichen. Den Kindern selbst lag gar nicht so viel an der Schule, aber Anne-Marie ist keine Mutter, der man widersprechen kann. Sie würde zehn Meilen durch den Schnee gestapft sein, wenn sie hätte zur Schule gehen können, und sie zögerte nicht, ihnen das deutlich genug vorzuhalten.

Zu der Zeit, als ich Anne-Marie kennen lernte, waren ihre beiden Mädchen verheiratet – eine mit einem Ingenieur, die andere mit einem Arzt. Beide hatten ihren eigenen Wagen, und die eine sprach Englisch. Und Anne-Marie hatte ihrem Mann gesagt, dass er mit dem Trinken aufhören solle, oder seine Reisepapiere lägen bereit. Heute ist er Abstinenzler.

Warum ich Ihnen hier die Geschichte von Anne-Marie und ihrem harten Leben erzähle? Bevor ich Anne-Marie traf, hatte ich keine Ahnung, was Hartnäckigkeit ist. Ich wusste nicht, was Integrität für einen Menschen bedeuten kann. Harte Arbeit war ein Begriff, über den man mir bis zum Überdruss erzählt hatte. Aber bevor ich dieses Prachtexemplar einer Ochse-Frau kennen gelernt hatte, war ich unwissend wie ein Säugling, was es mit richtiger Arbeit auf sich hat. Und ich wusste auch nichts über Dickköpfigkeit und Halsstarrigkeit.

Als meine Kinder noch sehr klein waren, ging ich wieder arbeiten. Zuerst hütete Anne-Marie sie während des Tages. Nach einiger Zeit, als Anne-Marie die beiden Kleinen lieb gewonnen hatte, bekam ich immer häufiger zu hören: »Warum lassen Sie sie nicht einfach heute Nacht bei mir? Gehen Sie ruhig mal ins Kino. Sie sehen so müde aus. Sie brauchen ein bisschen Abwechslung.«

Wie ein losgelassener Teenager sauste ich ab, in irgendein Straßencafé, wo man nette Leute traf, mit denen man sich amüsieren konnte. Ich brauchte mir keine Sorgen wegen der Kinder zu machen, die ja sicher und warm in ihren Bettchen in Nannys Wohnung lagen. Sie wohnte immer noch mit ihrem Mann in den zwei Zimmern, in denen neben allem anderen zwei Klappbetten, ein Laufstall, eine Wippschaukel, ein großer französischer Zwillingskinderwagen und Mengen von Windeln, Spielanzügen und sterilisierten Flaschen untergebracht waren.

Wenn ich um drei Uhr morgens müde nach Hause kam, brannte noch Licht in Anne-Maries winziger Küche. Wenn alle anderen sicher im Bett waren, setzte sie sich vor den Fernsehschirm. Um elf Uhr, wenn das Programm beendet war, machte sie sich an die Hausarbeit. Sie wusch alle Windeln mit der Hand (das Wasser kochte sie auf dem Ofen), sie bügelte die vom Vortage. Sie kochte große Töpfe Karotten, Erbsen und Bohnen und rührte sie durch ein Handsieb, um Babynahrung daraus zu machen. (Sie würde ihnen nie Konservennahrung gegeben haben.) Dann schrubbte sie die Böden, damit die Kleinen herumkrabbeln konnten, ohne mit Bakterien verseucht zu werden. Das Einzige, was sie nicht selbst machte, war Brot backen. Gegen vier Uhr morgens knipste sie dann das Licht aus. Ihr Mann musste um fünf Uhr geweckt werden, und sie brauchte etwas Schlaf.

Als beide Kinder etwa ein Jahr alt waren (sie waren im selben Jahr geboren, aber keine Zwillinge), behielt Anne-Marie sie nachts immer bei sich. Sie behauptete, das sei einfacher für sie. Zuerst war ich mit dieser Lösung gar nicht einverstanden. Ich wollte meine

Kleinen abends bei mir zu Hause haben. »Aber Sie sind müde. Sie werden Sie nachts aufwecken«, protestierte Anne-Marie. Ich sagte ihr, dass in meinem Land auch arbeitende Mütter ihre Kinder abends nach Hause holten. Sie verkündete unmissverständlich, dass solche modernen Methoden totaler Unsinn seien. »Junge Frauen brauchen ihren Schlaf«, schimpfte sie. »Nehmen Sie sie nur am Wochenende mit. Sonst werden Sie nicht in der Lage sein zu arbeiten.«

Jeden Abend, wenn ich aus dem Büro kam, wartete sie auf mich, ein pausbackiges Baby unter jedem Arm, und eine Tasse frisch aufgebrühter Kaffee stand auf dem wachstuchbedeckten Tisch. Ich spielte mit den Kleinen, bis es Zeit war, sie ins Bett zu legen. Manchmal half ich Anne-Marie, sie zu füttern. Meist aber machte ich es ihr nicht gut genug, und sie fütterte die Kleinen selbst nacheinander. Alles machte sie besser als ich, und ich lernte von ihr mehr gesunden Menschenverstand, als man mir in vierzehn Schuljahren beigebracht hatte.

Ich lernte, dass Kinder von einem kräftigen Rüffel keine Komplexe bekommen. Ich verstand nach einer Weile, dass man tatsächlich einer Erkältung vorbeugen kann, indem man die Kinder richtig einpackt. Ich akzeptierte, dass sie keine teuren Vitamine brauchten, wenn sie frisches Gemüse und Landkost ohne chemische Zusätze bekamen. Sie brachte mir bei, dass Kinder mit achtzehn Monaten sauber sein können, wenn man geduldig und liebevoll genug vorgeht. Kurz: Anne-Marie gab mir mehr praktische und kostenlose Ratschläge, als es ein ganzes Bataillon von Kinderpsychiatern vermocht hätte. Mir wurde bald klar, dass sie mich und meine Kinder mit solcher Heftigkeit und Leidenschaft liebte, dass ich mir nicht zu viele Ausrutscher erlaubte. Sie hätte mir den Kopf abgerissen.

Anne-Marie hat auch ein bisschen was von einem Seelendoktor an sich. Sie weiß fast alles über die menschliche Natur, was es zu wissen gibt. Ich kann nur lachen, wenn Freunde sich bei mir über die schreckliche Bevormundung durch ihre jüdische Mutter beklagen. Ich nehme an, sie haben nie im Leben mit der Mischung »bretonische Bäuerin, gewiefte Pariserin, dickschädelige Tyrannin« Bekanntschaft gemacht.

Was ich Ihnen über Anne-Marie erzählt habe, entspricht so sehr dem Verhaltensmuster des Ochse-Typen, dass eigentlich nicht viel mehr zu sagen wäre. Wie alle anderen Ochse-Geborenen ist Anne-Marie ausdauernd und zuverlässig. Sie ist eine umsichtige Hausfrau. Aber es fehlt ihr auch nicht an Phantasie. Anne-Marie kann wunderbare Geschichten erzählen, humorvoll und mit schlagfertigem Witz. Sie ist langsam. Und wie langsam sie ist! Wenn ich mit den Kindern zur Zweiuhrvorstellung ins Kino will, sage ich ihr, dass ich sie um zwölf Uhr abholen werde. Sie sind dann immer sauber geschrubbt, adrett angezogen und gut verpackt fertig – um Viertel vor zwei.

Anne-Marie hält hartnäckig und stur an ihren alten Gewohnheiten fest. Als ich ihr zu Weihnachten einmal eine Waschmaschine gekauft hatte, rührte sie sie bis zum nächsten Frühjahrsputz vor Ostern nicht an. Ich kam dazu, als sie gerade ein paar Vorhänge wusch. Ich fragte sie, ob sie die Maschine vielleicht nicht regelmäßig benutze, weil sie sich nicht damit auskenne, und bot ihr meine Hilfe an.

»Ich kann lesen«, sagte sie schnippisch. »Ich will nur nicht meine guten Laken in dieser Maschine ruinieren. Dieses Schleudern kann ja nicht gut sein.« Das war's dann also.

Ich kann ohne Übertreibung sagen, dass alle Ochsen-Menschen, die ich kenne, wahre Engel in Menschengestalt sind. In ihrem Verhalten kann man nichts von Sanftheit oder besonderer Menschenfreundlichkeit erkennen, aber sie haben mit Recht den Ruf, zuverlässige Freunde zu sein, obwohl sie durchaus kühl rechnende Geschäftsleute sind. Ihre zurückhaltende und manchmal schroffe Art macht es ziemlich schwer, ihnen näher zu kommen. Sie geben sich oft barsch und abweisend; aber sie helfen jedem, den sie ihrer Zuneigung und ihres Beistands für würdig halten, mit allem, was sie haben. Wenn Sie sich einmal eine Liste Ihrer Bekannten zusammenstellen, die in einem Jahr des Ochsen geboren sind, werden Sie mir zustimmen. Sie werden Sie zum Essen einladen, auf Ihre Kinder aufpassen, Ihnen mit Geld unter die Arme greifen – wenn sie gewiss sind, dass ihre Hilfsbereitschaft jemandem zugute kommt, der den hohen Anforderungen gerecht wird, die sie an sich selbst stellen. Doch wehe dem, der sich Geld von einem Ochsen unter dem Vorwand borgt, er benötige es dringend für eine Operation seiner Frau oder zur Überbrückung einer momentanen Notsituation, um es in Wirklichkeit für einen teuren Urlaub zu verwenden: Ochsen vergessen – wie Elefanten – niemals. Sie helfen gern, aber sie lassen sich nicht zum Narren halten. Ihre – wenn auch seltenen – Wutausbrüche sind bemerkenswert und manchmal sogar gefährlich. Lassen Sie sich warnen. Wenn Sie die Absicht haben sollten, jemanden übers Ohr zu hauen, vergewissern sie sich, dass er kein Ochse ist.

Ochsen haben sehr oft eine besondere Begabung für solche Gebiete, die eine starke Konzentration und eine genaue Beobachtungsgabe verlangen. Einer meiner Schriftstellerkollegen, ein berühmter Vertreter der zeitgenössischen amerikanischen Literaturszene, William Styron, ist Ochse. Ein echteres Exemplar des südstaatlichen Gentlemen-Romanciers gibt es in der heutigen Generation nicht. Bill Styrons außergewöhnliche Persönlichkeit lässt sich nicht einmal ahnen, wenn man ihn flüchtig kennen lernt. Tatsächlich halten viele nicht informierte Leute ihn für einen ziemlich trinkfreudigen und unbeschwerten Bonvivant, dem man seine im doppelten Sinne schwergewichtigen Bücher nicht zutrauen würde. Vielleicht ist es ein bewusstes Täuschungsmanöver, man glaubt manchmal einen gewissen Schimmer in seinen Augen zu entdecken, der die Vermutung aufdrängt, er könnte ein bisschen einfältig sein.

So wie ich ihn heute kenne, als meinen Guru und Freund, ist von meinen anfänglichen Vorbehalten nichts geblieben. Ich begegnete ihm zum ersten Mal mit klopfendem Herzen als junge hoffnungsvolle Schriftstellerin bei einer Cocktailparty in seinem eigenen Haus. Er hielt einen steifen Whisky in der Hand und lächelte ziemlich dämlich, sah also durchaus nicht so aus, wie ich mir einen Giganten der amerikanischen Prosaliteratur vorgestellt hatte. William Styron mag alles Mögliche sein, aber einfältig ist er mit Sicherheit nicht. Für ihn sind sein Heim und seine Arbeit die wichtigsten Dinge im Leben. Eine Unterhaltung mit Styron über die Kunst des Schreibens, ob sie zwei Minuten oder drei Stunden dauert, vermittelt mehr an Einsicht, als man in vier Universitätssemestern lernen kann. Die Intensität, mit der er sein eigenes Werk und das anderer Schriftsteller diskutiert, ist verblüffend.

Wie so manche Ochse-Menschen, die kennen zu lernen ich das Glück hatte, ist William Styron ein Musterbeispiel für das Sprichwort: Stille Wasser gründen tief. Er spricht mit einer gewissen zögernden Unentschlossenheit, die den Eindruck erweckt, er sei scheu oder er fürchte, sich falsch auszudrücken. An unverbindlicher Konversation ist er nicht interessiert; für diese Ochsen ist das Leben das einzig Wichtige. Was keine Substanz hat, hat auch keinen Wert.

Ochsen sind im Allgemeinen die geduldigsten Zuhörer, auch bei Geschwätz, wenn es sie maßlos langweilt. Zur richtigen Zeit, in der richtigen Situation und bei den richtigen Zuhörern können sie aus sich herausgehen. Sie diskutieren dann gern überlegt und detailliert über irgendein Thema, das sie selbst und ihre Zuhörer interessiert.

Styron erzählte mir einmal die komplizierte Geschichte einer Ohroperation in seiner Kindheit in einer so spannenden Weise, wie ich das noch nie erlebt hatte. Er zeichnete mit wenigen Worten den Hintergrund, gab ein lebendiges Bild von dem Arzt, seiner Familie, von dem Verhalten seiner Eltern, von seinen eigenen Träumen und Ängsten vor dem Schmerz des Eingriffs, von seiner Befürchtung, eine Erkältung könnte zu einer Wiederholung des ganzes Prozesses führen. Die Geschichte schien sich über Stunden auszudehnen; in Wirklichkeit dauerte sie fünfzehn Minuten. Ich hatte das Gefühl, einen spannenden Roman gelesen zu haben. Die Komposition der Geschichte war ein Meisterwerk. Jedes kleinste Detail hatte seinen richtigen Platz. Der Verstand des Ochsen arbeitet mit bemerkenswerter Präzision, und sein Witz ist immer treffend – nie beleidigend. Wenn Sie mit einem Ochse-Geborenen befreundet sind, brauchen Sie sich vor Langeweile nicht zu fürchten.

Anne-Marie ist, wie ich schon sagte, eine ebenso begabte Erzählerin, obwohl sie von der Konstruktion einer Handlung oder von der Entwicklung eines Charakterbildes keine Ahnung hat. Aber sie kann ein Garn spinnen! Wenn sie eine ihrer Geschichten aus dem Leben in der Bretagne ihrer Kindheit erzählt, dann hat man alles unmittelbar vor Augen. Man glaubt, ihren Cousin André ein Leben lang gekannt zu haben. Sie lässt keine Einzelheit aus, von der Haarfarbe bis zur Schuhgröße. Sie ahmt seinen Akzent vollendet nach und würzt jede Geschichte und schmückt sie so aus, dass sie Ihnen immer neu erscheint und Sie sie wie immer genießen, sooft Sie sie auch gehört haben mögen. Beredsamkeit ist eine Gabe des Ochsen, selten schwätzt er belangloses Zeug. Er weiß sich gewandt auszudrücken, versteht seine Zuhörer zu interessieren und zu amüsieren.

Die wohl ausgeprägteste Charaktereigenschaft des Ochsen ist aber seine Ausdauer. Mit keinem noch so kräftigen Knüppel können Sie die Radspeichen eines Ochsenkarrens brechen. Legen Sie dem Ochsen Hindernisse in den Weg, treten Sie ihm kräftig auf die Zehen oder beschimpfen Sie ihn – er wird darin nur eine Herausforderung sehen. Provozieren Sie ihn oder beleidigen Sie ihn zu oft, werden Sie es bereuen. Seine Rache kann tödlich sein. Und sollten Sie versuchen, die Integrität eines Ochsen anzuzweifeln, und sollte er darauf nicht so heftig reagieren, wie Sie erwarten, ziehen Sie daraus keine falschen Schlüsse; seine Gleichgültigkeit ist kein Kompliment an Ihre starke Persönlichkeit. Er hat keine Angst vor Ihnen – Sie haben ihn nicht beeindruckt. Auf die Dauer wird seine Geringschätzung für die, die er nicht mehr achtet, die schlimmste Vergeltung sein.

Noch ein letzter Hinweis, um das Bild des Ochsen abzurunden. Wer ist der Preisochse unter all den Ochsen, die wir kennen? Nein, nicht Captain Hook! Versuchen Sie es noch mal. Wer ist der verwegenste unter all den großen Abenteurern der Geschichte? Nein, auch Mao Tse-tung kann nicht mithalten. Der größte und ruhmreichste Ahn aller Ochsen ist – Napoleon Bonaparte (geboren 1769). Er hat nie gezögert, den Stier bei den Hörnern zu packen.

Die Ochse-Frau

Wenn ein Franzose jemanden *Vache* nennt, was wörtlich übersetzt »Kuh« bedeutet, dann ist das eine Art Kriegserklärung. *Vache* ist ein besonderer Kraftausdruck. Kinder dürfen ihn nur in den Mund nehmen, wenn sie damit das Weidevieh bezeichnen wollen. Wenn man von jemandem (Mann oder Frau) sagt, er sei *Vache,* dann meint man, er sei ein übler Patron. Ein Franzose, dem der Hammer ausrutscht oder der sich einen Finger klemmt, flucht: »Oh, la Vache!« In einer stark landwirtschaftlich geprägten Kultur wie der französischen hat sich ein solcher Fluch wohl deshalb behauptet, weil so viele Leute täglich mit diesen großmäuligen weiblichen Kreaturen zu tun haben. Ich würde nicht gern einer Französin mitteilen, dass sie unter dem Zeichen des weiblichen Rindviehs geboren ist. Sie könnte meinen, ich würde sie eine *Vache* nennen.

Wohin ich auf dem Umweg über diese gewundene Landstraße kommen will: Ohne die Kenntnis der französischen Sprache hätte ich wohl kein so ausgeprägtes Gefühl für das Wesen der im Zeichen des Ochsen geborenen Frauen. Eine Dame dieser Spezies würde ich nicht gerade einem nichts ahnenden Lebemann empfehlen. Ochse-Frauen sind das, was man als hartgesotten bezeichnen könnte. Sentimentales Gefasel langweilt sie. Rührselige Filme finden sie ärgerlich. Ein willensschwacher Partner mag für die Ochse-Dame attraktiv sein, nach einiger Zeit aber wird die Milch der frommen Denkungsart sauer und aus einer zufriedenen Kuh eine zänkische Tyrannin werden.

Um es ganz deutlich zu sagen: Die Ochse-Frauen brauchen nicht wirklich einen Gefährten im traditionellen Wortsinn. Eine starke Schulter, an der man sich ausweinen kann, ein warmer Körper, an den man sich nachts schutzsuchend schmiegen kann, ein sicherer Turm, in den man sich in Zeiten der Not flüchten kann – das alles sind nur Symbole eines schwächlichen Charakters. Obwohl viele Ochse-Frauen es in Anbetracht der Popularität der Emanzipation und der Geringschätzung ehelicher Bindungen nur ungern zugeben werden, bevorzugen sie doch im Allgemeinen den häuslichen Rahmen. Sie herrschen lieber in einem kleinen Kreis, als sich in das Getümmel der großen Welt zu stürzen. So brauchen sie sich niemandem unterzuordnen.

In einem Jahr des Ochsen geborene Frauen sind verletzbar. Zu Hause können sie unbeschränkt herrschen und ihren Willen unbeugsam durchsetzen. Ihr eigenes Reich regieren sie mit Stärke und unerschütterlichem Mut; doch sie scheinen sich bewusst zu sein, dass ihre Fähigkeiten sich nur in diesem engen Rahmen entfalten können. Wenn Ochse-Frauen in die große böse Welt hinausziehen, legen sie sich fast immer den harten Panzer grimmiger Selbstsicherheit an. Sie verstehen es nicht, anmutig zu lächeln, und sie strahlen nichts von dem kokett-sinnlichen Reiz »echter Weiblichkeit« aus. Ochse-Frauen sind das Salz der Erde. Sie sind in ihrem Element, wenn sie sich hilfloser Wesen annehmen und sie bemuttern können – Kinder, verlaufene Tiere und Betrunkene. Wenn sie versuchen, ihren Mutterinstinkt zu unterdrücken (was die »fortschrittlichen« unter ihnen manchmal versuchen), werden sie schließlich verbittert und zynisch. Der beste Platz für die Ochse-Frau ist das Haus, der heimische Herd. Dann schenkt sie uns die besterzogenen Kinder der Welt, die an härteste Disziplin gewohnten arbeitsamsten Ehemänner und die köstlichsten Braten und Kuchen.

Als ich erwähnte, dass bei den erfolgreichsten und berühmtesten Ochse-Geborenen die Männer ein starkes Übergewicht haben, versprach ich Ihnen, die Gründe für dieses Phänomen später zu erörtern. Offen gestanden, ich kann nicht rundheraus sagen, dass in Ochse-Jahren geborene Frauen niemals eine große kommerzielle oder künstlerische Begabung haben. Die Schauspielkunst der schönen Jane Fonda ist wohl unbestritten. Und die Songs, die Dory Previn für sich selbst schreibt, gehören zu den aufregendsten ihres Genres. Aber spüren Sie nicht auch die Bitterkeit und Härte im Werk der beiden Künstlerinnen? Spüren Sie nicht auch eine fast hasserfüllte Schärfe in den Schöpfungen dieser beiden Frauen?

Gefühl und Pflicht sind für die Ochse-Frau die beiden Seiten der Medaille. Sie ist fast immer ein Muster ehelicher Treue. Wenn ihr Ehemann herumstreunt, sucht sie die Schuld zuerst bei sich selbst. Hat sie ihn aber zurückgewonnen, wird sie ihn nie seinen Fehltritt vergessen lassen. Sie wird ihn bis an sein Lebensende daran erinnern. Nein, sie zweifelt nicht an ihrer Fähigkeit, ihren Mann zu erobern und zu halten; das ist nicht ihr eigentliches Problem. Aber unter dem Zeichen des Ochsen geborene Frauen missbilligen, nicht anders als ihre männlichen Pendants, jede Art von Insubordination. Für das, was sie selbst geben, können sie auch eine angemessene Gegenleistung verlangen. Das ist eine Ehrensache.

Über allem aber steht für die Ochse-Frau die Liebe zu ihrer Familie. Sie schwelgt in Erinnerungen an die Vergangenheit und genießt die Freuden der Gegenwart. Der Verlust eines geliebten Menschen, ein gebrochenes Versprechen oder eine der unvermeidlichen Wunden, die das Leben schlägt, treffen ihr reines und treues Herz besonders hart. Wenn Sie eine solche Frau, stark wie der Felsen von Gibraltar, lieben, dann erweisen Sie sich ihrer würdig! Sie verdient das Beste, weil sie alles gibt, was sie geben kann.

Der Ochse-Mann

Ein Ochse-Mann ist glücklich, wenn er sein Talent, andere herumzukommandieren, nach Herzenslust entfalten kann. In die Rolle des Untergebenen fügt er sich nur schwer. Obwohl er sich gewöhnlich in leitenden Positionen jeder Art sehr gut bewährt, ist es kein Vergnügen, unter ihm zu arbeiten. Wenn er eine Anordnung gibt, so lässt der Ton keinen Zweifel daran, dass er nicht mit sich spaßen lässt. Er ist der Herr und er bestimmt, wo es langgeht.

Unser geliebter Johnny Carson (geboren 1925), dieser unersetzliche Trost der Schlaflosen, ist ein Musterexemplar des Typs Ochse. Niemand – absolut niemand – kann sich gegen ihn behaupten, wenn er einmal das Wort hat. Nach meiner Meinung spricht Johnny Carson deshalb so viel von uns an, weil er sich traut, alle diese unerhörten Dinge auszusprechen (und dafür obendrein noch bezahlt wird), die wir selbst so gern sagen möchten. Carson besitzt das Monopol auf das, was wir »Chuzpe« nennen. Er sagt, wie es ist. Und er gewinnt die Herzen von Millionen Fernsehzuschauern vom Atlantik bis zum Pazifik, weil er bei aller Schärfe und Schonungslosigkeit im Grunde ein liebenswerter Mensch ist. Er mag sich noch so blasiert über etwas auslassen, man bemerkt doch immer ein freundliches Zwinkern in seinen Augen. Der geschliffene Spott des routinierten TV-Unterhalters kann nicht verbergen, dass er im Grunde ein einfacher netter Bursche aus Nebraska ist. Wir können ganze Abende lang seinen Wortgefechten mit den witzigsten Gesprächspartnern zuhören (wobei es durchaus nicht immer fair zugeht), und irgendwie – ganz gleich, wie beißend und verletzend seine Ausfälle auch sind – klopft uns das Herz doch schneller, wenn jemand ihm mit harten Schlägen zusetzt. Wird er diesen Kampf gewinnen? Kann er dem Trommelfeuer des Gegenangriffs standhalten? Die Antwort ist immer: Ja.

Die Ochsen lassen sich nicht leicht unterkriegen. Am wenigsten so hart arbeitende Männer wie unser Freund Johnny Carson. Man merkt es ihm heute nicht mehr an, aber er wurde nicht über Nacht zum Star. Er begann seine Karriere im Showgeschäft als Alleinunterhalter in drittklassigen Nachtklubs. Vor Sälen voller Betrunkener oder uninteressierter Nachtklubgäste im Mittleren Westen lahme Witze zu reißen und dabei zu riskieren, dass einem womöglich Teller mit Essensresten an den Kopf geworfen werden, wenn der Witz nicht ankommt, das ist nicht gerade der rosigste Weg zum Erfolg. Wer den Mut aufbringt, allein auf sich gestellt gegen den Lärm in solcher Umgebung anzureden, der muss schon die Sturheit und Ausdauer des Ochsen besitzen. Talent ist eine Sache, starke Nerven sind eine andere.

Nach meiner Ansicht wäre der Einzige, der Carson auf seinem Gebiet wirklich Konkurrenz machen könnte, ein Ochse des Geburtsjahrs 1937 – Bill Cosby. Cosby hat dieselbe unerklärliche Ausstrahlungskraft, die den großen Talkshowmeister auszeichnet. Er sieht so harmlos und unbekümmert aus. Sein Auftreten zeigt Charme und Selbstsicherheit. Aber beobachten Sie ihn einmal, wenn er richtig in Fahrt ist. Er kann das zerzauste Ego eines Talkshowgastes aufrichten, während er im gleichen Atemzug einen Reklamegag abreißt und mit einem guten Witz die Zuhörer zum Lachen bringt. Nichts kann ihn aus der Fassung bringen. Cosby agiert, als hätte er das Phlegma erfunden.

Ochsen sind schwer zugänglich. Sosehr sie die Öffentlichkeit oft begeistern können, im privaten Leben fühlen sie sich selten verstanden. Gerade weil sie so ehrlich versuchen, in ihrem selbstgewählten Beruf ihr Bestes zu geben, vernachlässigen sie ihr Privatleben. Sie empfinden das auch selbst. Wenn Johnny Carson geschieden wird, fühlt das ganze Land mit ihm. Ich habe nie gehört, dass Dick Cavette (geboren im Ratte-Jahr 1936) auch nur die Existenz seiner Frau erwähnt hätte. Sie wahrscheinlich auch nicht.

Übrigens sind Mike Douglas und Merv Griffin auch Ochse-Menschen. Das Jahr 1925 war ein großes Jahr für Showtalente.

Wie ich schon sagte, das Privatleben der Ochse-Männer ist nicht immer ohne Turbulenzen. Frauen fällt es schwer, zu verstehen, dass Ochse-Partner eine sehr starke Liebe empfinden können, ohne jedoch fähig zu sein, den Romeo oder Lothario zu spielen. Der Ochse bringt es nicht fertig, eine fällige Entscheidung mit anderen zu diskutieren. Er mag stolz auf seine hübsche Frau sein, er mag seinen Kindern ein zärtlicher Vater sein, sogar dem Familienhund wird er gelegentlich den Kopf kraulen – im Grunde seines Herzens aber braucht er niemanden, der sich um ihn kümmert, der zärtlich zu ihm ist oder ihn in schweren Zeiten aufmuntert. Er ist ein Einzelgänger.

Er wird seinen Weg machen, mit oder ohne Frau. Vielleicht ist es bedauerlich, aber er kann gut allein fertig werden; es macht ihm nichts aus, in schäbigen Hotelzimmern seine Nächte zu verbringen oder ein unbekömmliches Essen in irgendeinem Gasthaus an der Landstraße zu verzehren. Wichtig ist ihm allein der Erfolg. Ich will nicht sagen, dass er dieses Leben genießt. Ich will nur diejenigen meiner Leser, die unter den Allüren eines Ochse-Mannes leiden, darauf hinweisen, dass die Familie für ihn zwar sehr wichtig ist, dass er aber letzten Endes durchaus in der Lage ist, ohne sie auszukommen. Wenn Sie fühlen, dass er nicht genügend aufmerksam ist, wenn Sie sich über seine Arbeitsbesessenheit ärgern, wenn Sie wünschen, dass er mehr Zeit und Liebe für Sie und die Kinder aufbrächte, dann halten Sie ihm das nicht ständig vor. Es wird zu nichts Gutem führen. Versuchen Sie, sich durch interessante Aufgaben außerhalb des häuslichen Bereichs Abwechslung zu verschaffen und die Unerfülltheit Ihres Lebens zu überbrücken. Auch wenn Ihr Mann gelegentlich die häusliche Gemütlichkeit genießt, sich seine Pfeife im bequemen Sessel vor dem Kamin schmecken lässt, erwarten Sie nicht, dass er Ihnen deshalb mehr Aufmerksamkeit schenkt.

Ihr Ochse-Mann ist kein Dandy. Er macht sich nichts aus modischer Kleidung oder daraus, was andere über ihn denken. Im Allgemeinen fühlt er sich auf dem Lande wohl; er liebt die Behaglichkeit des schattigen Gartens und erfreut sich an einem herrlichen Sonnenuntergang. Doch sie können nicht von ihm erwarten, dass er irgendwelche Rücksicht auf Ihre Gefühle nimmt, wenn er Ihnen seinen Standpunkt in dieser oder jener Angelegenheit auseinander setzt. Er ist ein egoistischer Realist, ein robuster Einzelgänger, der seine Ziele hat und sie rücksichtslos verfolgt.

Variationen im Jahreskreis

Ochse/Widder (21. März–20. April)

Das chinesische Zeichen des Ochsen wird durch das Symbol »kleines Wasser« wiedergegeben. Jedenfalls gilt die Übersetzung bisher als die sinnvollste. Ein kleiner kalter Schauer könnte wohl auch das

Feuer eines in einem Jahr des Ochsen geborenen Widders etwas dämpfen. Man kann einen Idealisten nicht zu Boden zwingen. Und Widder-Menschen neigen mehr als die meisten anderen zur Verfolgung hochfliegender Pläne. Widder sind schneller als Ochsen. Sie sind auch aktiver. Eine Verbindung der beiden Zeichen gibt dem Ochsen mehr Vitalität. Er mag introvertierter sein, als Ihnen lieb ist. Aber er denkt nach. Wahrscheinlich arbeitet er gerade ein neues Schema aus, wie man die Welt verbessern könnte. Wer diesem robusten Ochse-Typ auf seinem Weg folgen möchte, der braucht eine gute Konstellation. Beißen Sie die Zähne zusammen. Das Leben mit dem Widder-Ochsen ist kein gemütlicher Spaziergang.

Ochse/Stier (21. April–21. Mai)

Das »kleine Wasser« auf der Erdoberfläche kann in diesem Fall der Ausläufer eines mächtigen Meeres sein. Wie die Verbindung der beiden Zeichen schon andeutet, handelt es sich hier um den doppelten Stier, der sowohl unseren westlichen Heros verkörpert, »El Toro« persönlich, als auch seine östliche Variante, den »Unergründlichen«. Diese Verbindung ist potenzierte Kraft. Starrköpfig im höchsten Grade, wird dieser Ochse-Typ, wenn er sich einmal etwas in den Kopf gesetzt hat, sich selbst bei den Hörnern packen und losstampfen, bis sein Projekt, Plan oder Unternehmen vollendet sind. Der Stier-Ochse ist ein zuverlässiger Freund, der Ihnen gern helfen wird, auch die schwersten Lasten zu tragen. Wenn Sie eine starke Schulter brauchen, um sich auszuweinen, dann zögern Sie nicht, diesen Ochsen um Hilfe zu rufen. Aber ich warne Sie: Er wird keine Nachsicht mit weinerlichem Selbstmitleid haben; vermutlich wird er mit einem steifen Drink und trockenen Kleidern Ihre Lebensgeister zu wecken versuchen. Dieser Ochse-Typ ist ein Freund des guten Lebens. Die Schönheiten der Natur begeistern ihn. Was die Erotik betrifft, ist er kein Kostverächter. Obwohl er gelegentlich einen etwas oberflächlichen Eindruck macht, ist er doch sehr solide und kann von seinem inneren Reichtum anderen viel mitteilen. Hüten Sie sich vor seinem unbändigen Temperament. Der Damm bricht nicht oft, aber es ist viel Wasser hinter diesen Schleusen aufgestaut. Wenn es so weit ist, dann halten Sie sich die Nase zu und springen Sie.

Ochse/Zwillinge (22. Mai–21. Juni)

Es ist für einen Menschen des Typs Zwillinge günstig, in einem Jahr des Ochsen geboren zu sein. Diese quecksilbrigen Typen können ein starkes Gegengewicht ertragen, das sie von ihrem Höhenflug wieder zur Erde zurückholt. Da Zwillinge eine große Redebegabung haben, können Sie sicher sein, dass ein im Juni geborener Ochse an den langen Abenden ein gutes Garn zu spinnen versteht. Er wird vermutlich überaus witzig sein, nervöser als andere Ochse-Typen, und zu gewagten Scherzen neigen. Wenn Sie einen charmanten Plauderer für eine Dinnerparty brauchen, dann laden Sie sich einen Zwillinge-Ochsen ein. Es ist nicht schwer vorauszusagen, dass das Leben einem unter diesen beiden Zeichen geborenen Menschen viel Fröhlichkeit und wenig Tränen bringen wird.

Ochse/Krebs (22. Juni–23. Juli)

Die großen Seen des Krebses mischen sich mit dem »kleinen Wasser« des Ochsen. Ein unter diesem Zeichen geborener Mensch ist ungewöhnlich schwerblütig. Macht, Stärke, Integrität und Zupacken sind seine positiven Seiten. Er wird durch dick und dünn gehen, wenn er ein Ziel vor Augen hat. Wenn er etwas sehr begehrt (auch einen anderen Menschen), werden ihn zehn Pferde nicht aufhalten können. Er wird sich keiner Schleichwege und Tricks bedienen, um sich seinen Platz im Leben zu erobern; dieser Ochse-Typ bevorzugt die direkte Verbindung zwischen zwei Punkten. Und wenn überhaupt jemand diesen beschwerlichen Pfad gehen kann, dann ist er es. Er ist sensibler als die Mehrzahl der Ochsen, und ich würde Ihnen nicht empfehlen, mit seinen Gefühlen zu spielen. Schon Krebse neigen zum Jähzorn. Und es würde nicht ratsam sein, die Nerven dieses echten Wasserbüffels zu sehr zu reizen. Wenn er in Wut gerät, werden Sie nicht glauben, es mit dem braven Dr. Jekyll zu tun zu haben, den Sie gestern als so angenehmen Gesellschafter kennen gelernt haben.

Ochse/Löwe (24. Juli–23. August)

Das mäßigende Element des Wassers, das der Ochse in diese Verbindung einbringt, wird wahrscheinlich bewirken, dass die im Jahr des Ochsen geborenen Löwen sich nicht ganz so ernst nehmen, wie man es bei ihnen gewohnt ist. Dieser Ochse-Typ kann eine große Hilfe für Menschen sein, die das Glück weniger begünstigt hat. Ich rate Ihnen aber nicht, ihn um seinen Beistand anzugehen, wenn Sie nicht bereit sind, eine entsprechende Gegenleistung zu erbringen. Löwe-Ochsen sind die geborenen Führer. Obwohl sie ruhiger sind und weniger ihre Autorität zur Schau stellen, als man vielleicht erwartet, können sie doch rücksichtslos ihre Macht gebrauchen. Dieser menschliche Dynamo sollte seinen Ehrgeiz nicht überstrapazieren, das könnte auf Kosten des gesunden Menschenverstands gehen, und die Geschichte kennt viele Beispiele, wohin das führen kann. Der unglückliche Napoleon, der doch von Geburt ein sehr vernünftiger Mensch war und der seinen Aufstieg zum Herrscher Europas seiner hervorragenden strategischen Planung verdankte, opferte schließlich seine Klarsichtigkeit dem Rauch der »Gloire«. Wenn dem Löwe-Ochsen die Dinge in zu rosigem Licht erscheinen, dann sollte er bedenken, dass auch seinem Ehrgeiz ein Waterloo beschieden sein könnte.

Ochse/Jungfrau (24. August–23. September)

Manchmal wünsche ich mir, unter diesem Doppelzeichen geboren zu sein. Diese Menschen sind solche Oasen der Tugend in diesem Dschungel des Lebens, durch den wir uns täglich den Weg bahnen müssen; doch wenn ich ehrlich bin: Ich befürchte, dass mich das Wandeln auf diesem Tugendpfad auf die Dauer doch langweilen könnte. Jungfrauen sind zuverlässige Freunde; Ochsen sind das auch. Jungfrauen arbeiten hart; Ochsen sind ebenfalls sehr fleißig. Jungfrauen bezahlen ihre Rechnungen pünktlich, pflegen ihren Garten, gehen Unannehmlichkeiten aus dem Wege und halten ihre Nasen hoch und ihre Nester sauber. Alles das tun auch die Ochsen. Diese Ehe ist im Himmel geschlossen. Mühen, Streben und Schinden könnten die Kinder heißen, die sie zur Welt bringen. Menschen dieses Typs können Großes aus ihrem Leben machen. Man kann auf sie zählen, wenn man einen vernünftigen Rat braucht. Aber bitten Sie sie nicht um einen Vorschlag, wie Sie Ihre Steuererklärung manipulieren können. Jungfrau-Ochsen sind die ehrlichsten aller ehrlichen Gemüter. Selbst wenn man sie mit der Nase darauf stößt, werden sie einen hinterlistigen Trick nicht erkennen. Was haben solche Menschen eigentlich zu befürchten? Wirklich nicht viel, außer dass sie mehr leiden, als notwendig wäre. Denn selbst wenn sie sich noch so gut gegen alles Schlechte zu schützen suchen, sie werden doch bald mit Bestürzung feststellen, dass die Rosen, auf die sie sich gebettet haben, viele scharfe Dornen tragen, die sehr wehtun können.

Ochse/Waage (24. September–23. Oktober)

Das Element der Waage ist die Luft. Das stille Wasser des Ochsen ist so tief, dass die leichte Brise der Waage wahrscheinlich kaum die Oberfläche kräuseln wird. Was die Waage sicher zum Charakter dieses Ochsen beitragen wird, sind Instinkt und Spürsinn. Ochsen stapfen schwerfällig daher; Waagen scheinen über den Boden zu schweben. Unser solider Ochse ist zielstrebig und beherrscht. Er hat nicht viel Sinn für Tand und Luxus und ähnlichen Firlefanz. Die Waage wird diesem Ochse-Typ einen Schuss Farbe und Sinnlichkeit geben. Man kann sich einen solchen Menschen gut in einer künstlerischen Tätigkeit vorstellen, die harte Arbeit mit intuitiver Erkenntnis verbindet. Beide Typen, der Ochse und die Waage, haben ein beachtliches Talent, ihre Zuhörer interessant zu unterhalten. Erwarten Sie von einem Waage-Ochsen nicht, dass er sich bei wichtigen Entscheidungen diplomatisch verhält. Dieser Charakterzug der Waage setzt sich in dieser Verbindung nicht durch. Obwohl er gegenüber empfindlichen Partnern gern eine ausgleichende Haltung einnimmt, vertritt er doch ganz entschieden seine Position.

Ochse/Skorpion (24. Oktober–22. November)

Das Element Wasser, das beide Zeichen bestimmt, gibt der Verbindung Skorpion-Ochse eine besonders hohe Effektivität. Einen dieser bevorzugten Menschen zum Freund zu haben, vermittelt ein ähnliches Gefühl wie der Besitz der Aktienmajorität an einer Mine. Allerdings ließe sich ein Beispiel aus der Welt des Bergbaus auch für den Fall finden, dass man einen Skorpion-Ochsen zum Feind hat. Nur müsste man sich dann vorstellen, dass man sich im Innern der Mine befindet, wenn sie durch eine Explosion zum Einsturz gebracht wird. Man kann über diesen Typ eine Menge sympathischer Dinge sagen. Im Zeichen des Skorpions geborene Ochsen scheinen nur aus Muskeln und Sehnen zu bestehen. Ihr Geist ist zugleich widerstandsfähig und elastisch. Furchtlos im Angesicht der Gefahr, tapfer im Ertragen schwerer Krankheiten und Unglücksfälle, ist der Skorpion-Ochse das klassische Beispiel des Helden, der in Katastrophen einen kühlen Kopf bewahrt und der mit Würde zu sterben versteht. So viel zu seinen guten Eigenschaften. Aber alle Skorpione sind auch rachsüchtig und nachtragend. Und so sind auch die Ochsen. Skorpione verlangen, dass alle nach ihrer Pfeife tanzen. Ochsen sind nicht gerade berühmt für ihre Geschmeidigkeit; Skorpione haben eine scharfe Zunge. Wenn sie in einem Jahr des Ochsen geboren sind, fliegen die Funken. Sie nehmen dann kein Blatt vor den Mund; sie lassen sich in ihre Arbeit nicht hineinreden. Und sie machen kurzen Prozess mit dem, der sich ihnen in den Weg stellt.

Ochse/Schütze (23. November–21. Dezember)

Das starke Feuer des angriffslustigen Schützen wird nicht durch den Spritzer Wasser vom Ochsen gebändigt. Schütze-Ochsen sind Kämpfer. Und sie sind Gewinner. Hohe Ideale und harte Arbeit verbinden sich zu einer unbezwingbaren Einheit. Erinnern Sie sich an den Spruch, den Sie sicherlich schon von Ihrer Mutter gehört haben: dass man ein Buch nicht nach seinem Einband beurteilen soll? Er bezieht sich auf diesen unermüdlich im Hintergrund wirkenden Streiter gegen Ungerechtigkeit, Hunger, Benachteiligung von Minoritäten und all die vielen Schrecken, die zum Elend der Menschheit beitragen. Nach außen hin gibt er sich durchaus konziliant. In seinem Innern aber brennt die Flamme des Zorns gegen alles Unrecht, das in dieser Welt geschieht. Wenn Sie sich fragen, wer Ihnen diese Literatur über Familienplanung oder dieses Flugblatt über die hungernden Massen in Biafra geschickt hat, dann denken Sie einmal an die Ochsen in Ihrem Bekanntenkreis und erkundigen Sie sich, ob jemand von ihnen im Dezember geboren ist. Für den Kampf gegen die Ungerechtigkeit und für die Förderung einer guten Sache wird ein Schütze-Ochse sich mit ganzem Herzen einsetzen. Und er wird das ohne Aufheben, diskret und in bester Absicht tun.

Ochse/Steinbock (22. Dezember–20. Januar)

Wenn Sie es mit einem dieser vitalen Ochsen-Typen zu tun bekommen, dann seien Sie vorsichtig. Steinbock-Ochsen sind die Champions aller Klassen. Sie sind unbeugsam, schwierige Lebensgefährten, willensstark und unerschütterlich in ihrer Überzeugung. Persönlich würde ich eine Partnerschaft mit diesem hartgesottenen Menschentyp meinem schlimmsten Feind nicht wünschen. Aber manche Menschen genießen ja harte Auseinandersetzungen. Ochsen, die im Zeichen des Steinbocks geboren sind, sind gern für sich allein. Sie scheinen weder auf Gesellschaft noch auf Unterstützung Wert zu legen. Wenn Sie sich ein Ziel gesetzt haben, kann sie nichts aufhalten. Vielleicht werden Sie sie nicht mehr zu sehen bekommen, bis sie triumphierend ihren Erfolg verkünden. In diesem Fall ist äußerste Vorsicht geraten. Steinbock–Ochsen studieren zu hart, arbeiten ganze Nächte durch, wälzen den alten Sisyphysstein immer den steilsten und unwegsamsten Berg hoch. Und bei alledem scheinen sie nie etwas zu vollenden. Finden sie ihre Befriedigung in der Arbeit an sich? Wirklich, ich weiß es nicht. Alles was ich weiß, ist, dass unter den vielen erfolgreichen Ochsen, die ich kennen gelernt habe, kein Steinbock-Ochse war. Vielleicht brauchen sie bei all ihrem Schieben und Ziehen so viel Kraftreserven auf, dass für das wirkliche Leben nichts mehr übrig bleibt.

Ochse/Wassermann (21. Januar–19. Februar)

Der Wasserträger, dessen Element die Luft ist, bringt hier Wasser zum Wasser. Das ergibt eine glückliche Mischung. Dieser Typ versteht es, seine Ellbogen zu gebrauchen, hat aber auch eine lebhafte Phantasie. Der Wassermann ist erfinderisch. Er hat eine etwas extravagante Vorstellung von der Welt, die ihm erlaubt, sich von den Wechselfällen des Alltagslebens nicht beirren zu lassen. Der Wassermann-Mensch, der das Glück hat, in einem Jahr des Ochsen geboren zu sein, ist ausgeglichener als andere Wassermann-Typen. Dieser visionäre Mensch ist begabt für politische oder soziale Tätigkeiten. Er ist nicht weniger despotisch als andere Ochsen-Typen, aber sein Machtstreben wird durch seinen Sinn für Wahrhaftigkeit in Grenzen gehalten. Erwarten Sie vom Wassermann-Ochsen keinen Familien- oder Erwerbssinn. Wenn er von etwas besessen ist, dann von Macht.

Ochse/Fische (20. Februar–20. März)

Gut für euch Fische. Euer Geburtsjahr steht unter glücklichen Vorzeichen. Der gute alte Ochse mit seinem störrischen Wesen gibt euch die Charakterstärke, die ihr so dringend braucht, um den Kopf über Wasser zu halten. Schon im frühen Leben wird sich die Kraft des Ochsen in euch regen. Nutzt sie zu eurem Wohl. Mit eurer Phantasie und der Kraft des Ochsen müsstet ihr es weit bringen. Als Fische-Ochse sollten Sie eine Karriere wählen, die Geduld und künstlerische Intuition verlangt. Sie gehören zu den glücklichen Menschen, die mit beidem begabt sind. Ein Hang zur Unentschlossenheit und zum Treibenlassen wird gelegentlich Rückschläge bringen. Geben Sie sich nicht der falschen Hoffnung hin, dass der Erfolg sich automatisch einstellen wird. Seien Sie aktiv. Rühren Sie sich. Wenn jemand sich durchsetzen kann, dann sind Sie es.

Ratschläge für die Zukunft

Schrecklicher Ochse, schon während du dies liest, höre ich deine abfälligen Bemerkungen über dieses Blabla, dieses Geschwätz und idiotische Gefasel. Ich weiß, dass du solche Pseudowissenschaften wie Astrologie und andere Mystizismen, die nicht von Ärzten oder von der Schulwissenschaft anerkannt werden und keine amtliche Beglaubigung vorweisen können, für dummes Zeug hältst. Entspanne dich einmal. Ob es dir gefällt oder nicht, diesmal wirst du brav zuhören.

Wozu quälst du dich eigentlich so? Warum musst du denn Tag für Tag zur Schau stellen, was für ein konservativer Mensch du bist? Warnt dich vielleicht eine innere Stimme: »Vorsicht, guter Ochse! Wenn du zu viel lächelst, wenn du einen Augenblick nicht aufpasst, dann hat dich der Teufel am Wickel!?« Beruhige dich. Wir alle wissen, dass du ein ernsthafter Mensch bist und dass du es liebst, alles auf deine Weise und zu deiner Zeit zu tun. Aber warum kannst du nicht auch mal einen Scherz vertragen?

Es ist nicht gut, einen Ochsen zu reizen. Man sagt, es macht ihn nur noch störrischer. Aber du machst es auch uns schwer, die gern einmal lachen. Wenn du dich einmal entschlossen hast, dich abzukapseln, neue Ideen abzulehnen, wenn du uns in deiner borniertein Art zu verstehen gibst, dass du unsere Vorstellungen für Hirngespinste und albernes Zeug hältst, dann kann sich die große Chinesische Mauer nicht mit dir messen.

Auf der anderen Seite, lieber Ochse, wenn du selbst der Redner bist, wenn du uns eine deiner großartigen Geschichten erzählst und wir dir stundenlang gespannt zuhören, dann findest du es plötzlich ganz in Ordnung, dass alle Welt sich vor Lachen krümmt. Meinst du nicht selbst, dass sich dein Ego zu sehr aufplustert?

Was ich dir suggerieren möchte (niemand kann einem Ochsen etwas einreden), ist Folgendes: Je länger du dich verbissen gegen Übermut und Fröhlichkeit zur Wehr setzt, desto schwieriger wird es mit der Zeit für dich, mit deiner Umgebung auszukommen. Ob Jung oder Alt, Reich oder Arm, deine Natur neigt nun einmal dem Konventionellen zu. Das Orthodoxe bleibt für dich immer der bequemste Weg.

Aber was ist mit uns anderen? Wie passen wir ins Spiel? Sind wir für immer dazu verdammt, auf Zehenspitzen durch das Haus zu schleichen, den Plattenspieler leise zu stellen und so zu tun, als seien wir genauso geschäftig wie du? Vielleicht wollen wir uns gerade mit unseren eigenen Gedanken beschäftigen oder einfach nur auf dem Teppich liegen und einen Comic lesen. Vielleicht lieben wir Make-up und Minirock. Gibt es denn keine andere Rolle für uns in deinem Leben als die des nichtsnutzigen Schmarotzers?

Schon gut, ich akzeptiere die Tatsache, dass du es bist, der die Miete zahlt. Du bist legitimer Herr im Haus. Aber wenn du die Rolle so sehr hasst und sie dich so verdrießlich macht, warum schmeißt du dann nicht einfach den ganzen Krempel hin? Wir würden alle gern aus dem Haus gehen und uns einen Job suchen und froh sein, wenn wir uns nicht mehr wie Hampelmänner von dir herumkommandieren lassen müssten. Du kannst deinen verhassten Häuptlingsposten niederlegen. Wir braven Indianerkinder werden die Friedenspfeife mit dir rauchen. Wir werden sogar einen feierlichen Vertrag unterschreiben, dass wir dir alle deine harten Pflichten abnehmen, sodass du unbeschwert und fröhlichen Herzens deinen Neigungen nachgehen kannst. Vielleicht möchtest du Gedichte schreiben?

Wie hört sich das an? Das Leben würde herrlich sein. Du würdest Zeit haben. Muße. Aber ich wette, dass dir dieser Vorschlag nicht einmal ein müdes Lächeln abnötigt. Die ganze Idee ist eine Beleidigung für dich. Wenn du nicht mehr der Boss wärest, würde doch die ganze Welt über uns zusammenstürzen. Du bist schon wieder im Irrtum, mein lieber Ochse. Es mag dich überraschen, aber es gibt tatsächlich Familien auf unserem Planeten, die in hübschen Häusern wohnen mit gepflegten Gärten und die nicht einen einzigen Ochsen über sich haben.

Der Grund, weshalb ich dir überhaupt einen so unpraktikablen Plan vorschlage, ist, dass ich weiß, du wirst mich nicht beim Wort nehmen. Du bist zu stolz auf deine Fähigkeiten. Du hast ein bemerkenswertes Leistungsvermögen und einen gesunden Erfolgsdrang. Das ist es, was wir an dir besonders schätzen. Es dürfte wohl auch das sein, was du selbst an dir so schätzt.

Aber du neigst auf Grund deiner Kompetenz auch dazu, die Leistungen anderer strenger zu beurteilen, als es vielleicht gerecht ist. Nimm Rücksicht auf die, die du liebst. Stimmt es nicht, dass sie Sonnenschein in dein sonst so verdrießliches Leben bringen? Ist es nicht offensichtlich, dass du ohne ihre laute Stereomusik und ihr Gitarrengeklimper von modernen Trends keine Ahnung hättest? Wenn du dich nicht mit dieser Hippietochter und diesem Taugenichts von Neffen herumstreiten könntest, würdest du doch nie etwas Spaß haben.

Wenn du dich aber weiter in deiner aufopferungsvollen Rolle als hart arbeitender Ernährer der Familie sonnen willst und wenn dir das Herrschen und Dirigieren nun einmal höchster Herzenswunsch ist, dann bleib halt dabei. Niemand wird dich daran hindern. Aber bitte, lieber Ochse, lass uns wenigstens etwas von unserem frivolen Leichtsinn und schimpfe nicht dauernd mit uns herum.

Die Natur hat dir die Gabe der Macht verliehen. Du bist stärker und wirst besser mit den Schwierigkeiten des Lebens fertig als die meisten von uns. Das ist dein Schicksal. Ist das aber auch ein Grund, uns ständig deine Lebensauffassung zu predigen? Müssen wir uns deshalb immer fürchten, deinen Zorn zu erregen, wenn wir einmal richtig lustig sein möchten? Wir sind nicht wie du. Es besteht wenig Aussicht, dass wir je fähig sein werden, deinen strengen Maßstäben gerecht zu werden. Ganz gleich, wie ernsthaft wir es versuchen, du wirst unser fröhliches Temperament immer als Kränkung empfinden.

Zu dir blicken wir auf, wenn wir Stärke im Unglück brauchen. Für dich bemühen wir uns, die höchsten Gipfel zu erklimmen. Wir möchten dir gefallen – könntest du dich da nicht erkenntlich zeigen, indem du uns selbst unsere Ziele wählen lässt? Dürfen wir nicht unsere eigenen Kämpfe führen und nach den Sternen greifen, die uns verlockend erscheinen? Wir könnten stolpern und fallen; wir werden nicht immer so erfolgreich sein wie du. Und wenn wir versagen, werden wir reumütig an deine Tür klopfen. Und du wirst uns Eintritt gewähren – sodass du uns zurechtweisen kannst.

Du hast einen Hang zur Selbstgerechtigkeit. Du liebst es, einem Schwächeren vorzuhalten: »Ich habe es dir ja gesagt«, oder: »Sage nicht, ich hätte dich nicht gewarnt.« Das sind grausame Worte. Ein guter Samariter ist keine zänkische Schwiegermutter. Meinst du, du könntest dir das zu Herzen nehmen?

Beziehungen zu anderen Tierzeichen

Herzensangelegenheiten

Der geduldige Ochse wird den Hahn als Gefährten besonders schätzen. Während der Hahn in der Welt herumstolziert, wird der verlässliche Ochse zu Hause das Feuer hüten. Der Hahn ist trotz seines manchmal prahlerischen Auftretens stockkonservativ. Der autoritäre Ochse sollte in dieser Verbindung die führende Rolle spielen. Ochsen sind reserviert und halten sich streng an die Regeln. Eine gute zweite Wahl für den Ochsen wäre die charmante Ratte. Eine Ratte im Haus eines Ochsen wird die etwas drückende Atmosphäre durch ihre Fröhlichkeit und Geselligkeit aufhellen. Zudem würde die liebende Ratte dem Ochsen eine treue Gefährtin sein, denn auch sie weiß ein respektables Heim zu schätzen.

Die Schlange ist als Partner des Ochsen nicht geeignet. Da es für den Ochsen das höchste Glück ist, mit seiner Arbeit Haus und Hof zusammenzuhalten, kann die Schlange unbelastet vom Joch der Familie ihre Beutezüge unternehmen. Der Ochse wird im Hause herrschen; die Schlange wird ihre Beute nach Hause bringen. Wenn Schlangen überhaupt treu sein können, dann haben die Ochsen die beste Chance, sich ihre Treue zu sichern. Schlangen haben einen guten Blick dafür, wo ihr Vorteil liegt; der Fleiß des Ochsen macht diese Verbindung produktiv.

Auch ein Team von Ochsen ist nicht zu verachten. Ihr Zusammenleben wird sesshaft, ruhig und von friedlichen häuslichen Interessen bestimmt sein. Da Ochsen das ruhige Familienleben schätzen und ihre eigenen Ideen verfolgen, werden sie auch gute Partner für die Katze sein, die es nicht als erniedrigend empfindet, Befehle vom Ochsen entgegenzunehmen. Affen wissen die Sicherheit zu würdigen, die ihnen der Ochse-Partner bietet. Hunde werden gute Gefährten des Ochsen sein, solange sie sich ein wenig Eigenständigkeit bewahren können.

Wir müssen die Tatsache berücksichtigen, dass Leidenschaft für den Ochse-Menschen verhältnismäßig unwichtig ist. Romantischer Idealismus hat für ihn meist nur dekorativen Wert. Ochsen haben keine Zeit für Phantastereien. Eine Ziege zum Beispiel hat nicht das Zeug, einen Ochsen glücklich zu machen. Im Zeichen der Ziege geborene Menschen brauchen Zeit, über Kunst zu meditieren und sich in Poesie zu vertiefen. Den hart schuftenden Ochsen macht die kapriziöse Ziege ungeduldig. Der Ochse wird die Ziege nicht sanft aus ihren Träumen aufwecken, sondern über ihre Schwäche und Trägheit verächtlich die Nase rümpfen. Die unausbleibliche Auseinandersetzung würde beide verletzen.

Ochsen sollten der Versuchung widerstehen, sich mit Tigern einzulassen. Obwohl die ernste und ausgeglichene Natur des Ochsen die inneren Spannungen des Tigers zeitweilig lösen kann, wird der stärkere Ochse schließlich jede Spontaneität des Tigers ersticken und seine Persönlichkeit zerstören.

Freundschaften und gesellschaftliche Beziehungen

So seltsam es klingen mag, Tiger sind dauerhafte Freunde für den Ochsen. Wenn dem Tiger die Ausdauer fehlt, wird der Ochse die Zügel in die Hand nehmen und die Routinearbeit übernehmen. Aber Ochsen sollten nie mit einem Tiger zusammenleben. Sie haben beide einen starken Willen und neigen zu Hartnäckigkeit. Obwohl der Ochse schließlich immer Sieger bleiben wird, werden beide in einer solchen spannungsgeladenen dumpfen Atmosphäre keine Zufriedenheit finden.

Hahn und Ochse passen als Freunde gut zueinander. Der Hahn ist immer geschäftig und betriebsam; auch der Ochse ist ständig beschäftigt. Der Hahn bringt seine enthusiastischen Ideen mit nach Hause, wo der Ochse sie fleißig zurechtstutzt und aufpoliert, bis sie gebrauchsfähig sind. Es gibt viel konkurrierende Aktivität und Fortschritt in einer solchen Beziehung.

Obwohl Katzen und Schlangen einen kultivierteren Geschmack haben als Ochsen, finden sie doch oft Gefallen an ihnen. Auch Affen faszinieren den Ochsen, aber ihre vielen Tricks irritieren seine konservative Lebensauffassung. Ochsen sollten sich vor Drachen und Pferden hüten. Ihre moralischen Anschauungen entsprechen nicht seinen strengen Regeln. Da Drachen ebenso wie Pferde übermäßig stolz sind, wird der opferwillige Ochse im Umgang mit diesen arroganten Typen immer den Kürzeren ziehen.

Geschäfte

Ochsen sind ausgezeichnete Geschäftspartner für Ratten. Sie stehen fest auf den Beinen, die Arbeit ist ihr wichtigster Lebensinhalt. Eine etwas verschlagene Ratte könnte den Ochsen übervorteilen, aber sie wird das wahrscheinlich nicht tun, weil sie die Sicherheit schätzt, die der Ochse ihr bietet.

Obwohl Ochsen für den Hahn Liebe und Zuneigung empfinden können, sollten sie sich nicht in Geschäfte mit ihm einlassen. Der Ochse schätzt die Anpassungsfähigkeit des Hahns in Krisenzeiten, doch er kann lange Durststrecken nicht so gut durchstehen wie der Hahn. Zwei Ochsen könnten gut zusammen eine Landwirtschaft betreiben. Ihr Leben würde zwar nicht immer rosig sein, aber Ochsen scheuen nicht die harte Arbeit. Auf lange Sicht wird die arrogante Überheblichkeit des Pferdes den Ochsen zum Rasen bringen. Das Arbeitsklima wird positiv sein, solange die beiden sich nicht zu oft sehen müssen. Ochsen respektieren harte Arbeit, und wir alle wissen, dass Pferde durchaus in der Lage sind, den Karren aus dem Dreck zu ziehen, wenn Not am Mann ist.

Vor allem sollten Ochsen keine Stellung in einer Firma einnehmen, die von einem Drachen oder Tiger geführt wird. Ochsen ertragen nur schlecht die Autorität anderer Menschen, vor allem, wenn sie sehr selbstherrlich ausgeübt wird. Die oft extravaganten Geschäftspraktiken des Drachens und des Tigers gehen dem konservativen Ochsen gegen den Strich und treiben ihn zum Widerspruch, der sich schließlich zur offenen Auflehnung steigert.

Und letzten Endes ist der Ochse gern sein eigener Herr. Ob zu Hause oder in der Fremde, der Ochse geht seinen Weg am liebsten allein. Kaum ein anderer versteht sich so gut darauf, ein solides kommerzielles Unternehmen zu organisieren. Der Ochse wird sich für die Anbahnung und Pflege von Geschäftsbeziehungen gern einer kompetenten Hilfe bedienen, doch wo es um harte Arbeit und entschlossenes Handeln geht, verlässt er sich am liebsten auf sich selbst. Er weiß, dass es niemanden gibt, der es besser macht als er.

Familie

Ochsen sind – wie wir bemerkt haben – sehr strenge Eltern. Sie verlangen von ihren Kindern, dass sie gehorchen, dass sie ordentlich am Tisch sitzen und dass sie ihre Pflichten ernst nehmen. Ihre Strenge jedoch wird von so großer Liebe, Zuneigung und Opferbereitschaft begleitet, wie sie sonst selten anzutreffen sind. In der Familie kann der oft verschlossene und unromantische Ochse seinen Gefühlen auch einmal freien Lauf lassen. In der Ausübung seiner elterlichen Pflichten findet er größte Befriedigung. Bei allem Engagement für die Kinder vernachlässigt er oft den Ehegatten. Zuerst kommt die Pflicht! Das triviale Liebesgetändel mit dem Partner muss dahinter zurückstecken.

Der Haken bei Ochse-Eltern ist ihre schreckliche Autorität. Sie kann das Einanderverstehen so sehr erschweren. Ein Ziege-Kind werden die von seinem Ochse-Vater oder seiner Ochse-Mutter aufgestellten drakonischen Regeln so verängstigen, dass es jeden Mut verlieren kann. Ziegen sind für ein leichteres Leben geschaffen, als ihre strengen Ochse-Eltern ihnen zugestehen wollen. Drache-, Pferd- oder Tiger-Kinder werden erst einmal tief Luft holen und den Druck des Tages abschütteln müssen, bevor sie abends ins Bett gehen. Der Ochse regiert mit eisernem Willen und hält den Stolz auf seine Arbeit den Kindern gern als Beispiel vor. Die Kinder, die unter den drei letztgenannten Zeichen geboren sind, entwickeln selbst Initiative und wären zu harter und hingebungsvoller Arbeit fähig – doch der Ochse gestattet es nicht. Prioritäten setzt niemand anderer als er selbst. Drache- und Tiger-Kinder werden sich seiner Autorität stark und tapfer widersetzen, aber das arme Pferd-Kind wird wohl schon in jungen Jahren aus dem Haus flüchten. Es kann die Notwendigkeit blinder Unterwerfung und Selbstverleumdung nicht einsehen. Jeder Versuch der betrübten Ochse-Eltern, ihr störrisches Pferd-Kind mit tröstendem Zureden und mit Versprechungen heimzuholen, wird fehlschlagen. Es wird sich einfach taub stellen.

Schlange-Kinder verstehen es, Passivität zu simulieren, und junge Katzen setzen ihren Charme ein, um sich Vorteile zu erschwindeln. Affe-Kinder bringen mit ihren drolligen Späßen sogar ihre strengen Eltern zum Lachen. Selbst der brummigste Ochse kann den Tricks eines schlauen Affe-Sohnes oder einer durchtriebenen Affe-Tochter nicht widerstehen. Schweine sind zwar im Allgemeinen gutwillige Geschöpfe, aber sie sind auch sehr intelligent. Wenn ein Ochse-Vater (oder eine Ochse-Mutter) glaubt, dass das Schwein-Kind sich gehorsam seinen (ihren) Wünschen und Befehlen fügt, dann wird er (oder sie) eine Überraschung erleben. Kaum ist es den Kinderschuhen entwachsen, wird es unbekümmert seinen Weg gehen und Papa und Mama gelegentlich mal eine Postkarte aus Timbuktu oder woher auch immer schicken.

Nach allen diesen Hinweisen kann wohl kein Zweifel darüber bestehen, dass man mit Ochse-Eltern am besten auskommt, wenn man sich, wenigstens äußerlich, gefügig zeigt. Immer schön mit dem Kopf nicken und dem Ochsen Recht geben, ist besser als ein zum Scheitern verurteilter Rebellionsversuch. Ein widerspenstiges Kind ist für den Ochsen ein Paria. Er wird sogar fähig sein, das undankbare Kind zu verstoßen. Wenn Vater oder Mutter ein autokratischer Ochse-Typ ist, dann lächle und tue widerspruchslos alles, was dir aufgetragen wird. Verfolge deine radikalen Ziele so diskret wie möglich. Obwohl es dir schwer fallen wird, zu glauben, dass dieser strenge Zuchtmeister nur das Beste für dich will, versuche zu begreifen, dass er mehr von sich selbst verlangt als von anderen. Ochsen haben wirklich die besten Absichten.

Der Tiger

DIE JAHRE DES TIGERS

8. Februar	1902	bis	29. Januar	1903
26. Januar	1914	bis	13. Februar	1915
13. Februar	1926	bis	1. Februar	1927
31. Januar	1938	bis	18. Februar	1939
17. Februar	1950	bis	5. Februar	1951
5. Februar	1962	bis	24. Januar	1963
23. Januar	1974	bis	10. Februar	1975
9. Februar	1986	bis	28. Januar	1987
28. Januar	1998	bis	15. Februar	1999
14. Februar	2010	bis	2. Februar	2011
1. Februar	2022	bis	21. Januar	2023

TIGER SIND: Äußerst großzügig. Wohlerzogen. Mutig. Selbstsicher. Führungsstark. Fürsorglich. Ehrenhaft. Vornehm. Aktiv. Liberal. Faszinierend. Glücklich. Stark. Autoritär. Sensibel. Nachdenklich. Leidenschaftlich. Verehrungswürdig.
ABER SIE KÖNNEN AUCH SEIN: Undiszipliniert. Unnachgiebig. Eitel. Unbesonnen. Ständig in Gefahr. Ungehorsam. Voreilig. Hitzköpfig. Störrisch. Respektlos. Streitsüchtig.

Tiger, die ich gekannt und geliebt habe

Haben Sie schon einmal einen Menschen kennen gelernt, der gut aussieht, intelligent und witzig ist, kurz: der alle Anlagen zu einer erfolgreichen Karriere besitzt und der trotzdem bedenkenlos und unbekümmert seinen Job wechselt, weil ihn ständig etwas Neues reizt, das er unbedingt ausprobieren muss? Wenn man etwas Gutes hat, dann findet man auch etwas Besseres, das ist das unerschütterliche Motto der Menschen, die in einem Jahr des Tigers geboren sind. Ein Tiger hat nie das Bedürfnis, Vorräte für den langen, kalten Winter zu horten. Wer spart, weil er um seine Sicherheit besorgt ist, dem fehlt es an Selbstvertrauen. Die Ehe ist für den Tiger kaum mehr als ein schlechter Kompromiss. Der Tiger – ob Mann, Frau oder Kind – ist das typische »Enfant terrible«.

Einige solcher Charaktere sind mir hier und da begegnet. Tiger sind ebenso liebenswert wie schwer begreifbar, und sie strahlen eine unwiderstehliche Faszination aus.

Nehmen wir zum Beispiel meine alte Schulfreundin Gloria – das heißt, wenn wir das Glück haben, sie irgendwo ausfindig zu machen. Gloria ist einer dieser Menschen, die man nur durch Zufall trifft. Sie ist Mannequin. Nein, das stimmt nicht. Dieses Jahr ist sie Publicrelationsmanagerin bei einer Computerfirma. In der Modebranche war sie voriges Jahr. Das Jahr davor leitete sie die Zulassungsstelle eines kleinen College in Indiana.

Vor einigen Jahren, als Gloria in Paris lebte, war sie eine wegen ihrer Hartnäckigkeit gefürchtete Reporterin. Eines Tages begleitete ich sie zu einer Pressekonferenz, bei der sie Katherine Hepburn interviewte. Oder vielmehr, Mrs. Hepburn (im Jahr des Hahns 1909 geboren) tat ihr Möglichstes, um höflich den indiskreten Fragen Glorias über ihr Privatleben auszuweichen. »Wie war eigentlich wirklich Ihre Beziehung zu Mr. Tracy?«, fragte Gloria ohne Hemmungen die große Katharina. »Würden Sie es als eine Art Ehe bezeichnen?«

»Wenn ich ein Telefon finden könnte, würde ich Ihnen ein Taxi rufen«, war die elegante Antwort.

Gloria verzog keine Miene. »Seine lange Krankheit muss doch sehr hart für Sie gewesen sein. Das Thema scheint Sie ein wenig zu irritieren«, ging es unbekümmert weiter.

»Miss Hepburn würde es vorziehen, nicht über Mr. Tracys Krankheit zu diskutieren«, sagte Mrs. Hepburns loyale Sekretärin in bestimmtem Ton. »Sie ist nach Paris gekommen, um ihren neuen Film vorzustellen.«

»Warum tragen Sie eigentlich niemals Kleider?« Gloria ging verbindlich zu einem anderen Thema über, das allerdings noch indiskreter war. Mrs. Hepburn ignorierte die Frage und wandte sich ostentativ einer Platte mit Petits Fours zu. »Haben Sie vielleicht Grund, Ihre Beine nicht zu zeigen?«

Während ich Glorias sezierenden Fragen an Katherine Hepburn in dem fürstlichen Salon des Bristol-Hotels zuhörte, beugte sich ein braunlockiges Filmidol namens Alain Delon (Schwein 1935) über mich. Bevor mir die Knie weich wurden bei dem Gedanken, dass Delon mit mir sprechen wollte, hörte ich ihn wispern: »Wer ist diese Journalistin. Sie ist ja eine wahre Tigerin.«

Ich fasste mich gerade noch so weit, dass ich ihm antworten konnte, sie sei meine Freundin Gloria. »Wie ist ihre Telefonnummer bitte?«, fragte er. Da ich annahm, dass er von Gloria interviewt werden wollte, gab ich ihm die Nummer ihres Büros.

Als wir durch die mit Filmstars gefüllte Empfangshalle zum Ausgang strebten, schien mir Alain Delon Glorias Hand ein paar Sekunden zu lang festzuhalten. Sie machte sich schließlich frei und ging zu Mrs. Hepburn hinüber, um sich zu verabschieden. Jetzt war ich an der Reihe, mit Delon Händchen zu halten. Ich streckte ihm eine zitternde Hand entgegen, die er lässig ergriff, wobei er sich zu meinem rechten Ohr herabbeugte und mir zuflüsterte: »Geben Sie mir bitte ihre private Telefonnummer.«

Als ich mich nach Gloria umschaute, sah ich sie Arm in Arm mit Katherine Hepburn, die liebevoll auf sie einredete. »Sie müssen das verstehen«, sagte Kate zu Gloria. »Es ist schwer für mich, mein Privatleben mit der Presse zu erörtern. Bitte seien Sie nicht über meine Reaktion auf Ihre Fragen verletzt. Sie sind ein so nettes Mädchen…« Und so weiter und so weiter.

Gloria dinierte an diesem Abend mit Alain Delon, aß am nächsten Tag mit Katherine Hepburn zu Mittag und war zum Tee bei der Vicomtesse de Ribes. Ich hatte das Vergnügen, mich um meine Tante Mildred aus Topeka zu kümmern, die in Paris war, um sich ihre Hammerzehe operieren zu lassen.

Es ist geradezu absurd, wie verführerisch Tiger auf andere Menschen wirken. Je verrückter sie sich aufführen, desto mehr fühlen die Leute sich zu ihnen hingezogen. Ihr Weg zum Erfolg scheint jedoch nie nach dem klassischen Muster zu verlaufen. Aus dem Nichts erscheinen sie plötzlich im Rampenlicht. Auch wenn sie nach unserer Auffassung so wichtige Voraussetzungen wie gute Erscheinung, harte Arbeit und Erfahrung nicht mitbringen, gelingt ihnen anscheinend alles mühelos. Man könnte glauben, sie seien zum Erfolg verurteilt.

Warum verurteilt? Hauptsächlich deswegen, weil sie fast nie ihr Schicksal selbst bestimmen. Obwohl Königin Elizabeth von England (im Tigerjahr 1926 geboren) sich wohl kaum Hoffnungen auf den Thron gemacht hatte, fiel ihr das Zepter sozusagen in den Schoß, nachdem zuerst ihr Onkel unerwartet abgedankt hatte und dann ihr Vater so plötzlich gestorben war. Welche Überraschung ihre Tochter Anne (geboren im Tigerjahr 1950) noch zu erwarten hat, kann erst die Zukunft zeigen.

Was war in Frankreich im Jahre 1958 weniger wahrscheinlich als das Comeback von Charles de Gaulle (Tiger von 1890)? Und doch: Da war er, groß und halsstarrig, sendungsbewusst und von einem Selbstbewusstsein getragen, dem Zweifel oder Spott nicht das Geringste anhaben konnten. Sicherlich fehlte es in der Presse und der öffentlichen Meinung nicht an skeptischen und sarkastischen Kommentaren. Es gibt in Frankreich immer genügend Oppositionszeitungen, die jeden Politiker schonungslos kritisieren. Aber Tiger wie de Gaulle sind darüber erhaben. Sie genießen vielmehr die Herausforderung, die sie nur noch selbstsicherer macht, und schlagen ihre Propagandatrommel nur umso stärker. Sie setzen sich gegen jeden Affront zur Wehr, mit hochmütiger Überlegenheit und schneidender Schärfe.

Trotz ihrer unwiderstehlichen Attraktivität sind Tiger nicht die Art von Menschen, denen man blindlings folgen sollte. Obwohl man gewöhnlich den Eindruck hat, dass Tiger wissen, was sie wollen, und dass sie unbeirrbar auf ihr Ziel lossteuern, sollte man doch auf Überraschungen gefasst sein, wenn man ihnen durch den Dschungel des Lebens zu folgen versucht. Sie sind Führer. Sie sind auch oft Gewinner – aber nicht unbedingt. Manchmal sind Tiger eigensinniger, als für sie gut ist. Sie haben oft ein geradezu ungeheuerliches Selbstbewusstsein, wie beispielsweise Ludwig XIV. (im Tigerjahr 1638 geboren), der Frankreichs Vormachtstellung in Europa begründete, aber durch seine fortwährenden Kriege sein Land an den Rand des Ruins und der Erschöpfung brachte. Der Prunk, mit dem der absolute Herrscher sich umgab, und seine rauschenden Feste in Versailles waren Ausdruck des königlichen Machtgefühls. Natürlich war das die gute alte Zeit. Die modernen Möchtegernherrscher treffen es nicht immer so gut. Hugh Hefner (Tiger von 1926) hat in letzter Zeit nicht viel Glück gehabt. Sein plötzlicher Aufstieg muss wohl seine Freunde und Berater zu übermütig gemacht haben. Dasselbe gilt auch für H. R. Haldeman (ebenfalls Tiger von 1926), der offensichtlich in schlechte Gesellschaft geraten war.

Nicht alle unsere berühmten Tiger waren so töricht. Germaine Greer (Tiger von 1938), die kaltblütigste aller Feministinnen, hat die Gefahren der Berühmtheit und Intelligenz gemeistert.

Tiger sind oft eher legendäre als wirkliche Helden. Man hat den Eindruck, dass sie alles mit Spiegeltricks machen. Und es klappt. Riskiert Evel Knievel (Tiger von 1938) tatsächlich jeden zweiten Donnerstag sein Leben, wenn er vor tausenden zitternden Fans seine halsbrecherischen Kunststücke vorführt? Ist Elaine Kaufmann (Tiger von 1938/39), die berühmte New Yorker Seelentrösterin, wirklich der Kopf ihres eigenen Unternehmens? Die Konkurrenz ihres im Unfrieden ausgeschiedenen Maître d'hôtel, der gleich um die Ecke ein eigenes Etablissement aufgemacht hat, gibt zu denken.

Ich bin überzeugt, dass Miles Davis (Tiger von 1926) ein ausgezeichneter Trompetenvirtuose ist, vielleicht der beste überhaupt; aber lassen Sie mich eine Anekdote über ihn erzählen, die einen Hinweis geben könnte, warum er so »top« ist, so unschlagbar und so unglaublich hinreißend.

Als ich seinerzeit in Paris meinen Lebensunterhalt als Managerin eines Haute-Couture-Hauses verdiente, gehörten nicht wenige snobistische reiche Amerikanerinnen zu unseren Gelegenheitskunden. Eine von ihnen war Mrs. Miles Davis.

Die junge, lebhafte und schöne Mrs. D. probierte alle Kleider an, die wir ihr zeigten, und entschied sich schließlich für zwei oder drei, ohne die sie, wie sie sagte, nicht leben könnte. Sie bat, ihr die

Kleider zurückzulegen, bis ihr Mann vorbeikommen und sein definitives Urteil über den Kauf mit seiner American-Express-Karte besiegeln würde.

Kurz vor Geschäftsschluss (19 Uhr in Paris) blickte ich von meinem Schreibtisch auf und sah eine schmächtige, müde daherschlurfende Gestalt auf mich zukommen. Es war ein Anblick, den ich nie vergessen werde. Ich mag manche Details übersehen haben, weil der überwältigende Eindruck von scharlachroten Breeches und einem ebensolchen Wams mit dazu passenden Stiefeln so ungeheuer faszinierend war, dass ich den enormen hermelinbesetzten Schaffellmantel fast nicht bemerkt hätte, den er als Schutz gegen die neunmonatige Pariser Regenzeit trug.

Meine Chefin Vicky Tiel, die gemeinsam mit Elizabeth Taylor Eigentümerin des Geschäfts war, entwarf alle Modelle selbst. Davis erledigte sie mit einer kurzen Bemerkung: »Hey, Baaaaabeeeee, Sie sind die Größte.« Wohlkalkulierte Pause. Der rauchigen Stimme und dem unglaublich sexy wirkenden Lächeln konnte einfach niemand widerstehen. Wie ich mit etwas zweifelnder Bewunderung beobachtete, hielt Davis die kleine Miss Tiel fest im Arm. Unter dem Schaffell hörte ich, ich schwöre es, Vicky vor Begeisterung dahinschmelzen.

»Ooooh, Miles, hören Sie doch auf!«, kreischte sie verzückt.

»Sie sehen exakt aus wie meine erste Frau. Mmmmmm, hmmmmm!«, fuhr der Virtuose fort.

Normalerweise leistete sich Vicky nicht den Luxus, mit Kunden vertraulich umzugehen. Aber Miles war offensichtlich eine Ausnahme. »Sie werden mir ein großartiges Hemd machen!«, befahl Miles mit strahlendem Lächeln.

»Welche Farbe?«, schmachtete meine Chefin ihn an. Dann fasste sie sich und schob ihn mit geschäftsmäßiger Miene zurück. »Ich muss Ihre Maße nehmen. Legen Sie Ihren Mantel ab!«

Sie können es mir glauben, Vicky Tiel ist sonst so mit dem Entwerfen ihrer Mode und mit ihrem Papierkram beschäftigt, dass sie nicht einmal Madame Giscard d'Estaing selbst Maß nimmt. Für solche Bagatellen hat sie ihre Leute. Und sie macht und verkauft auch keine Herrenhemden.

Aber in dem Ausnahmefall von Miles dem Tiger würde Vicky auch Temperatur, Puls und Herzschlag gemessen haben.

Miles hob unmerklich die schmächtigen Schultern unter dem schweren Mantel, schüttelte ihn ab und warf ihn mir über den Kopf. Tatsächlich, ich fand mich halb erstickt unter dem Mantel in dem überhitzten Raum, leise vor mich hin schimpfend. Und wissen Sie, was er sagte, als ich, um Atem ringend und wild gestikulierend, mich endlich befreit hatte? »Sie werden einmal Ihren Enkeln erzählen, Baby, dass Sie Miles Davis' Mantel getragen haben.« Dann schüttelte er sich vor Lachen.

Ich hätte mich wahrscheinlich wütend, rasend vor Zorn und Demütigung fühlen müssen – nichts dergleichen. Die magnetische Ausstrahlungskraft von Miles (und das werden Sie selbst bei Ihren Tiger-Freunden feststellen können) war so stark, dass sie selbst meine Vipernzunge lähmte. Alles, was ich herausbrachte – und das auch nur flüsternd, denn der Kunde hat ja schließlich immer Recht – war: »Ich hoffe, Sie werden lange genug leben, um Ihren Enkeln erzählen zu können, dass Suzanne White Ihren Mantel getragen hat.«

Mrs. Davis bekam ihre beiden entzückenden Abendkleider. Und zwei Wochen später schickten wir ein Dutzend Rüschenhemden an eine Postfachnummer in New York für Big Miles. Ich packte sie selbst ein, mit liebevoller Sorgfalt.

Abenteuer passieren überall, wo Tiger herumschleichen. Tiger lieben die Gefahr. Bravour ist ihre Natur. Was halten Sie zum Beispiel von Rudolf Nurejew? Nicht jeder russische Balletttänzer bringt es fertig, in London aus einem Flugzeug zu tänzeln und der gefeierte Star der ganzen westlichen Welt zu werden. Dazu muss man schon ein Tiger sein.

Diese Geschichten von berühmten Tiger-Stars sollen Sie aber nicht zu der falschen Annahme verleiten, dass Tiger immer erfolgreich und hoch talentierte Menschen sind. Die meisten Tiger sind Durchschnittsbürger, die sich genauso abrackern müssen wie die meisten von uns.

Aber Tiger haben immer etwas Besonderes an sich. Die Chinesen behaupten, es sei angeborenes Glück, das den Tiger befähigt, auch in schwierigsten Situationen einen Ausweg zu finden. Aber nennen Sie es Glück oder Schläue, der Tiger wird immer etwas Einzigartiges sein, eine Persönlichkeit, nicht leicht beeinflussbar, kein bisschen obrigkeitsfromm, ein mutiger Kämpfer und, selbst wenn

Sie ihn nicht ausstehen können, von bemerkenswerter Attraktivität.

Ich will damit sagen, dass man Tigern gegenüber nicht gleichgültig sein kann. Sie werden oft geliebt und angebetet, aber ebenso häufig heftig angefeindet. Doch, ob Freund oder Feind, selten wird jemand seine zupackende und unerschrockene Art nicht anerkennen. Seine Großzügigkeit und seine natürliche Autorität und Spannkraft sichern ihm Respekt.

In der chinesischen Astrologie wird der Tiger durch das Holz symbolisiert. Man sagt, er »rühre das Holz auf« oder er »vermische« es. Die profane Interpretation dieser exotischen Symbolik bedeutet, dass der Tiger das Erwachen des Lebens repräsentiert. Er fördert das Wachstum des Lebens und schützt es gegen Naturkatastrophen. Als das Dritte in der Reihe der Tierkreiszeichen gehört das Tiger-Jahr zu den geradzahligen Yang-Jahren. Yang bedeutet Aktivität, Kraft, Dynamik und Entschlossenheit. Auch wenn der Tiger einen entspannten Eindruck macht, liegt er doch immer auf der Lauer. Er versteht es, geduldig abzuwarten, bis eine Sache entscheidungsreif ist, und schlägt dann im richtigen Augenblick zu. Im Allgemeinen sind Tiger eher Menschen der Tat als des überlegten Urteils. Sie tun gut daran, von Zeit zu Zeit auf den Rat der weiseren, wenn auch passiveren Yin-Typen zu hören oder einem Wink der verständigen Drachen zu folgen, der die Neigung des Tigers, erst springen und dann zu überlegen, in gewissen Grenzen korrigieren kann.

Eine andere Anekdote soll die vorschnelle Unüberlegenheit illustrieren, die für den Tiger so charakteristisch ist.

Im Süden Frankreichs werden den ganzen Sommer über die schönen Strände von allzu viel Touristen überschwemmt. Um in unverschmutztem Wasser baden zu können, fährt der kundige Ferienreisende gern in die Berge im Hinterland von Nizza und Cannes, wo viele kristallklare Seen und Flüsse zum Schwimmen einladen.

Als ich mich im letzten Sommer eines Tages in den von tausenden eingefetteter Körper reflektierten Sonnenstrahlen des Rivierastrandes braten ließ, hörte ich, dass mein Nachbar eine solche Expedition für das kommende Wochenende plante. Ich fragte ihn, ob ich mitkommen könne, und er war einverstanden. Seine Instruktionen waren klar. Ich sollte ihn auf der Caféterrasse am Hafen am Sonntag um zehn Uhr vormittags erwarten. Es sei ein kleiner Fußmarsch damit verbunden, warnte er mich, und ich solle mir ein Lunchbrot und feste Sandalen für den steinigen Felsenweg mitbringen.

Ich fand mich rechtzeitig am verabredeten Platz ein, wo ich schon meinen stattlichen Tiger und zwei weitere Abenteurer antraf, die ihre drei kleinen Kinder zu der Exkursion mitgebracht hatten. Wir fuhren fünfzehn Kilometer auf holprigen Wegen und staubigen Kuhtrecks in die Voralpenlandschaft hoch, in freudiger Erwartung eines frischen Bades in einem kühlen Bach und eines anschließenden köstlichen Picknicks im Grünen der großartigen Landschaft, die uns umgab. Roger, unser Held, pries während der qualvollen Fahrt in den höchsten Tönen die Vorzüge dieses unberührten Fleckchens Natur, von dem ihm Einheimische in Saint-Paul-de-Vence erzählt hatten, die sich hier hervorragend auskannten. Schließlich hielt er an, stieg aus und sagte: »Von hier aus ist es nur noch eine knappe halbe Stunde zu Fuß.«

Da gab es Fußwege überall, in die Wälder, um die Wälder herum, bergauf und bergab. Roger bog in einen Weg ein und winkte uns, ihm zu folgen. Die Eltern der Kinder marschierten direkt hinter Roger, dann kamen die Kleinen, und ich machte den Abschluss.

Eine halbe Stunde verging, mehr oder weniger ohne besondere Vorkommnisse. Das heißt, wir hatten bis dahin keinen Fluss gesehen, kein Bächlein rauschen hören, kein Wasser außer den Schweißtropfen bemerkt, die uns von der Stirn tropften. Roger sprach uns Mut zu: »Es ist nur noch ein kurzes Stück Weg.« Und er galoppierte voran, mal nach rechts, mal nach links abbiegend, höflich die Zweige für die nachfolgenden Wanderer zurückhaltend, die Kinder der Reihe nach über kleine Bergspalten tragend, uns vor glitschigen Stellen oder losem Felsgestein warnend, auf das wir nicht treten sollten. Einen zuvorkommenderen Gastgeber oder Vertrauen erweckenderen Führer durch die Fährnisse des Lebens hätten wir uns nicht wünschen können.

Drei Stunden später, als ich das Kind mit dem verrenkten Knöchel, das ich auf dem Arm trug, gegen das andere austauschte, das vor Hunger nicht zu weinen aufhörte, vernahm ich durch das Hämmern meines Herzens, das einem Hitzschlag nahe war, die Worte:

»Das ist sehr seltsam, wirklich, sehr seltsam. Sie müssen ihn umgeleitet haben.«

Unser Klagen und Jammern hallte in den Bergen wider. Roger hatte uns in die Irre geführt. Es war, als ob man aus einem bösen Traum erwachte, um festzustellen, dass die Wirklichkeit nur noch schlimmer war. Jetzt schrien die Kinder vereint aus voller Kehle. Sie glaubten, wir wären verloren. Sie hatten ja Recht. Roger hatte nicht nur den Fluss verfehlt, er hatte uns auch im Kreise herumgeführt.

Wir setzten uns auf ein Grasbüschel in den Schatten eines dürren Strauchs und aßen schwitzend unser Lunchbrot. Eines der Kinder hörte auf zu schreien und machte seinem Jammer durch eine wimmernde Schluchzerkadenz Luft. Die Eltern waren blass vor Angst. Roger lächelte und scherzte, wie schade es sei, dass wir die schönsten Sonnenstunden an diesem herrlichen Badeplatz versäumt hätten, von dem wir schon so viel gehört hatten. Er spielte mit den Kindern, sammelte die Abfälle vom Lunch auf, und keiner von uns sagte ein hässliches Wort zu ihm. Es war einfach unmöglich, diesem netten Menschen, der uns in die Wildnis verschleppt hatte, böse zu sein.

Nach dem Lunch warteten wir auf ein Zeichen von Roger, dass er bereit sei, uns beim Abstieg zu führen. Er blickte sich wohlwollend zu uns um. »Wissen Sie, wir haben eigentlich Glück gehabt«, sagte er, »dass wir diesen Platz nicht gefunden haben. An Sonntagen muss er schrecklich überlaufen sein. Voll von Touristen. Kommen Sie, ich habe eine viel bessere Idee.«

Ich werde nie begreifen, warum niemand Roger fragte, was es mit dieser Idee auf sich hatte. Aber so war es. Wir erwarteten ganz selbstverständlich, dass er wusste, was zu tun war. Er war der geborene Führer. Wir standen auf und folgten ihm, diesmal bergab. Der Weg war weniger schwierig. Fünfzehn Minuten nachdem wir uns auf den Weg zurück in die Zivilisation gemacht hatten, blieb er plötzlich stehen. Er legte die rechte Hand über die Augen und schaute in die Ferne. »Das muss es sein«, bemerkte er beiläufig.

»Was?«, fragten wir im Chor.

»Das Haus von Béatrice de Campenon. Sie lebt hier allein, seit der alte Comte gestorben ist. Sie wird entzückt sein, uns zu sehen. Sie hat übrigens auch einen fabelhaften Pool. Wahrscheinlich wird sie uns zum Abendessen einladen. Ich hoffe, Sie mögen alle Kaviar. Es wird sehr amüsant sein, hier zu übernachten. Die Kinder werden sicher im Turm schlafen dürfen. Das wird ein richtiges Erlebnis für sie sein. Als ich klein war, habe ich hier oft den ganzen Sommer verbracht. Meine Mutter war die Geliebte ihres Mannes, müssen Sie wissen.«

Es stimmte alles. Die charmante Madame de Campenon existierte tatsächlich. Ihre Gastfreundschaft war einmalig. Der Swimmingpool war perfekt, und die Kinder spielten Piraten im Turm, bis es dunkel war. Der Armagnac und die Betten waren auch nicht schlecht. Ich schlief trotz Rogers sonorem Schnarchen fest durch.

Tiger sind tollkühn, aber sie haben Glück. Stellen Sie ihnen eine unlösbare Aufgabe, sie werden sich freudig darauf stürzen. Worum es sich auch handelt, es ist schwer, einen echten Tiger zu bezwingen.

Tiger haben nicht den Ruf, besonders glücklich in der Ehe zu sein. Dauerhafte Monogamie wirkt depremierend auf den Tiger. Er braucht Leidenschaft, neue Ideen, Abenteuer und intensive Aktivität.

Wenn der Tiger nachts geboren wurde, sind die Aspekte weniger bedrohlich. Ein zwischen Sonnenaufgang und Mittag geborener Tiger lebt in ständiger Gefahr. Die Sensibilität ist beim Tages-Tiger am stärksten ausgeprägt. In schwierigen Situationen wird er oft keinen Ausweg finden. So unerfreulich dieses Thema ist, ich muss hier noch erwähnen, dass gewaltsamer Tod, tödlicher Unglücksfall und ähnliches Unheil den unachtsamen Tiger ereilen können. Marilyn Monroe (geboren 1926) war ebenso wie Isadora Duncan (geboren 1878) Tiger. Der Tiger muss sich vor selbstzerstörerischen Verhaltensweisen hüten. Mehr darüber werde ich am Ende dieses Kapitels sagen.

Was die Berufswahl betrifft, so kann man sicher sagen, dass Tiger beinahe für den Beruf geeignet sind, der Führungseigenschaften verlangt und bei dem sie Autorität ausüben können. Man kann sich einen Tiger gut in der Rolle eines Generaldirektors, eines hochrangigen Offiziers oder sogar eines Mafiabosses vorstellen. Wegen seiner Abneigung gegen Hierarchien – außer natürlich er steht an der Spitze – ist es für den Tiger wenig empfehlenswert, eine sichere Beamtenposition oder eine Universitätslaufbahn anzustreben.

Wenn er Aussicht hat, sich zum Chef eines Unternehmens empor-zuarbeiten, wird dem Tiger vorübergehend auch eine untergeord-nete Stellung recht sein. Wenn er jedoch keine Hoffnung auf Auf-stieg hat, wenn er sich nicht einer Herausforderung stellen kann, dann wird er bald gelangweilt sein. Besser ist es für ihn, ein Bank-darlehen aufzunehmen und sich selbstständig zu machen, ob mit einem Würstchenstand, einer Privatschule oder einer Agentur, ist letztlich nur eine Frage der Eignung. Er kann Langeweile auf Dauer nicht ertragen und wird dabei unzufrieden und missmutig. Übri-gens sind seine Führungsqualität und seine Menschenfreundlich-keit gute Voraussetzungen für eine militärische Karriere. Besser ein liebenswürdiger Despot als ein unzufriedener Bürokrat.

Die Tiger-Frau

Ist Ihnen jemals der Gedanke gekommen, dass der Ausdruck »män-nerfressender Tiger« vielleicht nicht von Angehörigen des briti-schen Empire erfunden wurde, die bei einem Gin-Tonic auf der Ve-randa ihres Klubs in einem einsamen Dschungelposten über das Leben in der Wildnis diskutierten? Es ist nur so ein Gedanke, aber ich frage mich, ob sie den Ausdruck nicht von einem indischen Ma-haradscha gehört haben könnten, der über seine Tiger-Frau sprach.

Tiger-Frauen sind unglaublich charmant, attraktiv, amüsant und sexy. Sie sind weder materialistisch noch habgierig oder besitz-wütig. Ganz im Gegenteil. Tiger-Frauen sind kompromisslos und manchmal aufreizend unabhängig. Obwohl man sie nicht immer im klassischen Sinne als schön bezeichnen kann, haben sie doch sel-ten Probleme, einen Mann zu fesseln. Sie haben immer einen Schwanz von Verehrern um sich, die sie belagern und sich gegen-seitig auszustechen versuchen. Dabei ist die Tiger-Frau durchaus nicht freigebig mit ihren Gunstbezeugungen.

Um eine Tiger-Frau einzufangen, braucht man viel Geduld und Einfühlungsvermögen. Ihre zur Schau getragene Verachtung für Si-cherheit, andere zu beherrschen, erfordern ständiges Bemühen, sie zu verstehen und sich auf ihre Sprunghaftigkeit einzustellen. Sie gibt sich keine Mühe, sich selbst oder ihre Aktionen zu erklären.

Wenn Sie mit einer Tiger-Dame liiert sind, brauchen Sie eine Menge Phantasie. Hundertmal werden Sie sich fragen, warum sie mitten in der Nacht das Haus verlassen hat, wohin sie gegangen sein mag, mit wem sie zusammen ist, was sie sich dabei denkt, und – das vor allem: Braucht Sie Ihre Hilfe, hat sie einen Unfall gehabt oder ist sie deprimiert und fühlt sich einsam?

Sie können ja versuchen, einige dieser Geheimnisse durch eine einfache, freundliche Frage zu lösen, zum Beispiel: »Stimmt etwas nicht, Liebling?«

»Wieso? Nicht im Geringsten. Ich bin beschäftigt. Ich denke nach. Ich habe eine Menge Dinge zu erledigen«. So oder ähnlich werden wahrscheinlich ihre Antworten sein. Sie ist immer kühl und gefasst. Aber unter ihrer äußerlichen Selbstsicherheit mag ein wütender Sturm toben. Sie denkt nach, das ist richtig. Und sie ist wahrscheinlich auch sehr, sehr beschäftigt. Ihre Augen mögen vom Weinen so geschwollen sein, dass sie kaum mehr sehen kann, doch sie wird ihren inneren Sturm allein durchstehen. Sie findet es äußerst schwierig, sich den Luxus zu leisten, ihren Kummer mit Ihnen zu teilen. Es könnte wie Abhängigkeit aussehen. Die Tiger-Dame hat einen absoluten Horror davor, von jemand oder etwas anderem abhängig zu sein.

Es hört sich schrecklich an, nicht wahr? Aber kein Grund zur Besorgnis. Für Ihre Geduld werden Sie reich belohnt werden. Ihre Liebkosungen und Zärtlichkeiten, zu denen sie zwar selten und nur spontan bereit ist, sind reines Entzücken. Wenn eine Tiger-Frau liebt, ist sie zu uneingeschränkter Hingabe bereit. Im Bett erweist sie sich des Namens »Tigerin« durchaus würdig. Mit ihrer katzenhaften Anschmiegsamkeit und ihrer leidenschaftlichen Wildheit wird sie Ihre kühnsten Träume übertreffen. Sie werden ihr aus der Hand fressen, ohne es überhaupt zu merken.

Tigerinnen sind nicht immer, aber im Allgemeinen doch treu. Wegen dieser Unbeständigkeit ist ihr Leben oft ein Mosaik aus leidenschaftlichen Affären und langen Perioden kühler Distanziertheit, in denen sie sich ausschließlich ihrer Arbeit oder ihren Kindern widmet. Unter besonders günstigen Bedingungen kann eine Tiger-Frau sich auch in einer monogamen Beziehung voll entfalten. Tiger lieben das blitzartige Zuschlagen. Sie verschlingen die Genüsse des Lebens ebenso gierig, wie sie Hindernisse auf ihrem Weg rücksichtslos zerschlagen. Sie lieben interessante und lebhafte Geselligkeit, haben aber keinen Sinn für unverbindliche Konversation und belangloses Geschwätz.

Wenn Sie Ihrer Tiger-Geliebten genügend Freiheit lassen, wird sie gern bei Ihnen bleiben. Lassen Sie ihr genügend Zeit für ihre eigenen Gedanken und Pläne. Murren Sie nicht, wenn sie allein in Urlaub fahren will. Und stellen Sie ihr keine indiskreten Fragen, wenn sie heimkommt. Sie will das Gefühl haben, ihr eigenes Leben zu leben. Wenn Sie sie irgendwann zu Hause nicht antreffen, dann ist sie vielleicht zu irgendeinem Kongress in Cleveland oder sonst wohin gefahren, ohne dass sie es für nötig gehalten hätte, Ihnen eine Mitteilung zu hinterlassen, oder sie hat sich zu einem Dreiwochentrip nach Übersee entschlossen, weil irgendjemand sie telefonisch eingeladen hat. Beherrschen Sie sich, und führen Sie sich nicht auf, als müssten Sie sterben, wenn Sie eine Zeit lang ohne sie auskommen müssen. Wenn Sie nicht verrückt spielen, wird Ihre Tigerin schwanzwedelnd zurückkommen, sprudelnd vor Lebensfreude, von interessanten und amüsanten Neuigkeiten erfüllt, leidenschaftlich diese oder jene umwälzende Idee vor Ihnen ausbreitend – und mit den herrlichsten Geschenken für Sie und die Kinder beladen.

Sie sehen, tief in ihrem Innern hält die Tiger-Dame einen Riesenschatz köstlicher Überraschungen bereit. Was sie so unbezwinglich erscheinen lässt, das sind ihre Allüren und die zur Schau getragene Selbstsicherheit. Kraulen Sie eine Tigerin und Sie werden ein schnurrendes Kätzchen haben, ein liebebedürftiges Wesen, das aus seiner Verzauberung erlöst werden will. Die Tiger-Frau findet wenig Befriedigung in ihren eigenen Gedanken und Projekten, Plänen und Ideen, wenn nicht eine Kraft von außen ihr liebevoll hilft, sie zu realisieren.

Ich will nicht behaupten, dass die Verführungsmanöver, die ich hier anrate, leicht zu bewerkstelligen sind. Weit gefehlt. Sie werden sie endlos und immer wieder umschmeicheln, überreden, amüsieren und zerstreuen müssen. Wie ich sagte: Es erfordert viel Geduld. Sie wird Sie zunächst mit einem Schlag ihrer Tatze wegscheuchen, dann wird sie sich zwei Stunden im Badezimmer einschließen. Danach wird sie sich möglicherweise eine weitere Stunde in ein Buch vertiefen. Wenn Sie nicht die Courage oder die Phantasie haben, sie aus diesem offensichtlich leeren und unbefriedigenden Zeitvertreib herauszureißen, ohne dabei selbst ernsthaft zu Schaden zu kommen, wird die Tiger-Frau sich weiter mit sich selbst und ihren Angelegenheiten beschäftigen, ohne überhaupt zur Kenntnis zu nehmen, dass Sie sich im selben Zimmer befinden und sich um sie bemühen.

So, meine Herren, wenn Sie Ihre Fallen verlockend genug aufgestellt haben, wenn Sie willens sind, das Leben mit einer überbeanspruchten, überaktiven und spannungsgeladenen Tigerin zu teilen, deren Gefühle wie in einem Bankgewölbe verschlossen, aber äußerst verletzbar sind, wenn die Stahltüre zum Tresor geöffnet wird, dann gut Glück! Aber sagen Sie nicht, ich hätte Sie nicht gewarnt.

Der Tiger-Mann

Diese Burschen sind ungeheuer interessant. Tiger-Männer erinnern mich immer an Helden meiner Jungmädchenträume. Der Mann, den ich einmal heiraten werde, müsste stark und beharrlich sein, ein tapferer Rittersmann. Er würde natürlich viel Geld haben, ein mächtiger Mann sein und mich jeden Tag anrufen. Ich bin sicher, Sie verstehen, was ich meine. In der guten alten Zeit beschränkten sich unsere Idealvorstellungen von einem Ehemann auf das Bild des Fechters, des Großwildjägers, des mächtigen Industriebosses und des tapferen Soldaten, der in die Welt zog, um sein Glück zu suchen, während das brave Weibchen zu Hause wartete.

In unserer unruhigen modernen Zeit jedoch ist es für den Tiger-Mann nicht so einfach, eine liebende Gattin zu finden, die gleichzeitig eine intelligente und amüsante Gefährtin, eine gute Mutter, eine ausgezeichnete Köchin und Gastgeberin und ein braves Heimchen am Herd ist, das sehnsüchtig vor dem Telefon hockt. Nun ja, Tiger-Männer werden ihr Jagdrevier genau durchkämmen müssen.

Mein kleiner Bruder ist ein typisches Exemplar des Tiger-Manns. Seine Freundin ist in den letzten zwei Jahren wohl fünfmal in sein Londoner Appartement ein- und auch wieder ausgezogen. »Wir lieben uns«, beteuert Bruder John mir regelmäßig, »aber ich kann es nicht ertragen, sie dauernd um mich zu haben. Sie stört mich.«

»Aber John, das ist doch schrecklich, so etwas über Carola zu sagen. Sie ist ein liebes Mädchen, so willig und hilfsbereit und so nett zu dir. Ich kann dich wirklich nicht verstehen.«

»Und ich kann nicht einsehen, warum es so schlimm sein soll, wenn man allein sein will. Ich kann mir mein Frühstück sehr gut selber machen, ich kann meine Wohnung selber in Ordnung halten, und ich kann meine Wäsche selbst in die Wäscherei bringen. Ich kann Carola nicht ständig um mich haben. Und außerdem muss ich ehrlich zugeben, Suzanne, dass ich meine Spielsachen nicht gerne mit jemandem teile.« John ist ein so prächtiger Kerl; es bricht einem fast das Herz, sich vorzustellen, wie es Carola zu Mute sein muss, wenn sie jedes Mal eine eigene Wohnung suchen, ihre Sachen zusammenpacken und ausziehen muss, sobald John sich in seiner Freiheit beengt fühlt.

Aber bei Tiger-Männern, meine Damen, ist das nun einmal so. Sie können zu viel Bemutterung nicht vertragen. Und sie lieben es tatsächlich nicht, ihr Spielzeug mit jemandem zu teilen. Wenn Sie einen Tiger-Mann lieben, bitten Sie ihn um Geld, um Geschenke, Reisen; lassen Sie sich von ihm helfen, einen Job zu finden oder zu behalten. Aber rühren Sie seinen Plattenspieler nicht an! Machen Sie sich nicht an seinen wohl geordneten Habseligkeiten zu schaffen, auch wenn Sie glauben, dass alles ein furchtbares Durcheinander ist. Und vor allen Dingen: Hängen Sie nicht wie eine Klette an ihm!

Carolas Version der Wohngemeinschaftssaga hört sich so an: »Ich kann nicht verstehen, warum es ihm lästig ist, mich um sich zu haben. Ich arbeite den ganzen Tag, während er zu Hause sitzt und malt, und wenn ich abends nach Hause komme, ist er sowieso meist ausgegangen. Wir sehen uns kaum einmal zu Hause. Wirklich, ich sehe ihn öfter, wenn wir nicht zusammenwohnen.«

Und darin liegt das ganze Geheimnis, wie man mit einem solchen Enfant terrible umgehen muss. Erstens: Ziehen Sie nie mit ihm zusammen. Er soll zu Ihnen kommen. Und auch wenn es Ihnen nicht ernst damit ist, fragen Sie ihn, ob es ihm etwas ausmacht, wenn sie ihn am Mittwoch nicht sehen können, weil Sie eine wichtige Verabredung haben. Diese Bekundung der Unabhängigkeit irritiert den Tiger. Er ist nicht unbedingt eifersüchtig auf Ihre andere Aktivitäten, aber er wird sich umso stärker zu Ihnen hingezogen fühlen, wenn Sie in bestimmten Grenzen Ihr eigenes Leben führen oder zu führen scheinen. Sie brauchen gar nicht zu einem Meeting oder zu dieser Verabredung zu gehen, wenn Sie keine Lust dazu haben. Sie können auch zu Hause sitzen und die Daumen drehen. Doch gehen Sie nicht ans Telefon und öffnen Sie nicht die Tür, wenn es klingelt – selbst wenn es nach Mitternacht ist und er vielleicht noch zu einem kleinen Nachttrunk zu Ihnen kommen möchte. Seien Sie in einer festen und leicht geheimnistuerischen Weise für ihn unerreichbar. Kitzeln Sie seine Phantasie, und er wird Ihnen überallhin folgen.

Ihr Tiger-Gefährte wird manchmal den Herrn und Meister herauskehren. Kein Grund zur Aufregung. Versuchen Sie daran zu denken, dass er unter dem Eindruck steht, er müsse von Zeit zu Zeit seine natürliche Überlegenheit zur Schau stellen. Ich würde mich an Ihrer Stelle nicht ärgern, wenn er Ihnen beizubringen versucht, wie sehr Sie seine Hilfe brauchen. Lachen Sie darüber. Tiger haben einen ausgeprägten Sinn für Humor. Sie können ohne Hemmungen über sich selbst lachen, weil sie im Innersten ja genau wissen, dass sie allen anderen Menschen überlegen sind.

Der Tiger-Liebhaber wird Sie für die vielen Umwege und Schliche entschädigen, die Sie sich ausdenken müssen, um sein Interesse wach zu halten. Er hält nicht viel vom Vorspiel, sondern geht gern gleich aufs Ganze, wobei er eine bemerkenswerte Ausdauer zeigt. Wenn es möglich ist, hängen Sie den Telefonhörer aus, verstecken Sie seine Schuhe und verwickeln Sie ihn in lange komplizierte Gespräche, wobei Sie ihm mindestens alle drei Minuten um Rat fragen.

Tiger lieben es, wenn Frauen einen schutzsuchenden, hilfsbedürftigen Eindruck machen; wirkliche Schwäche aber können sie nicht ausstehen. Die ideale Gefährtin für den Tiger sollte lebhafte, frische Parfüms bevorzugen und sich in exotische Gewänder hüllen, in denen sie einen Dolch verbirgt. Er liebt es, wenn das Äußere zart und das Innere hart wie Nägel ist (wahrscheinlich weil er selbst das genaue Gegenteil ist).

Variationen im Jahreskreis

Tiger/Widder (21. März–20. April)

Das Element Feuer verbindet sich mit dem Holz zu einer lodernden Flamme. Das Ego ist bei beiden Zeichen übermäßig ausgeprägt. Widder sind Sprinter; sie legen kräftig los. Sie sind unternehmerisch und haben Ausdauer bei der Durchsetzung ihrer Pläne. Welche Kombination könnte besser sein als die dieser beiden unerschrockenen Kämpfer? Vielleicht würde etwas weniger Tatendrang und Vehemenz von Nutzen sein. Hugh Hefner ist ein solcher Tiger-Typ. Haben Sie eigentlich keine Hemmungen, diese Widder-Tiger? Nicht viele jedenfalls, fürchte sich. Wenn das Feuer außer Kontrolle gerät, brauchen Sie viel Wasser zum Löschen.

Tiger/Stier (21. April–21. Mai)

Hier haben wir eine Verbindung von Holz und Erde. Die soliden Stiere gewinnen etwas Wertvolles hinzu, wenn sie in einem Jahr des Tigers geboren sind. Macht und Geld sind für Tiger leicht erreichbare Ziele. Stiere können nicht glücklich sein, wenn sie nicht beides im Überfluss haben. Wenn der Tiger-Bulle lernt, sein störrisches Wesen zu überwinden, wird er sich zufrieden zurücklehnen und den Applaus genießen können. Geben Sie ihm täglich Injektionen von Fröhlichkeit, und mehr Liebe und Zuneigung, als irgendjemand verdient.

Tiger/Zwillinge (22. Mai–21. Juni)

Der Gedanke macht mich schaudern. So viel Luft und Holz? Es ist wirklich unheimlich. Zwillinge-Tiger brauchen zwei Satz Scheibenbremsen an allen vier Rädern, damit sie sich nicht in die verrücktesten geschäftlichen Abenteuer einlassen, nicht die falsche Frau fünf- oder sechsmal nacheinander heiraten oder mit zehn Cents in der Tasche in die große Stadt brausen, um den Broadway im Sturm zu erobern. Eine feste Erziehung und Gewöhnung an harte Arbeit von Kindheit an werden diesen Menschen eine solide Zukunft sichern. Ohne eine gute Ausrüstung wird er fast immer versagen. Wenn er sich jedoch auf eine feste Basis stützen kann, wird er mit Sicherheit eine brillante Karriere machen. Halten Sie immer eine feuchte Kompresse bereit, und kühlen Sie ihm damit oft die Stirn.

Tiger/Krebs (22. Juni–23. Juli)

Wasser plus Holz – haben Sie den Eindruck, dass das eine etwas fade Verbindung ist? Aber vielleicht wissen Sie diesen häuslichen, schweigsamen Typ nur nicht richtig zu schätzen. Je ruhiger die Gangart, je wärmer das heimische Herdfeuer ist, umso sesshafter wird der Krebs-Tiger sein. Die tiefsinnige und sensible Art des Tigers wird sich mit der Sehnsucht des Krebses nach dem eigenen friedlichen Zufluchtsort aufs Beste verbinden. Die Tigerseite dieses Charakters neigt zur ruhelosen Aktivität, die durch die häusliche Krebskomponente gedämpft wird. Die Überempfindlichkeit des Tigers gegen Kritik und seine starke Abneigung, einen Rat anzunehmen (den er so verzweifelt nötig hat), diese Eigenschaften treten bei der Krebsvariante manchmal besonders stark in Erscheinung. Man muss den guten alten Krebs bei Laune halten. Krebse streben nach Positionen, die ihnen Autorität geben. Machen Sie einmal in Ihrer Firma die Probe aufs Exempel. Sie werden feststellen, dass viele der leitenden Angestellten Krebse sind. Und seien Sie nicht überrascht, wenn die Mehrzahl von ihnen in einem Jahr des Tigers geboren ist. Die Verbindung der beiden Zeichen bedeutet potenziertes Selbstbewusstsein.

Tiger/Löwe (24. Juli–23. August)

Wieder das Feuer und das Holz. Der strahlende Löwe-Tiger müsste das glücklichste aller Tiere sein. Der unangefochtene König des Dschungels kennt keine Sorgen. Diesmal hat er ja einen Hauptrivalen an seiner Seite. Nur sein überheblicher Stolz und seine maßlose Eitelkeit können ihm zum Verhängnis werden. Sein Selbstbewusstsein kann gelegentlich in Konflikt mit seiner Vernunft geraten. Wenn Sie mit einem solchen Geschöpf zu tun haben, behalten Sie Ihren Sinn für Humor – er brüllt mehr, als er beißt.

Tiger/Jungfrau (24. August–23. September)

Die unter dem Zeichen von Holz und Erde geborenen Menschen können viel vom Leben erwarten. Was dem Tiger an Standfestigkeit und Zielstrebigkeit fehlt, macht die Jungfrau hundertmal wett. Jungfrauen sind urteilsfähige Menschen, deren Lebenskunst und guter Geschmack unbestreitbar sind. Der Tiger wird der leicht beeinflussbaren Jungfrau Kraft und Mut verleihen. Tiger sind ehrenhaft, sogar tugendhaft, aber sie sind nicht leichtgläubig und naiv, wie das Jungfrauen sein können. Die Jungfrau wird ihrerseits in die Verbindung ihren Sinn für Hilfsbereitschaft und ihren Perfektionsdrang einbringen. Die Verbindung dieser beiden Zeichen verspricht Herzensadel und Größe.

Tiger/Waage (24. September–23. Oktober)

Heiße Luft und Balsaholz. Wird dieser Ballon überhaupt fliegen können? Ja, und zwar sehr elegant. Dieses Duo verheißt Sicherheit für den Tiger. Waage-Menschen streben zeitlebens nach Harmonie; Tiger sind ständig in Konflikte verstrickt. In diesem Fall, meine ich, profitiert der Tiger von dem ausgeglichenen Wesen der Waage. Die kompromisslose Natur des Tigers wird durch den nach heiterer Gelassenheit strebenden Charakter der Waage temperiert. Der Waage-Tiger neigt zur Geschwätzigkeit. Lassen Sie ihn reden. Reden ist für ihn Selbstschutz, es ist sein Sicherheitsventil. Wenn er nicht mit dreißig Jahren noch den Daumen lutscht, dann seien Sie unbesorgt. Er wird seinen Weg schon machen.

Tiger/Skorpion (24. Oktober–22. November)

Hier schießt das Holz wie der Pfeil durchs Wasser. Skorpione und Tiger sind so wesensverwandt, dass man bei diesem Tiger-Typ damit rechnen muss, dass er von einer Brücke in den Fluss springt, bevor er überhaupt das Schwimmen erlernt hat, oder dass er in seinem hektischen Leben mehr als einmal die Brücken hinter sich verbrennt. Nicht alle Aspekte der Tiger-Skorpion-Kombination sind positiv; aber alle sind kraftvoll. Solche Gangstertypen, wie ich sie früher erwähnt habe, wird man in dieser Gruppe starker Tiger leicht finden können. Menschen dieses Typs haben oft ein barsches, abweisendes Auftreten. Lassen Sie sich davon nicht in Angst jagen. Der Grund dafür ist einfach. Skorpion-Tiger *sind* barsche, abweisende Menschen. Doch versuchen Sie, hinter die Kulisse zu sehen. Sie werden überrascht sein, was da alles verborgen ist.

Tiger/Schütze (23. November–21. Dezember)

In diesem Falle werden Feuer und Holz oft wirkungslos, verpuffen. Schützen sind meiner Ansicht nach aufdringliche Idealisten; die Tiger stehen ihnen in dieser Beziehung kaum nach. Keines der beiden Zeichen ist für die Ehe besonders geeignet. Man muss bei ihnen oft die Zügel anziehen. Sie haben einen ausgeprägten Sinn für Satire. Die Augen des Schütze-Tigers können durch exzessive Scharfsichtigkeit leicht ermüden; kaufen Sie ihm eine Sonnenbrille.

Tiger/Steinbock (22. Dezember–20. Januar)

Von dieser Erde-Holz-Verbindung kann man starke Verwurzelungen erwarten. Die Neigung und Fähigkeit des Steinbocks, für seine Überzeugungen trotz der Rückschläge hartnäckig zu kämpfen, wird dem tollkühnen Tiger eine stählerne Härte geben. Er wird ein treuer Freund oder ein gefürchteter Feind sein, je nachdem, ob Sie ihm bei seinen ständigen Tiraden über politische Angelegenheiten, humanitäre Bewegungen und soziale Reformen zustimmen oder nicht. Selbstzweifel ist ein wesentlicher Charakterzug des Steinbocks. Die Selbstsicherheit des verwegenen Tigers und sein Glaube an seine natürliche Überlegenheit wird den Steinbock günstig beeinflussen. Konflikte werden im Verhältnis zum Problem der Sicherheit auftreten. Tiger kümmern sich nicht um Sicherheit, Steinböcke halten sie für das Wichtigste im Leben. Menschen dieses Typs werden eine Menge Geld brauchen, wenn sie gleichzeitig ein komfortables sicheres Heim besitzen und sich kostspielige Flugreisen leisten wollen.

Tiger/Wassermann (21. Januar–19. Februar)

Holz, in das viele Luftlöcher gebohrt sind, kann schwimmen, solange die Löcher nicht zu groß sind und es aus Mangel an Substanz sinkt. Wassermänner denken hauptsächlich an Brüderlichkeit, an Aufhebung der Rassentrennung, an den Hunger in der Welt und an andere Weltverbesserungsideen. Auch die Tiger sind daran interessiert, durch solche Ideen ihre eigene Größe zu dokumentieren. Gemeinsam können sie mit ihrem sozialen Engagement Furore machen, wenn sie mit den Füßen auf der Erde bleiben. Der Tiger muss in dieser Situation dem Wassermann Schutz geben. Da der Wassermann sich schwer tut, an alltägliche und profane Dinge zu denken, wo er doch so viele Verpflichtungen gegenüber den Weltproblemen hat, wird diese Verbindung die Schwierigkeiten des Tigers noch vergrößern. Der Tiger ist selbst unter günstigsten Verhältnissen nicht gerade ein Hausmensch. Und die Stärke des Wassermanns ist das Philosophieren. Dieser Tiger-Typ sollte sich Rat von weisen Menschen holen, als sie es selbst sind, bevor sie sich in ihre edlen Missionen stürzen. Sie können viel Gutes für die Welt tun; aber sie können ihr alltägliches Leben nur schwer meistern.

Tiger/Fische (20. Februar–20. März)

Diesmal schwimmt das Holz tief im Wasser und mindert seine Wirkung. Fische-Menschen sind künstlerisch veranlagt und sensibel; Tiger sind sensibel und etwas verrückt. Fische-Tiger sollten sich ihre Karriere vor dem dreißigsten Lebensjahr sichern. Wunderkinder und Genies dürfen sich unter diesen Auspizien gut entwickeln. Aber ein Fische-Tiger muss sich vorsehen, dass er sich nicht selbst in einer verwundbaren Position exponiert. Denken Sie daran, dass der Tiger in ständiger Gefahr lebt. Für die sensiblen Fische sieht es nicht viel besser aus. Wenn dieser Typ sich früh im Leben eine solide Karriere schafft, wird er weniger zu leiden haben – aber nicht sehr viel weniger.

Ratschläge für die Zukunft

Lieber Tiger, hast du bemerkt, dass dein Gefühlsleben stürmischer ist als das der meisten Menschen? Ist dir zu Bewusstsein gekommen, dass es unmöglich ist, mit dir zusammenzuleben? Kritisieren die Leute deinen so offensichtlichen Egoismus? Deine Antwort auf diese Fragen wird wahrscheinlich sein: »O ja, ständig.«

Wenn es dich interessiert (du kannst mich unterbrechen, wenn du es schon gehört hast): Es gibt Mittel gegen diese Beschwerden. Heilung? – Nein, das nicht. Aber zumindest bringen sie eine zeitweilige Besserung, die dir helfen kann, das Leben für dich selbst und für die, die dich lieben, etwas lebenswerter zu machen.

Psychiater und Ratgeber aller Art empfehlen rebellischen Naturen deines Schlages immer, Kompromissbereitschaft zu erlernen und das Unvermeidliche zu akzeptieren – also nicht gegen Windmühlen zu kämpfen. Du wirst wahrscheinlich das Gefühl haben, dass ein solcher Rat für andere Leute durchaus berechtigt ist, dass er aber für dich sicher nichts bringt. Oder wenn du ihn akzeptierst und versuchst, dich innerhalb der so genannten normalen Grenzen des Alltagslebens anzupassen, dann wirst du zweifellos bald feststellen, dass diese äußerliche Anpassung nichts als Komödie ist.

Ich will dir damit nicht einreden, dass du ohne Tadel bist. Du bist ein Hitzkopf, ein Kämpfer, ein unabhängiger und freier Geist. Das Ärgerliche ist nur, dass nicht alle anderen dich so sehen wollen. Du weißt selbst, wie magnetisch du auf andere wirkst. Die Menschen fühlen sich zu dir hingezogen. Sie schätzen die Aura von Selbstsicherheit und Schwung, die du ausstrahlst. Es verleiht ihnen ein Gefühl der Sicherheit und Geborgenheit. Selbst wenn du unter all deiner zur Schau getragenen Bravour zu Tode geängstigt bist, scheint niemand zu vermuten, dass du etwas anderes sein könntest als vollkommen selbstsicher.

Vielleicht hast du manchmal den Wunsch, es möge in dieser Welt doch einen Menschen geben, der dich versteht. Immerhin verstehst du sie ja auch und hörst dir ihre Probleme an und hilfst ihnen immer aus der Patsche. Aber wer wird jemals dich aus deinen Schwierigkeiten befreien? Die Antwort? Du kennst sie: Nur du selbst. Selbstvertrauen ist eine Gabe. Lerne sie zu gebrauchen. Nimm die Verantwortung, auf dich selbst gestellt zu sein, an und versuche nicht, dich anzupassen nur um der Anpassung willen.

Vielleicht möchtest du »zu der Bande gehören«. Nun, das ist vollkommen in Ordnung. Aber, um einfach ein Mitglied einer Gruppe oder ein Teilnehmer an einer Aktion zu sein, wirst du mindestens fünfzigmal am Tag dich auf die Zunge beißen und dein Ego in die Tasche stecken müssen. Bedenke, du willst, dass alles nach deinem Willen geht. Es liegt nicht in der Natur des Tigers, sich von anderen führen zu lassen. Da liegt der Hase im Pfeffer. Du willst der Boss sein, aber du bist ein zu netter Mensch, um Freude an speichelleckerischer Unterwürfigkeit zu haben. Schwächlinge, die dir nicht zu widersprechen wagen, sind dir ein Gräuel.

Mein Rat ist folgender: Halte dich von Kompromisssituationen fern. Lehne eine Betätigung in Vereinen oder sonstigen Institutionen ab, wenn man dich nicht gleich zum Vorsitzenden des Vorstands macht. Sei dein eigener Herr. Aber spiele nicht mit den Gefühlen anderer Menschen, wenn du nicht erwartest, dass sie dir mit gleicher Münze heimzahlen. Im Grunde bist du ein liebenswerter Mensch, ein vornehmer Charakter, der die besten Aussichten hat. Aber du bist auch stärker als die meisten von uns. Auf die Dauer brauchst du zum Überleben nicht den Beifall anderer. Also mache dich selbst an die Arbeit. Schaffe dir eine persönliche Avantgarde. Sei vorsichtig bei der Auswahl deiner Gefährten und Mitarbeiter. Dann wird der Erfolg nicht ausbleiben.

Beziehungen zu anderen Tierzeichen

Herzensangelegenheiten

Der stürmische und unbeständige Tiger-Liebhaber ist selten zur richtigen Zeit am richtigen Ort, wenn man ihn braucht. Der verwegene Tiger hat keine Geduld mit närrischen und törichten Partnern. Und er liebt es auch nicht, Beziehungen zu den Menschen zu unterhalten, die schwächer sind als er. Der Tiger, der eine Ehe oder eine Liebesaffäre eingegangen ist, in der er seinen schwachen Partner dauernd aufmuntern oder stützen muss, wird schnell das Interesse verlieren und anderswo sein Glück suchen. Tiger sind nicht unbedingt grausam; sie wollen nur einfach nicht ihre kostbare Zeit an jemanden verschwenden, der ihren hohen Maßstäben von Mut und Ausdauer nicht entspricht.

Für dauerhafte Gefühlsbindungen sind Pferd-Geborene für den Tiger ein Glücksfall. Das Pferd hat den Ruf, ehrenhaft, zuverlässig und würdevoll zu sein – Eigenschaften, die dem Tiger imponieren. Das Pferd wird dem Tiger bei seinen Abenteuern zur Seite stehen, aber es wird sich nicht zu tief darin verstricken lassen. Der Tiger, der das Glück hat, ein Pferd zum Gefährten zu gewinnen, wird einen starken Widerpart für seine Phantastereien haben. Pferde sind für ihren Egoismus in allen Lebensbereichen bekannt, außer in der Liebe. Um einen leidenschaftlichen Tiger an sich zu fesseln, würde das Pferd opferwillig bis zur Selbstaufgabe sein.

Drachen bringen dem schrecklichen Tiger Weisheit und Liebe. Die Stärke des Drachen wird durch die Furchtlosigkeit und den Elan des Tigers gesteigert. Der Tiger, der gewöhnlich auf niemanden hört, wird den Rat des Drachen annehmen. Obwohl diese Verbindung nicht immer ohne Reibereien ist, werden Tiger und Drache doch beide von ihr profitieren. Sie werden voneinander lernen und miteinander wachsen.

Tiger verstehen sich auch gut mit Hunden. Der Hund wird sich für die Pläne des Tigers engagieren und sich damit begnügen, in seinem Schatten zu leben. Der Tiger wird seinerseits das Selbstvertrauen des Hundes stärken und ihm ein Ansehen verleihen, das er aus eigener Kraft nie erreichen könnte. Loyalität ist für den Tiger von großer Bedeutung. Er muss das Gefühl haben, dass sein Partner uneingeschränkt zu ihm steht. Er wird weder Skepsis noch Verrat tolerieren. Glücklicherweise ist Ergebenheit für den zuverlässigen Hund etwas Selbstverständliches.

Manche Tiger nehmen sich gern einen verschlagenen Affen zum Partner. Aber der Affe ist so unberechenbar und gerissen, dass in einer solchen Verbindung der ehrenhafte Tiger schließlich immer das Opfer des intriganten Affen sein wird. Die stille Schlange und die vorsichtige Katze sind viel zu gesetzt, um den wagemutigen Tiger lange zu amüsieren. Außerdem gehören Katzen zur selben Rasse wie die Tiger. Sie wissen genau, wann sie miauen müssen, um den Partner zu becircen und sich seine Liebkosungen zu erschmeicheln, und wie sie mit einem Hieb unter die Gürtellinie seine maßlose Selbstüberheblichkeit erschüttern können.

Möglich sind Partnerschaften zwischen Tiger und Schwein. Das Schwein wird sich amüsieren, und der Tiger wird sich oft die Gutmütigkeit des Schweins zu Nutze machen. Auch Ratten können sich mit Tigern liieren, doch nur, wenn die Ratten in der einen Woche auf Reisen und der Tiger in der nächsten bei einer Konferenz ist.

Ochsen werden versuchen, den Tiger zu zähmen. Sie können sein undiszipliniertes Verhalten nicht lange dulden. Und zwei Tiger als Partner werden mit allen Mitteln um die Herrschaft kämpfen. Um die gegenseitige Zerstörung durch exzessives Machtstreben zu verhindern, sollten die Tiger diese Verbindung wie die Pest meiden.

Freundschaften und gesellschaftliche Beziehungen

Tiger finden dauerhafte Freundschaften bei Drachen, Katzen und Schweinen. Der Drache wird den Tiger in seinen gelegentlichen moralischen Depressionen aufrichten. Die Katze wird ihm raffinierte Genüsse verschaffen, an die er selbst nicht herankommen kann, und das Schwein wird ihn mit seinen gewagten Späßen zum Lachen bringen.

Ein Tiger kann sich auch mit einer Ziege oder einem Hahn befreunden, doch er wird solche Freundschaften nicht sehr ernst nehmen. Die Ziege wird dem Tiger alle ihre Pläne und Geschäfte aufhalsen. Den Hahn mag der Tiger, aus welchem Grund auch immer, nicht leiden – vielleicht befürchtet er, dass das Pech des Hahns sich auf ihn übertragen könnte.

Pferde sind prächtige Kameraden für den Tiger. Der Tiger respektiert das Pferd wegen seines Elans und seines dynamischen Wesens. Pferde lieben Anerkennung, und Tiger können mit allen vier Tatzen applaudieren. Obwohl die beiden sich oft über Kleinigkeiten in die Haare geraten, weil keiner nachgeben will, sind sie im Allgemeinen ein positives Paar.

Über allen steht die Freundschaft zwischen Tiger und Hund. Hunde werden aus dieser Beziehung Kraft schöpfen. Tiger bewundern den Idealismus des Hundes und teilen seine liberale Gesinnung. Ihre gegenseitige Ergebenheit ist bewundernswert.

Geschäfte

Tiger beteiligen sich nicht gern an Unternehmen, bei denen sie nicht mindestens 75 Prozent der Verantwortung tragen und natürlich auch der entsprechenden Gewinne einstecken. Wenn sie sich jedoch zu einer Teilhaberschaft entschließen, dann sollten sie bei der Wahl ihrer Partner auf deren Jahreszeichen achten.

Am besten eignet sich der Drache als Kompagnon des draufgängerischen Tigers. Drachen sind weiser als Tiger. Sie sind ebenso stark und mutig, aber nicht so tollkühn wie die Tiger. Die nächstbeste Wahl für eine Partnerschaft ist das Pferd. Die beiden werden sich häufig streiten, wem die Ehre des Erfolgs gebührt, doch der Tiger wird letztlich lieber auf Geld als auf Macht verzichten. Dem Pferd dagegen ist die materielle Seite wichtiger.

Eine Partnerschaft oder auch nur eine geschäftliche Beziehung zwischen Tiger und Affe ist nicht anzuraten. Affen sind verschlagen; Tiger sind auf Ehrenhaftigkeit bedacht. Der Tiger setzt auf Stärke; der Affe setzt auf List. Letztlich aber ist der Affe dem Tiger doch nicht gewachsen. Der wütende Tiger wird einen verräterischen Affen zum Frühstück verspeisen.

Auch die Ziege wird die Geduld des Tigers nach einer gewissen Zeit überstrapazieren. Ziegen sind zu ausdauerndem, passivem Widerstand fähig, der den zupackenden Tiger zur Weißglut bringt. Obwohl der Tiger durchaus die Ziege verstehen kann und sie sogar außerordentlich schätzt, wird er sich schließlich von ihr trennen und lieber allein weitermachen.

An sich sind Hunde angenehme Partner für den Tiger; doch lassen sich beide leicht von ihren Idealen blenden. Politische und künstlerische Zusammenarbeit kann fruchtbar sein, Hund und Tiger sollten aber nie in Geschäftsbeziehungen treten. Sie können Soll und Haben nicht unterscheiden! Schweine sind ungeduldige Partner für Tiger. Sie sind tüchtige Geschäftsleute und haben eine glückliche Hand in Finanzdingen; Tiger sind so ausgabefreudig und großzügig, dass sie im Stande sind, die von den Schweinen erarbeiteten Gewinne für gute oder weniger gute Zwecke zu verschwenden.

Familie

Der Tiger lässt keinen Zweifel daran, dass er Herr im Haus ist. Wohnung, Einrichtung, sogar die Seife im Badezimmer, gehören ausschließlich ihm. Nein, nein, Tiger sind nicht egoistisch oder knauserig, sie geben mit vollen Händen und schenken gern die überflüssigsten Dinge; aber Tiger sind von Natur autoritär. Jeder respektiert den schrecklichen wilden Tiger. Gerade wegen seines angeborenen Ehrfurcht gebietenden Wesens wird ein schwaches oder zerstreutes Kind sich vor ihm fürchten. Das Tigerjunge wird wissen, dass es seinem beneidenswert erhabenen (oder der hervorragenden Mutter) nicht so gehorsam ist, wie diese es von ihm verlangen. Vielleicht kann es auch ihren hohen Erwartungen nicht entsprechen. Der Zorn des Tigers ist ebenso eindrucksvoll wie seine Reue.

Für den schrecklichen Tiger wird es enorm schwer sein, ein im Zeichen der Schlange, der Ziege oder auch des Tigers geborenes Kind mit der ihm sonst so eigenen, realistischen Unvoreingenommenheit zu behandeln. Ein Schlange-Kind wird alles tun, um dem Vater-Tiger oder der Mutter-Tiger zu gehorchen und sie zu verehren. Der Tiger wird die Bemühungen anerkennen, aber die beiden verstehen sich einfach nicht. Tiger sind schnell, Schlangen sind langsam. Tiger sind leidenschaftlich, Schlangen sind logisch. Die Tyrannei des Tigers kann dem sensiblen Ziege-Kind bleibenden Schaden zufügen, außer wenn der Tiger sein Ungestüm mäßigt, solange das Ziege-Kind noch jung genug ist, um sich von den Wunden zu erholen, die der Tiger-Vater ihm geschlagen hat.

Kinder, die unter dem Zeichen des Pferdes, des Drachen und des Schweins geboren sind, werden gut mit Tiger-Eltern auskommen. Niemand kann einem Pferd vorschreiben, was es tun oder lassen soll. Wenn ihm danach zu Mute ist, sich den Anordnungen von Vater oder Mutter Tiger zu fügen, wird es das mit Eifer und gutem Willen tun; wenn nicht, wird es einfach so tun, als hätte es nichts gehört. Diskussionen werden an der Tagesordnung sein, aber der gegenseitige Respekt, den diese beiden Typen füreinander haben, wird das Verständnis erleichtern. Furchtlose Drachen-Kinder können sich auch gegenüber den hohen Ansprüchen der Tiger-Eltern behaupten. Und Schwein-Kinder? Nun, Schweine lieben es nicht, herumkommandiert zu werden, aber sie lieben ihre Tiger-Eltern wegen deren Großmütigkeit und der Fähigkeit, ihre eigenen Fehler einzusehen. Das nachsichtige Schwein-Kind wird Vater oder Mutter Tiger alle Ungerechtigkeiten verzeihen. Das Ochse-Kind dagegen wird sich nicht einen Augenblick lang die Schikanen seiner Tiger-Eltern gefallen lassen. Vom frühesten Kindesalter an wird es sich durchzusetzen versuchen. Wenn Vater oder Mutter Tiger sich um Gerechtigkeit bemühen, wird sich das Verhältnis bessern. Kompromisse zu schließen, fällt beiden Seiten schwer.

Die Katze

DIE JAHRE DER KATZE

29. Januar	1903	bis	16. Februar	1904
14. Februar	1915	bis	3. Februar	1916
2. Februar	1927	bis	22. Januar	1928
19. Februar	1939	bis	8. Februar	1940
6. Februar	1951	bis	26. Januar	1952
25. Januar	1963	bis	12. Februar	1964
11. Februar	1975	bis	30. Januar	1976
29. Januar	1987	bis	16. Februar	1988
16. Februar	1999	bis	4. Februar	2000
4. Februar	2011	bis	22. Januar	2012
22. Januar	2023	bis	9. Februar	2024

KATZEN SIND: Diskret. Raffiniert. Tugendhaft. Gesellig.
Taktvoll. Gleichmütig. Sensibel. Umgänglich. Fürsorglich.
Ehrgeizig. Begabt. Versöhnlich. Besonnen. Traditionsbewusst.
Gastfreundlich. Gewandt.
ABER SIE KÖNNEN AUCH SEIN: Altmodisch. Pedantisch.
Dünnhäutig. Verschlagen. Abweisend. Einzelgängerisch.
Dilettantisch. Feige. Zimperlich. Hypochondrisch.

Katzen, die ich gekannt und geliebt habe

Japanische und chinesische Astrologen nennen diese Tierzeichen gewöhnlich »Kaninchen«. Meine amerikanischen Freunde, die etwas von chinesischer Astrologie verstehen, waren daher überrascht, dass ich die Bezeichnung Katze verwende. In Paris jedoch, wo das chinesische Horoskop auf dem Weg über Vietnam bekannt wurde, hat sich die Charakterisierung Katze durchgesetzt.

Ein Katze-Freund ist eines der wertvollsten und angenehmsten Glücksgüter des Lebens. Er ist kein flatterhafter Geselle, und er nimmt regen Anteil am Leben der Menschen, die er mag. Er ist niemals aufdringlich, sondern stets willig, diskret und diplomatisch um das Wohl derer bemüht, die er respektiert und die er sich zu Freunden gewählt hat. Die Katze ist niemals unangenehm besitzergreifend oder abschätzig blasiert. Sie wartet geduldig, zusammengerollt vor dem Feuer, bis man ihre großmütige Hilfe beansprucht.

Katze-Menschen leben gern in völliger Unabhängigkeit. Sie sind daher selten das Opfer eines emotionellen Traumas. Nervenzusammenbrüche sind für Menschen, die in einem Jahr der Katze geboren sind, kaum zu befürchten. Angesichts gefährlicher Erschütterungen jeder Art verhalten sie sich durchaus nicht besonders kühn oder mutig; vielmehr vermeiden sie durch vorsichtiges Ausweichen vor den Problemen ein zu starkes seelisches Engagement.

Man könnte einwenden, dass man Probleme nicht löst, indem man ihnen aus dem Weg geht. Das ist richtig. Aber Katzen sind nun einmal so veranlagt, dass sie in schwierigen Situationen lieber den Schwanz einziehen, als sich einer Auseinandersetzung zu stellen und sich unnötig zu exponieren. Katze-Menschen haben immer eine Entschuldigung zur Hand, warum ihre Ehe nicht funktionieren kann. »William und ich konnten einfach nicht miteinander auskommen«, oder: »Ich bin wirklich glücklicher allein. Das Zusammenleben entspricht nicht meiner Natur«, das sind ihre stereotypen Ausreden. Ob es sich um die Ehe, um geschäftliche Partnerschaft oder um künstlerische Zusammenarbeit handelt, Katze-Menschen halten nicht viel von ausdauernden Bemühungen, eine unbefriedigende Beziehung aufrechtzuerhalten.

In der Tat, ich kenne nur Katzen, die Junggesellen, geschieden oder wieder verheiratet sind. Nicht eine Katze in meinem Bekanntenkreis hat Aussicht, ein goldenes Ehejubiläum zu feiern. Katzen sind nicht immer Feiglinge; aber sie sind schnell verängstigt. Offener Krieg oder komplizierte Auseinandersetzungen, die ihr seelisches Gleichgewicht stören, können Katzen dazu verleiten, sich lieber auf einem Baum in Sicherheit zu bringen. Es ist durchaus nicht nötig, die Feuerwehr zu rufen. Katzen sind bemerkenswert geschickt darin, sich ohne fremde Hilfe zu retten und aus ihrem Zufluchtsort zur Erde zurückzufinden. Sie suchen sich gern ihren eigenen Weg aus dem Versteck. Katzen haben neun Leben, das darf man nicht vergessen. Und die braucht man auch, wenn man jedes Mal das Hasenpanier ergreift, sobald irgendwo ein Schreckgespenst auftaucht.

Was macht sie so anpassungsfähig? Nun, Tatsache ist, dass Katzen sich niemals emotionell derart stark engagieren, dass sie einen seelischen Schaden riskieren würden. Liebesbindungen sind nicht ihre *Raison d'être*. Katzen können romantisch, einfühlsam, leicht ansprechbar und manchmal sogar überaus nachsichtig mit ihren Lebensgefährten sein, aber sie sind letztlich doch mehr auf Harmonie und Seelenfrieden bedacht als auf unbedingte Dauerhaftigkeit der Beziehung.

Katzen sind äußerst dünnhäutig und empfindlich. Tumult versetzt sie in Panik. Wenn Aggressivität in der Luft liegt, vermeiden sie offene Feindseligkeiten und gehen auf Zehenspitzen. In künstlerischen Dingen, in ihrem finanziellen Gebaren und in häuslichen Angelegenheiten werden sie immer konservativ, von gutem Geschmack und traditionsbewusst sein. Wenn ein Katze-Bildhauer etwa die Skulptur eines Adlers schafft, dann können Sie sicher sein, dass die Skulptur auch wirklich wie ein Adler aussieht. Sie brauchen nicht argwöhnisch um die Figur herumzugehen und müssen nicht zu erraten versuchen, was dieses abstrakte Gebilde bedeuten könnte. Katzen lieben die Dinge so, wie sie sind. Sie sind weder Revolutionäre noch Hitzköpfe. Auch wenn Katzen sich für soziale Reformen einsetzen, werden sie immer auf eine friedliche Durchsetzung ihrer Ziele bedacht sein.

Vor Jahren, zu Beginn meiner Pariser Zeit, traf ich einen talentierten jungen Liedermacher namens Jim Friedman. Jim war 1927 geboren. Als ich ihn kennen lernte, hatte er schon vier Jahre lang die Pariser Gourmethungerdiät genossen. Er brannte darauf, nach

New York zurückzukehren, um einige seiner Balladen an bekannte Folksinger zu verkaufen, deren Protestsongs allmählich auch jenseits des Atlantiks bekannt wurden. Ich war zu dieser Zeit erst zwei Jahre in Paris. Die Stadt war so schön, dass ich entschlossen war, so lange dort zu bleiben, wie ich es durchhalten könnte. Jim flog mit einer Chartermaschine nach Hause. Ich sah ihn erst Jahre später in New York wieder.

Jim schreibt Songs für Folksinger, die ihre Zuhörer damit begeistern. Die Balladen der Katze Friedman, Wort und Musik, gehen unter die Haut. Sie sind Botschaften der Liebe, der Sehnsucht, des Verlorenseins, aber auch der Weigerung, das alles zu erleiden. Selbst ein Protestsong von Jim Friedman hat nichts Militantes oder Revolutionäres an sich.

Obwohl das Leiden der Menschen geradezu eine Obsession für Jim geworden ist, rufen seine Lieder doch nicht dazu auf, Häuser in Brand zu setzen oder Schaufenster einzuschlagen, um das Elend der Menschheit zu rächen. Und obwohl Friedmans Werk ein sehr breites Publikum anspricht, bietet er doch keinerlei praktische Lösungen für die Probleme der Armut oder des Rassismus an und betrachtet sich nicht als gottgesandten Heilsbringer. Er legt Tatsachen bloß – krasse, tief verletzende, tragische Wirklichkeiten, die selbst den abgestumpftesten Zuhörer erschüttern. Jim schreibt, nach echter Katzenmanier, von den Emotionen und Erfahrungen, die so viele junge Menschen heute beunruhigen. Seine Lieder knüpfen an die gute altmodische Balladentradition an. Die positivste Aussage über die in diesem Zeichen geborenen Menschen lautet: Ihr Traditionsgefühl und ihr Respekt vor der Vergangenheit sind für uns unentbehrliche Werte. Nicht nur Amerika, die ganze Welt braucht mehr Menschen dieses Katze-Typs.

Katzen sind rücksichtsvoll. Sie achten behutsam darauf, unsere Gefühle nicht zu verletzen. Und sie führen uns durch ihr Beispiel zurück zu den Wurzeln des Lebens, die unser Wohlstandsdenken so oft verschüttet. Katzen halten sich von der allgemeinen Hektik fern. Sie vermeiden nach Möglichkeit das Gedränge in der U-Bahn und gehen lieber im Regen zu Fuß nach Hause. Sie unternehmen ihre Ausflüge am liebsten an Werktagen, um dem Touristenrummel zu entgehen, und sie leben gern in einer ruhigen und harmonischen Umgebung.

Die Wohnung der Katze ist ein wirkliches Heim. Menschen, die in einem Jahr der Katze geboren sind, können ein Nomadenleben nicht ertragen. Natürlich gehen sie auch auf Reisen – aber nur, wenn sie ein komfortables Ferienquartier erwartet. Selbst die robusteste Katze wird aus der Fassung geraten, wenn jemand ihr Hab und Gut antastet oder wenn ihre geliebten und gehüteten Habseligkeiten auch nur verlegt werden. Alles muss an seinem gewohnten Platz bleiben, gebrauchsfertig sein und zudem auch noch dekorativ wirken.

Katzen sind nicht besonders familienorientiert. Eltern, Kinder und Lebensgefährte müssen im Leben der Katze hinter Freunden zurückstehen. Kontakte zur Verwandtschaft sind selten mehr als die Erfüllung einer lästigen Pflicht. Für die Katze-Geborenen besteht das Glück nicht in einem Haus voll lärmender und nerventötender Kinder, die ständig verlangen, dass man sich um sie kümmert, und die ihre Eltern von der wichtigsten Pflicht abhalten, vier oder fünf Freunde angemessen zu bewirten. Nein, Katzen lieben keine lästigen Unterbrechungen und keine geräuschvolle Unordnung im Haus.

Ich will damit nicht unterstellen, dass Katze-Eltern es ihren Sprösslingen gegenüber an Verantwortungsbewusstsein fehlen lassen. Oft sind sie äußerst nachsichtig, zu milde, sie lassen die Zügel eher schleifen. Da sie selbst sich dagegen wehren, sich in die hektische Betriebsamkeit der modernen Gesellschaft hineinziehen zu lassen, haben sie Verständnis dafür, wenn ein Kind sich nicht den Regeln fügen oder sich nicht einer Gruppe anschließen will, die es zu rigoroser Unterordnung zwingt. Viele Eltern des Typs Katze, die ich kenne, sind sehr geschickt darin, die alltägliche Betreuung ihrer Kinder dem anderen Elternteil aufzubürden, dem das vielleicht mehr Freude macht als ihm selbst. Und Katze-Eltern, die es sich leisten können, schicken ihre Kinder oft in Internate. Allerdings muss ich zugeben, dass sie viel Zeit darauf verwenden, ihre Söhne und Töchter in Schulfragen zu beraten und auf ihr gutes Benehmen zu achten.

Damit Katze-Menschen ihre volle Leistungsfähigkeit entfalten können, muss man ihnen möglichst alle äußeren Hindernisse aus dem Weg schaffen. Ein unaufgeräumtes Arbeitszimmer, herumstehender Abwasch oder ein Korb mit schmutziger Wäsche, über den man stolpert, wird jede Kreativität im Keim ersticken. Katzen hassen Unordnung. Seelische Harmonie ist für sie von einer entsprechenden Umgebung abhängig, in der sie produktiv arbeiten können. Räumen Sie die Pinsel eines Katze-Malers von einer Seite der Staffelei auf die andere, kann sein ganzer Arbeitstag verdorben sein.

Die Präsenz der gewohnten Architektur war für einen meiner Katze-Freunde so wichtig, dass er einfach nicht damit fertig werden konnte, als sein Château aus dem vierzehnten Jahrhundert vor einigen Jahren abbrannte. Obwohl Edgar Plissé (geboren 1927) in Paris lebt, wo er als erfolgreicher Psychiater tätig ist, betrachtete er das Familienschloss doch immer als sein wirkliches Zuhause. Er hatte als Kind lange Zeit dort gelebt. Bei dem Brand wurde die antike Einrichtung zerstört; die alten Balken der großen Gutsküche, in der Edgar als kleiner Junge so gern gespielt hatte, fielen dem Feuer ebenso zum Opfer wie die Aubusson-Wandteppiche und eine Sammlung wertvoller Gemälde.

Ich hatte die schlimme Nachricht von einem gemeinsamen Bekannten gehört und gleich in Edgars Praxis angerufen, um ihn meines Mitgefühls zu versichern. Seine Sekretärin sagte mir, dass er an diesem Morgen nach La Creuse, einer herrlichen Landschaft südlich von Orléans, abgereist sei, um den Schaden zu besichtigen. »Er ist untröstlich«, sagte sie. »Ich weiß nicht, was er tun wird.«

Ich wählte die Nummer der Ortsvermittlung in La Creuse. Das Dorf ist sehr klein, und ich fragte daher das Mädchen in der Zentrale, ob sie mir Näheres über das schreckliche Ereignis mitteilen könne. Es sei wie ein Wunder, sagte sie, irgendwie funktioniere das Telefon im Schloss noch. Sie stellte eine Verbindung her. Tatsächlich meldete sich auch gleich Edgar: »*Allo, oui.*« Seine sonst so kräftige Stimme klang ziemlich schwach.

»Edgar, mein armer Junge«, sagte ich. »Ich bin's, Suzanne.«

Ich konnte mir Edgar vorstellen, zwischen den nackten Steinmauern eines verwüsteten Zimmers stehend, inmitten der rußgeschwärzten Überreste seiner Erinnerungen, in der Hand den halb geschmolzenen Telefonhörer. Das Bild war zugleich surrealistisch und traurig. Er brachte eine nicht allzu tragisch klingende Antwort heraus: »Wie nett von dir, anzurufen. Ich bin gerade dabei zu überprüfen, welcher der Balken im Wohnzimmer noch fest genug ist, um einen Strick zu halten. Ich denke, ich werde mich aufhängen.«

Ich wusste, dass er scherzte. Aber unter so dramatischen Umständen schien mir Edgars Selbstmord eine nicht von der Hand zu weisende Gefahr zu sein. Nach Auskunft des Telefonfräuleins war von der Inneneinrichtung außer den wertvollen Kachelöfen nichts übrig geblieben. Die Wände, hatte sie gesagt, ständen noch. Alles, was ich herausbrachte, war: »Nein, Edgar, tu das nicht. Es muss einen besseren Weg geben.« (Nicht dass mir einer eingefallen wäre.)

Er lachte müde. »Ich bin nicht dabei, mich umzubringen. Reg dich nicht auf. Es sieht schrecklich aus hier; aber meine sechshundert Jahre alten Mauern stehen noch. Alte Steine schmelzen nicht.« Er machte eine Pause. »Aber Juwelen schmelzen. Der Schmuck meiner Großmutter war in einem Geheimtresor oben versteckt. Er ist nur noch eine klebrige Masse. Du würdest ihn nicht haben wollen. Ich schätze, ich bin kein so guter Fang mehr wie letzte Woche noch.«

Ich war glücklich, dass er dem Wahnsinn doch nicht so nahe war, wie ich befürchtet hatte. Ich wagte daher die Frage: »Edgar, was wirst du tun?«

Seine Stimme klang plötzlich viel lebhafter. Er schien wieder ganz normal zu reagieren. »Wieso? Wieder aufbauen natürlich.«

Und genau das war es, was mein Katze-Freund Edgar tat.

Katzen brauchen die richtige Umgebung, um ihre Leistungsfähigkeit voll zu entfalten. Wenn ihr Heim, aus welchen Umständen auch immer, zerstört wird, sind sie sehr talentiert, sich ein neues Zuhause im gewohnten Stil zu schaffen. Da Katzen die Häuslichkeit lieben, laden sie gern Gäste zu sich ein, die Sinn für gemütliche Geselligkeit haben und eine gute Küche, ausgewählte Getränke und einen gepflegten Rahmen zu schätzen wissen. Große Partys sind ihnen ein Gräuel. Sie fühlen sich am wohlsten in der Gesellschaft einiger guter, fröhlicher Freunde. Katzen unterhalten sich gern angeregt über die verschiedensten Themen. Sie brauchen allerdings manchmal eine gewisse Anlaufzeit, bis sie aus sich herausgehen. Doch wenn sie einmal in Fahrt sind, können sie sehr amüsant plaudern und mit witzigen Geschichten eine Tafelrunde in Stimmung bringen. Katzen sind weder scheu noch schüchtern, aber wählerische Gastgeber. Sie haben Freude an häufigen kleinen Festlichkeiten, sind aber keineswegs Gesellschaftslöwen.

In Finanzangelegenheiten haben Katzen oft eine glückliche Hand. Kreative Tätigkeiten befriedigen sie am meisten. Sie sind aufgeschlossen und begeistern sich gern für neue interessante Projekte. Sie finden immer einen Weg, ihre Talente erfolgreich zu nutzen, und es fällt ihnen nicht schwer, sich ein ausreichendes Einkommen zu sichern. Obwohl Katzen sich gern einen gewissen Luxus in ihrem Lebensstil leisten, sind sie doch häufig geneigt, sich aus dem aktiven Erwerbsleben zurückzuziehen – ohne sich zur Ruhe zu setzen –, sobald sie sich ein ausreichendes finanzielles Polster geschaffen haben, das ihnen ein ihren Ansprüchen genügendes Einkommen aus ihren Investitionen sichert. Sie lassen sich nie von extremen Ängsten leiten wie Furcht vor finanziellem Ruin, und sie halten auch nichts davon, ihren Reichtum durch aufwendige Jachten oder prunkvolle Villen zur Schau zu stellen. Katzen verstehen es, schon in jungen Jahren mit ihrer Zeit und ihrem Geld vernünftig umzugehen. Finanzielle Probleme lösen sie mit professioneller Ruhe und Umsicht. Der Ehrgeiz der Katzen richtet sich nur darauf, so viel Vermögen zu erwirtschaften, dass es ihnen im Alter einen angemessenen Lebensstandard sichert.

Ich machte in Amerika die Bekanntschaft einer Katze-Dame (geboren 1939), die einen sehr wohlhabenden Mann geheiratet hat. Es ist Sandras dritte Ehe, und für ihren neuen Ehemann Jeffrey ist es die zweite. Eines der ersten Dinge, die Sandra mir über ihre neue Situation erzählte, war die Begründung, warum sie von ihren beiden reichen Ex-Ehemännern keine laufenden Unterhaltszahlungen verlangt hatte. Ihre Begründung war typisch für die Denkungsweise einer Katze-Frau: »Ich bin nicht habgierig«, sagte sie. »Jeffrey hat genug Geld für uns beide. Mein erster Ehemann hat freundlicherweise ein Arrangement akzeptiert, das mir erlaubte, ein paar Mietshäuser in Florida zu kaufen. Der zweite Gentleman hatte mir während unserer Ehe so viel Schmuck gekauft, dass ich sein Abschiedsgeschenk von fünfzigtausend Dollar mehr als angemessen fand. Ich werde immer gut zurechtkommen. Auch wenn Jeffrey mich verlassen sollte, werde ich nicht am Hungertuche nagen müssen.«

Nun, Leute, die einen ertragreichen Besitz in Palm Beach haben und fünfzigtausend bare Dollar als Draufgabe für die Auflösung einer kinderlosen Ehe bekommen, würde ich nicht gerade als arm bezeichnen; aber in Sandras Bemerkung war doch eine gewisse Bescheidenheit zu spüren, die sie zumindest von diesen raffgierigen Harpyien unterscheidet, die die Gerichtshöfe in unserem Land mit ihren unmäßigen und ungerechtfertigten Forderungen auf lebenslange Unterhaltszahlungen über Gebühr beanspruchen, damit sie den Rest ihres unnützen Daseins auf irgendwelchen Luxusjachten im Südatlantik genießen können. Sandy ist eine vernünftige reiche Frau.

Sandra zählt nicht zu den müßiggängerischen reichen Frauen. Der Gedanke ans Nichtstun liegt ihr völlig fern. Kurz nach ihrer Hochzeit kauften Sandra und ihr neuer Ehemann Jeffrey einen pittoresken alten, heruntergekommenen Dorfladen in Massachusetts und gingen daran, ihn wieder flottzumachen. Da Gemischtwarenläden auf dem Lande keine Zukunft mehr haben, weil alle Welt heute in Supermärkten einkauft, ließen sie diese Idee bald wieder fallen. Sandra versteht eine Menge von französischer Küche, und sie hatte sich immer für Kunst und Kunsthandwerk interessiert. Sie engagierten daher einen tüchtigen Architekten und bauten den alten Laden zu einer Kombination von Restaurant, Geschenkboutique und Kunstgalerie um.

Jeff führt das Geschäft. Sandra besorgt den Einkauf und arrangiert Kunstausstellungen in der Galerie.

Auch wenn Katze-Menschen finanziell sehr gut gestellt sind, bleiben sie doch betriebsam und sind ständig in irgendwelche neue Projekte verwickelt. In Sandras Fall war es der Einkauf und Verkauf von Kunstgegenständen. Für andere Katze-Typen ist es der Anbau von biologischem Gemüse oder der Einsatz für ökologische Programme oder die Gründung irgendwelcher Komitees zur Unterstützung bedürftiger Künstler. Selbst unter den reichsten Katze-Menschen findet man selten Müßiggänger und Verschwender.

Manchmal wirft man Katze-Menschen vor, sie seien snobistisch oder arrogant. Tatsächlich tendieren sie zur Überbewertung materieller Dinge, und sie sind sich ihres eigenen geistigen und künstlerischen Niveaus ebenso bewusst, wie sie andere nach ihrem kulturellen Standard beurteilen. Wegen ihres ästhetisierenden Verhältnisses zur Natur und zu den schönen Künsten pflegen sie oft den Umgang mit Leuten, die vielen Menschen als überspannt und blasiert erscheinen. Ihre Manieren und ihre Ausdrucksweise können affektiert wirken. Katzen aller Gesellschaftsschichten glauben an den sozialen Aufstieg. Sie sind in ihrem Bemühen um Kultiviertheit und feine Lebensart von hartnäckiger und dabei liebenswürdiger Ausdauer.

Sie werden niemals einen Katze-Menschen finden, der sich weigert, einem Freund zu helfen. Ganz gleich, wie »tief unten« der Freund sein mag oder wie vergleichsweise »hoch« auf der sozialen Leiter er selbst stehen mag, man kann in Zeiten der Not oder der Krankheit immer auf ihn zählen. Wenn Ihre Katze-Freundin vielleicht auch in einem Rolls-Royce vor Ihrer bescheidenen Hütte vorfährt, wird sie das nicht hindern, die Ärmel aufzukrempeln und sich in die Arbeit zu stürzen. Zuerst wird die Bettwäsche gewechselt, dann wird das Haus vom Dachboden bis zum Keller geputzt. Schließlich wird eine bekömmliche Gemüsesuppe gekocht und der Patient mit einem Silberlöffel gefüttert, den man eigens für diesen Zweck in der Dior-Krokodilledertasche mitgebracht hat.

Katzen fallen nicht in Ohnmacht, wenn sie Blut sehen. Die Krankheit oder der Kummer eines Freundes betrachten sie als Herausforderung. Sie stellen ihr Haus zur Verfügung. Ihr Bett, ihre Küche, ihr Whisky, ihre Fröhlichkeit, ihr beruhigendes Lächeln und ihre munteren Scherze – alles gehört ihm. Wenn er sicher unter der satinbezogenen Daunendecke verpackt ist, ein Glas Grog zum Warmwerden auf dem Nachttisch, wird die Katze sich lautlos an die Beseitigung der Unordnung machen, die der Eindringling verursacht hat. Sie sagt nichts. Sie geht einfach herum, stellt die Dinge an den richtigen Platz, wischt den Tisch ab, spült die Gläser. Dann wird sie zurück ins Zimmer kommen, in dem der Kranke den Luxus ihrer Gastfreundschaft genießt, wird sich an sein Bett setzen und ihm die fiebrige Hand halten.

Natürlich leiden Katze-Menschen wie alle menschlichen Wesen manchmal unter nervösen Spannungen und seelischen Depressionen. Allerdings verfügen sie über ein ungewöhnliches Maß an Diskretion, das ihnen erlaubt, ihre innere Unruhe nicht auf andere zu übertragen. Vielleicht klagen sie einmal über Kopf- oder Halsschmerzen, doch sie werden sich niemals der heute so verbreiteten Taktik bedienen, ihre innersten Geheimnisse jedem anzuvertrauen, der sie hören will, und weitschweifig ihre wohl überlegten und schöngefärbten Ergüsse über ihre wirklichen oder eingebildeten Leiden loszulassen. Die Vorstellung des Katze-Menschen von Würde und Selbstachtung verbietet ihm die Spekulation auf das Mitleid, das Mitgefühl oder das Bedauern anderer Menschen.

Physisch sind Katzen im Grunde widerstandsfähig und zäh. Aber nicht alle Katzen werden diesem Urteil über ihre Gesundheit zustimmen. Sie sind sicherlich nicht der wehleidige Typ, der unaufhörlich klagt und jammert; aber der Katze-Mensch ist doch ständig um seine Gesundheit besorgt. Gewöhnlich »doktert« er mehr an sich herum, als gut für ihn ist. Ein Katze-Mensch ist im Stande, zum Dermatologen zu rennen, sobald er nur die kleinste Warze oder den kleinsten Pickel bemerkt. Er bevorzugt Spezialisten. Wahrscheinlich ist dieser Gesundheitsfanatismus zum Teil auf seine übergroße Genauigkeit zurückzuführen, zum Teil auch auf seine Überzeugung, dass Vorbeugen besser als Heilen ist. Wie ich an einer früheren Stelle schon erwähnt habe, lassen Katzen sich nicht gern in Auseinandersetzungen ein, sondern gehen allen Situationen aus dem Wege, die sie instinktiv als gefährlich erkennen. Geschwätz, Intrigen, unsaubere Geschäfte und Machenschaften interessieren Katze-Menschen nur mäßig. Bei Kaffee und Kuchen gelegentlich einmal Klatsch anzuhören, ist eine Sache; aber gezwungen zu sein, tatsächlich für einen Freund, der wegen irgendeiner Geschichte vor Gericht steht, als Zeuge auszusagen, das würde selbst dem treuesten Katze-Kumpel nicht behagen.

Missverstehen Sie diese Katze-Eigenschaft nicht als Feigheit. Wenn Katze-Menschen wissen, dass sie einer schwierigen Situation oder einer Auseinandersetzung gewachsen sind, dann werden sie nicht Reißaus nehmen. Wenn sie es mit einer streitsüchtigen Person zu tun haben, die aus Ärger oder Frustration die Beherrschung verliert, werden sie weder einer Konfrontation auszuweichen versuchen noch sich auf den »Feind« stürzen und ihm die Nase blutig schlagen. Stattdessen werden Katzen versuchen, ihm vernünftig zuzureden und seinen Zorn mit Diplomatie und gesundem Menschenverstand zu besänftigen. Gewalttätigkeit gilt nach dem Katzenkodex als tabu, es sei denn, es gäbe für die Katze keine andere Möglichkeit, als den Gegner mit Gewalt unschädlich zu machen.

Katzen haben ein besonderes Geschick zur Menschenführung. Wenn sie Anordnungen geben, bedienen sie sich nicht eines schroffen Befehlstons, sondern respektieren die Selbstachtung ihrer Untergebenen. Sie legen Wert darauf zu zeigen, dass sie auch die einfachsten Arbeiten nicht gering schätzen, und sie beweisen sich gern, dass sie Ordnungsliebe und Pünktlichkeit nicht nur von anderen, sondern auch von sich selbst fordern. Obwohl das von manchen Führungskräften, die selbst mit eiserner Faust zu regieren gewohnt sind, als Heuchelei und Anbiederung ausgelegt werden mag, dürfen wir nicht vergessen, dass es in der Natur der Katzen liegt, auf Widerstand nicht mit Aggression oder Feindseligkeit zu antworten, sondern mit Diplomatie und gesundem Menschenverstand.

Selbst Katze-Menschen, die höchste Positionen einnehmen, sogar Staatsoberhäupter dieses Typs sind für ihre Fähigkeit berühmt, sich Respekt durch beispielhaftes Handeln zu verschaffen. Es ist klar, dass kein Diktator und kein Monarch sich der historischen Verantwortung für die unter seiner Herrschaft begangenen Missetaten entziehen kann; die Regierung des kubanischen Diktators Fidel Castro (geboren 1927) ist ebenso wie die Herrschaft der Queen Victoria von England (geboren 1819) durch viele abscheuliche Ereignisse gekennzeichnet. Mächtige Katzen bedienen sich ihrer Beamten und Polizisten, wenn sie die Krallen zeigen müssen. Diese weniger zimperlichen Organe der Staatsgewalt erledigen die Einkerkerungen, Misshandlungen und eventuell sogar die Vollziehung der Todesstrafe – die Katzen selbst widmen sich diplomatischen Aufgaben, Gipfelkonferenzen und der ideologischen Ausrichtung ihrer Untertanen.

Wenn die Erwähnung der beiden Namen Fidel Castro und Queen Victoria in diesem Kapitel über Katzen Sie überrascht, sollten Sie bedenken, dass zum Beispiel der in seinem Guerillakampfanzug posierende, Havannazigarren rauchende und sich wild gebärdende Castro noch immer erstaunlich lebendig ist. Niemand hat ihn je an der Spitze eines Zuges kampferprobter Soldaten einen Angriff gegen feindliche Stellungen unter Einsatz seines Lebens führen sehen. O nein. Castro gibt sich nur das Aussehen eines Soldaten. Er kostümiert sich, um seinen Rebellen zu zeigen, dass er einer von ihnen ist. In der feudalen vorrevolutionären Gesellschaft Kubas war Castro Rechtsanwalt. Er musste der überwiegend bäuerlichen Bevölkerung seines Landes beweisen, dass er zu ihnen gehört. Einfache Menschen misstrauen Funktionären, die in schweren

Limousinen durch ihre Dörfer brausen und in Paradeuniformen Staatsmacht repräsentieren. Deshalb ließ Castro sich von seinem Schneider einen Kampfanzug anmessen und ging, wie ein gemeiner Soldat gekleidet, in die Bergdörfer seines Landes. Wenn Sie darüber nachdenken, werden Sie merken, dass diese Art von Verschlagenheit durchaus der Natur der Katze entspricht.

Queen Victoria, die durch ihre Geburt berufen war, England zu regieren, setzte in ihrer persönlichen Lebensform ein rigoroses Beispiel prüder Häuslichkeit. Mehr als fünfzig Jahre lang bestimmte Victorias Vorbild erstickender Mütterlichkeit und puritanischer Rechtschaffenheit das Leben in ihrem Lande. Ihr Geist prägte das britische Empire durch den dogmatischen Glauben, dass unbeugsame englische Härte die Welt zu führen bestimmt sei. Victoria Regina war wohl kaum eine Persönlichkeit des öffentlichen Lebens. Sie lebte nach dem Tode ihres Mannes in strenger Zurückgezogenheit. Der politische Kampf war den Mitgliedern des Parlaments vorbehalten, deren Aufgabe es war, die »schmutzige Arbeit« der Gesetzgebung zu machen, und der Regierung, die die Gesetze durchzusetzen hatte. Die Richtlinien, die die Herrschaft der Königin bestimmten, sind bei allen englischsprachigen Völkern sprichwörtlich geworden. Man nennt eine ganze Zeitepoche nach ihr; ein wenig ansprechender Möbeltyp ist nach ihr benannt; man bezeichnet altmodische Regeln und Normen als viktorianisch, und ein strenges und muffiges Erziehungswesen wird ebenfalls nach der mütterlichen Königin benannt. Die gute Queen Victoria war extrem mächtig, aber sie betonte nicht so sehr die Herrscherin, sie legte vielmehr Wert darauf, von ihrem Palast aus den Lebensstil ihrer Untertanen zu bestimmen.

Es gibt auch heute viele Katze-Persönlichkeiten, deren Leistungen beweisen, dass sie ihre Talente gut genutzt haben. Das Jahr 1903 schenkte uns den Gastronomiekritiker James Beard, der ein so vortreffliches Beispiel für den raffinierten und delikaten Geschmack der Katze ist. Edgar Bergen, der berühmte Bauchredner und Erfinder des Charlie McCarthy, ist im selben Jahr geboren.

1915 kam der Schriftsteller Saul Bellow zur Welt, der 1975 für den Nobelpreis vorgeschlagen wurde. Das nächste Katzenjahr war 1927. Der Sänger Harry Belafonte, der Dramaturg Neil Simon, die Schauspieler Peter Falk und George C. Scott und der Schriftsteller/Playboy George Plimpton sind hervorragende Exemplare dieses Katze-Jahrgangs. 1939 ist das Geburtsjahr der Filmregisseure Francis Ford Coppola und Peter Fonda, der Sängerin Judy Collins und der Schauspielerin Ali McGraw. Auch der TV-Showmaster David Frost ist Katze des Jahrgangs 1939. Es wird Ihnen aufgefallen sein, dass unter all diesen berühmten Namen kein General, Präsident oder Kriegsheld zu finden ist. George C. Scott hatte lediglich einmal einen Kriegshelden zu mimen, als er den General Patton in einem biografischen Film darstellte. Allerdings wäre hier auch anzumerken, dass Scott einen »Oscar« ablehnte, weil er das ganze Geschäft für manipuliert hielt, oder einfach, weil es ihm nicht wichtig genug schien, um sich dafür in einen Smoking zu werfen.

Normalerweise legen Katze-Menschen keinen großen Wert auf Applaus und öffentliche Lobeshymnen. Sie lieben ihre Arbeit, die sie mit Ruhe und großer Selbstdisziplin verrichten. Natürlich freuen sie sich, wenn ihr Werk Anerkennung findet, aber der Ruhm ist nicht das Hauptziel ihrer Arbeit. Weder Albert Einstein (geboren 1879) noch Henry Miller (geboren 1891) hatten an publikumswirksamer Schaustellung Interesse. Katze-Genies sind ruhige Genies.

Was das Gleichgewicht der Katze vor allem bedroht, sind lange Zeiten des Leidens und der Not. Sie sind natürlich immer bemüht, einer Katastrophe aus dem Weg zu gehen oder einfach ihre Existenz zu ignorieren; manchmal aber verbieten Lebensumstände, Moral oder Pflicht, sich dem Kampf zu entziehen. Kriege, Besatzungszeiten, Weltwirtschaftskrisen oder ähnliche Bedrängnisse stellen Anforderungen, die man als »unmenschlich« bezeichnen könnte. In solchen Situationen bewähren sich Katze-Menschen nicht besonders gut. Die Katze ist ein Tier, das es hasst, in die Enge getrieben, eingesperrt oder überlistet zu werden. Ein unter dem Zeichen der Katze geborener Mensch wird dem Gegner nicht sofort wild an die Kehle springen, sondern zunächst versuchen, auszureißen. Gelingt ihm das nicht, wird er jammern, fauchen und knurren, sich aber schließlich einer unbeugsamen Macht fügen. Die Katze ergibt sich mit großem Klagegeschrei, aber sie ergibt sich. Die Front ist kein Platz für eine so zarte Seele. Eine zu große Dosis Widerwärtigkeit verwirrt und ängstigt sie.

Der Katze-Mensch verfügt über ein hohes Maß von Mitgefühl.

Seine Fürsorge für Menschen, die er liebt, kennt keine Grenzen. Aber er hat Bedenken, sich innerlich zu stark zu engagieren, weil er fürchtet, eine emotionelle Bindung könnte sich eines Tages zu seinem Nachteil auswirken. Der Katze-Mensch braucht Sicherheit, und er misstraut einer Welt, die er für rücksichtslos hält, und den Menschen, deren Edelmut er anzweifelt. Er zieht es daher vor, sich nur auf sich selbst zu verlassen.

Katze-Menschen sind rechtschaffen; sie lieben einen kultivierten Lebensstil, und sie sind misstrauisch gegen Veränderungen. Sie legen Wert auf Unabhängigkeit und Distanz, und sie stellen keine hohen Ansprüche an ihre Freunde. Solange Katzen ein behagliches Heim haben und sich nicht zu sehr mit dem Alltagskram befassen müssen, sind sie durchaus in der Lage, größere Probleme aus eigener Kraft zu lösen. Das Leben mit einer Katze ist zwar nicht immer idyllisch, aber zweifellos interessant.

Die Katze-Frau

Frauen des Katze-Typs legen weniger Wert darauf, von ihrem Partner umsorgt und gehätschelt zu werden, als andere Frauen. Sie sind gute Manager, tüchtige Hausfrauen, und sie lieben es, ihr Schicksal selbst in die Hand zu nehmen. Katze-Frauen haben jedoch eine sehr genaue Vorstellung, welche weniger intimen Liebesbeweise sie von ihren Partnern erwarten. Sie brauchen Geld, ein eigenes Heim und unbegrenzte Zeit, sich ihren Liebhabereien zu widmen, zu lesen oder sich einfach zu entspannen. Die Katze-Frau beklagt sich selten, wenn ihr Ehemann tagelang auf Reisen ist. Einsamkeit, wenn auch nicht gerade auf Lebenszeit, gefällt ihr.

In Jahren der Katze geborene Frauen legen großen Wert auf ihre äußere Erscheinung. Sie verbringen sehr viel Zeit damit, sich zurechtzumachen, bevor sie das Haus verlassen, um vielleicht nur nebenan beim Krämer einzukaufen. Katze-Frauen, ob groß oder klein, füllig oder schlank, sind fast immer gepflegt und elegant. Die Katze-Dame ist nicht so sehr auf die Abstimmung aller Accessoires bedacht und putzt sich nicht so heraus wie etwa die aufreizende Schlange oder das elegante Pferd, sie bevorzugt eine eher schlichte

Eleganz. Sie trägt gern anschmiegsame weiche Wollkleider von klarem Schnitt, die ihre Figur zur Geltung bringen.

Meine extravagante Freundin Ellen Saint-Charles (geboren 1939) kann tragen, was sie will, sie sieht immer perfekt gekleidet aus. Ich wundere mich manchmal, wie sie das macht. Selbst ihre Jeans sehen maßgeschneidert aus.

Ellen ist eine Freundin, die ich nicht oft zu sehen bekomme. Sie lebt in Hollywood, reist viel in Mexiko auf der Jagd nach Antiquitäten herum und kommt nur ein- oder zweimal im Jahr nach Paris, um Kleider für ihre Boutique in Beverly Hills einzukaufen. Wenn sie in der Stadt ist, ruft sie mich an. Da Modekollektionen für Konfektionskleidung jedes Jahr um etwa die gleiche Zeit vorgestellt werden, weiß ich gewöhnlich, wann ich Ellens Anruf zu erwarten habe.

Es war vor einigen Jahren, da tauchte sie plötzlich außerhalb der Saison im November in Paris auf. Ihre unplanmäßige Reise hatte etwas mit einem französischen Schauspielerfreund zu tun, den sie in Mexiko kennen gelernt hatte und den sie unbedingt sofort wiedersehen musste. Da ich Ellens Vorliebe für den Typ des oberflächlich-frivolen Schöngeistes kannte, musste ich ein Lachen unterdrücken, als sie sagte: »Suzanne, warte ab, bis du Pierre siehst. Er ist einfach der phantastischste Mann, den ich je kennen gelernt habe. Er ist groß und schön und hat tiefe traurige Augen. Du wirst dich sofort in ihn verlieben.«

Ich verabredete mich mit Ellen zum Lunch im Plaza. Bevor sie den Hörer auflegte, sagte sie: »Bring etwas zum Umziehen mit. Wir können uns die Haare machen lassen und vielleicht noch eine Gesichtsmaske und eine Maniküre einschieben, bevor Pierre gegen sechs Uhr zu einem Drink in die Bar kommt. Ich möchte, dass du ihn kennen lernst.«

Ich holte tief Atem und erinnerte sie dann daran, dass ich zurzeit finanziell nicht besonders flüssig war. Die Antwort war typisch Ellen: »Was meinst du damit?«

Ich sagte: »Nun, der Friseur und ich, wir haben zurzeit kein besonders enges Verhältnis, wenn du verstehst, was ich meine…«

Ellen konnte sich vor Lachen kaum halten. »Alberne Gans! Wozu gibt es Kreditkarten? Mach dir keine Sorgen«, sagte sie, »setz dich einfach in den Wagen und komm her.«

Reiche Leute können wirklich nichts begreifen. »Ich habe keinen Wagen.« (Ich hatte ihn verkauft, um meine Kinder in eine Tanzschule schicken zu können.)

Ellens Ton wurde ungeduldig. »Dann nimm dir ein Taxi. Ich werde dem Portier sagen, dass er es bezahlen soll. Und vergiss die Sache mit den Kleidern. Wir werden hier schon etwas finden. Bitte, beeil dich. Ich habe dir so viel zu erzählen.«

Als ich zum Plaza kam, hatte Ellen uns im supereleganten Schönheitssalon des Hotels eine ausgiebige Sitzung reserviert. Mein Schuldgefühl in Anbetracht der exorbitanten Preise des Etablissements verflüchtigte sich, wie ich gestehen muss, sehr rasch durch das Fenster in die Avenue Montaigne. Und als ich später im Spiegel des Anproberaums des Dior-Salons gleich gegenüber dem Hotel das Resultat betrachtete, schien es mir keine so schlechte Lösung zu sein, sich ein bisschen von der Großzügigkeit der Freundin aushalten zu lassen, anstatt mich den kritischen Augen von Ellens Pierre als Vogelscheuche zu präsentieren.

Um fünf Uhr dreißig sah ich so aus, wie ich es mir immer ausgemalt hatte, wenn eine gütige Fee meine arme Literatenseele von dem Fluch des Blue-Jeans-Daseins erlösen würde. Ich fühlte mich so richtig zu Hause in der eleganten Atmosphäre des Plaza-Salons – in Erwartung eines französischen Filmstars. Obwohl er nicht mein Filmstar war – man kann doch ein bisschen träumen, oder nicht?

Sechs Uhr dreißig zeigte die Uhr über der Bar. Sechs Uhr fünfundvierzig sprang mir von der Armbanduhr des Kellners in die Augen, als er uns unseren dritten Drink servierte. Pierre war um sechs Uhr erwartet worden. Um sieben, als der große Zeiger auf die Zwölf vorrückte, flüsterte ich Ellen zu: »Vielleicht ist er aufgehalten worden. Im Filmgeschäft kann man nie wissen, was dazwischen kommt. Oder vielleicht ist er im Stoßverkehr stecken geblieben.«

Ellen, kühl wie der Smaragd, den sie am Finger trug, erwiderte: »Es ist besser, den Tatsachen ins Auge zu sehen. Er wird nicht kommen.«

Ich legte tröstend meine Hand auf ihren Arm und sagte besänftigend: »Nun, keine übereilten Schlüsse. Kannst du ihn nicht anrufen?«

Ellen trank graziös ihren Drink und stellte das Glas fest auf den Tisch. »Ich dränge mich niemandem auf. Wenn Pierre mich nicht liebt, ich werde ihn nicht halten.« Sie zeichnete die Rechnung ab und hinterließ beim Barmixer die knappe Botschaft: »Madame Saint-Charles ist ausgegangen.« Sie warf mir ein gequältes Lächeln zu. »Bloß für den Fall, dass Pierre hier noch herumschnüffeln sollte.«

Statt den Abend mit dem Mann zu verbringen, für den sie über den Atlantik nach Paris gekommen war, lud Ellen mich in die berühmte Restaurant-Diskothek von Jean Castel ein, wo wir nach dem Abendessen noch ein wenig tanzen konnten, bevor es zu voll wurde, und wo sie vielleicht noch jemanden fand, den sie mit ihrem Katzencharme verführen konnte. Ich nahm die Einladung an. Während des Essens zog Ellen aus ihrer Handtasche ein kleines Velourskästchen und reichte es mir herüber. Auf dem Deckel war eingraviert: *Van Cleef & Arpel*. In meinem erstaunten Gesicht war die Frage zu lesen: Soll das ein Scherz sein?

Ellen erklärte mir: »Das war für Pierre bestimmt. Er hat heute Geburtstag. Ich wollte ihn mit ihm feiern. Warum soll ich es dir nicht geben? Ich glaube, es ist wirklich ganz hübsch.« Ich öffnete das Kästchen und schaute hinein. »Findest du nicht?«, fragte sie unruhig.

In dem winzigen Kästchen lag ein bernsteinfarbener Stein, in Gold gefasst an einem feinen Kettchen aus demselben kostbaren Material. Es war ein exquisites Schmuckstück. Mir wären beinahe die Tränen gekommen, aber ich schluckte kräftig und dankte Ellen für den Trostpreis. Ich bewunderte sie wirklich, wie leicht sie sich mit dem Verlust Pierres abgefunden hatte. Aber ich fühlte auch etwas wie Mitleid mit Pierre. Er hatte sich nicht nur eine Liaison mit einer charmanten Katze-Dame entgehen lassen, sondern auch noch das Geburtstagsgeschenk eingebüßt, das Ellen ihrem undankbaren Geliebten zugedacht hatte.

Katze-Frauen sind unwiderstehlich liebenswert. Sie sind die besten Freundinnen, angenehme Gesellschafterinnen, immer für einen Spaß zu haben, und sie stehen fest auf ihren kleinen Katzenpfoten. Als Liebende sind sie sanft und fürsorglich, aber in schwierigen Situationen sind sie ziemlich hilflos. Sie werden sich eher aus einer Ehe lösen, als sich mit feindseligen Auseinandersetzungen und ständigen Reibereien abzufinden. Katze-Frauen werden fast immer jeden Preis zahlen, um sich ihren Seelenfrieden und ihre persönliche Unabhängigkeit zu sichern.

Der Katze-Mann

Die männlichen Exemplare des Katze-Zeichens sind gut zu ihren Frauen, lieb zu ihren Kindern und bewundernswert zu ihren Freunden. Sie reichen ihre hilfreiche Hand jedem, der ihre Loyalität verdient. Von Katze-Männern kann man erwarten, dass sie sich im Haushalt nützlich machen. Sie gehören zwar nicht zu den Vätern, die ständig entzückt an der Wiege ihres Babys herumstehen, aber sie lieben ihre Kinder. Katze-Väter behandeln ihre Kinder nicht so sehr als Besitztümer oder als Symbole ihrer Vollkommenheit, sondern als Freunde. Katze-Männer lieben den sportlichen Wettkampf mit ihrem athletischen Sohn, der sie im Tennis schlägt, oder der Tochter, die ihm bei einer schwierigen Skiabfahrt den Rang abläuft.

Die Intelligenz der Katze-Männer bewährt sich am besten in Situationen, die die Umsetzung abstrakter Ideen in geordnete Planung und eventuelle Projektierung erfordern. Trotz dieser Fähigkeit, vage Ideen zu realisierbaren Plänen zu entwickeln, wird der Katze-Mann nicht gern seine eigenen Entwürfe ausführen. Er überlässt es lieber pragmatischeren Leuten, sich mit den materiellen und personellen Schwierigkeiten herumzuschlagen. Er zieht es vor, sich mit der Planung neuer Projekte zu befassen.

Obwohl der Katze-Mann sich für jede Gelegenheit passend und gut anzuziehen versteht, legt er wenig Wert auf modische Eleganz. Er hat ein natürliches Talent für »gekonnte Lässigkeit« der Kleidung. Locker sitzende bequeme Kleidungsstücke, die die freie Bewegung nicht behindern, gefallen ihm besser als steif gestärkte Hemden, die nur dazu da sind, einem Gastgeber oder einer Gastgeberin oder dem Chef zu gefallen.

Alle männlichen Katzen meines Bekanntenkreises sind in irgendeiner Form beruflich tätig. Einer praktiziert als Anwalt, ein anderer als Arzt. Es gibt unter ihnen einen Marketingexperten, einen Organisator für Kunstausstellungen und einen, der seine eigenen Songs verkauft. Gleichgültig, wie erfolgreich diese Katze-Männer geschäftlich sind, sie alle träumen irgendwie davon, sich aus den lästigen Komplikationen zu befreien, die mit ihren Geschäften oder ihrer mühsamen Jagd nach Gehältern, Honoraren und Tantiemen verbunden sind. Obwohl alle Katze-Männer hervorragend befähigt sind, sich einen sehr guten Lebensunterhalt zu verdienen, würden sie es vorziehen, sich nicht mit solchen Banalitäten befassen zu müssen.

Mein Rechtsanwaltfreund würde lieber Schriftsteller sein; der Marketingexperte träumt von dem Tag, an dem er sich von seinen Geschäften zurückziehen und Bildhauer werden kann; der Psychiater möchte am liebsten die Geisteskrankheiten ein für alle Mal ausrotten, um sich seinen Wunsch zu erfüllen, Gentlemanfarmer zu werden; und der Liedermacher zermartert sich das Gehirn, wie er das »Agentenproblem« lösen könnte.

Ich muss mich immer zurückhalten, um diese bekümmerten Katze-Männer nicht daran zu erinnern, dass Geschäft immer Geschäft bleibt, ganz gleich, wie esoterisch die Dinge auch sind, mit denen man sich zu befassen hat. Aber wahrscheinlich brauchen sie meine Warnungen nicht, um sich dieser Tatsache bewusst zu werden. Katzen sind smart.

Wegen ihrer tiefen Sehnsucht, sich aus dem Rennen um den Erfolg zurückzuziehen, macht der Katze-Mann oft einen abwesenden und bekümmerten Eindruck. Pst! Nicht stören! Er grübelt. Katze-Männer lieben das Nachdenken. Sie machen lange einsame Spaziergänge, sie fahren stundenlang in der Gegend herum, um irgendwelchen Problemen auf die Spur zu kommen, hocken ganze Tage unansprechbar im Büro, wo sie den automatischen Anrufbeantworter eingeschaltet haben, um nicht gestört zu werden, und manchmal verschwinden sie einfach für ein paar Tage zu einem anderen Kontinent, um auf neue Ideen zu kommen. Diese Extravaganzen sollten Frauen, die mit einem Katze-Mann verheiratet sind, nicht auf sich beziehen. Er versucht nicht, ihnen zu entfliehen; er will einfach »das alles« eine Zeit lang nicht sehen. Katze-Männer sind praktisch immer auf der Suche nach dem Ort des Vergessens, den sie überall zu finden hoffen, nur nicht zu Hause.

Eine kleine Glosse kann vielleicht illustrieren, wie geschickt Katze-Männer die Wirklichkeit wegzuzaubern vermögen.

Omar Lerman (geboren 1927) ist freiberuflicher Kunstorganisator. Ja, ich weiß, dass eine solche Berufsbeschreibung sehr vage ist. Aber offenbar tun die Kunstorganisatoren etwas. Omar ist jedenfalls bisher noch nicht verhungert. Für unsere Zwecke genügt die Feststellung, dass Omar Lerman sehr talentiert ist und dass er weiß, wie er seine künstlerischen Ideen Leuten verkaufen kann, die ihm Aufträge erteilen, Ausstellungen zu organisieren oder Feuerwerke aufzuziehen, und dass er viel auf Reisen ist.

Omar sieht aus wie eine Mischung aus siamesischer Katze (von denen er vier besitzt) und Teddybär. Katze-Männer haben ja oft in ihrer äußeren Erscheinung etwas von einem Kuscheltier. Wie alle Katze-Männer genießt Omar das Privileg, stets von einer Menge Frauen umlagert und verfolgt zu sein. Ich habe häufig beobachtet, dass eine der attraktivsten Eigenschaften von Männern die Unerreichbarkeit ist (etwas, was nur wenige Männer erkennen, solange sie noch jung genug sind, um Gebrauch davon zu machen). Da Katze-Männer unabhängig sind und gut allein leben können, ziehen sie die neugierigen Frauen an, die nicht verstehen können, dass sie ihnen nie in die Falle gehen. Jedenfalls, Omar hat einen besonderen Instinkt, der ihn rechtzeitig warnt. Er ist buchstäblich nie erreichbar.

Die Katze Omar und ich hatten geschäftlich miteinander zu tun. Während meiner Feuerwerksperiode verkaufte ich Raketen und Knallkörper, und Omar machte Entwürfe für große Feuerwerksshows. Wir waren beide nach Washington zu einer Vorbesprechung für eine Show zur Zweihundertjahrfeier eingeladen.

Es ist eigentlich eine fast zu populär gewordene Neurose, um sie heute noch zu erwähnen, aber ich muss Ihnen doch kurz davon erzählen… Ich habe eine entsetzliche Angst vor dem Fliegen. Für unseren Washington-Besuch mussten wir (Omar und ich) eine Maschine der Eastern Airlines benutzen, die jede Stunde von New York startet. Omar behauptete, der Flug werde schnell und sanft sein, »nichts zu befürchten«. Ich war trotzdem beunruhigt.

Ungefähr fünf Minuten nach dem Start begann unsere Maschine zu stampfen und zu schütteln, als geriete sie aus allen Fugen. Unter meinem fest gezurrten Sicherheitsgurt begann ich die ersten Anzeichen einer Katalepsie zu spüren. Meine Angst war das Stichwort für Omar, sich in »Doktor Wohlgemut« zu verwandeln, den freundlichen Psychiater vom Dienst. Je mehr mir die Sinne schwanden, umso närrischer gebärdete sich Omar.

Sein erster Vorschlag zur Bekämpfung meiner fortschreitenden Aerophobie war: »Wie wäre es mit einem netten kleinen Drink?«

Durch meine zusammengebissenen Zähne quetschte ich, während das Flugzeug im Gewittersturm rollte und schlingerte, ein paar Worte heraus: »Servieren keinen Drink bei diesem Flug. Zu früh.«

Omar nahm meine klamme Hand in seine und schnurrte: »Oh, wirklich? Ja, wie wär's dann, wenn ich dir was vorsinge?«

Ich lehnte mich zurück, so weit der Sitz das zuließ, alle geistigen Kräfte auf den unvermeidlichen Absturz konzentriert, und schüttelte langsam den Kopf mit dem bleichen Gesicht. »Bitte, lass mich in Ruhe. Ich habe Angst.«

Aus weiter Ferne, aber doch irgendwo in dieser verrückt gewordenen Maschine hörte ich eine vertraute Stimme nach der Melodie von *Wells Fargo Wagon* singen: »Oh, das Eastern Flugzeug ist ein feines Flugzeug, und ich fliege mit ihm nur, damit die Zeit vergeht.« Es war Omar, der eine Gesangs- und Tanzvorstellung im Mittelgang des sich schüttelnden Riesenvogels gab, in dem wir unserem Ende entgegensahen. Fast wahnsinnig vor Angst und unfähig zu sprechen, gestikulierte ich wild zu Omar hinüber, dass er sich setzen solle, um durch sein regelwidriges Verhalten die Stewardess nicht zur Verzweiflung zu bringen. Aber alles Gestikulieren half nichts. Er machte weiter.

Jetzt wechselte Omar zur Melodie von *Stormy Weather* über. »Weiß nicht, warum. Wir sausen am Himmel herum.« Ich fühlte, dass ich bald anfangen würde zu schreien. Aber die Katze hielt meine Zunge und meine Aufmerksamkeit in Bann. Ich begann unkontrollierbar zu lachen.

Die Katze Omar setzte ihre Beruhigungstherapie fort. Während des Flugs durch weitere Gewitterfronten und beim Trudeln durch drei tiefe Luftlöcher dichtete Omar spontan ein paar alte Schlager um. Nach weiteren zehn Minuten war mein Widerstand gegen seine Clownerien endgültig gebrochen. Die Tauch- und Schüttelmanöver des Flugzeugs hatten ihren Schrecken für mich verloren.

Dann kniete Omar plötzlich neben mir und begann nach der Melodie von *Carolina in The Morning* zu singen: »Nirgends ist es feiner als in diesem Airliner, am Morgen…« Und so ging es weiter, eine stupide Strophe nach der anderen.

Das Auditorium sah und hörte fasziniert zu. Mit offenem Mund verfolgten die Crew und die vor Angst gelähmten Passagiere Omars bizarre Komödie.

Ich fühlte mich jetzt unendlich viel besser. Von mir aus konnten die Turbulenzen die ganze Nacht andauern. Ich wollte mich amüsieren, selbst wenn die Katastrophe doch noch kommen sollte. Ich stand auf und hüpfte mit meinem Freund im Flugzeug herum, bis zum Cockpit vor und zurück bis zum Heck, damit auch alle etwas von unserer Vorstellung hatten. Wir waren völlig außer Rand und Band.

Wir mussten nicht sterben. Wir landeten schließlich auf einem gottverlassenen Behelfsflugplatz irgendwo in den Kornfeldern Pennsylvanias. Omar erklärte mir: »Du hattest so wahnsinnige Angst. Und die Crew machte auch nicht gerade einen besonders beruhigenden Eindruck. Was hätte ich anderes tun sollen? Ich musste einfach singen.«

Ich hatte geglaubt, dass Omar in diesem wild gewordenen Flugzeug einen Koller bekommen habe. Dann wurde mir klar, dass Fürsorge eine der guten Katze-Eigenschaften ist. Wenn sie in einer schlimmen Situation keinen Ausweg sehen, kommen sie auf die verrücktesten Ideen, um das Unheil abzuwenden. Ich weiß nicht, was passiert wäre, wenn der Pilot aus dem Cockpit herausgekommen wäre, um Omars Treiben ein Ende zu machen. Ich nehme an, dass mein Freund sich gefügt hätte. Katzen helfen einem Kumpel gern, aber sie sind nicht so stupide, sich für Luftpiraten halten und wegen einer kleinen Turbulenz womöglich erschießen zu lassen.

Variationen im Jahreskreis

Katze/Widder (21. März–20. April)

Dem »negativen Holz«, wie das chinesische Symbol für das Zeichen der Katze gedeutet wird, gibt die dynamische Kraft des Widders stärkere Lebenskraft. Unbändige Energie verleiht diesem Katze-Typ den Schwung, Hürden zu überspringen, denen die meisten anderen Katze-Menschen eher ausweichen würden. In ihrer Jugend wird die Widder-Katze sich für alle Arten von Kunst begeistern. Sie kann zwar auch im Geschäftsleben erfolgreich sein, aber sie meidet kommerzielle Berufe, wenn es möglich ist, und strebt lieber eine literarische oder künstlerische Karriere an, für die sie ein besonderes Interesse hat. Oberflächlich gesehen, scheint dieser Katze-Typ übertrieben aktiv zu sein. Wenn jemand die Hilfe der Widder-Katze braucht, kann sie aber sehr viel Geduld aufbringen. Appellieren Sie an ihren Sinn für Altruismus, und die dynamische Widder-Katze wird sich in ein schnurrendes Schoßkätzchen verwandeln.

Katze/Stier (21. April–21. Mai)

Die naturliebende Katze wird durch das Erdelement des Stiers in ihren natürlichen Eigenschaften gefördert. Die Stier-Katze fühlt sich in ihrem Heim so wohl, dass sie es kaum verlässt. Man braucht schon die extravagantesten Reizmittel, um dieses verhätschelte Geschöpf zu bewegen, einmal abends auszugehen. Stier-Katzen ziehen das Wohlbehagen am häuslichen Herd den raffiniertesten Vergnügungen vor. Es gibt für sie nichts Schöneres als den Luxus wohliger Wärme; ob sie von einem menschlichen Wesen gespendet wird oder von einer prosaischen Wärmflasche, ist eher von untergeordneter Bedeutung. Die epikuräisch-sinnliche Stier-Katze ist aber trotzdem erfolgreich im Beruf. Sie schreckt vor keiner Arbeit zurück. Außerdem ist sie immer gut gelaunt, ein ausgezeichneter Gastgeber und ein guter Freund ihrer Kinder. Die Stier-Katze widersetzt sich den Misshelligkeiten des Lebens, indem sie ihre Existenz einfach ignoriert. Was sie nicht weiß, kann ihr nicht wehtun. Sie ist zugleich gewinnsüchtig, künstlerisch begabt und anschmiegsam – ein goldenes Herz und ein strahlender Geist. Geben Sie einer Stier-Katze einen Packen dicker Bücher, ein paar Musikinstrumente, einen dicken Plüschteppich und einen Klafter Holz, und sie wird das Haus nicht mehr verlassen.

Katze/Zwillinge (22. Mai–21. Juni)

Die Zwillinge-Katze ist eine Abenteurernatur. Sie vereinigt in sich die Kräfte des Holzes und der Luft. Dieser Katze-Typ ist zu großen Sprüngen fähig, schnell und unüberlegt. Sie hat etwas von der Unbekümmertheit einer streunenden Katze, und sie ist weniger furchtsam als andere Katzenarten. Sie wird sich zwar nicht gern einer wirklichen Gefahr aussetzen, aber sie versteht es, mit ihren amüsanten Possen die Aufmerksamkeit ihrer Feinde abzulenken. Die in diesem Doppelzeichen geborenen Menschen scheinen ständig auf der Jagd nach neuen Abenteuern zu sein, nervös wie Katzen auf einem Beutezug. Man wird früh beginnen müssen, ihren Abenteuerdrang in die richtigen Bahnen zu lenken. Immer zu listigen Streichen aufgelegt, draufgängerisch wie die Teufel, brauchen sie eine geduldige, aber feste Hand, um sie so weit zu bringen, dass sie ein Ziel mit Ausdauer verfolgen.

Katze/Krebs (22. Juni–23. Juli)

Die Ruhe des tiefen Wassers, die der Krebs in diese Verbindung einbringt, wird der im Zeichen des Mondes geborenen Katze etwas von ihrer Sprunghaftigkeit nehmen. Die introvertierte Krebs-Katze wird an der Gesellschaft oberflächlicher Menschen wenig Gefallen finden. Wenn das Leben ihr hart zusetzt, wird sie sich eher in sich zurückziehen, als sich von Freunden abhängig zu machen. Sie ist nicht der fidele Kumpan, der oberflächlich Freundschaft und Vertraulichkeit liebt. Die Krebs-Katze nimmt sich und andere ernst. In der Jugend werden solche Menschen Hast und Unruhe nur schwer ertragen. Wenn sie älter, weiser und selbstsicherer geworden sind, werden ihre Introvertiertheit und Schwerblütigkeit einer größeren Aufgeschlossenheit Raum geben. Die im Zeichen des Krebses geborenen Katze-Menschen entwickeln sich langsam. Sie sind ausgesprochene Spätblüher.

Katze/Löwe (24. Juli–23. August)

Für einen Löwen ist dieser Typ zu ruhig; für eine Katze ist er zu aggressiv. Das fahle Gelb des Löwenfells wird von einem inneren Feuer durchglüht. Löwe-Katzen werden wahrscheinlich weniger expansiv und auf Anerkennung bedacht sein als andere Löwen. Aber wenn die Löwe-Katze sich auch sehr zurückzuhalten scheint, wenn Gefahr im Verzug ist oder ein plötzliches Unglück hereinbricht, kann man auf ihre Hilfe zählen. Löwen sind oft sehr egozentrisch. Der Einfluss der Katze wirkt sich auf diese Löwe-Eigenschaft positiv aus. Wenn die Löwe-Katze sich ein bestimmtes Ziel gesetzt hat, wenn sie zum Beispiel ein öffentliches Amt anstrebt, wird sie wahrscheinlich (im Gegensatz zu anderen Löwe-Typen) ihre Ungeduld zu zügeln wissen und den richtigen Zeitpunkt abwarten, um an die Öffentlichkeit zu treten. Diese hochmütige Katze hat etwas Beherrschendes an sich. Man ist versucht, ihr Führungsqualitäten zuzuschreiben, die sie vielleicht gar nicht hat. Dieser Eindruck der Überlegenheit ist wohl nur auf ihr selbstsicheres Auftreten zurückzuführen. Die Löwe-Katze ist sanft und freundlich, wenn alles nach ihrem Wunsch abläuft, aber hüten Sie sich vor ihren Tatzen, wenn sie sich in die Enge getrieben fühlt.

Katze/Jungfrau (24. August–23. September)

Die soliden Bürger dieses Genres treten in der Öffentlichkeit nur selten in Erscheinung. Die Jungfrau-Katze hat etwas von einem vierhundert Jahre alten Gebäude, das vielen harten Wintern standgehalten hat und das uns doch noch immer an einem warmen Herdfeuer willkommen heißen kann. Die Katze-Jungfrau wird in ihrer Güte und Vornehmheit sich der Nöte ihrer Mitmenschen mit Charme und Selbstbewusstsein annehmen. Hinter ihrem kristallklaren Blick verbirgt sich eine wilde Sinnlichkeit, die sich nur schwer mitzuteilen vermag. Geschwätzigkeit langweilt die Jungfrau-Katze nicht nur, sie erschreckt sie auch ein wenig. Ihre Nervosität lässt sie nicht zur Ruhe kommen. Ständig fragt sie sich, warum dieses oder jenes nicht vorangeht, wo die Arbeiter bleiben, warum an diesem Tag so wenig geschafft wurde. Die im Zeichen der Jungfrau geborene Katze ist ein wahrer Baumeister des Fortschritts. Sie verfolgt ihre ehrgeizigen Pläne mit einer Bestimmtheit und einer Erfolgsbesessenheit, die für Katze-Menschen eigentlich untypisch sind. Das Ärgerliche ist nur, dass unsere Jungfrau-Katze so naiv und leicht übers Ohr zu hauen ist. Sie muss sich sehr vorsichtig bewegen. Feinde können schon an der nächsten Ecke lauern.

Katze/Waage (24. September–23. Oktober)

Die vom Element Luft beherrschte Katze personifiziert das typisch Weibliche, wie es dem Ideal einer früheren Zeit entsprach. Waage-Katzen sind muntere Plauderer. Sie sind schillernd und kapriziös. Sie balancieren ständig wie die sprichwörtliche »Katze auf dem heißen Blechdach«. Sie lieben ein prunkvolles Auftreten, sind aber in einer nicht ganz fassbaren Art liebenswert. Obwohl sie einen besonders zarten und hilflosen Eindruck machen, verbirgt sich hinter ihrer scheinbaren Schwäche ein starker Wille. Man unterhält sich gern mit ihr. Wer könnte sich vor diesem zarten Geschöpf fürchten? Hinter ihrem leichten, stets wachsamen Lächeln verbirgt sich eine verschlagene Intrigantin, die mit unendlicher Geduld ihre Mitmenschen aushorcht und ihre Schwächen aufdeckt. Waage-Katzen sind weder aggressiv noch wagemutig, sie weichen jeder Gefahr behände aus. Wenn Sie sie eben noch gesehen haben, ist sie im nächsten Augenblick nicht mehr auffindbar. Sie scheinen sich unsichtbar machen zu können. Katzen sind sehr argwöhnische Geschöpfe. Das Fauchen der Waage-Katzen ist, wenn man die Warnung auch nicht überhören sollte, schlimmer als ihre Krallen.

Katze/Skorpion (24. Oktober–22. November)

Dieser Katze-Typ wirkt auf den flüchtigen Betrachter harmlos wie eine liebenswerte altmodische Holzbrücke, die das tückische Wasser des Skorpions überspannt. Aber versuchen Sie einmal, die Brücke zu überschreiten! Es wird ein ungeheures Maß an Stärke und Furchtlosigkeit erfordern. Unter dieser netten kleinen Fußgängerbrücke hockt ein reizbarer alter Troll. Unterschätzen Sie nicht die okkulten Kräfte der Skorpion-Katze. Wenn Sie einem Menschen dieses Typs begegnen, dann hüten Sie sich vor seiner Zauberkraft. Die Eleganz und arrogante Lässigkeit der Skorpion-Katze sind faszinierend, ihre sanften Blicke so verlockend, ihr Sexappeal so unwiderstehlich. Wenn sie Sie in ihren Pfoten hat – rühren Sie sich nicht. Versuchen Sie nicht, sich loszureißen oder zu schreien. Es wird sie nur ermutigen, die Krallen noch etwas tiefer zu schlagen. Machen Sie sich die Katze durch Zärtlichkeit gefügig; sie wird Ihnen mit ebenso großer Zärtlichkeit antworten. Aber halten Sie dabei Ausschau nach einem Fluchtweg. Er wird bei Vollmond vielleicht von unschätzbarem Vorteil sein.

Katze/Schütze (23. November–21. Dezember)

Angespornt von dem glühenden Optimismus des Schützen, wird diese Katze weniger furchtsam und scheu sein und nicht so leicht vor Veränderungen zurückschrecken. Schützen sind bekannt für ihre Unerschrockenheit im Unglück und für ihr entschlossenes Handeln in gefährlichen Situationen. Sie gehen mutig auf jedes Hindernis los, das sich ihrem angeborenen Idealismus in den Weg stellt. Katze-Menschen, die im Zeichen des Schützen geboren sind, profitieren von dessen Mut. Normalerweise fällt es Katzen schwer, sich einem Unglück oder einer Katastrophe zu stellen, doch hier wirkt die Unerschrockenheit des Schützen ihrer Fluchtbereitschaft entgegen. Obwohl die Bravour des Schützen manchmal nur einer blinden Selbstüberschätzung entspringt, ist die Verbindung doch für beide glücklich: Schützen sind ausdauernd in widrigen Situationen; Katzen sind vorsichtig in allen Lebenslagen. Das Gespann ist solide und positiv. Diese Katze ist die beste aller Rassen ihres Jahrgangs.

Katze/Steinbock (22. Dezember–20. Januar)

Die Steinbock-Katze ist reservierter und distanzierter als ihre Artgenossen. Kühle Intelligenz und Strenge sind ihre hervorstechenden Eigenschaften. Diese Kombination von Erde und Holz ist allerdings so traditionsverwurzelt, dass sie eher ins vergangene Jahrhundert zu gehören scheint als in unsere Zeit. Dieser Katze-Typ liebt den Prunk mehr als die Gemütlichkeit. Strenge mehr als Fröhlichkeit, Erfolg mehr als Zuneigung. Er ist unnahbar hochmütig und wird Ungehörigkeiten nicht einmal zur Kenntnis nehmen. Seine Lebensweise ist von Umsicht und Klugheit geprägt, er umgibt sich gern mit Luxus, und Bastionen von Untergebenen schirmen ihn von den rauen Tatsachen des Lebens ab. Man kann mit dieser Katze nicht argumentieren; sie hat ihre festen Überzeugungen. Was ihr durch ihre Lebensfremdheit entgeht, wird sie wohl erst merken, wenn es zu spät ist.

Katze/Wassermann (21. Januar–19. Februar)

Diese Kombination von Luft und Holz ist außerordentlich begabt, aber sie scheint manchmal in der freien Luft zu schweben, Millionen von Kilometern von der Erde entfernt. Der Wassermann ist umweltorientiert. Er denkt mehr an die, die er bemitleidet, als an die, die ihm nahe stehen. Katzen sind extrem selbstlos. Sie vernachlässigen in geradezu schuldhafter Weise ihre Familie zu Gunsten irgendwelcher Angelegenheiten oder Vereinigungen, nur weil sie sich diesen verpflichtet fühlen. Die Verbindung Katze/Wassermann tendiert zum Esoterischen, zum Ästhetischen und zum Metaphysischen. Die Sorge für den Lebensunterhalt der Familie ist nicht gerade ihr Hauptanliegen. Die Wassermann-Katze ist kaum der Typ des Ritters ohne Furcht und Tadel, der auf seinem weißen Schlachtross in den Kampf gegen Tod und Teufel zieht. Aber sie ist von überlegener Intelligenz und ständig mit den großen Problemen der Welt beschäftigt. Wenn ich Ihnen einen Rat geben darf: Lassen Sie sie in Ruhe. Sie kehrt nicht nach getaner Arbeit liebebedürftig an den heimischen Herd zurück; doch wenn Sie ihr genügend Freiheit lassen, wird sie vielleicht bereit sein, Sie bei ihrem nächsten Zug in das Reich der Phantasie und des Abenteuers mitzunehmen.

Katze/Fische (20. Februar–20. März)

Die angenehme, aber nicht besonders gesellige Fische-Katze wird Sie oft zur Verzweiflung bringen, bevor sie Ihre Zuneigung gewinnt. Sie ist unentschlossen, leicht beeinflussbar und zur Naivität neigend. Sie hat eine Veranlagung, sich jeder Festlegung zu entziehen, die eine entschlossenere Person zur Weißglut bringen kann. Aber wenn sie nicht anders kann … Nun, seien wir mit unserem Urteil nicht zu rasch. Die Fische-Katze ist ein Träumer, ein Grübler und ein Künstler. Sie muss genau wissen, wie alles funktioniert, bevor sie auch nur einen Handgriff tut. Sie ist das Extrem einer Katze. Sie beobachtet durch ihre Augenschlitze vorsichtig jeden Schritt, und wenn sie einer Sache müde wird, springt sie zu einer anderen über oder legt sich erst einmal schlafen, bevor sie an etwas Neues herangeht. Diese Katze ist auch ein Kuscheltier. Sie braucht Liebe, Zärtlichkeit und Pflege. Verwöhnen Sie sie. Sie wird Ihnen nicht wehtun. Die Fische-Katze wird Sie verwirren, wenn sie so unvermittelt von einer Sache zur anderen springt, aber ich kann Ihnen versprechen, dass sie Sie nie langweilen wird.

Ratschläge für die Zukunft

Freundliche Katze, über deinen Hang zur Unabhängigkeit und Häuslichkeit brauchen wir nicht mehr viel zu sagen. Deine Charakterstärke ist bewundernswert. Obwohl du nicht besonders gesellig bist, werden diejenigen, die dich kennen, deine gewinnende Art schätzen. Dein Altruismus und deine Hilfsbereitschaft werden allgemein anerkannt.

Man macht sich keine Sorgen um deine Sicherheit. Alle Welt ist überzeugt, dass Katzen auf sich selbst aufpassen können. Aber das dürfte nicht ganz stimmen. Die Wahrheit ist, dass du dich sehr gut behaupten kannst, solange du es nicht mit Situationen und Feinden zu tun hast, denen du dich nicht gewachsen fühlst. Wenn wir dich vor die Räder eines Lastwagens springen sehen, sind wir versucht, auf die Straße zu laufen und dich in die Arme zu nehmen. Obwohl du meist geschickt der Gefahr auszuweichen verstehst und dich sogar manchmal recht hinterlistiger Tricks bedienst, sind doch selbst deine sprichwörtlichen neun Leben immer wieder tödlichen Gefahren ausgesetzt.

Solange du bei deinem Katz-und-Maus-Spiel die vertraute Umgebung und die gewohnten Bedingungen vorfindest, wirst du zweifellos überleben. Aber was ist bei einer Naturkatastrophe? Wie kannst du dich vor sozialer Unsicherheit und revolutionären Umtrieben schützen? Tatsache ist, vorsichtige Katze, dass man nie ganz vor radikalen Änderungen der sozialen oder kulturellen Umweltbedingungen sicher sein kann.

Um sich in wirklichen oder eingebildeten Notsituationen behaupten zu können, solltest du schon in jungen Jahren deine Zauberlehre beginnen. Wahrscheinlich wird es deine Möglichkeiten überschreiten, dich mit deinen scharfen Krallen auf den Feind zu stürzen. Selbst aggressives Verhalten wird dir gegen den Strich gehen. Konflikte versetzen dich in Panik. Du krümmst den Rücken und fauchst. Aber selten, wenn überhaupt, wirst du einem Gegner an die Gurgel springen. Wenn du herausgefordert wirst, antwortest du mit vorsichtigem Taktieren. Katzen halten ihre Feinde in Schach, indem sie sich außer Reichweite bringen. Man erzählt sich tausende von Geschichten über die Schlauheit, mit der du deine Feinde ausgetrickst hast.

Ich will dich, kühle Katze, nicht in einen schrecklichen Tiger oder einen wütenden Bullen verwandeln; doch vielleicht sollte ich dir den Rat geben, deine Krallen in kleineren Scharmützeln zu schärfen, solange du noch Zeit hast, ein paar neue Tricks zu lernen. Du weißt doch, wie unbehaglich du dich fühlst, wenn in deiner Umgebung Zwistigkeiten und Streitereien den Frieden bedrohen. Nun, statt allen Gewalttätigkeiten aus dem Weg zu gehen, solltest du vielleicht ein bisschen aus der Nähe diese Aktionen beobachten. Du wirst überrascht sein, wie viel Selbstvertrauen du selbst aus einem kleinen Sieg über deine Angst vor Konfrontationen gewinnen kannst.

Risiken einzugehen ist nicht deine Stärke. Du gehst Schwierigkeiten aus dem Wege, vermeidest alle Unannehmlichkeiten – schon eine Steuererklärung ist für dich ein Schock –, hältst dich fern von fremden Orten, wo du dich nicht heimisch fühlst, und rennst davon, wenn dir der Boden zu heiß wird. Meine Einschätzung deines Verhaltens mag unfair sein, aber irgendwie bleibst du mit all deinen Talenten und hervorragenden Eigenschaften immer im Schatten der anderen, die mehr Verwegenheit und Mut und einen gesünderen Egoismus besitzen als du. Manchmal höre ich in gewissen Bemerkungen ein kaum verhülltes Bedauern: »Letztes Jahr habe ich meine Chance verpasst, eine große Reise zu machen. Das Haus brauchte ein neues Dach, die Versicherung war noch nicht bezahlt, und ein neues Auto musste angeschafft werden. Der Flug wäre zwar praktisch umsonst gewesen, aber bei all den unbezahlten Rechnungen konnte ich doch keine größere Reise machen.«

Gewissenhafte Katze, verwöhne dich ein bisschen. Nimm doch

ruhig eine Hypothek auf, verschiebe deinen Termin beim Zahnarzt, fahre deinen alten Wagen noch ein Jahr lang. Raffe dich auf, riskiere einmal etwas. Der Lohn für deinen Wagemut könnte in der Verheißung einer schöpferischen Zukunft bestehen, in der früher unüberwindbar erscheinende Hindernisse mit einem einfachen Pfotenschlag beseitigt werden.

Beziehungen zu anderen Tierzeichen

Herzensangelegenheiten

Katze-Menschen sind geeignet und auch geneigt, eine Ehe mit Ziege-Partnern zu führen. Ziegen sind friedliebende und künstlerisch begabte Geschöpfe; Katzen mögen es nicht, wenn allzu raue Stürme ihren friedlichen Nachen zum Kentern zu bringen drohen. Die sanfte, träumerische Ziege wird der ruhigen Katze in jeder Beziehung behagen. Ziegen sind fantasiebegabt, sie sehnen sich nach Sicherheit; Katzen kümmern sich meist gern um ihre Partner. Das Arrangement ist vorzüglich. Dieses Paar wird ein Leben in luxuriöser Umgebung genießen, vorausgesetzt, die Katze kann die erforderlichen Mittel beschaffen.

Die zweitbeste Wahl für Katze-Menschen sind überraschenderweise die unter dem Zeichen des Hundes geborenen Menschen. Beide suchen Schutz vor den Bedrängnissen und Gefahren der Welt. Die Erde ist nicht immer ein freundlicher Ort für dieses Paar zarter Seelen. Wenn sie in einer friedlichen Atmosphäre hart arbeiten, wird ihre Verbindung von Wohlstand und ruhigem Lebensgenuss gekrönt sein.

Eine gute dritte Wahl kann die Katze bei dem gewissenhaften Schwein finden. Schweine neigen nicht zu »Sturm und Drang« und wollen in ihrem Alltagsleben von Umwälzungen verschont bleiben. Die Katze wird dem intelligenten und kultivierten Schwein ihren Sinn für verfeinerten Lebensgenuss mitteilen. Beide finden instinktiv Gefallen aneinander. Warum auch nicht? Sie sind ja beide so liebenswürdige und so ruhig-starke Geschöpfe.

Schlangen, Pferde und Affen können ebenfalls gute Partner für

Katzen sein. Schlangen und Pferde werden ihre Katze-Freunde vielleicht ein bisschen zu spießbürgerlich finden; doch die Katze ist, wenn sie liebt, sehr anpassungsfähig. Sie wird es lernen, gern in Konzerte und Galavorstellungen zu gehen, wenn sie damit ihrem Partner gefällig sein kann. Im Affen wird die Katze einen Komplizen finden. Katzen können ganz schön trickreich sein, wenn es gilt, einem Unheil auszuweichen. Affen geben den Katzen Mut, sich einer Gefahr zu stellen. Katzen sind wohl nicht sehr kinderfreundlich, und der Affe wird sich damit abfinden müssen, weniger Kinder zu haben, als er eigentlich möchte.

Ohne ein besonderes Maß von Selbstverleugnung wird die Katze nicht im Stande sein, den Elan des Drachen zu ertragen. Ist der Drache jedoch der Ernährer, kann die Verbindung ganz interessant sein. Ein Zusammenleben mit dem Hahn wird für die Katze eine schwere Belastung sein. Die prahlerische Art des Hahns nervt die schüchterne Katze, und kein Katze-Mensch wird sanft genug sein, um dem ständigen Auf und Ab des Hahns folgen zu können. Das Gleiche gilt für die Katze-Tiger-Beziehung. Obwohl die Katze ihren Tiger-Partner anbetet, wird sie auf die Dauer doch die ständige Unruhe des Tigers nicht mögen.

Katzen kommen mit Partnern des eigenen Zeichens gut zurecht. Ehen zwischen Katze-Menschen sind durch die gemeinsame Liebe zur Schönheit und zum Lebensgenuss ausgezeichnet. Man kann sich die beiden gut als Besitzer einer Konditorei oder einer Geschenkboutique vorstellen.

Freundschaften und gesellschaftliche Beziehungen

Der Katze-Mensch ist ein hervorragender Freund für fast jeden, der in einem Tierzeichen geboren ist, das er bewundert. Weil Katze-Menschen so gesellige Wesen sind und weil Freundschaft für sie etwas so Wichtiges ist, werden sie sich mit fast jedem Menschen verstehen. Mit Ausnahme der Ratte und des Hahns sind alle Tierzeichen für die Katze annehmbare Gesellschafter. Die Ratte ist, aus einleuchtendem Grund, eine zu leichte Beute für die Katze. Und der hochtrabende Enthusiasmus des Hahns missfällt der zurückhaltenden, diskreten und friedlichen Katze.

Katzen haben natürlich ihre Präferenzen. Sie lieben die Gesellschaft der Schlangen, Ziegen, Pferde, Affen und Hunde. Die manchmal etwas schlüpfrige Art des Schweins schockiert die puritanische, reservierte Katze, aber trotz dieser Einschränkung kommen die beiden gut miteinander aus.

Affen sind die dauerhaftesten Freunde für Katzen. Es gibt bei diesem sich gegenseitig bewundernden Paar eine gewisse Seelenverwandtschaft, die sie auch nach langer Trennung sofort zu einem vertraulichen Meinungsaustausch über Bücher, Filme, Bekannte und alle möglichen Aspekte des Lebens befähigt. Katzen finden beständige Freunde auch unter den Angehörigen ihrer eigenen Spezies. Es gibt am gemütlichen Katzenherd so viele Dinge zu diskutieren.

Tiger verhexen Katzen mit ihrer magnetischen Faszination. Aber es ist nicht ausgeschlossen, dass diese nach einiger Zeit sich selbst und ihre Tiger-Freunde hassen, weil sie sich von ihrem Zauber haben einfangen lassen.

Geschäfte

In geschäftlichen Dingen kommt die Katze wie in ihren Freundschaften mit fast allen anderen gut aus. Katzen verstehen es, sich den Umständen anzupassen, um Konflikte zu vermeiden. Diese Eigenschaft ist von großem Wert in kommerziellen und finanziellen Partnerschaften. Sie wirkt sich für die Katze besonders vorteilhaft aus in Geschäften mit reizbaren Tigern, schrecklichen Drachen und hochmütigen Pferden.

Keine Arbeit gilt der Katze als erniedrigend. Sie legt großen Wert darauf, ihren Vorgesetzten zu gefallen und ihren Untergebenen ein gutes Beispiel zu geben. Das erklärt auch, warum es Katzen gelingt, die verspielte Ziege und die verschlagene Schlange zu harter Arbeit zu bewegen.

Man möchte es nicht glauben, aber Katze und Tiger arbeiten als Geschäftspartner gut zusammen. Katzen sind vorsichtig, Tiger verwegen. Vereinigt können sie Großes leisten. Auch Schweine sind gute Geschäftspartner für Katzen. Schweine wissen ihre Chancen zu nutzen; Katzen sind geschickte Investoren. Sie werden das Geld scheffeln, wenn sie nicht zu vorsichtig sind.

Zwei Katzen können gemeinsam eine Arztpraxis oder einen eleganten Friseursalon betreiben. Der Ochse wird die bereits übervorsichtige Katze wohl noch mehr in ihrer Aktivität hemmen.

Und schließlich ist auch der Hund ein guter Partner für die geschäftige Katze. Hunde nehmen anderen gern ihre Lasten ab. Sie schätzen den Fleiß und die Diskretion der Katze. Die beiden kommen miteinander aus wie Katze und Hund – nämlich äußerst gut.

Familie

Katzen sind als Eltern ziemlich reserviert und in einer unbestimmbaren Weise gleichgültig. Diese Haltung rührt nicht daher, dass Katzen Kinder etwa nicht mögen. Aber Katzen lassen sich durch mancherlei Einflüsse aus den gewohnten Gleisen werfen. Man muss schließlich zugeben, dass Kinder, so gern man sie mag, nicht gerade zur Harmonie der Familie beitragen. Jedenfalls brauchen Katzen eine gewisse Zeit, um ein unbefangenes Verhältnis zu ihren eigenen Kindern und zu den Kindern anderer Leute zu gewinnen.

Wenn es möglich ist, sollten Katze-Eltern die Geburtsjahre ihrer Kinder gut planen. Sie kommen hervorragend aus mit Kindern, die in einem Jahr der Katze geboren sind. Sie verstehen sich recht gut mit Ziege-, Schlange- und Schwein-Sprösslingen. Auch Affe-Kinder missfallen Katze-Eltern nicht, vielmehr amüsieren und faszinieren sie sie. Ochse-Kinder irritieren die Katze-Eltern; sie sind so viel stärker und lärmender als sie selbst. Drache-Kinder stellen ihre guten Manieren ein bisschen mehr zur Schau, als ihren Katze-Eltern lieb ist. Aber sie finden Drache-Kinder erstaunlich kompetent in allem, womit sie sich beschäftigen.

Selbst ein Tiger-Kind ist keine schlechte Wahl für die gute Katze. Mit etwas Humor auf beiden Seiten werden sie es lernen, miteinander zu leben. Ratte-Kinder dagegen verwirren die Katze. Katzen trauen Ratten nicht über den Weg und sie können es nicht recht gut glauben, dass selbst die bravsten Ratte-Kinder nicht hinter dem Rücken ihrer Eltern irgendwelche hinterhältigen Streiche aushecken.

Der Drache

DIE JAHRE DES DRACHEN

16. Februar	1904	bis	4. Februar	1905
3. Februar	1916	bis	22. Januar	1917
23. Januar	1928	bis	9. Februar	1929
8. Februar	1940	bis	26. Januar	1941
27. Januar	1952	bis	13. Februar	1953
13. Februar	1964	bis	1. Februar	1965
31. Januar	1976	bis	17. Februar	1977
17. Februar	1988	bis	5. Februar	1989
5. Februar	2000	bis	23. Januar	2001
23. Januar	2012	bis	9. Februar	2013

DRACHEN SIND: Gewissenhaft. Sentimental. Enthusiastisch. Intuitiv. Schlau. Hartnäckig. Einflussreich. Vital. Großzügig. Beherzt. Einnehmend. Künstlerisch begabt. Bewunderungswürdig. Glücklich. Erfolgreich. Autonom.
ABER SIE KÖNNEN AUCH SEIN: Unruhig. Stur. Eigensinnig. Anspruchsvoll. Reizbar. Großsprecherisch. Unzufrieden. Weltfremd. Hitzig. Rasch im Urteil.

Drachen, die ich gekannt und geliebt habe

Als ich klein war, hatte der Drache für mich immer etwas Faszinierendes. Ich fragte mich, was für ein Gefühl es wohl wäre, ein Drache zu sein. Es gab Verse von »Puff, dem magischen Drachen« und die Geschichte vom »widerwilligen Drachen«, der sich beklagte, dass er immer die Rolle des Kinderschrecks spielen musste. Als ich größer wurde, entwickelte ich eine besondere Zärtlichkeit für diese schuppige Illusion erhabener Größe. Ich stellte mir vor, wie der Drache von seinem Berggipfel herabstieg und sich unter die Menschen mischte. Ich wünschte mir von ganzem Herzen, dass ich eines Tages ein wirkliches, lebendiges Ungeheuer treffen würde und dass ich es vielleicht zum Spielgefährten gewinnen könnte.

Vor etlichen Jahren, in Paris, wurde dieser Kindertraum wahr. In einem kleinen Straßencafé begegnete ich einem Vollblutdrachen, der sich gnädig herabließ, sich in einen Mann zu verwandeln, um sich in mich verlieben zu können. Etwa zwei Jahre lang dauerte diese leidenschaftliche beiderseitige Liebe.

Aus der heutigen örtlichen und zeitlichen Distanz kann ich diese Episode objektiv beurteilen. Die Romanze ist seit mehreren Jahren vorüber. Ich bin bereit, offen darüber zu sprechen, weil ich Sie, meine Leser, sehr gern davon überzeugen möchte, dass meine Erfahrung mit diesem Gentleman keinen Zweifel daran zulässt: Drachen existieren tatsächlich.

Nun, zu Ihrer Information kann ich sagen, dass es ein nicht gerade seltener Fehler ist, sich in einen Drache-Menschen zu verlieben. Drachen werden von Personen des anderen Geschlechts so heftig bedrängt, dass ihnen kaum eine Atempause bleibt, um in Ruhe Feuer zu speien. Drache-Frauen haben so viele Verehrer, dass ihnen oft nichts anderes übrig bleibt, als den Telefonhörer auszuhängen. Das Liebesleben des Drache-Menschen lässt die leidenschaftlichsten Liebesdramen wie Berichte aus dem Leben in einem Karmeliten-Kloster erscheinen.

Der Versuch, einen Drachen zu beschreiben, ist ungefähr so schwierig, als wollte man das Funktionieren eines Elektronengehirns einem fern aller Zivilisation lebenden Zulu erklären. Einer der Gründe für dieses Problem ist die Unbegreiflichkeit des Drachen. Wenn Sie glauben, Sie haben eine besondere Eigenschaft oder einen Sie irritierenden Fehler zweifelsfrei festgestellt, zeigt er sich gleich von einer Seite, die all Ihre Vorstellungen völlig umwirft und geradezu als lächerliche Vorurteile erscheinen lässt.

Drachen sind so ungeheuer selbstbezogen und willensstark, dass ihr egozentrisches Wesen ihren gesunden Menschenverstand in bestimmten Situationen einfach außer Kraft setzt und man ihnen mit Vernunft und Logik nicht mehr beikommen kann. Dabei steht es außer Zweifel, dass sie äußerst vernünftig sind. Sie gehören zu den verständigsten, zuverlässigsten Menschen auf der Welt. Und sie fallen immer auf ihre Füße.

Was man Drachen nur sehr schwer begreiflich machen kann, ist der Gedanke, ihre Beute mit anderen zu teilen. Sie arbeiten hart, manchmal vom Morgen bis in die Nacht, und bringen alle, die ihnen über den Weg laufen, mit ihren ultimativen Forderungen zur Verzweiflung. Alles muss ja so ablaufen, wie sie (und nur sie) es haben wollen. Wenn eine Liebesbeziehung länger andauert und eine gewisse Routine sich einstellt, wird der Drache nach dem Motto handeln: Auch wenn es dir nicht passt, du musst dich damit abfinden. Er ist eine Eroberernatur. Was er besitzt, interessiert ihn nicht mehr. Wenn der Reiz des Neuen verflogen ist, wird er einer Liebesaffäre oder der Ehe leicht überdrüssig und sucht sich eine neue Beute.

Mir ist aufgefallen, dass ich nicht einen einzigen verheirateten Drache-Mann oder eine einzige verheiratete Drache-Frau kenne, die nicht nebenher ein Verhältnis haben. Außerhalb der Drache-Kreise zerstören solche außerehelichen Umtriebe das Familienglück, bringen dem Partner Kummer, den Kindern Unsicherheit und geben den Nachbarn Grund zum Klatschen. Aber in allen Drache-Familien, die mir bekannt sind, gibt es nicht einen Ehegatten, der auch nur einen vagen Verdacht hat, dass sein Partner herumstreunt.

Eine ziemlich lange Zeit fiel es mir schwer, solche Menschen zu verstehen, die Ehebruch begehen und ihre Partner am häuslichen Herd sich selbst überlassen. Dann begann ich ihren Charakter zu analysieren. Ich entdeckte, dass Drachen ehrlich überzeugt sind, außerhalb der Norm zu stehen. Sie halten sich fast für außerirdische Wesen. Alle Leute, an die ich in diesem Zusammenhang denke, haben bemerkenswerten Erfolg im Geschäftsleben (oder in einem künstlerischen Beruf). Drachen lassen das Gras nicht unter ihren Füßen wachsen. Sie springen schnaubend über ein Hindernis nach dem anderen, immer angestachelt von dem Ehrgeiz, ihren Weg zum Gipfel in kürzester Zeit zu machen. Ihre Mittel sind nicht immer besonders orthodox. Drache-Menschen sitzen nicht gern hinter Schreibtischen. Sie hassen es, Befehle zu empfangen, genießen es aber, selbst Befehle zu erteilen.

Das hört sich an wie die Beschreibung eines perfekten Tyrannen. Das ist es auch. Drachen sind Despoten. Was sie wollen, das wollen sie sofort, nicht erst morgen, und doch, wenn die »schlechten Tage«, von denen im Ehegelöbnis die Rede ist, Wirklichkeit werden, dann ist der Drache zur Stelle. Er spricht dem Partner Mut zu, hält seine Hand, macht Tee, geht einkaufen – mit einem Wort: Er ist der vollendete Krisenbewältiger. »In Krankheit« sind Drachen die wunderbarsten Partner. Aber »in Gesundheit« wird man sie am häuslichen Herd selten antreffen.

Heißt das, dass Drachen sich am wohlsten fühlen, wenn sie mit Katastrophen konfrontiert werden? Wollen sie, dass ihre Partner sich wie in einem Tollhaus aufführen, um für sie interessant zu bleiben? Ich glaube das nicht. Meine Erfahrung mit Drachen sagt mir, dass sie weder so dumm noch so gefühllos sind. Ihre Devise ist eher: Wenn du mich brauchst, dann pfeife. Ansonsten haben sie wichtigere Dinge zu erledigen, als zu Hause am Frühstückstisch herumzuhängen oder sich »verliebt« zu gebärden.

Sie erinnern sich, ich wurde einmal von einem Drache-Prinzen geliebt. Sein Name war Paulo. Was ich erzählen will, begab sich vor vielen Jahren in einem ruhigen Pariser Sommermonat – im August. Im achten Monat des Jahres ist Paris menschenleer. Nur eine Art Notdienst wird in der Stadt aufrechterhalten. Die französischen Stadtbewohner nehmen ihren einmonatigen (gesetzlich geregelten) Urlaub im August. Sie verlassen die Stadt in dichten Fahrzeugkolonnen am ersten Tag des Monats und kehren sonnengebräunt und abgespannt am Monatsende zurück. Die Ferienzeit ist für die Franzosen eine Art religiöser Ersatzkult geworden. Mein Drache-Prinz war darin keine Ausnahme.

Als Außenseiterin und daher bloße Beobachterin dieses jährlich ausbrechenden Wahnsinns kam ich zu dem Schluss, dass der beste

Monat, um die Schönheiten von Paris zu genießen – Museen, Parks, Restaurants, Spaziergänge an der Seine und so weiter – der Monat August sein musste. In dieser Zeit des Jahres wird mich jeder, der mich besuchen möchte, zu Hause in Paris treffen. Wenn ich Ferien machen will, wähle ich den Juni oder September für das Mittelmeer oder den Januar und Februar für den Wintersport in den Alpen. Wer braucht schon überfüllte Badestrände im August?! Paulo allerdings.

Es war des Prinzen legendäre Gewohnheit, im August in Deauville »Hof zu halten«. Deauville ist ein windumtoster Badeort an der Atlantikküste, den vor allem Europäer für besonders chic und »in« halten, jedenfalls während der Saison, also im August. In den Sommermonaten gibt es dort elegante Frisiersalons; Pariser Diskotheken ziehen für zwei Monate hierher; Dior, Hèrmes, Cardin und alle anderen dieser Branche machen ihre Sommerboutiquen in Deauville auf. Das Spielkasino ist jede Nacht wie die Miniausgabe des Times Square anzuschauen. In eleganter Abendkleidung kreuzt man dort auf, um Roulette zu spielen und von denen gesehen zu werden, die ebenfalls dort aufkreuzen, um gesehen zu werden. Es ist ein nettes Arrangement für diejenigen, denen so etwas Spaß macht, aber es ist nie mein Traum von einem Ferienparadies gewesen. Deauville ist das Saint-Tropez des Nordens – nur kälter.

In diesem besonderen Monat August, als ich in Paris war und Paulo die Freuden von Deauville genoss, erkrankte ich an Gelbsucht. Es gab außer mir noch einige andere sensible Naturen, die die Ferien in der Stadt verbrachten; ich hatte also Freunde, die sich um mich kümmerten. Meine Freundin Nadia, eine Griechisch-Amerikanerin, quartierte sich bei mir ein.

Paulo war nicht der Typ des besorgten Liebhabers, der jeden Tag anruft, um sich zu vergewissern, dass man auf dem Pfad der Tugend wandelt. Einmal die Woche – das war alles, wozu er sich aufraffen konnte. Ich machte mir nichts vor. Ich wusste, dass er außer mir etwa vierzehn Freundinnen hatte. Wenn man so etwas weiß, ignoriert man es am besten und hofft, dass sich alles von selbst einrenkt.

Seiner Gewohnheit und seiner Drache-Natur gemäß rief Paulo am Freitag gegen Mitternacht an. Nadia nahm den Anruf entgegen. Sie sagte ihm, dass ich im Bett läge und nicht sprechen könnte. Paulo befahl ihr, mich ans Telefon zu holen. Nadia konterte: »Sie ist oben und schläft.« Ich hörte es, weil sie sehr laut sprechen musste, um sich verständlich zu machen. (Französische Telefone funktionieren nicht immer besonders gut.) Die Quäklaute, die durch den Hörer kamen, waren unverständlich, aber sehr, sehr laut. Nadia antwortete: »Suzanne hat die Gelbsucht. Sie liegt im Bett. Bitte rufen Sie morgen Nachmittag zwischen zwei und vier Uhr an.« Sie hängte auf und ging wieder ins Bett.

Es muss gegen drei Uhr morgens gewesen sein, als die Klingel mich aus meinem unruhigen Schlaf weckte. Ich glaubte zunächst, dass ich geträumt hätte. Aber dann hörte ich aus meinem Wohnzimmer einen im Flüsterton gehaltenen Dialog.

»Paulo! Was machen Sie denn hier?«, wisperte Nadia.

»Wo ist Suzanne?«, hörte ich seine vorwurfsvolle Stimme.

»Ich habe es Ihnen doch am Telefon gesagt. Sie ist sehr krank. Sie muss im Bett bleiben.« Gereizt bat sie ihn, sich zu setzen.

»Ich bin nicht hergekommen, um Konversation zu machen. Ich bin gekommen, um Suzanne zu sehen.« Paulo skandierte in völlig normal modulierten Belllauten. Dann hörte ich seine Schritte auf der Treppe – plomp, plomp, plomp; das diskrete Tappen der Gucci-Mokassins. Er rüttelte mich. »Was ist los mit dir?« Sozusagen zwischen den Zeilen konnte man eine gewisse Unruhe lesen, aber, so krank ich auch war, ich war verdammt ärgerlich auf ihn.

Ich versuchte, richtig wach zu werden, und tastete vergeblich nach dem Lichtschalter. »Oh, Paulo, du bist es. Hat Nadia dir nicht gesagt, dass ich krank bin? Ich kann jetzt nicht mit dir sprechen. Muss schlafen…« Noch während ich das sagte, fühlte ich, wie ich in die Kissen zurücksank, halb ohnmächtig. Ich durfte mich nicht anstrengen. Ärztliche Verordnung. Und einfach zu befolgen, weil ich es auch gar nicht gekonnt hätte, selbst wenn ich es gewollt hätte. In dieser Situation kostet schon das Atmen Mühe.

Paulo setzte sich auf die Bettkante und ergriff meine feuchtheiße Hand. Als ich zurück ins Traumland fiel, fühlte ich seine Lippen auf meiner Stirn und ein zärtliches Streicheln über meine Ponyhaare.

Das ist alles, woran ich mich erinnere, bis zum nächsten Morgen um neun Uhr. Ich wachte auf und spürte vage die Anwesenheit eines Menschen im Zimmer. Jemand berührte meine Hand. Zuerst erschrak ich. »Nadia!«, rief ich.

»Schon gut, Chérie. Ich bin jetzt hier. Alles wird bald wieder in

Ordnung sein.« Als meine Augen sich schließlich auf den Eindringling konzentrieren konnten, erblickten sie einen kerzengerade auf der Bettkante sitzenden Paulo, in genau der gleichen Position, die er mitten in der Nacht eingenommen hatte. Er hatte die ganze Nacht in dieser unbequemen Stellung an meinem Bett Wache gehalten.

»Wo ist Nadia?«, fragte ich kläglich seufzend.

»Nadia ist nach Hause gegangen. Ich bleibe jetzt bei dir, bis es dir wieder besser geht.« Paulo schüttelte meine Kissen auf und half mir sanft, mich aufzusetzen.

Obligatorischer Heimkrankenservice, das war alles, was ich denken konnte. Ich wollte nicht, dass Paulo mich während meiner Krankheit pflegte. Ich hasse es, dass Männer mich sehen, wenn ich nicht richtig auf Draht bin und meine Sinne nicht beisammen habe. Wenn jemand mir anbietet, meinen Kopf zu halten, während ich über die Toilettenschüssel gebeugt würge, werde ich wütend. Außerdem hasste Paulo es, vorzulesen oder Scrabble zu spielen, und zwar so sehr, dass er einmal mein Spiel beinahe in den brennenden Kamin geworfen hätte. Ich geriet in eine hilflose Panik bei dem Gedanken, dass Nadia mich mit dieser männlichen Krankenschwester allein lassen würde.

Was konnte ich tun? Ich konnte nicht einmal nach unten gehen, um die Polizei zu Hilfe zu rufen. Außerdem war die wahrscheinlich auch in die Ferien gefahren. Nein, sagte ich zu mir, du darfst dich nicht verrückt machen. Immer ruhig bleiben. Er wird es bald leid werden, mit einem Invaliden eingesperrt zu sein. Dann wird es dir gut genug gehen, um das Telefon benutzen zu können, und du kannst Nadia anrufen, dass sie zurückkommen soll. Ich wusste genau, dass Nadia die Stadt nicht verlassen hatte, weil sie kein Geld hatte, um irgendwohin zu fahren.

Ich entspannte mich und spielte brav die Rolle, die Paulo mir zugedacht hatte. Den ganzen Tag, während er in einem Lehnstuhl saß und seine Havannazigarren rauchte, lag ich im Bett, hilflos wütend, weil ich lesen oder schreiben oder eine Partie *Botticelli* mit Nadia spielen wollte. Wenn ich um ein Magazin oder ein Buch bat, sagte Paulo, ich müsse mich ausruhen. Tatsächlich war er ein sehr guter Krankenwärter. Als der Arzt am folgenden Dienstag zur Visite kam, nickte er viel und sagte, Paulo mache seine Sache sehr gut.

Ich hatte keine Blutergüsse von den Spritzen, Paulo war sehr geschickt. Seine Einstiche schmerzten weniger, als wenn Nadia mir eine Spritze gab. Er kochte ein sehr schmackhaftes Apfelmus. Aber, was das Wichtigste war, der Arzt hatte gesagt: »Sie müssen dafür sorgen, dass sie ruht.« Und Paulo nahm die Aufgabe, meine Ruhe zu erzwingen, sehr ernst. Er ließ mich nicht einmal mit offenen Augen träumen, aus Angst, ich könnte meinen unruhigen Geist ermüden. Wissen Sie, ich war wirklich sehr in diesen Mann verliebt; aber ich hasste es wie die Pest, wie er mich in dieser Zeit der Prüfung zu einer Sklavin machte.

Aber wieso?, werden Sie fragen. Warum sagte sie Paulo nicht einfach, er solle sich zum Teufel scheren?

Nun, liebe Leser, nur wenn Sie einen Drachen kennen, können Sie ermessen, was es heißt, sich in einer solchen Verfassung mit ihm anzulegen. Bedenken Sie, was es bedeutet, bettlägerig den liebenden Händen eines hitzköpfigen Feuerspeiers ausgeliefert zu sein. Auch wenn Sie King Kong selbst wären… Es ist sinnlos, mit einem Drachen zu kämpfen.

Die Art Autorität, die Drachen zur Schau tragen, ist weder eine Fiktion noch eine Hexerei – für sie ist Herrschaft ein göttliches Recht. Wenn ein Drache-Freund Sie gezwungen hat, sich einen Film anzusehen, den Sie nie in Ihrem Leben haben sehen wollen, und das an einem Abend, wo das Letzte, das Sie tun wollten, gewesen wäre, in ein Kino zu gehen, dann brauchen Sie nicht überrascht zu sein. Es ist nun einmal so: Statt sich auf hitzige Wortgefechte einzulassen, wird jeder, der seine Sinne beisammen hat, die bedingungslose Kapitulation wählen. Wenn Sie jedoch von allen guten Geistern verlassen sind und sich entschließen, sich dem Drachen mit gezogenem Schwert in den Weg zu stellen, dann werden Sie nie mehr nach einem Feind suchen müssen…

Drachen sind die perfektesten Feinde, die man sich denken kann. Sie sind rachsüchtig, nachtragend, boshaft und entschlossen. Wie unser Freund, der Elefant, vergisst ein verwundeter Drache nichts. Es bleibt nur eins: Um den gekränkten Drachen einen weiten Bogen schlagen. Lassen Sie ihn nicht an sich herankommen. Hängen Sie den Telefonhörer aus und suchen Sie sich eine neue Wohnung. Noch besser ist es, Sie wandern nach Topeka aus und ändern Ihren Namen.

Die Namen einiger der Drachen, die wir alle kennen und lieben (oder hassen), dürften das unterstreichen, was ich gesagt habe. Beginnen wir mit dem Nazi-Würdenträger Hermann Göring, der es meisterhaft verstand, drachenhaft aufzutreten. Er war 1892/93 geboren. Ein anderer in diesem Jahr geborener Drache war Charles Atlas. Ich weiß nicht, ob er so stark war, wie er auf den Fotos in seinen Broschüren aussieht, zumindest war er sehr stark in seinem Metier. Dann kamen die Drachen von 1904: James Cagney, Richter John Sirica und Filmregisseur Sam Spiegel.

Die Ränge der Drachen sind dicht besetzt mit harten Burschen vom Typ Che Guevara (geboren 1928) und James Coburn (geboren 1928). Der Tennis-Champion Jimmy Connors, der auch nicht gerade ein Schwächling ist, kam 1952 auf die Welt, und »Kanonenkugel« Adderley 1928. 1940 war das Geburtsjahr von Bernardo Bertolucci, dem Regisseur des Films *Der letzte Tango in Paris,* von John Lennon, Al Pacino und Ringo Starr. Der weibliche Star des *Tango,* Maria Schneider, ist 1952 geboren, gehört also ebenfalls zu den Drache-Typen.

Drachen sind brillante Erscheinungen. Überschäumend von Vitalität und spektakulär in ihrem Auftreten. Drachen lieben den Glanz, die Sensation, den Prunk und das majestätische Gehabe. Sie kleiden sich entweder in farbenprächtige Eleganz oder in auffallend schäbige maßgeschneiderte Jeans oder Heilsarmeeuniformen. Doch welche Art affektierter Kleidung sie auch bevorzugen, eines ist sicher: Affektiertheit ist für sie lebensnotwendig. Drachen sind nicht die Art Menschen, die aus dem Bett in ihre zerknitterten Kleider von gestern steigen – es sei denn, sie haben sich für den Hippiestil entschieden und möchten möglichst authentisch aussehen. Dann werden sie auch eine ganze Woche lang in ihrer Ausrüstung schlafen, um sicher zu sein, dass auch das kleinste Detail stimmt.

Salvador Dalí (geboren 1904) verbrachte sein burleskes Leben an drei verschiedenen Orten. Im Sommer residierte er mit seiner Frau in dem Dorf Cadaqués an der spanischen Costa Brava. Im Herbst kam er gewöhnlich für ein paar Monate nach New York. Einen Teil des Frühlings verbrachte er in Paris, wo er im Hotel Meurice wohnte. Idyllisch, nicht wahr?

Trotz dieses unsteten Wanderlebens fand Dalí immer noch genügend Zeit zum Malen und Zeichnen. Er arbeitete in seinem spanischen Studio am Meer täglich viele Stunden lang; er stand in der Dämmerung auf und arbeitete den ganzen Tag über bis zum Sonnenuntergang. Dann floss der rote Champagner, und Freunde und Nachbarn durften sich im Haus in Cadaqués einfinden und mit El Maestro plaudern oder seinen Rat einholen. Dalís Frau, die früher mit dem französischen Dichter Eluard verheiratet war, ist Russin, von unbestimmbarem Alter und widmete sich lange Zeit der Aufgabe, Dalís Leben so zu organisieren, dass er ein Höchstmaß an Leistung erbringen konnte. Gala Dalí, eine kleine und quirlige Frau, schien die perfekte Lebensgefährtin für den Drachen Dalí zu sein. Sie hat ihr Leben seiner brillanten Karriere geweiht. Man erzählt sich, dass Dalí seinen Erfolg zum großen Teil Galas Initiative verdankt.

Die Anekdote, die ich Ihnen erzählen möchte, ist meines Erachtens typisch für die Liebe des Drachen zum Zeremoniell und Ritual. Ob Dalí ein sehr großer Maler ist, kann ich nicht beurteilen, aber dass er ein Showtalent ersten Ranges war, habe ich selbst erlebt. Bei Dalí war jedes Wort, war jede Phrase genau nach ihrer Wirkung auf die Zuhörer berechnet. Er bewegte sich so graziös durch den Salon wie sein zahmer Ozelot, der ihn ständig begleitete, bramarbasierend und seinen Spazierstock mit Goldknauf durch die Luft wirbelnd. Selbst wenn Dalí ein schlechter Maler wäre (was ich nicht glaube), würde seine großartige Selbstdarstellung zweifellos ein Meisterstück für sich sein.

In den ersten Jahren meiner Pariser Zeit, als ich eine schüchterne junge Mutter eines sechs Monate alten Babys war, hatte ich Gelegenheit, die Dalís in der Gold- und Plüschsuite zu besuchen, die sie bei ihren Aufenthalten in Paris bewohnten. In dieser Zeit befasste ich mich mit der Werbung für einen Film, den der Vater meines Babys gedreht hatte. Der Titel des Films war *Who's Crazy?* (Wer ist verrückt?), was auf Dalí sicherlich zutraf. Es bot sich natürlich ein Versuch an, ihn für die Werbung zu gewinnen. Über seinen Sekretär baten wir um eine Audienz beim Meister. Es war alles arrangiert, zwei Uhr nachmittags an einem Mittwoch, ausgerechnet dem Tag, an dem ich nie einen Babysitter bekommen konnte. Das war eine schöne Bescherung. Da saß ich, glücklich, in Salvador Dalís eigenen Salon eingeladen zu sein, und niemand war da, der auf mein Baby aufpassen konnte. Ich entschloss mich, es mitzunehmen.

Sorgfältig kleidete ich die kleine Daisy wie eine Prinzessin in Spitzen und Seide. Die Mühe sollte sich lohnen. Dalí wählte diesen Nachmittag, um seine erste Taufe zu zelebrieren – bei meinem Baby!

Als ich mich, Baby auf dem Arm, in Dalís Salon schlich, wir beide aufgemacht wie für einen Galaempfang, hatte ich nicht gerade das Gefühl, als gehörte die Welt mir. Im Gegenteil, ich war zu Tode verängstigt. Das Erste, was meine Augen erblickten, war dieses geschmeidige Luxusgeschöpf von Ozelot, das majestätisch auf einem seidenbezogenen Kanapee vor einem prunkvollen Marmorkamin thronte. Dalís Sekretär rief mir warnend zu: »Bleiben Sie da stehen. Ich glaube nicht, dass der Ozelot Kinder mag. Wir haben kürzlich ein paar schlechte Erfahrungen gemacht.« Während der Gentleman die Wildkatze an einer Leine aus massivem Silber hinausführte, stand ich stumm, mein Bündel an mich gedrückt, auf der Schwelle des gewölbten Raums, der wie eine wirkliche Kirche aussah.

Plötzlich schaute der Meister in meine Richtung. Bis dahin war er damit beschäftigt gewesen, eine goldene, löffelähnliche Antiquität vorzuführen, die er fest in seiner rechten Hand hielt. Ein Kreis sykophantischer Kunsthändler und Amateure drängte sich um ihn, das Lächeln auf ihren Gesichtern wie aufgeklebt. Sie nickten unaufhörlich und murmelten: »*Oui, maître*«, »*Bien sûr, maître*«, oder »*Formidable, maître*.« Um sie zu foppen, hatte Dalí gefragt, wozu ihrer Meinung nach dieses glänzende *Objet d'art* im Mittelalter gebraucht worden war. Wie eifrige Schulkinder hoben sie die Hände und riefen durcheinander. »Es ist ein Schlüssel«, rief eine Dame mit einem gelben Hut. »Non, non. Es ist eine Suppenkelle. Ich habe vor vielen Jahren in Rom eine solche gesehen«, rief ein verhutzeltes Männchen in einem Nadelstreifenanzug, in dem er wie in einer Uhrtasche steckte. Dalí schüttelte den Kopf und lächelte sie an wie eine Katze einen Kanarienvogel. Mit einem Mal wirbelte er herum, sein Samtumhang fegte durch die Luft, und er verkündete in sehr lautem Ton: »Dieses Objekt, meine Damen und Herren, ist ein frühes Gerät, um die Kacke wegzuräumen.«

Während die Zuhörer mit roten Gesichtern und unterwürfigem Gekicher Dalís Geniestreich bewunderten, drehte er ihnen den Rücken zu und segelte zu mir herüber. Der Meister ergriff meine

Hand und bat um die Erlaubnis, das Baby auf den Arm nehmen zu dürfen. Ich dachte, ich würde auf der Stelle umkippen. War ich stolz? Oder fürchtete ich, er würde Klein Daisy dem Ozelot zum Schmaus vorwerfen? Bevor ich wusste, wie mir geschah, hatte Dalí das sabbernde blonde Baby im Arm, sagte »Killekille« und kitzelte es zärtlich unter dem Kinn wie ein seniler Großpapa.

Vielleicht war es nur eine Show. Ich bin mir noch immer nicht sicher. Aber hinter dem blau seidenen Bündel hörte ich plötzlich seine befehlende Stimme: »Lassen Sie den Zimmerservice eine Flasche vom feinsten Wasser bringen!« Und Dalí fügte hinzu: »Ich werde Baptismo für diese *maravillosa niña* zelebrieren.«

Meine Knie schlotterten und schlugen so heftig gegeneinander, dass ich es durch den Lärm hörte. Das Baby gluckste und lachte, als hätte es sein halbes Leben auf den Armen berühmter Irrer verbracht. Ich betete, dass Daisy nicht ihr Mittagessen ausspucken und die ganze Show verpatzen möge. Sie tat es nicht.

Als der befrackte Kellner eine Flasche Evian-Mineralwasser auf einem Silbertablett brachte, befahl ihm Dalí: »Stellen Sie es auf diesen runden Tisch!« Er versammelte alle Anwesenden in der Mitte des Salons und begann in einem Kauderwelsch aus Spanisch und Latein (oder umgekehrt, ich konnte es nicht erkennen) zu psalmodieren, wobei er mehrere Kreuze auf Daisys Stirn machte. Das ganze Ritual dauerte nur fünf Minuten. Danach reichte Dalí mir das Baby zurück mit einem herzlichen *»Merci Madame«*, das natürlich nicht für mich, sondern für Daisy bestimmt war. Dann brachte mich Dalí selbst zur Tür und begleitete mich bis zum Aufzug. Ich sagte noch schnell mein Verslein auf, wie dankbar wir ihm wären, wenn er den Film… und so weiter. Er erklärte sich einverstanden, weil ein Film, der das Wort »Crazy« im Titel führe, seine Unterstützung verdiene. Dann schüttelte er mir die Hand, küsste Daisy auf die Nase und sagte: »Ihr ganzes Leben wird sie berühmt sein. Sie hat den Segen des Meisters.« Übrigens sprach er jetzt nicht in dem affektierten Ton, mit dem er im Kreise seiner Bewunderer brilliert hatte.

Jahre später, als Daisy etwa einen Meter gewachsen war, fragte sie eines Tages in dem etwas klagenden Tonfall neugieriger Kinder: »Mami, wer ist dieser komisch aussehende Mann im Fernsehen, der für die Lanvin-Schokolade Reklame macht? Der hässliche Mann mit dem Schnurrbart?« (Dalí machte manchmal im französischen Fernsehen Werbespots.)

Als ich ihr die Geschichte von der Taufzeremonie erzählte, war ihre Reaktion ein heftiges Zittern am ganzen Körper. »Es ist so sonderbar. Wie konntest du es zulassen, dass er mich anfasste?«

Was sollte ich ihr sagen? Es war schwierig, einem achtjährigen Kind ein so verrücktes Verhalten zu erklären. Ich nahm sie in den Arm und sagte zu ihr: »Er ist ein sehr feiner alter Drache-Maler. Du weißt doch, was ich dir von Drachen gesagt habe. Sie können keine Gelegenheit auslassen, eine Show aufzuführen.«

Daisy sah mich mit ihren unschuldigen Augen an und antwortete: »O ja, er sieht auch ein kleines bisschen wie ein Drache aus. Findest du nicht, Mami?«

Drachen legen Wert auf ihre äußere Erscheinung. Man sieht selten einen Drache-Menschen, der fett ist oder einen Bauch hat. Sie gehören zu denen, die brav jede Woche zur Gymnastikstunde gehen, die jeden Morgen durch den Park joggen, riesige Mengen von Vitaminen schlucken und eimerweise Wasser trinken, um ihre Leistungen vor dem Einrosten zu bewahren. Ich kenne einen Drache-Mann, der eine große Vorliebe für elegante Dinnerpartys hat, bei denen die Gastgeberin kalorienreiche gastronomische Spezialitäten in riesigen Mengen auf den Tisch bringt. Er stopft sich jedes Mal bis oben hin voll. Dann verschwindet er auf die Toilette, wo er, wenn man ihm glauben darf, diskret den Finger in den Hals steckt und sich der herrlichen Speisen entledigt. Es gibt die verschiedensten Diätmethoden, doch diese würde ich nicht gerade wählen. Aber ich muss zugeben, dass sie eminent drachenkonform ist. Wie mein Drache-Prinz zu sagen pflegte: »Von dem Guten, das du erwischen kannst, lass dir nichts entgehen.«

Die Chinesen sagen, dass die Verbindung mit Drachen Glück bringt. Nach meiner Erfahrung ist sie vor allem äußerst erschöpfend. Drache-Männer sind ständig in Bewegung. Sie sausen den ganzen Tag (und manchmal noch die halbe Nacht) herum, jagen Aufträgen nach, knüpfen Kontakte, reden mit Leuten, die ihren Rat brauchen, führen Telefongespräche, und vielleicht finden sie sogar zwischendurch ein paar Minuten Zeit, um sich ihrer Freundin oder sogar ihrer Ehefrau oder ihren Kindern zu widmen. Obwohl sie oft behaupten, dass sie die Existenz ihrer armen Großmutter oder ihres kranken Vaters verwünschen, kümmern sie sich doch außerordentlich pflichtbewusst um ihre Angehörigen. Wenn sie sie auch nur besuchen oder anrufen, um sich mit ihnen zu streiten oder alte Meinungsverschiedenheiten aufzuwärmen – sie sind sich ihrer Verantwortung für die Familie immer bewusst.

Ich habe eine Drache-Freundin, die in einem großen Landhaus in der Umgebung von Paris wohnt, das sie ganz allein bewirtschaftet. Sie ist zwar verheiratet, aber der Beruf ihres Mannes hält ihn oft monatelang von zu Hause fern. Das Haus von Nicole (oder Nini, wie wir sie nennen) ist so wunderbar ländlich-idyllisch und gleichzeitig so stadtnah, dass jeder Pariser, der von seiner Existenz erfährt, am liebsten jedes Wochenende ihr Gast sein möchte.

Wenn Sie zu den Auserwählten gehören, die Nini zu einem Wochenende in ihr Refugium einlädt, wird sich Ihnen die Erinnerung an ihr Heim, ihr gutes Essen, ihre Schönheit und ihren barschen Umgangston für immer einprägen. Sie ist die perfekte Drache-Gastgeberin. Das Frühstück wird von dem schweren hölzernen Refektoriumstisch pünktlich um acht Uhr dreißig abgeräumt. Wenn Sie nicht frühzeitig genug zum Kaffee und dem ofenfrischen Brot zur Stelle sind, müssen Sie bis zum Mittag warten, ohne dass Sie auch nur einen Happen zu essen bekommen.

Die Vorbereitung für das Mittagessen beginnt um neun Uhr mit dem Einkaufen und/oder dem Besorgen des Gemüses aus dem Garten. Wenn das Essen mittags pünktlich auf dem Tisch stehen soll, müssen Sie sich an den Vorbereitungen beteiligen. Nini wird vielleicht Ihre Koch- oder Einkaufskünste nicht benötigen, aber wenn Sie einen müßiggängerischen Eindruck erwecken, wird sie einen Job für Sie finden. Sie wird Ihnen eine Hacke in die Hand drücken, um das Unkraut zwischen den Bohnen zu jäten, die sie letzte Woche gepflanzt hat. Oder vielleicht ziehen Sie es vor, ein bisschen zu bügeln oder zu flicken? Und wenn Sie nicht so gut in Haushaltsarbeiten sind, dann können Sie immer noch die Hunde versorgen oder die Pferde striegeln, mit den Kindern der anderen Gäste spielen, um sie von Dummheiten abzuhalten, oder Briefumschläge für einen von Ninis Wohltätigkeitsvereinen adressieren.

In Ninis Haus sollte man nie eine Illustrierte oder ein Buch in die Hand nehmen, es sei denn, man hat ein gutes Versteck unter einem Busch in dem angrenzenden Waldstück, wo man den Morgen in

Ruhe mit Lesen verbringen kann. Nicht dass die Drache-Dame keine große Auswahl an Zeitungen und Modeschriften im Wohnzimmer herumliegen hätte, es gibt sie tonnenweise. Aber man hat sie zu lesen, wenn der Abwasch nach dem Mittagessen erledigt ist oder bevor man abends schlafen geht. Zu allen anderen Tageszeiten, einschließlich der Teestunde um vier Uhr nachmittags, ist das Faulenzen strikt verboten. Und Nini hat keine Hemmungen, Ihnen das zu sagen.

»Wieso klebst du da mit deinem Hintern auf dem Stuhl?«, hörte ich sie einmal einen nichts ahnenden Besucher anschnauzen.

»Ich lese«, antwortete dieser eingeschüchtert.

»Nun, es gibt im Augenblick hier wichtigere Dinge zu tun. Hast du einen Wagen?« Ihre Fragen knallten wie Pistolenschüsse.

»Ja. Es ist der blaue Volkswagen mit dem offenen Verdeck. Brauchst du ihn?«, bot er ihr höflich an.

»Setz dich hinein und fahre in die Stadt zum Markt. Kauf drei Dutzend Eier beim Bauern. Dem mit der Baskenmütze. Er steht auf der linken Seite in der Mitte des Marktplatzes. Er schreit am lautesten. Du wirst ihn ohne Schwierigkeiten finden.«

Sie zählte ihm die nötigen Francs in die Hand und fegte aus dem Zimmer. Niemand sagt einmal: »Geh selbst!«, oder auch nur: »Muss das sein?« Die natürliche Autorität, mit der Nini ihre Befehle erteilt, ist unanfechtbar. Sie ist ein Drache par excellence.

Prüderie ist eine andere Spezialität des Drachen. Ich habe nie eine Drache-Person kennen gelernt, die über Zoten oder zweideutige Anspielungen gelacht hätte. Aber auch für ernsthafte Diskussionen interessieren sie sich selten. Drache-Menschen sind schlagfertig, manchmal auch redegewandt und geistvoll witzig. Sie sind kluge Ratgeber. Aber sie sind keine tief schürfenden Denker. Drachen sind alles andere als Philosophen. Vielmehr haben sie einen praktischen Verstand, und ihre raschen und nüchternen Beurteilungen erweisen sich oft als überraschend zutreffend. Ihre Instinkte sind gut, doch es fehlt ihnen der Sinn für Theorie.

In ihrem Pflichtbewusstsein gegenüber ihrer Familie ist Nini nicht zu übertreffen. Ihre Mutter, die komfortabel in einer Villa an der französischen Riviera lebt, ist eine notorische Hexe, die ständig jammert, nörgelt und schimpft. Und doch rafft sich Nini jeden Monat zu einem mindestens dreitägigen Besuch bei der alten Marquise auf. Nicht einmal Ninis Vater kommt noch nach Hause. Er hat sich »aus geschäftlichen Gründen« nach Nordafrika abgesetzt. Ihre beiden Geschwister leben in Mexiko beziehungsweise in New York City und machen nur einmal im Jahr widerwillig eine Pilgerreise zu dem Hexenhaus. Jedes Mal, wenn Nini vom Cap d'Antibes zurückkommt, ist sie blass und hager vom tagelangen sinnlosen Debattieren. Selbst wenn sie bei gutem Wetter gebräunt von der Sonnenterrasse am Meer zurückkommt, kann man an ihrer heiseren Stimme merken, dass sie die Stimmbänder übermäßig strapaziert hat. Ich habe sie einmal gefragt: »Warum fährst du überhaupt zu ihr? Es macht dich doch völlig kaputt?«

»Ach, sie ist eine harmlose alte Nörglerin. Sie tut mir Leid. Ich glaube, ich war als Kind ziemlich schwierig. Und mein Vater war nicht gerade ein Muster von Ehemann. Sie hatten wohl immer eine Menge Geld, aber ihre Ehe muss eine ziemliche Katastrophe gewesen sein.«

Nini zuckte die Schultern und machte sich wieder daran, den Teig für den Nachmittagskuchen zu rühren. Ich fühlte, dass es nicht angebracht war, die Angelegenheit weiter zu verfolgen.

Wenn Drache-Menschen sich entschlossen haben, ein Thema nicht zu diskutieren, lassen sie einen unsichtbaren Vorhang herunter, der deutlich zu verstehen gibt: Diese Sache ist tabu. Wenn Sie auch nur andeuten, dass Sie Informationen wollen, die die festgesetzte Grenze überschreiten, werden sie nicht zögern, Ihnen zu verstehen zu geben, dass Ihre Anwesenheit unerwünscht ist. Die meisten Drachen, die ich kenne, haben einen engen Kreis guter Freunde, die ihre Empfindlichkeiten verstehen und tolerieren. Neulinge in diesem Kreis werden mit Argwohn betrachtet und müssen sich einer Prüfung auf Herz und Nieren unterziehen, bevor der Drache ihnen einen Platz im gehüteten Heiligtum seines Vertrauens einräumt.

Indiskrete Fragen wie: »Wie war Ihr Vater?«, oder: »Warum tragen Sie diesen lächerlichen roten Fetzen um den Hals?«, sind bei Drachen nichts Ungewöhnliches. Drachen sind ganz sicher nicht für Karrieren geeignet, bei denen Diplomatie und Takt vorausgesetzt werden. Ihre bissigen Bemerkungen können einen Unvorbereiteten tief ins Herz treffen. Vielleicht ist es ihr Instinkt für die Schwachstellen einer Situation oder für die Fehler eines Menschen, der sie zu ihren manchmal böszungigen Kommentaren verleitet. Aber wie das auch sei, Bemerkungen wie: »Warum nehmen Sie nicht einmal den Stock und bringen Ihrem Rotzbengel Disziplin bei?«, oder: »Ich habe Ihren Mann letzte Woche getroffen, und ich muss schon sagen, er ist wirklich ein blöder Kerl«, können eine Freundschaft schon sehr strapazieren.

Ob der Drache allein ist oder ob er sich mit einer Schar treuer Freunde umgibt, im Grunde wird er immer ein unzufriedenes Wesen sein. Seine natürliche Überlegenheit und seine angeborene Tüchtigkeit verführen ihn dazu, zu hohe Ansprüche an andere zu stellen. Niemand und nichts kann seinem Standard entsprechen. Das Leben selbst ist ein halbherziger Kompromiss, ein ständiges Sichabmühen um Perfektion. Da wir wissen, dass wenig oder gar nichts vollkommen ist, bleibt es das Schicksal des Drachen, auf ewig unzufrieden zu sein.

Wenn man chinesischen Philosophen glauben will, werden dem Drachen vier segensreiche Gaben in die Wiege gelegt: Wohlstand, Tugend, Harmonie und Langlebigkeit. Aber sie sagen auch, dass Drachen aus Papier gemacht sind. Jeden Tag wird der Drache neu geboren. Der Schlaf ist der Tod, aus dem er am nächsten Morgen zu neuem Leben erwacht. Der Mensch wird nie sicher wissen, ob der Drache nicht nur eine Ausgeburt seiner Phantasie ist. Er ist kein Mythos, aber auch kein Mensch, kein Tier und auch kein Geist. Er ist all das in einem. Und noch einiges dazu.

Die Drache-Frau

Die wegen ihrer Vitalität und ihrer glänzenden Erscheinung viel begehrte Drache-Frau ist ein Doppelwesen. Ihre Existenz ist ein Widerspruch in sich. Sie mag geistvoll, lebensklug, willensstark und besonnen erscheinen, sie kann aber gleichzeitig unverbildet-erdhaft, warmherzig, großzügig und liebevoll verstehend sein.

Auf den uninformierten Beobachter kann die Drache-Frau den Eindruck einer oberflächlichen und etwas exzentrischen Person machen, die sich keinen Deut um die Gefühle anderer Menschen schert. Wenn Sie dagegen zu den Auserwählten gehören, denen diese Dame ihren wahren Charakter enthüllt, werden Sie sie wahrscheinlich als gütigen, erdhaft-mütterlichen Typ sehen. Wen sie liebt oder schätzt, dem wird sie großmütig alles geben, ohne mehr als ein Lächeln oder ein Kompliment als Gegenleistung zu erwarten.

Die meisten Drache-Mütter kleiner Kinder, die ich kenne, machen ein bisschen den Eindruck, dass sie strenge Disziplin für die Grundlage der Erziehung halten. Sie lassen ihre Sprösslinge keinen Augenblick aus den Augen, weil sie fürchten, sie könnten ein abscheuliches Verbrechen gegen die guten Sitten begehen. Eine Drache-Mutter muss ständig an ihren Kindern herummäkeln: »Sitz gerade am Tisch!« »Wie oft muss ich dir noch sagen, dass man sich vor dem Essen die Hände wäscht?« »Was ist los mit dir, Johnny?« »Kannst du nicht sehen, dass ich beschäftigt bin?« Verwöhnt werden ihre Kinder nicht.

Die Drache-Frau wäre durchaus fähig, eine ganze Armee zu kommandieren. Es wird ihr nichts ausmachen, zwölf Stunden allein durch Nebel und Regen zu fahren, um einen geschäftlichen Termin wahrzunehmen. Und sie wird sich durch nichts von einer Meinung oder einer Idee abbringen lassen, zu der sie sich einmal entschlossen hat. Aber wie ihre männlichen Artgenossen haben Drache-Frauen (obwohl sie das heftig abstreiten würden) eine verwundbare Stelle – ihre Sentimentalität. Sie sind so unheilbar romantisch wie die schmachtendsten Heldinnen eines Schmierentheaters. Schwer zu glauben? Nun, beobachten Sie einmal die Reaktionen einer Drache-Frau, wenn ein hilfloser alter Mann versucht, eine Straße zu überqueren. Oder schauen Sie ihr zu, wenn ihr ein weinendes Kind begegnet, dem sein Eis aus der Hand gefallen ist. Sie werden sehen, wie vorsichtig sie den alten Mann am Arm über die Straße führt und wie schnell sie ein Geldstück aus ihrer Handtasche zaubert, um dem traurigen Kind ein neues Eis zu kaufen. Nein, Drache-Frauen bestehen nicht aus Muskeln und stählernen Nerven. Sie sehen nur so aus.

Routinearbeiten, vor allem im Haushalt, finden auch die altmodischsten Drache-Frauen stumpfsinnig. Sie legen Wert auf eine gepflegte Wohnung und halten auf Ordnung, aber sie hassen die damit verbundene alltägliche Plackerei. Die meisten mir bekannten Drache-Frauen haben entweder eine Haushaltshilfe, oder sie achten streng darauf, dass alle Familienmitglieder nach genauer Regel sich an der Hausarbeit beteiligen. Drache-Frauen richten ihre Wohnung gern mit einem ziemlich ausgefallenen Stil ein. Sie mögen keine gedämpften Farben, etwa Beige oder Grau-Weiß. Die Tapeten werden meist in lebhaften gelben oder grünen Tönen gehalten sein. Die Drache-Frau liebt das Prächtige.

Wie ich an einer früheren Stelle dieses Kapitels angedeutet habe, steht Treue nicht an erster Stelle der Drache-Tugenden. Aber wenn die Dame auch wild flirtet und ihr Sexappeal den verknöchertsten Spießer umwirft, ist ihre zur Schau getragene Flatterhaftigkeit doch selten ernst zu nehmen. Wenn sie sich einen Liebhaber nimmt, weiß sie ihren Seitensprung so gut geheim zu halten, dass selbst ihre besten Freundinnen nichts davon erfahren. In dieser Beziehung sind Drache-Frauen musterhaft diskret.

Das genaue Gegenteil kann eintreten, wenn Sie etwa Ihren Chef zum Abendessen eingeladen haben. Sollte Ihre Drache-Frau nicht sofort auf ihn fliegen, dann sperren Sie sie am besten in ihr Zimmer ein. Nichts kann Drache-Frauen zurückhalten, wenn ihnen danach zu Mute ist, ihrer scharfen Zunge freien Lauf zu lassen.

Eine grässliche Erfahrung mit der bösen Zunge einer solchen Drache-Frau, die aus offensichtlichen Gründen anonym bleiben muss, wurde mir an einem Abend in Paris zuteil. Zu der Zeit war ich öfter mit einem berühmten Filmstar zusammen, der für den Gatten der Drache-Dame sehr wichtig war. Besagter Gatte war Filmregisseur. Da er die Unterschrift meines Freundes für einen Vertrag brauchte, lud er uns kurzerhand zum Abendessen in seine Wohnung ein. Als wir eintrafen, fanden wir das Haus voller Gäste, die in kleinen Gruppen herumstanden und ihren Aperitif tranken. Als wir die Schwelle der eleganten Wohnung im vornehmen Sechzehnten Arrondissement von Paris überschritten, lächelte ich strahlend. Ich schüttelte allen Anwesenden die Hände und trug die Nase sehr hoch. Man hatte mich vor der Arroganz der Hausfrau gegenüber Gästen gewarnt, die weder Rang noch Titel besaßen. Sie stand in dem Ruf, eine Schwäche für Snobs zu haben. Um also nicht aus der Reihe zu tanzen, versuchte ich mich so charmant hochnäsig zu gebärden, wie mir das möglich war.

Ich glaube, es dauerte noch keine drei Minuten, bis meine Gastgeberin, ein Kraftpaket in glänzend fuchsienroter Seide, auf mich zugesaust kam, Blutdurst in den Augen. Flüchtig berührte sie meine Hand und sagte mit honigsüßem Grollen: »Wer sind Sie?«

»Guten Abend. Ich heiße Suzanne White.« Ihr Auftreten war so drohend, dass ich beinahe in Panik geraten wäre und meinen besten Tanzstundenknicks gemacht hätte.

»Mich interessiert nicht Ihr Name«, fuhr sie fort. »Ich möchte nur wissen, wer Sie sind. Was machen Sie? Wieso sind Sie hier?«

Hart schluckend, mit dünner Stimme und total verängstigt, brachte ich die Worte heraus: »Ich bin mit ihm.« Ich zeigte in die Richtung meines Begleiters.

»Dann bleiben Sie auch bei ihm!«, befahl die Drachin.

Gehorsam fügte ich mich und ging zu meinem Freund hinüber, der gerade den Filmvertrag mit dem Gatten der Drache-Frau diskutierte. Bald hatte ich vergessen, wie knapp ich dem tödlichen Schlag des Drachens entronnen war, und plauderte munter mit den beiden Männern. Aus dem Nichts tauchte die Drache-Frau plötzlich wieder auf. »Worüber lachen Sie?«, fragte sie brüsk.

»Oh, Madam Blabla, Ihr Gatte ist so komisch«, sagte ich, mir die Lachtränen aus den Augen wischend. »Würden Sie mir bitte sagen, wo die Damentoilette ist?«, flüsterte ich ihr dann heimlich zu.

»Wir haben nur eine Herrentoilette«, fuhr sie mich an. Sie hängte sich an den Arm ihres Mannes und sagte in scharfem Ton: »Nicht wahr, Liebling? Der Puderraum ist für erwachsene Damen reserviert.«

Der Ehemann schaute entsetzt. Mein Freund legte beschützend seinen Arm um meine Schulter, um mich vor dem Umfallen zu bewahren. Ich schwöre, sie hatte Fangzähne. Ich fragte mich, ob sie vielleicht betrunken war. Sie war es nicht. Ihre Aggressivität war durchaus berechnet. Ihr Mann zog mich rasch zur Seite und zeigte mir den Weg. Dann sagte er: »Kümmern Sie sich nicht um Margaret. Sie hat etwas gegen junge Leute.«

Ich machte mich frisch, spritzte mir kaltes Wasser ins Gesicht. Dann kehrte ich in den Salon zurück. Inzwischen hatten die Gäste im Esszimmer Platz genommen. Es war mir peinlich, allein hineinzugehen, aber ich nahm an, das Margaret beim Servieren und Anordnen zu beschäftigt war, um mich zu bemerken. Ich ging also auf Zehenspitzen hinein und hielt nach meinem Platz Ausschau. Mein Begleiter war in ein Gespräch mit seinem Nachbarn vertieft und bemerkte mich nicht. Plötzlich hörte ich ein klirrendes Geräusch von dem Ende des Tisches, an dem Margaret saß. Sie hatte mit dem Buttermesser an ihr Kristallglas geklopft. Allgemeine Stille trat ein. »Liebe Freunde, es tut mir entsetzlich Leid, aber offenbar ist uns ein Irrtum unterlaufen. Wir haben einen Gast zu viel. Glauben Sie, er würde es übel nehmen, wenn wir ihn bäten, uns zu verlassen?«

Der Gastgeber sprang auf und führte mich aus dem Zimmer. Als wir durch die Tür gingen, sagte er mit lauter Stimme: »Wenn Margaret sich heute Abend weiter so benimmt, werden wir sie leider vom Tisch verweisen müssen.« Hastig kam mein Freund hinter uns her, um mich zu begleiten. Ich bat ihn, mich nach Hause zu bringen. Er führte mich in ein Restaurant zum Essen.

Nun, nicht alle Drache-Frauen sind Margarets. Bei weitem nicht. Doch wenn sie nur die kleinste Chance haben, werden sie versuchen, die Leute einzuschüchtern, um sie auf die Probe zu stellen.

Mein Rat an jeden Mann, der sich in eine so komplizierte Frau, wie es die Drache-Dame ist, verliebt: Zeigen Sie ihr von Anfang an, dass Sie der Herr im Haus sind. Lassen Sie sich die Zügel nicht aus der Hand nehmen. Und wenn es nötig ist, schlagen Sie auch einmal mit der Faust auf den Tisch. Obwohl sich die Drache-Frau nicht gern unterordnet, gibt es einen guten Weg, sie zu zähmen. Steigen Sie mit ihr auf einen Berggipfel und geben Sie ihr von Zeit zu Zeit einen freundlichen Schubs, sodass sie nicht auf den Gedanken kommt, der Berg gehörte ihr.

Der Drache-Mann

Die im Zeichen des Drachen geborenen Männer geben manche Rätsel auf. Es rührt an die Grundlage ihrer Existenz, wenn man ihnen so würdelose Betätigungen zumutet wie etwa den Mülleimer hinauszutragen oder die Kinder zur Klavierstunde zu fahren. Wenn man den Durchschnittsdrachen mit solchen Banalitäten behelligt, wird er sich gewöhnlich sträuben. Falls er sich jedoch zu solchen Arbeiten hergibt, wird er sie mit einer abschätzigen Miene gekränkter Überlegenheit verrichten, die deutlich seine Meinung zum Ausdruck bringt: Jeder Idiot kann diesen lächerlichen Kram erledigen. Warum muss ich mir mit diesen Dreckarbeiten die Hände schmutzig machen?

Denjenigen unter Ihnen, die einen Drache-Mann als Partner haben oder die in Erwägung ziehen, einen Drache-Mann zu mehr als zu einem unverbindlichen Flirt in ihr Leben hineinzunehmen, kann ich nur sagen: »Hüten Sie sich vor dem grünäugigen Monster!« Eine solche Beziehung wird auf beiden Seiten Eifersüchteleien provozieren. In der Liebe wie in gesellschaftlichen oder geschäftlichen Partnerschaften sind Drache-Männer unfähig, eine Vorherrschaft der Frau zu akzeptieren, ausgenommen vielleicht Haushaltsführung und Kindererziehung. Zum Teil ist dies der Grund, warum Drache-Männer gegen dauerhafte Affären und eheliche Bindungen so oft allergisch sind. Wenn sie die Gefahr spüren, von einer Frau »festgenagelt« zu werden, ziehen sie sich zurück.

Wenn Sie trotz dieser Warnungen sich an den forschen Drache-Verehrer binden wollen, in den Sie so leidenschaftlich verliebt sind, dann achten Sie darauf, von Anfang an klare Verhältnisse zu schaffen. Geben Sie ihm deutlich zu verstehen, dass Sie durchaus in der Lage sind, auf eigenen Füßen zu stehen. Andernfalls müssen Sie damit rechnen, dass er Sie zwar sehr verwöhnen wird, Sie in die teuersten Restaurants führt, Ihnen kostbare Pelze schenkt und Ihnen ein Traumhaus errichtet, dass er aber über kurz oder lang seine Beutezüge wieder aufnehmen und in fremden Revieren jagen wird. Da er die Herausforderung liebt, sollten Sie Ihre Selbstständigkeit betonen, ohne allerdings einen Krach zu riskieren. Machen Sie ihm klar, dass Sie die feste Absicht haben, nach der Heirat weiter Ihren Beruf auszuüben oder Ihr Studium fortzusetzen. Wenn Sie ihm vor der Ehe nicht die Zähne zeigen, wird er Sie mit Haut und Haaren verschlingen.

Drache-Männer haben auch eine Menge guter Eigenschaften. Sie sind meist erfolgreich im Beruf und haben eine glückliche Hand in finanziellen Dingen. Sie sind gesund und trainieren ihren Körper. Sie sind gesellschaftlich gewandt und immer gut gekleidet. Außerdem neigen sie stark zu Sentimentalität: Wenn Sie merken, dass alle Drähte gerissen sind, dann können Sie immer noch an die Zärtlichkeit des Drachen appellieren, um ihn von seinen Irrwegen zurückzuholen.

Übrigens sind Drache-Männer gute Partner für Frauen, die umsorgt werden wollen und es nicht übel nehmen, ein wenig in seinem Schatten zu stehen.

Was immer im Leben des Drachen sich ereignet, ist nur seine Angelegenheit. Wenn Sie sich damit zufrieden geben, dass er Ihnen und den Kindern nur gelegentlich seine Aufmerksamkeit zuwendet, dann ist alles in Ordnung. Wenn ein Mitglied der Familie krank wird oder seinen Rat und seine Hilfe braucht, wird er wie der Blitz zur Stelle sein. Seine Loyalität gegenüber der Familie geht ihm über alles.

Um ihn glücklich zu machen, müssen Sie ihn mit Aufmerksamkeiten überhäufen, viel über seine mehr oder weniger witzigen Einfälle lachen und ihm ständig zeigen, wie phantastisch Sie ihn finden. Um ihn glücklich zu machen, müssen Sie aber auch mindestens zehnmal in der Woche seine Überlegenheit in Frage stellen, indem Sie Ihre eigenen Wege gehen und Ihre Unabhängigkeit beweisen. Drachen sind leicht zu betören, aber es ist schwierig, ihr Interesse über einen längeren Zeitraum wach zu halten. Im Grunde ihres Herzens respektieren Drachen keine Schwächlinge und werden sich schließlich von ihnen abwenden und sich stärkere Partner suchen. Wenn Sie sich also einen Drache-Mann einfangen wollen, dann tun Sie mir den Gefallen und planen Sie Ihre Strategie gründlich und lange im Voraus.

Variationen im Jahreskreis

Drache/Widder (21. März–20. April)

Die im Zeichen des Widders geborenen Drachen sind im Allgemeinen sensibler als die meisten anderen. Sie haben für die Sorgen und Nöte ihrer Mitmenschen ein offenes Ohr. Mit gesenktem Kopf wird der Widder-Drache auf seinen Gegner losgehen, von Vitalität und Energie strotzend. Diese gesunde Holz-Feuer-Kombination erzeugt eine Menge Wärme. Gemütlichkeit? Nicht unbedingt. Aber der Widder, der das Glück hat, in einem Jahr des Drachen geboren zu sein, wird sich allen Hindernissen zum Trotz durchsetzen. Feindschaften und Rückschläge machen ihm nichts aus. Sie geben seinem hitzigen Temperament nur zusätzliche Energie. Dieser Drache-Typ ist zu schroff, um sich leicht Freunde zu machen und sie zu halten. Der beste Rat, den ich ihm geben kann, ist Selbstbeherrschung und Mäßigung in allen Lebensbereichen.

Drache/Stier (21. April–21. Mai)

Stur? Dickköpfig? Eigenwillig? Sie können sich davon keinen richtigen Begriff machen, wenn Sie diese Bulldozer nicht erlebt haben. Das Milieu spielt bei diesem Drache-Typ eine große Rolle. Die beruhigenden Kräfte, die von Wäldern, Flüssen und dem Wechsel der Jahreszeiten ausstrahlen, sind für die geistige Stabilität des Stier-Drachen von wesentlicher Bedeutung. Er sollte nie in einem tropischen Dschungelklima leben oder in einer Gegend wie Arizona, deren statisches Wüstenklima seine an sich schon gereizten Nerven noch zusätzlich strapaziert. Dieser Drache-Typ tendiert zu künstlerischer Betätigung. Er braucht Ansporn, um sich auf dem selbst gewählten Gebiet zu bewähren. Geben Sie ihm eine gute Chance und die richtige Umgebung, und der Stier-Drache wird jeden Kampf bestehen. Seine Stärke ist unbezwingbar.

Drache/Zwillinge (22. Mai–21. Juni)

Das Zeichen der Zwillinge verheißt dem unter seinem Einfluss geborenen Drachen eine ungewisse Zukunft. Mal auf dem einen, mal auf dem anderen Fuß ziellos herumhüpfend, wird ein solcher Mensch nichts erreichen, wenn er nicht von einer festen Hand gelenkt wird. Ich nenne diesen Typ den Sprinter, denn er wird immer wieder einen brillanten Start bei jedem neuen Projekt haben, und immer wieder wird es mit einem Desaster enden. Frauen dieses Zeichens haben manchmal die schlechte Gewohnheit, sich bei ihren Einkäufen von ihrer Impulsivität leiten zu lassen. Sie wissen nie so richtig, was sie wollen, weil sie auf jeden neuen Reiz sofort anspringen. Aber die Zwillinge-Drachen sind großzügig und warmherzig. Ebenso wenig wie sie einer Kaufverlockung widerstehen können, werden sie Nein sagen können, wenn jemand ihre Hilfe oder ihre

Liebe braucht. Wer mit einem so quecksilbrigen Wesen liiert ist, wird ständig auf glühenden Kohlen sitzen. Halten Sie Distanz, und lassen Sie sich nicht in seine Unternehmungen verwickeln.

Drache/Krebs (22. Juni–23. Juli)

Ruhige Kraft charakterisiert den Krebs-Drachen, der im klaren Wasser des Sees wie ein mächtiges Floß liegt. In Zeiten der Not und Sorge werden Sie immer auf ihn zählen können. Er liebt es, Rat zu geben, und versteht es, in einem Labyrinth von Wegen für sich und seine Freunde den richtigen Weg zu wählen. Der Krebs-Drache ist schwerfälliger als andere Drachen; seine Krebsnatur wird auf ein Ziel langsam und überlegt zusteuern. Wenn ich überhaupt raten kann, einen Drachen zu heiraten, dann empfehle ich, sich eher mit einem Krebs-Drachen einzulassen, als einen anderen Drache-Typ zu wählen.

Drache/Löwe (24. Juli–23. August)

Überlegen Sie es sich gut, bevor Sie sich an dieses prasselnde Freudenfeuer zu nahe heranwagen. Die Löwen verleihen dieser Verbindung ihre Macht, die Drachen ihren Feuer speienden Atem. Es wird nicht viele gemütliche Abende am Kamin geben. Warum sollte ein Löwe-Drache zu Hause herumsitzen, wenn er in die große Welt ziehen und sie erobern kann? Wenn Sie an der Spitze einer großen Organisation oder als Befehlshaber einer Armee nicht eine Persönlichkeit dieses Zeichens finden, dann geben Sie mir unverzüglich Nachricht. Ihre Entdeckung wird einmalig in der Geschichte sein. Löwe-Drachen haben alle Eigenschaften, die für eine Führungsrolle erforderlich sind. Sie sind Filmregisseure und Staatsmänner, Dirigenten und erfolgreiche Schriftsteller. Auf dem Höhepunkt ihrer Schaffenskraft leisten sie mindestens so viel wie zwei normale Menschen.

Wenn Sie einen Löwe-Drachen in einer untergeordneten Position finden, wird es sich wahrscheinlich um einen sehr unglücklichen Drachen handeln.

Drache/Jungfrau (24. August–23. September)

Hier haben wir ein interessantes Duo, anspruchsvoll, ein unerbittlicher Antreiber, der aber sich selbst noch mehr abverlangt. Die Kombination von Mineral und Holz, beides Quellen vitaler Energie, gibt Menschen dieses Typs eine Gewissenhaftigkeit, die man so ausgeprägt in keiner anderen Verbindung findet. Wenn ein Jungfrau-Drache sich ein Ziel setzt, so wird harte Arbeit kein Hindernis, lange Ausbildungszeit keine Abschreckung sein. Die Verbindung dieser beiden Zeichen ist Garantie für einen sicheren Erfolg. Die Anwendung in der Jugend erlernter Kenntnisse wird ihn zu hohen Leistungen befähigen, wenn er eine Karriere seiner Wahl einschlagen kann. An Talent mangelt es ihm nicht. Sein Wille ist klar und stark. Diese Menschen haben oft ein gutes Herz.

Drache/Waage (24. September–23. Oktober)

Frauen dieser Kombination haben eine besondere Neigung zu Häuslichkeit und Familienleben. Sie lieben die Geselligkeit. Wenn man ihnen eine Chance gibt, werden sie viel Ehrgeiz auf den heute eher belächelten sozialen Aufstieg verwenden. Waage-Drachen sind flexible und schwatzhafte Menschen. Will man sie in einer Gesellschaft identifizieren, braucht man nur nach solchen Leuten Ausschau zu halten, die viel reden und wenig zuhören. Viel von ihrer übertriebenen Redseligkeit ist dazu bestimmt, die Zuhörer abzulenken. Vielleicht versuchen sie, einen häuslichen Ärger abzureagieren. Hören Sie einfach nicht hin. Der Waage-Drache ist übrigens künstlerisch sehr begabt.

Drache/Skorpion (24. Oktober–22. November)

Machen Sie Platz... Hier kommt der Drache aller Drachen. Wer stand immer an der Spitze der leidenschaftlichsten Revolutionen in der Welt? Wer konnte besser die Massen zum Aufruhr aufwiegeln? Wer hat mit seinem Sarkasmus mehr Menschen zur Weißglut gebracht als der vipernzüngige Skorpion? Tatsache ist: Es gibt nicht viele, die ihm den Titel streitig machen – ausgenommen vielleicht der Skorpion-Drache. Er kämpft mit so viel Leidenschaft und Feuer, dass er darüber oft das Ziel vergisst, für das er ursprünglich ausgezogen war. Ein Skorpion-Drache hat immer ein stürmisches Temperament. Unter günstigen Bedingungen wird er ein erfolgreicher Strafverteidiger werden. Er hat aber auch das Zeug, sich als Heerführer einen Namen zu machen. Mit diesem Drache-Typ zusammenzuleben, wird nicht einfach sein. Er sollte den Entschluss, eine Familie zu gründen, zumindest so lange zurückstellen, bis er sein Berufsziel erreicht hat.

Drache/Schütze (23. November–21. Dezember)

Ein Idealist. Ein Bannenträger. Dieser Drache-Typ kombiniert Feuer und Holz mit Energie. Geben Sie ihm noch den zusätzlichen Brennstoff Geld, dann wird er gegen mehr Windmühlen anrennen als Don Quichotte. Zu viel Optimismus kann eine gefährliche Sache sein. Menschen dieses Zeichens leiden an Selbstüberschätzung. Ihre Projekte erweisen sich oft als untaugliche Hirngespinste. Ihre Hoffnungen scheitern nicht selten an der Realität. In Drache-Jahren geborene Schützen sind exzessiv und unbelehrbar ehrgeizig. Sie müssen in jungen Jahren lernen, geduldig und realistisch ihre Ziele zu verfolgen, statt sich unbesonnen in jedes Getümmel zu stürzen.

Drache/Steinbock (22. Dezember–20. Januar)

Arbeit, Arbeit und nochmals Arbeit. Und viel Ungeduld. Sorgfältige Beachtung des Details ist für diesen Typ charakteristisch. Wenige Menschen haben größere Schwierigkeiten, ihre innersten Gedanken auszudrücken, als der Steinbock-Drache. Andererseits strömen ihm die trivialsten (oft auch bösartigen) Bemerkungen nur so aus dem Mund, als lägen sie abrufbereit auf der Zunge. Die im Zeichen des Steinbocks geborenen Drachen sind langsamer und bedächtiger in der Verfolgung ihrer Ziele als andere Drache-Typen. Aber wenn man ihnen genügend Zeit gibt, werden sie die ihnen gestellten Aufgaben aktiv und erfolgreich durchführen. Wenn man sie drängt oder antreibt, geraten sie leicht in Panik und verhaspeln sich. Menschen dieses Zeichens sind steif und förmlich. Ihre Ansichten und ihre Urteile über sich selbst wie über andere sind streng und unnachsichtig. Das Leben ist für den Steinbock-Drachen nicht einfach. Er braucht viel liebevolle Zärtlichkeit und Vertrauen.

Drache/Wassermann (21. Januar–19. Februar)

Hochfliegende und unabhängige Gedanken sind für die meisten der unter diesem Zeichen geborenen Menschen charakteristisch. Die Wassermann-Drachen sind intuitiver als andere Menschen. Sie haben die Gabe, über den Augenblick hinauszusehen. Ihr guter, zukunftsweisender Rat wird von Freunden und Bekannten geschätzt. Was ihr Familienleben angeht, so bedarf es schon einer Naturkatastrophe, um sie daran zu erinnern, dass jemand zu Hause auf sie wartet, der sich mit den Gläubigern herumschlägt und sich um die Geburtstagsparty der Kinder kümmert. Diese Menschen sind ehrlich davon überzeugt, dass sie über den Banalitäten des Alltagslebens stehen. Man muss sie bei Laune halten. Und darauf bestehen, über ein gemeinsames Konto verfügen zu können. Nicht dass sie geizig wären oder nicht genug Geld hätten – sie haben nur die Angewohnheit, solche pedantischen Kleinigkeiten wie unbezahlte Rechnungen, Miete und Schulgeld für die Kinder zu vergessen.

Drache/Fische (20. Februar–20. März)

Ein Fische-Mensch, der im Zeichen des Drachen geboren ist, ist wirklich ein Glückspilz. Die Sensibilität und künstlerische Intuition der Fische wird sich, mit der Zähigkeit und der energischen Aktivität des Drachen gekoppelt, voll entfalten können. Kunst in allen ihren Formen wird eine Leidenschaft solcher Menschen sein. Ob sie ihn zu großen Leistungen anspornt, wird davon abhängen, ob das Gefühlsleben sich dem Verstand unterordnet: Fische werden oft durch Emotionen abgelenkt; Drachen können in ihrer Leistungsfähigkeit behindert sein, wenn sie ihrem Hang zu Sentimentalität nachgeben. Ein im Zeichen der Fische geborener Drache tut gut daran, auf den Rat von Freunden zu hören, die nüchterner und gewissenhafter sind als er. Sie werden ihm den Weg zum Erfolg zeigen. Ist er einmal auf diesem Pfad, wird er unbesiegbar sein.

Ratschläge für die Zukunft

Furchtloser Drache: »Auf deinem Lebensweg behalte stets im Sinn – die Brezeln musst du sehn, und nicht die Löcher drin.« Ich habe das auf einer Menükarte gelesen, als ich zwölf Jahre alt war. Bis heute habe ich den Spruch nie anbringen können! Lieber Drache, deine Schwindel erregenden Höhenflüge haben mir den Vers ins Gedächtnis zurückgerufen. *Merci beaucoup.*

Wie kommt es, dass deine Mitmenschen zögern, sich vorzuwagen und dich herauszufordern? Was macht dich so gefährlich? Ist es dein sarkastisches, überlegenes Lächeln? Vielleicht ist es dein großartiges Auftreten. Oder es könnte die unleugbare Barschheit in deiner Stimme und deinem Gang sein, die andere sofort in die Defensive drängt.

Nicht dass angeborene Überlegenheit, wie sie dir eigen ist, ein schlechter Charakterzug wäre, den man unterdrücken sollte. Du hast wahrhaftig etwas Besonderes. Und man spürt es in jeder Geste und bei jedem Wort. Dieses Fluidum von Großartigkeit allein könnte verantwortlich sein für die von dir so oft beklagte Unfähigkeit deiner Umgebung, dich zu verstehen.

Niemand, nicht einmal der prächtige Drache, fühlt sich gern missverstanden. Es macht nicht gerade viel Spaß, wenn man den ganzen Tag auf einer windigen Bergspitze sitzt, ohne einen einzigen Freund in der ganzen Welt zu haben. Was du wirklich brauchst, ist jemand, dem du dich verbunden fühlst. Stimmt's?

Du bist ein so überlegenes menschliches Wesen. Von dir gehen kraftvolle Schwingungen aus. Und fast immer hast du die Situation sofort im Griff. Dein drachenhaftes Auftreten und dein scharfer Witz tragen dich über alle Hindernisse hinweg, die dir im Leben begegnen.

Aber, du wagemutiger Drache, manchmal verspürst du doch das

Verlangen, ein ganz einfacher, normaler Mensch zu sein, einmal schwach sein zu dürfen, deprimiert, nicht auf der Höhe, oder so krank, dass die Leute von dir nicht erwarten, dass du Bravourstücke vorführst und ihnen aus der Patsche hilfst. Doch man muss nun einmal einen hohen Preis dafür zahlen, dass man eine so kraftvolle Natur hat. Ich weiß, es gefällt dir nicht, diese Steuer für das Glück zu zahlen.

Wenn du dich in ein putziges Eichhörnchen oder in eine bescheidene Maus verwandeln möchtest, damit man sich in deiner Gesellschaft wohler fühlt, dann schlage dir einen solch absurden Gedanken gleich aus dem Kopf. Es würde nicht möglich sein. Aber es gibt einige leichte Arzneimittel mit sicherer Wirkung, die du vielleicht einmal schlucken solltest.

Da dein Charme und deine Dynamik so überwältigend sind, warum versuchst du nicht, sie ein wenig zu dämpfen? Geh langsamer, bewege dich so, wie du dir den Gang einer Schnecke vorstellst. Das wird dann vielleicht der normale Rhythmus der meisten Menschen sein, die dir begegnen. Halte dich mit markigen Redensarten und unerbetenen Ratschlägen zurück. Zeige nicht alle deine Trümpfe schon bei Beginn des Spiels. Bemühe dich, deine Mitmenschen nicht an deinen Drache-Maßstäben zu messen. Nicht alle sind so begabt, gesund und scharfsinnig wie du. Sie haben vielleicht andere treffliche Eigenschaften und werden dir, wenn du ihnen nur eine Chance gibst, gern zur Verfügung stehen.

Du bist ein sentimentaler Mensch. Unter deinem großartigen Äußeren verbirgt sich ein zartes, mitfühlendes Herz. Wenn du auf der Suche nach einem Freund oder Lebensgefährten bist, dann mäßige deine hochfahrende Art. Sonst wird niemand erkennen können, was für ein netter Kerl du im Grunde doch bist. Zeig ruhig einmal, dass dir Babys und hilflose kleine Geschöpfe nicht zuwider sind. Äußere dich anerkennend über andere Menschen. Es wird sie glücklich machen. Und es wird ihnen helfen, dich richtig zu verstehen. Sie werden dir deine Zuneigung reichlich vergelten.

Beziehungen zu anderen Tierzeichen

Herzensangelegenheiten

Der Drache-Mensch ist eine sehr umworbene Persönlichkeit. Man sucht ihn nicht nur wegen seiner Weisheit und seines guten Rates, er ist auch als attraktives Liebesobjekt sehr gefragt. Vielleicht sind es sein flottes Auftreten und seine Vitalität, die ihn so anziehend machen. Jedenfalls ist er immer von Verehreren umlagert. Drache-Frauen bekommen viele Heiratsanträge.

Der Drache selbst hat für Liebesgetändel wenig Sinn. Ob er das immer so ernst meint, steht dahin. Zumindest erweckt er oft den Eindruck, dass es ihn einfach nicht interessiert. Der Drache ist zwar nicht so reserviert und distanziert wie die Katze, aber es umgibt ihn eine Atmosphäre geistiger Autonomie, die uns den Gedanken aufdrängt, dass dauerhafte Partnerschaft für ihn nicht lebenswichtig ist.

Wenn wir uns das vor Augen halten, verstehen wir, warum Drachen so gut mit Affen auskommen. Der Affe-Mensch ist im Allgemeinen ebenso enthusiastisch wie der Drache-Mensch. An Geschäftstüchtigkeit, Umgänglichkeit, Originalität und Unabhängigkeit steht er ihm nicht nach. Drachen sind jedoch in Liebesdingen unbedarft. Die trickreichen Affen gewinnen leicht den Respekt des Drachen. Die beiden Charaktere ergänzen sich gut. Doch vergessen Sie nicht: Affen sind die Einzigen, die den misstrauischen Drachen zum Narren halten können.

Auch Ratten können Liebespartner des Drachen sein. Die warmherzigen und verständnisvollen Ratten haben ein starkes Liebesbedürfnis. Wenn eine Ratte sich in einen Drachen verliebt, bringt sie genügend Zärtlichkeit für beide mit. Und Drachen steht ein bisschen mehr Sanftheit und Güte gut zu Gesicht. Die Ratte wird auf ihren Drachen stolz sein, wird sein Lob verkünden und seinen Erfolgen laut Beifall spenden.

Der Hahn ist ebenfalls eine gute Wahl für den Drachen. Der Hahn wird dem Drachen beruflich keine Konkurrenz machen. Im Gegenteil: Der Drache wird sich freuen, wenn er die Brosamen aufpicken darf, die der Drache ihm übrig lässt. Der Hahn wird seine eigene Intelligenz ganz dem Ziel unterordnen, dem Drachen in schwierigen Zeiten hilfreich zur Seite zu stehen.

Wenn beide kompromissbereiter wären, könnten der Drache und der Tiger ein vortreffliches Paar bilden. Des Tigers hohe Ideale erwecken die Bewunderung des Drachen, der ihn mit seinem weisen Rat unterstützen und seinem Charakter mehr Ausdauer geben kann. Die Verbindung der beiden eigenwilligen Geschöpfe wird viele Probleme bringen, aber mit etwas Diplomatie können sie gemeistert werden.

Der Drache kann auch großen Gewinn aus der Verbindung mit der Schlange ziehen, die selbst sehr attraktiv ist und den stolzen Drachen noch stolzer macht. Das Pferd wird vom Drachen wegen seiner zupackenden Aktivität und seines ausgeprägten guten Geschmacks geschätzt.

Katze-Frauen sind gute Partner für Drache-Männer. Die guten Manieren der Katze kommen dem Sinn des Drachen für Schicklichkeit entgegen.

Drache-Menschen werden, wenn sie sich nicht sehr stark um Glaubwürdigkeit bemühen, keinen leichten Stand mit Ochse- und Hund-Geborenen haben. Die in diesen beiden Zeichen geborenen Menschen lassen sich von dem zeremoniellen Gehabe des Drachen nicht sonderlich beeindrucken.

Freundschaften und gesellschaftliche Beziehungen

Der Drache ist im Zyklus der chinesischen Astrologie ein einflussreiches, großes Tier. Kameradschaft ist ein natürlicher Ausdruck seines Selbstverständnisses. Aber wirkliche Freunde, um die er sich kümmert und für die er eine tiefe Zuneigung empfindet, sind ein seltener Glücksfall im Leben eines Drachen. Erinnern Sie sich: Der gute Drache ist sentimental. Man muss an sein Herz appellieren, wenn man seinen Kopf erreichen will.

Schlangen sind die natürlichen Freunde des Drachen. Beide verfügen über Scharfsinn und Weisheit. Beide sind intuitiv und schlau. Der Schlange imponiert das prächtige Gehabe des Drachen. Sie versteht es auch, seine Überheblichkeit durch subtiles und geschicktes Einwirken zu mäßigen.

Die engsten Freunde wird der Drache-Geborene unter Affe-Partnern finden. Auf Drachen wirkt die fröhliche Betriebsamkeit des Affen entspannend. Der Drache findet, dass er sich auf den Affen verlassen kann – aber täuscht er sich nicht? Es kommt in dieser Beziehung ganz auf die Diskretion des Affen an.

Ratten und Tiger gefallen dem Drachen als lustige Freunde. Die fröhliche Ratte verletzt nie den Stolz des Drachen; der Tiger debattiert manchmal mit ihm, doch er tritt seiner Eitelkeit nicht zu nahe.

Um freundschaftliche Beziehungen mit Hunden, Hähnen oder Schweinen zu erreichen, muss der Drache seinen Enthusiasmus ein wenig dämpfen. Menschen dieser Zeichen werden vom Charme des Drachen angezogen; aber sie finden es schwierig, ihm bei seinem Talent für hochtrabendes Schwadronieren zu vertrauen.

Geschäfte

In geschäftlichen Angelegenheiten ist der Drache gut beraten, wenn er sich Partner sucht, die ihm gewachsen sind, nicht solche, die seine Stärke verwirrt. Tiger und Affen verstehen die Vitalität des Drachen geschickt zu manipulieren und können sich ohne Angst vor Unterdrückung neben ihm behaupten.

Mit Ratten, Hähnen und Hunden wird der Drache Probleme haben, persönliche Konflikte zu vermeiden. Wenn der Drache nicht der unangefochtene Boss ist, können solche Partnerschaften sehr rasch zu einem Bruch führen.

Die kunstbegabte Ziege wird einen guten Geschäftspartner im Drachen finden. Der Drache kann ein erfolgreicher Agent oder Manager des Ziege-Künstlers sein. Die Kombination ihrer Talente kann beiden viel Geld einbringen. Die Ziege lässt sich gern bevormunden, solange man ihr ein komfortables Leben bietet.

Der sicherste Weg zum Reichtum würde die Verbindung mit einem Partner sein, der im Jahr des Schweins geboren ist. Schweine haben ein unglaubliches Glück in Geldangelegenheiten, und Drachen wissen im Allgemeinen, wie man ein Produkt oder ein technisches Verfahren an den Mann bringt. Diese Partner ergänzen sich sehr gut, auch weil das gewissenhafte Schwein niemals habsüchtig oder unehrlich ist.

Affe-Menschen – ich wiederhole es noch einmal – sind für Drache-Geborene hervorragende Geschäftspartner; aber sie verstehen es auch, den großspurigen Drachen an der Nase herumzuführen. Der Drache sollte die Buchführung des Affen sehr genau kontrollieren.

Familie

Drachen lieben es nicht, wenn man sie herausfordert, und sie neigen zu Sentimentalität. Als Eltern sind sie liebevoll einfühlsam, aber auch streng autoritär. Ein Drache-Vater oder eine Drache-Mutter leugnet nicht, dass das Leben eines Kindes manchmal sehr hart sein kann; doch sie lassen sich von Kindern nicht auf der Nase herumtanzen. Ein Kind soll sich so benehmen, wie seine Drache-Eltern es für richtig halten. Und damit hat es sich!

Entsprechend seinem autokratischen, aber zugleich sensiblen Wesen wird es ein Drache (ob Vater oder Mutter) am leichtesten mit einem Kind haben, das einen starken Willen mit respektvoller Achtung vor der elterlichen Gewalt verbindet, oder mit einem Kind, das gefügig und liebevoll die elterlichen Anordnungen akzeptiert. Tiger-, Pferd- oder Affe-Kinder finden das Leben mit Drache-Eltern ausgesprochen angenehm. Ratte- und Schlange-Kinder erweisen ihren Eltern den gebührenden Respekt. Der Drache ist großzügig, verlangt aber auch entsprechende Gegenleistungen. Hahn- und Hund-Kinder, die beide misstrauisch sind und viel Aufmerksamkeit und Fürsorge brauchen, finden Drache-Eltern zu streng und unbeugsam.

Die meisten Kinder anderer Zeichen werden sich der Fürsorge von Drache-Eltern gern anheim geben. Sie vertrauen darauf, dass sie ihnen den richtigen Weg zeigen.

Drachen, die Drache-Kinder haben, müssen sich auf bewegte Zeiten einrichten. Wer wird seinen Kopf durchsetzen? Mit Autorität allein wird man diesen Kindern nicht beikommen.

Die Schlange

DIE JAHRE DER SCHLANGE

4. Februar	1905	bis	25. Januar	1906
23. Januar	1917	bis	10. Februar	1918
10. Februar	1929	bis	29. Januar	1930
27. Januar	1941	bis	14. Februar	1942
14. Februar	1953	bis	2. Februar	1954
2. Februar	1965	bis	20. Januar	1966
18. Februar	1977	bis	6. Februar	1978
6. Februar	1989	bis	26. Januar	1990
24. Januar	2001	bis	11. Februar	2002
10. Februar	2013	bis	30 Januar	2014

SCHLANGEN SIND: Weise. Kultiviert. Intellektuell. Zuvorkommend. Intuitiv. Attraktiv. Amüsant. Glückhaft. Sympathisch. Elegant. Diskret. Wohlerzogen. Mitfühlend. Philosophisch. Ruhig. Entschieden.
ABER SIE KÖNNEN AUCH SEIN: Prahlerisch. Schlechte Verlierer. Knauserig. Extravagant. Anmaßend. Besitzgierig. Rachsüchtig. Selbstquälerisch. Phlegmatisch. Träge. Launisch.

Schlangen, die ich
gekannt und geliebt habe

Irgendwo draußen im dichten Gras, lässig nach Beute Ausschau haltend, um plötzlich blitzschnell zuzuschlagen, gleitet der Liebling der fernöstlichen Astrologie... die bezaubernde Schlange. Unglaublich verführerisch, ruhig und weise sind die Menschen, die in einem Jahr der Schlange geboren sind. Sie strömen eine besondere Art von Magnetismus, einen betörenden Duft, aus. In ihrem Charakter finden wir keinen Hang zu Streitsucht oder Prahlerei. Schlangen sind weder aggressiv noch angeberisch. Sie sind der Inbegriff reptilienhafter Grazie. Selten geraten sie aus der Fassung. Schlange-Geborene machen immer den Eindruck, dass sie »die Dinge im Griff haben«.

In meiner Kindheit, in der Sonntagsschule, warnte man uns vor der Gefährlichkeit der Schlange. Wenn Sie sich an die Geschichte von Evas Sündenfall erinnern, werden Sie das unheimliche Gefühl kennen, das Satans Mummenschanz in dem Wuschelkopf eines sechsjährigen Mädchens auslöst. Diese Schlange in Adams Obstbaum muss ein attraktives Geschöpf gewesen sein. Warum sonst würde eine intelligente erwachsene Frau wie Eva auf diesen simplen Routinetrick hereingefallen sein? Ich meine, sie hatte doch einen ordentlichen, fürsorglichen Mann, genug zu essen und keine Kleidersorgen. Und doch – eines Tages teilte sie ihrem fassungslosen Mann plötzlich mit: »Adam, wenn du auch der einzige Mensch auf der Erde bist, ich will nichts mehr mit dir zu tun haben.« Die Schlange hatte ihr den Kopf so sehr verdreht, dass sie den Wald vor lauter Bäumen nicht erkannte. Sie ließ eine idyllische Ehe platzen, was in einem ihrer Söhne einen traumatischen Schock auslöste, der ihn zum ersten Mörder in der Geschichte der Menschheit machte, und entfesselte einen weltweiten Skandal.

So wissen wir denn aus erster Quelle, dass Schlangen zu den unwiderstehlichsten Geschöpfen auf Erden gehören. Sicherlich werden einige von Ihnen protestieren: »Ich hasse Schlangen. Sie sind so hässlich. Pfui, diese schleimigen, widerlichen Reptile.« Bei Ihnen würden Schlangen nicht die geringste Chance haben. Sie sind zu tugendhaft und ausgeglichen, um sich von den Verlockungen der

Schlange betören zu lassen. – Seien Sie nicht so selbstsicher. Diese Biester haben eine Nummer im Repertoire, die ihresgleichen sucht. Vor allem, sie sind ungewöhnlich schön, etwas erschreckend, und unbewusst sexy.

Ein kleiner Abstecher in die Welt des Jetset soll mir helfen, diesen Punkt zu illustrieren.

Ein Rätsel. Welche Frau fällt Ihnen bei dieser Frage ein: Sie trägt Haute-Couture-T-Shirts, gondelt auf Luxusjachten in der Welt herum, unterhält eine teure Wohnung mit vielen Bediensteten in Paris, zeigt sich in der Öffentlichkeit nur mit dunklen Brillengläsern und ist mit einem Mann verheiratet, der ebenfalls Schlagzeilen macht? Welche Frau schickt ihre Kinder in die besten Privatschulen der Welt, wird auf Schritt und Tritt von zwei stämmigen Leibwächtern begleitet, setzt die Normen für modebewusste Frauen überall auf der Welt und weiß nicht, wie man eine Dose Tunfisch öffnet?

Dachten Sie vielleicht gleich an die verstorbene Grace Kelly Rainier (geboren 1929)? Oder fiel Ihnen vielleicht Jacqueline Kennedy Onassis ein (geboren 1929)? Die Antwort? Beides ist richtig – die eine wie die andere ist in einem Jahr der Schlange geboren.

Neben dem offensichtlichen Luxus ihres Lebensstils gab es noch etwas anderes, das beide Frauen hatten. Was veranlasste Fürst Rainier, die Tochter eines irischen Parvenüs zur Fürstin von Monaco zu machen? Warum wählte John F. Kennedy gerade Jackie zur Frau? Was, bei Zeus, dachte sich Onassis, als er sie heiratete? Um es kurz zu machen: Was für diese prominenten Männer des zwanzigsten Jahrhunderts den Ausschlag für ihre Wahl gab, war in allen drei Fällen die Schönheit. Schlange-Frauen verdanken ihren Erfolg oft – nicht immer – ihrer Schönheit.

Und worum ging es den Damen? Nun, wir können voraussetzen, dass ihr Traum nicht das Leben in einer romantischen, weinlaubbewachsenen Hütte in Paducah war. Und es fällt mir auch schwer, zu glauben, dass sie nur auf einen guten Platz in den Klatschspalten der Boulevardpresse aus waren. Niemand kann mir auch einreden, dass sie so phantastische Sonnenanbeter waren, dass sie sich entschlossen, in die exklusive mediterrane Millionärsclique einzuheiraten, um ein lebenslanges Recht auf einen Privatstrand zu haben.

Das wäre wohl ein zu großer Zufall. Schlangen lieben das Geld. Sie hassen fruchtlose Arbeit. Sie gehören zu den »einnehmendsten« Geschöpfen auf unserem Planeten. Und vor allem – sie haben Glück. Wenn Schlangen überhaupt so etwas wie Gliedmaßen hätten, würde ich sagen: Sie stehen von Geburt an auf festen Füßen – und diesen festen Stand halten sie ihr Leben lang.

Die Tochter einer befreundeten Schauspielerin ist in einem Jahr der Schlange geboren. Sie ist ein Topmodel, das man jeden Monat in allen Pariser Modemagazinen bewundern kann. Letzte Woche ist Daffodil Du Roy zehn Jahre alt geworden. Françoise, ihre Mutter, hat Daffy auf den Laufsteg und in Fotoateliers herumgejagt, seit das Kind auf den Beinen stehen konnte. Schon vor Jahren, als ich Françoise noch nicht sehr gut kannte, habe ich sie gefragt, ob sie es nicht für gefährlich halte, dass Daffy so viel Zeit vor den Kameras verbringt. Würden nicht ihre Leistungen in der Schule darunter leiden? War es nicht riskant für ein kleines Mädchen, mit ihrer Schultasche unter dem Arm allein in den Straßen herumzulaufen, von einem Taxi ins andere zu springen und Besuche in Fotoateliers zu machen? Insgeheim beschuldigte ich Françoise, eine dieser schrecklichen Bühnenmütter zu sein, die die armen Kleinen unbedingt zum Kinderstar machen wollen.

»Sie ist schon immer so gewesen«, sagte Françoise. »Daffy hat nie zu schauspielern aufgehört, seit sie alt genug war, die Gesichter zu beobachten, die sich über ihre Wiege beugten.«

»Glauben Sie nicht«, warf ich vorsichtig ein, »dass Sie diese Neigung vielleicht etwas zu sehr unterstützt haben, weil Sie selbst beim Theater sind?«

»So viele Leute haben mir das vorgeworfen, Suzanne. Lange Zeit hat mich das sehr beunruhigt. Ich habe Daffy nicht mehr arbeiten lassen, als ihre Leistungen in der Schule vor zwei Jahren nachließen. Ich war überzeugt, dass das mein Fehler war, weil ich das viele Modellstehen zugelassen hatte.« Françoise hat ein sehr gewinnendes Lächeln. Sie ist aber auch eine strenge Mutter, die ihren Kindern nichts durchgehen lässt. Sie haben ihren Teller leer zu essen und müssen beim Abwaschen helfen. Sie sind wohlerzogen und kein bisschen verwöhnt. Aber ich war nicht überzeugt.

»Und was geschah dann?« Ich hoffte etwas zu hören, was meine Meinung bestätigen würde.

»Ihre Noten blieben schlecht. Ich redete ihr gut zu. Ich schimpfte mit ihr und ließ ihr Nachhilfeunterricht geben. Ich saß stundenlang bei ihr, um ihre Hausarbeiten zu überwachen. Es half alles nichts. Sie behauptete einfach, die Schule mache ihr keinen Spaß.« Françoise schenkte mir ein Glas Portwein ein.

Ich lächelte sie verständnisvoll an. »Kommen Sie, Françoise, Daffy ist kein dummes Kind. Wieso sollte sie nicht gern in die Schule gehen? Sie ist doch intelligent.«

»Sie haben Recht. Daffy gehört sogar zu den zehn Prozent der Kinder mit dem höchsten Intelligenzquotienten. Ich weiß das, weil ich sie habe testen lassen. Ihr IQ ist 140. Sie müsste eine erstklassige Schülerin sein. Aber wenn sie nur ein Buch sah, wurde sie immer schon blass und elend. Sie war in der Schule unaufmerksam, völlig geistesabwesend. Sie träumte mit offenen Augen.« Die pflichtbewusste Mutter hatte fast alles versucht, was möglich war, um Daffy zu helfen.

»Und was haben Sie mit ihr gemacht? Ich weiß, dass sie wieder arbeitet, weil ich ihr Foto letzte Woche in *Elle* gesehen habe.«

»Ich habe sie zum Kinderpsychiater gebracht. Sie war nicht krank. Ich war es. Krank von Schuldgefühlen. Ich sagte mir, dass alles mein Fehler war, weil ich sie in den Fotoateliers von Paris hatte herumstolzieren lassen. Ich kann Ihnen sagen, ich war ein Wrack.«

Wie sich herausstellte, hatte der Psychiater sich eingehend mit Daffy unterhalten und dabei herausgefunden, dass ihre Mutter einen schwer wiegenden Fehler gemacht hatte. Offenbar war Daffy, bevor ihre Noten schlechter wurden, eines Tages frech gewesen und hatte in ihrer Wut etwas Patziges zu Françoise gesagt. Diese hatte sie daraufhin gewarnt: »Wenn du noch einmal so frech bist, dann ist es aus mit deiner Arbeit. Du meinst, weil du so smart mit diesen Fotografen umgehen kannst, kommst du bei mir mit deinen Widerworten durch. Ich bin deine Mutter. Denke gefälligst dran!« Ein typischer Mutter-Kind-Dialog.

Das Problem war, wie der Arzt Françoise erklärte, dass allein der Gedanke, die geliebte Arbeit aufgeben zu müssen, Daffy einen Schock versetzt hatte, lange bevor ihre Leistungen in der Schule zurückgingen. Nicht das Modellstehen war die Ursache ihrer Tagträume; es war vielmehr die Angst, damit aufhören zu müssen. Nach diesem Sommer durfte Daffy ihre Arbeit in den Fotoateliers wieder aufnehmen. Ihre Schulleistungen wurden wieder gut. Sie spart ihre Honorare, um später ihr Schauspielstudium damit zu finanzieren. Und sie ist fast nie mehr frech zu ihrer Mutter.

Kaum hatte ich diese Geschichte gehört, da schaute ich nach meiner Gewohnheit in der chinesischen Horoskoptabelle nach. Tatsächlich, das Schlange-Jahr 1965 war das Geburtsjahr der kleinen Daffy Du Roy.

Die Schönheit ist keineswegs das einzige positive Merkmal der Schlange. Ihr gutes Aussehen wird ergänzt durch eine angeborene Weisheit. Schlangen haben Urteilsfähigkeit, die ans Übernatürliche grenzt. Man glaubt manchmal, dass sie die Gabe der inneren Erleuchtung oder des zweiten Gesichts haben. Damit will ich nicht sagen, dass alle Schlange-Menschen Mystiker sind. Weit gefehlt. Ihre Art Weisheit ist eher ein sechster Sinn.

Nehmen wir zum Beispiel Bob Dylan. 1963, als ich zum ersten Mal auf dem Montparnasse lebte, hatte man in dem Künstlerviertel der großen Stadt das Gefühl, in dieser Zeit der Protestbewegung im Mittelpunkt des Geschehens zu stehen. Als im Ausland lebende Bürger der Vereinigten Staaten waren wir uns nicht bewusst, wie vehement dort diese Bewegung war. Aber wir waren jung und Amerikaner, und wir hörten diese neue Musik, und wir alle wussten, wer Bobby Zimmerman war. Ich war so von Dylans Platte *Blowing in The Wind* fasziniert, das mich fast nichts anderes mehr interessierte. Ich kannte alle seine Songs auswendig. Ich war ein Fan.

Alle größeren und kleineren Berühmtheiten pflegten auf ihren Tourneen von London über Ibiza nach Marokko und zurück in Paris ein paar Tage Rast zu machen. Eine Menge von ihnen landete in meinem Haus, hauptsächlich deshalb, weil das Nachbarhaus, in dem alle die tollen Partys stattfanden, gewöhnlich voll war. Mein Haus war ständig ausgebucht.

Ob es damit zusammenhing, dass niemand ihn erkannte, oder damit, dass er so unaufdringlich und ruhig war, jedenfalls war Bob Dylan eines Sonntagnachts mein Hausgast. Verstehen Sie mich nicht falsch. Ich habe Hausgast gesagt, und ich meine Hausgast. Es lungerten schon vier oder fünf Musiker im Haus herum, mit gelangweilter Miene und wichtigtuerischem Gehabe. Einer von ihnen war mein zukünftiger Ehemann. Außerdem war ich zu alt, um ein Groupie zu sein. Dylan war für mich einfach ein ungeheuer talentierter

Künstler. Er war so »in«, dass ich entzückt war, ihn während seiner Europatournee zu beherbergen.

Zugegeben, es war exotisch, diesen Star, gegen die Wand meines Wohnzimmers gelehnt, mit unmelodischen Kakophonien auf der Gitarre seine raue Stimme begleiten zu hören. Ich war beeindruckt. In der Tat so beeindruckt, dass ich kaum still sitzen konnte. Ich wollte, dass Mr. Dylan sich an seinen Besuch in Paris erinnern sollte. Ich flehte meinen Verlobten an, mich in irgendeine wunderbare Diskothek auszuführen, wo Dylan die Musik genießen und von *Le tout Paris* gesehen werden konnte.

Ängstlich (ich war damals sehr schüchtern) bahnte ich mir den Weg durch die auf dem Boden herumhockenden Gäste, kniete mich neben den lässig gegen die Wand gelehnten Sänger und sagte: »Wir würden Sie gern in einen tollen Laden ausführen. Wir wissen, wo es die beste Musik gibt. Wir können Ihnen wirklich die Stadt zeigen.«

Zu meinem Erstaunen geruhte er mich anzublicken: »Huh«, war alles, was er murmelte. Dann klimperte er weiter.

Ich wiederholte – atemlos.

»Oh ja, natürlich.« Bob Dylan hatte drei Worte zu mir gesagt. Ich war außer mir vor jugendlichem Entzücken.

Mit plötzlicher Forschheit setzte ich die ganze Meute auf die Straße. Dann ging ich wieder hinein, um mein Make-up aufzulegen, während die beiden Männer im Salon weiterklimperten. Ich ging mit Bobby Dylan aus. Okay, er war nicht mein Verehrer, aber er war mein Gast. Ich hätte gern meine Mutter in Milwaukee angerufen, aber der transatlantische Zeitunterschied machte es unmöglich. Und außerdem hätte sie sowieso nicht gewusst, von wem ich sprach.

Wir stiegen in den Wagen. Zu dritt in einen Ferrari 2+2. Ich fuhr. Sportwagen haben es an sich, mich in einen Stirling Moss zu verwandeln. Ich warf den ersten Gang ein und würgte den Motor ab. Mein nervöses Lachen konnte die Demütigung nicht verbergen. Aber ich machte tapfer weiter. »Wie wäre es mit Castel's?«, fragte ich munter.

»Was ist Castel's?«, fragte Bobby höflich.

»Das ist dieser große Privatklub. Alles roter Samt und Plüsch. Da hängt *Le tout Paris* herum. Die Musik ist absolute Spitze.« Wir sprachen damals alle so. Kann ich es ändern, dass es heute so altmodisch klingt? Manchmal kann ich kaum glauben, dass ich einmal so idiotisch war.

Und nun stellen Sie sich vor, was er sagte: Er sah mir direkt in die Augen und fragte ganz ruhig: »Könnten wir nicht einfach eine Flasche billigen Rotwein kaufen und in der Stadt herumfahren? Ich muss morgen Abend in London auftreten und habe noch nicht mal den Eiffelturm gesehen. Würden Sie es schrecklich übel nehmen? Laute Musik macht mir Kopfschmerzen.« Sagen Sie mir, wessen Großmutter hätte so etwas geglaubt? Dann sagte er: »Die Nacht vor einem Konzert gehe ich immer früh in die Federn.« Und ich dachte, er sei ein Star. War ich enttäuscht!

Warum habe ich Ihnen diese Geschichte erzählt (abgesehen davon, dass ich mich brüsten wollte, dass Dylan auf meinem Fußboden geschlafen hat)? Ich habe über Dylans Verhalten nachgedacht, und als ich in meiner Horoskoptabelle festgestellt hatte, dass sein Geburtsjahr 1941 ein Jahr der Schlange war, wurde mir alles klar. Um in einem Beruf, gleich, in welchem, an die Spitze zu kommen, muss man sehr hart arbeiten, sorgfältig planen, darauf achten, dass man genug Schlaf bekommt, und viel Selbstdisziplin haben. Und diese Eigenschaften haben Schlange-Menschen im Überfluss.

Lassen Sie einer Schlange die freie Wahl, und sie wird meist selbst entdecken, wozu sie berufen ist. Sie wird entschlossen und ohne vor Hindernissen zurückzuschrecken dieses Ziel verfolgen. Gewöhnliche Aufgaben und gewisse banale Schulziele werden sie langweilen. Alles, was keine direkte Beziehung zu dem hat, was sie als ihre Lebensaufgabe betrachtet, wird sie für überflüssig halten.

Die Art Exhibitionismus, mit der Schlange-Menschen sich präsentieren, darf man nicht mit vulgärer Schaustellung verwechseln. Schlangen sind im Allgemeinen keine Angebertypen. Ihr großartiges Auftreten entspricht ihrer Natur. Picasso (geboren 1881) war eine Schlange. Obwohl er sich nicht ungern vor der Kamera präsentierte und es ihm offensichtlich Spaß machte, seinen Lieblingsfotografen seine Bilder vorzuführen, umgab ihn doch eine Aura kraftvoller Würde. Stechende schwarze Augen, ein vollendet geformter kahler Kopf, die Kleidung nur aus maßgeschneiderten T-Shirts und engen Hosen bestehend, so hat sich uns sein Bild eingeprägt. Die Ausstattung war nicht *recherché* im modischen Sinn, aber sie trug seinen Stempel. Niemand sonst hätte sich in einer so simplen Aufmachung die Titelseiten der Magazine erobern können.

Bei Schlangen kann man immer darauf zählen, dass sie guten Rat und Sympathie für ihre Freunde und ihre Familie mitbringen. Geld?... Nie. Geschenke?... Vielleicht. Schlange-Menschen teilen ihre Beute nicht gern – es sei denn, um ihre Extravaganz zu beweisen. Und obwohl sie meist in finanziellen Dingen eine glückliche Hand haben, lassen sie gleich den Kopf hängen und sind missmutig, wenn sie einmal knapp bei Kasse sind. Ich wage zu behaupten, dass niemand seines Lebens mehr froh geworden wäre, der es geschafft hätte, mit einem kleinen Bruchteil des Vermögens eines Howard Hughes (Schlange 1905), eines Aristoteles Onassis (Schlange 1905/6) oder eines Jack Kennedy (Schlange 1917) durchzubrennen. Wo es sich um Geld handelte, war keiner dieser drei Gentlemen für verschwenderische Großzügigkeit berühmt.

Dass ich mir ein Lachen nicht verbeißen konnte, als ich von der spannungsgeladenen Vermögensteilung Onassis/Jackie las, ist klar, denn hier konnte man die professionell raffinierte Technik zweier habgieriger Schlangen in voller Aktion erleben. Nicht dass Jackie dabei zu schlecht weggekommen wäre, aber ich vermute, sie hatte wohl damit gerechnet, dass etwas mehr für sie herausspringen würde. Sie hätte besser getan, sich ein paar Häuser mehr überschreiben zu lassen, als die Liebe noch in ihrer ersten Blüte war. Schlangen lassen sich nun einmal nicht gern das Geld aus der Tasche ziehen, auch nicht von anderen Schlangen.

Ein Fernsehproduzent, mit dem ich in Paris befreundet war, ist ein klassisches Beispiel für die Mentalität der Schlange-Geborenen. Paul (Schlange von 1929) ist ein so perfekter Darsteller dieser Rolle, dass ich sein Bild hier als Wegweiser zum Verständnis der Schlange-Menschen einflechten muss. Ihre Größe, der wohlproportionierte Körperbau, die fein ausgeprägten Gesichtszüge und der graziöse Gang sind sehr attraktiv. Ich lernte Paul in London kennen, in der eleganten Wohnung eines gemeinsamen Freundes. Bei einem bernsteinfarbenen Sherry, den wir aus schön geschliffenen Kristallgläsern tranken, erzählte Paul mir seine Geschichte. Er war in London, um ein paar Werbespots für eine Kosmetikfirma zu machen, und er war gerade im Begriff, seine Produktion von New York nach Paris zu verlegen. Ich weiß, dass Paris ein großartiger Platz zum Leben ist, aber es ist kaum für seine ausgezeichnete TV-Produktion bekannt. Ich äußerte meine Verwunderung: »Was werden Sie in Paris machen? Wie wollen Sie arbeiten?«

Paul hatte alles genau geplant. Er hatte einen Vertrag mit einer unserer führenden Kosmetikfirmen ausgehandelt, nach dem er alle ihre TV-Spots in französischen Studios drehen konnte. Die Idee gefiel ihnen, weil in Europa die Produktionskosten etwas niedriger lagen und mehr exotische Modelle zu geringeren Preisen verfügbar waren. Wenn ein Mannequin sich in New York City etabliert, dann hat es meist eine lange Lehrzeit im Ausland hinter sich, wo es viel weniger Geld verdiente. Jedenfalls war Paul mit diesem Arrangement zufrieden. Es würde ihm erlauben, neun Monate im Jahr in Paris zu verbringen. In den restlichen drei Monaten würde er in New York Drehbücher schreiben und redigieren und die New Yorker Szene genießen, die er so liebte.

Allerdings sprach Paul nicht Französisch. Er hatte kaum Beziehungen zu französischen Filmkreisen. Er war ein wenig beunruhigt und ich fragte ihn nach dem Grund.

Paul versuchte, es mir zu erklären. »Ich liebe New York City über alles. Als ich von Michigan als junger Bursche dahin kam, hat man mir dort eine Chance gegeben. Die kulturelle Atmosphäre sagt mir zu. Ich bin Ballettfanatiker. In Paris gibt es wenig guten Tanz. Ich werde in Kauf nehmen müssen, dass ich mich drei Monate lang mit Kultur voll stopfe, um die übrigen Monate davon zu zehren. Ich habe keine andere Wahl.«

Ich argwöhnte, dass diesem leichtsinnigen Emigrationsentschluss irgendeine persönliche Geschichte zu Grunde lag, eine Exfrau oder eine Freundin, vor der Paul sich in Sicherheit bringen wollte. Bald sollte ich verstehen. Mit traurigem Gesicht sagte er: »Ich muss von New York weg. Ich habe zu viele Freunde dort, die sich mit ihren emotionellen Schwierigkeiten an mich hängen. Wenn ich noch eine Woche dort bleiben muss, werde ich wahnsinnig.«

Das schien mir ein plausibler Grund zu sein. Aber mir schien auch, er hätte die vielen Freunde, die ihn mit ihren Nöten und Kümmernissen als Lastesel benutzten, doch einfach zum Teufel jagen können. Nicht Paul! Er liebte sie zu sehr. Da war Maureen, die gescheiterte Ballerina, und Harvey, der ehemalige Sängerstar. Paul konnte doch nicht Nein sagen zu Martha, der erfolglosen Dichterin, oder zu Niko, dem vierzigjährigen Mannequin, dem nach einer Ehekatastrophe die Haare auszufallen begannen; er konnte ihnen doch nicht die Tür vor der Nase zuschlagen. Alle diese Leute kosteten ihn zwar kein Geld, aber sie nahmen seine ganze freie Zeit in Anspruch. Sein Gleichgewicht war in Gefahr.

Seelische Wracks belagerten Pauls Schwelle. Er würde aus seinem schönen East-Side-Stadthaus ausziehen und nach Paris fliegen müssen, um sie loszuwerden. Und außerdem hoffte er, in Frankreich sein Buch fertig zu schreiben. Es sollte den Titel haben: *Opfer. Eine Studie über Hilfsmaßnahmen für Gescheiterte.* Nun, zumindest war sein Sinn für Humor noch intakt.

Es war also doch keine Ehefrau oder Freundin. Paul war tatsächlich niemals verheiratet. Er erklärte mir, dass er nie genügend Zeit für eine Familie haben würde. Er war zu sehr damit beschäftigt, Geld zu machen, um die Gescheiterten dieser Welt zu trösten. Welche Frau würde ein Leben mit ihm ertragen? Ich muss gestehen, ich konnte es mir auch nicht vorstellen.

Die großzügige Gewährung von Rat und Sympathie ist für Schlange-Menschen eine Selbstverständlichkeit. Sie kümmern sich um herrenlose Tiere – Paul hat vier Katzen, alle zu fett und alle in den Rinnsteinen New Yorks aufgelesen.

Und wissen Sie, was Paul passierte, als er sich nach Paris abgesetzt hatte, um sich seinen moralischen Verpflichtungen zu entziehen? Als er im zweiten Jahr dort war, kaufte er ein riesiges altes Haus, reparierte es und richtete es mit seinem erlesenen Geschmack ein, und dann fing er an, neue Patienten aufzunehmen. Da ist Gilles, der neurotische Sohn von Pauls Concierge. Der arme Gilles hält es in keinem Job aus. Oder wir werden von Marie-France begrüßt, der konfusen jungen Malerin, deren Werke immer in Kürze in einer Sonderausstellung zu sehen sein werden. Am Telefon meldet sich oft Charles, der Friseur-Gigolo, Freund von Marie, der seinen Job verloren hat, weil er nicht homosexuell ist. Grenzfälle – nicht wirklich Verrückte – bevölkern das Haus meines Freundes Paul.

Was blieb ihm anderes, als ein Landhaus in der französischen Provinz zu kaufen, um sich wieder einmal einen Zufluchtsort vor dem Andrang seiner ambulanten Geisteskrüppel zu schaffen. Seine

Sammlung wuchs ihm mal wieder über den Kopf. Und außerdem hatte er mir gesagt: »Es ist Zeit, dass sie lernen, auf eigenen Füßen zu stehen.«

Ich war erleichtert, Paul würde vielleicht endlich zur Vernunft kommen. Aber nichts dergleichen. Er will dieses Landhaus in ein kleines Waisenhaus für Kinder aus zerrütteten Ehen verwandeln. Die Kinder sollen sich in der gesunden Gegend und der schönen Landschaft erholen. Ich gebe es auf. Er ist wunderbar und wohltätig und gütig. Seine Gesundheit scheint relativ in Ordnung zu sein, solange er von diesen Verrückten umgeben ist. Wer bin ich, um mir ein Urteil anzumaßen?

Ich muss zugeben, dass mir eines Tages der Gedanke durch den Kopf schoss, ob Paul mich vielleicht auch für einen seiner Fälle hielt. Ich rief ihn oft an, um ihn zu fragen, was ich anziehen sollte, wenn ich mich bei einem Verleger vorstellte. Einmal, als ich völlig am Boden zerstört war, habe ich ihn um Rat gebeten, wie man einen guten Werbetext schreibt. Und er hat mir auch geholfen. Eines Tages, als ich Maurice Girodias, den bekannten Pornoverleger (Ziege von 1919) aufsuchen wollte, um ihm eine Idee für einen Roman vorzulegen, riet Paul, ich solle mein »Suzanne-White-Kostüm« anziehen. Da ich nicht gleich kapierte, was er meinte, fragte ich: »Was, um Gottes willen, heißt das?«

»Das weißt du genau, Suzanne. Ex-Vassar, Ex-Hippie, Ex-Ehefrau, schicke Pariser damenhafte Journalistin. Verstehst du jetzt, was ich meine?«

»Keine Spur«, antwortete ich. »Es hört sich mächtig eklektisch an. Wigwamsocken, abgelatschte Mokassins, bestickte abgerissene Jeans, und die Jacke von meinem rosa Chanel-Kostüm?«

Paul lachte. »Oh, Suzanne, du kannst wirklich begriffsstutzig sein. Zieh einfach deinen Schottenrock an und kämme dir die Haare.«

Was ein Schottenrock mit all den von ihm genannten Persönlichkeitsnuancen zu tun hat, weiß ich bis heute nicht. Ich ging zu dem Interview. Ich muss auf alle Welt den Eindruck eines alternden Schulmädchens gemacht haben. Aber es wirkte. Girodias hielt mich für ein Genie. Ah! Die Magie der Schlangen!

Der erwähnte Verdacht trübte jedoch meine Freundschaft mit Paul etwas. War ich wirklich einer seiner Fälle? Hielt er mich für

ein hilfsbedürftiges Wesen, das ich an ihn hängte? Die Antwort?...
Ja. Und so fand ich es heraus:

Ich hatte einige prächtige Erfolge mit meiner Schreiberei. Da ich in New York war und Paul in der Touraine nach einem Platz für ein Waisenhaus suchte, hatte ich ihn nicht um Rat bei meinen Plänen auf dieser Seite des Atlantik gefragt. Als ich nach Paris zurückkehrte, rief ich ihn an. »Hallo, Paul, weißt du das Neueste? Ich habe zwei Bücher verkauft, einen Vertrag für ein neues Buch unterschrieben, mich verliebt und mir die Haare kurz schneiden lassen.«

Ich freute mich, dass mein Anruf nichts mit dem Wunsch nach moralischer Unterstützung zu tun hatte. Ich dachte, Paul würde begeistert sein. Schließlich war jemand, der ihn anrief, um ihm etwas Positives zu erzählen, doch ein Ereignis.

Wissen Sie, was er zu mir sagte? Ich komme jetzt noch nicht darüber hinweg – ich war wie erschlagen. Paul, mein Mentor und Guru, der mir so oft mit seinem Rat beigestanden hatte, sagte: »Das ist nett, Suzanne. Ruf mich wieder an, wenn du etwas brauchst.« Und hängte auf.

Später sprach ich einmal über diese sonderbare Reaktion mit einer anderen Ex-Freundin von Paul, die ebenfalls bei ihm in Ungnade gefallen war, als sie einen eleganten Millionär geheiratet hatte und als glückliche Frau und Mutter ein zufriedenes Leben führte. »Er will nicht, dass du aus eigener Kraft erfolgreich bist«, sagte sie. »Er liebt es, den lieben Gott zu spielen.«

Das, meine lieben Leser, war eine typische Schlangengeschichte. Und wenn Sie es nicht glauben – können Sie mir sagen, wieso Mao Tse-tung (geboren 1893) eine Schlange ist?

Schlange-Menschen haben manchmal die Tendenz, ihren eigenen Fortschritt zu behindern. Solange sie nicht die ihnen bestimmte Aufgabe gefunden haben, die sie zum Überleben in dieser sonst so farblosen Welt so dringend brauchen, können sie die schlimmsten Langweiler auf Erden sein. Oft kommen sie erst verhältnismäßig spät zu ihrer Selbstverwirklichung. In ihrer Vorkarriereperiode verbringen sie unendlich viel Zeit damit, sich selbst und anderen auf die Nerven zu fallen. Das Langeweilesyndrom grassiert unter Schlangen. Sie sind nervös, sogar ängstlich. Sie können ein untätiges Leben nicht ertragen, aber sie erwarten anscheinend, dass das Drehbuch für ihre Rolle von anderen Leuten geschrieben wird. Tatsächlich nähren sie sich von den Seelen ihrer Mitmenschen. Nicht aus Bosheit, das müssen Sie nicht glauben. Schlangen sind keine Parasiten im gewöhnlichen Sinn. Ihre Phantasie braucht die Stimulation durch die Bedrängnisse anderer Menschen. Nehmen Sie einer Schlange den menschlichen Kontakt, und sie wird vor Sonnenuntergang sterben. Schlangen haben kaltes Blut. Die Kräfte der Schlange werden durch eine lebendige Umgebung gestärkt; sie gibt ihr Vertrauen, dass sie eine Aufgabe finden wird, die ihrem Wunschtraum entspricht.

So wie mein Freund Paul mit tyrannischer Liebe an seinen maroden Schützlingen hängt, sind Schlange-Menschen auch eifersüchtig auf ihre Partner. Sie haben häufig eine große Familie. Die Fortpflanzungsfreudigkeit ist nicht unbedingt darauf zurückzuführen, dass Schlange-Menschen sehr häuslich wären oder gern Windeln wüschen. Wahrscheinlich handelt es sich nur einfach um einen Trick, ihr Ehegespons bewegungsunfähig zu machen. Sie haben eine doppelte Moral. Für sie selbst ist es eine Selbstverständlichkeit, in der Welt herumzugondeln und dabei keinen Flirt auszulassen und sogar ernsthaften Affären nicht aus dem Weg zu gehen; aber sie sind absolut nicht geneigt, ihren Partnern das gleiche Recht zuzugestehen. Ein wirklich weiser Schlange-Mensch sollte diese Unbeständigkeit in seinem Charakter bekämpfen. Er sollte sich täglich vor Augen halten, dass diese Eigenschaft mit dem Anspruch der Weisheit nicht zu vereinbaren ist.

Wegen der unbestechlichen Selbsterkenntnis, die den Schlange-Menschen angeboren ist, sollten sie bei der Berufswahl sehr umsichtig sein. Wie gesagt, sie werden durch ihren ausgeprägten Hang zum Detail mitunter etwas gebremst, doch wenn sie ihre Lebensaufgabe gefunden haben, gehen sie mit Elan an die Arbeit und kommen rasch zum Erfolg.

Eine andere berühmte Schlange, Carole King (geboren 1941), war lange Zeit eine begabte und produktive Songtexterin. Aretha Franklin (Pferd 1942) hat mit vielen Songs von Carole Aufsehen erregt. Aber wer außer den wirklichen Popprofis weiß schon, wer die Lieder geschrieben hat! Nach und nach ließ sich Carole von dem Drängen ihrer Freunde dazu bewegen, ihre Lieder selbst zu singen. Schließlich machte sie mit einer Schallplatte Furore. Es war der Titel *Tapestry*. Er brach alle Plattenrekorde des Jahres und hat sich zu einem Dauerbrenner entwickelt. Caroles Songs haben eine magische Ausstrahlung. Sie begleitet sich selbst brillant am Klavier, und ihre Stimme ist phantastisch. Sie ist ein Naturtalent. Aber sie hat lange warten müssen, bis ihre Zeit gekommen war.

Auch in Carole Kings Haus wimmelt es von erfolglosen und gescheiterten Existenzen. Ich war letzthin zu einer Party bei ihr eingeladen und traf dort Sara, Caroles alte Schulfreundin, die mit ihren zwei kleinen Kindern von ihrem Ehemann ohne einen Pfennig Geld sitzen gelassen worden war. Sie wohnt in der Garage. Dann sah ich dort Mark, den Sänger, der es nie geschafft hat und ständig über das ihm angetane Unrecht lamentiert. Man trifft dort Dick, den Gitarristen, der seinen Alkoholismus auskuriert. Alles reizende Menschen, einer wie der andere, aber alles Schmarotzer. Interessant war, dass Mrs. King nur selten dort anzutreffen war. »Sie ist nicht oft in Connecticut«, erzählte man mir. Sie lebt die meiste Zeit in Kalifornien, während ihre Schützlinge ihr Haus in New England als Absteigequartier benutzen. Sie halten das Haus und den Swimmingpool in bester Ordnung, um sich nicht Caroles Wohlwollen zu verscherzen. Von außen macht das Haus einen sehr eleganten Eindruck. Im Innern sieht es aus wie ein komfortables Motel. Nur ein Zimmer hat wirklich persönlichen Charakter. Das ist Caroles Studioschlafzimmer mit Messingbett, Kamin, Sturmlampen und viktorianischem Flügel. Das Haus ist Ausdruck eines Menschen, der seinen persönlichen Stil den Bedürfnissen seiner Umgebung anpasst, in diesem Fall der etwa zwanzig Menschen, die Carole in ebenso vielen Zimmern beherbergen muss, weil ihr die Fürsorge für diese Menschen eine Herzensangelegenheit ist.

Aber ich schweife vom Thema ab. Karriere? O ja. Schlangen sind keine trivialen Wesen. Sie sollten einen Beruf wählen, der ihrem Sinn und ihrer Geduld für das Detail entgegenkommt. Schriftsteller, Innenarchitekt, Filmregisseur und ähnliche künstlerische Betätigungen sind dem Schlange-Menschen angemessen. Und da es nicht sehr viele nur durchschnittlich begabte Schlange-Menschen gibt, findet man sie meist in der Spitzenklasse ihres Berufs, der zugleich ihre Berufung ist. Sie sind die schweigsamen Führer.

Die Schlange-Frau

Als erstes muss ich hier erwähnen, dass das höchste Kompliment eines Japaners für eine Dame seiner eigenen Nationalität dieses ist: »Sie sind eine wirkliche Schlange.« Das klingt abscheulich, nicht wahr? Aber es ist tatsächlich ein Kompliment. Im Fernen Osten genießen Familien, denen ein Mädchen im Jahr der Schlange geboren wird, den Ruf, vom Glück begünstigt zu sein. Schlange-Töchtern sind Schönheit und Weisheit garantiert. Sie werden daher gern geheiratet; und das zählt im Fernen Osten nicht wenig.

Es stimmt schon, was man Frauen nachsagt, die in einem Jahr der Schlange geboren sind. Wenn sie auch nicht immer so perfekte Schönheiten sind wie etwa Grace Kelly, so entdeckt man doch gewöhnlich bei ihnen einen besonderen weiblichen Charme, der sehr anziehend wirkt. Julie Christie (geboren 1941), der britische Filmstar, ist nicht das, was man als hinreißend schön bezeichnen könnte, aber sie sieht ausgezeichnet aus. Und sie versteht es, sich attraktiv zu präsentieren. Das ist eine besondere Qualität der Schlange-Frauen. Sie sind immer vorzüglich gekleidet. Von den kleinen goldenen Ohrringen bis zu den eleganten Krokodillederschuhen stimmen alle Accessoires. Keine Schlange-Frau würde nach dem Labor Day Anfang September weiße Schuhe tragen, es sei denn, sie ist Krankenschwester. Schlange-Frauen sind sehr modebewusst und wissen immer schon vorher, wie die Rocklänge in der nächsten Saison sein wird.

Eleganz hat für den Mann, der eine Partnerin sucht, immer eine besondere Attraktivität. Natürlich, bei dem Begriff Attraktivität denken wir immer zuerst an Typen wie Raquel Welsh (Pferd, 1942) oder Marilyn Monroe (Tiger, 1926), aber die meisten Männer heiraten keine Pin-up-Girls. Sie finden Sexsymbole aufregend, doch sie möchten nicht ihr Leben mit ihnen teilen. Die Schlange-Frau ist für die Ehe geschaffen. Sie lebt nicht gern aus dem Koffer. Sie braucht ihr eigenes Boudoir, einen großen Ankleideraum mit vielen Schränken; sie braucht eine Kommode – oder deren vier – zur Unterbringung der Unmengen Kosmetika, die sie für unentbehrlich hält, einen einbruchsicheren Schrank für ihre Nerzmäntel, und eine ansehnliche Bibliothek mit in Leder gebundenen Klassikern.

Die Küche macht ihr am wenigsten Kopfzerbrechen – sie hält sich sowieso nicht viel darin auf. Sie wird nichts gegen ein Haus auf dem Lande mit überdachtem Swimmingpool einzuwenden haben; aber natürlich braucht sie in diesem Fall eine volle zusätzliche Garderobe. Schlange-Frauen haben einen kostspieligen Geschmack.

Was können Sie als Mann tun, um einer Schlange-Frau zu gefallen? Voraussetzung ist natürlich, dass Sie ihr ein Bankkonto einrichten und ihre Christian-Dior-Handtasche mit Kreditkarten jeder Art füllen. Machen Sie ihr niemals Vorwürfe, wenn sie drei Tage lang ihr Schlafzimmer nicht verlassen hat. Schlange-Frauen lieben das Alleinsein; sie brauchen Zeit zum Nachdenken und zum Lesen und zum Maniküren. Rufen sie nicht gleich nach dem Psychiater. Ihre Schlange-Frau wird aufstehen, wenn es Zeit ist, zum Friseur zu gehen.

Ein Gentleman, der interessiert ist, eine Schlange-Frau zu gewinnen, sollte nicht zu leicht verfügbar sein. Schlange-Frauen wollen herausgefordert werden. Verführung ist ihre Spezialität. Für eine Entführungszeremonie brauchen Sie nicht mehr als eine Luxuskarosse. Sorgen Sie dafür, dass die Geschenke anrollen, und geben Sie sich immer sehr beschäftigt. Erfinden Sie Vorstandssitzungen, die sie an manchen Abenden von zu Hause fern halten, oder treffen Sie sich mit Ihren Freunden zum Billard oder Kegeln. Schicken Sie ihr Gedichte, auf Pergament geschrieben und durch Boten zugestellt. Je mehr darin von Herz und Schmerz die Rede ist, umso besser. Sie müssen nicht unbedingt Ihrer eigenen Phantasie entsprießen. Doch seien Sie vorsichtig beim Plagiieren; Schlange-Frauen kennen sich im Allgemeinen in romantischer Literatur sehr gut aus.

Sie sollten Ihre Schlange-Frau auch häufiger zu Veranstaltungen der »Großen Welt« ausführen. Schlangen lieben das Gesellschaftsleben. Und damit meine ich nicht eine Einladung zur Pizza bei einem Ihrer Kumpane. Ich spreche von Theaterpremieren, Galaopernaufführungen oder einem großen Ballereignis. Die Schlange-Dame liebt es, sich in großer Abendrobe zu präsentieren. Sie braucht das zu ihrer Selbstbestätigung.

Bei all diesen Schlangenbeschwörungen müssen Sie sich der Tatsache bewusst sein, dass Schlange-Frauen eifersüchtig wie Kobras sind. Sie hassen es, wenn man sie zum Narren hält. Versuchen Sie einmal, sich einen Seitensprung zu erlauben; Sie werden erleben, wozu die Dame in ihrem verletzten Stolz fähig ist. Schlangen sind Meister in der Kunst, eine Schau abzuziehen. Bekommen Sie keinen Herzanfall, wenn Ihre Koffer ordentlich gepackt vor der Haustür stehen und Sie Ihren ehemaligen Freund in Ihrem Lieblingssessel bei der Lektüre Ihrer Zeitungen mit Ihrem Martini in der Hand vorfinden.

Schlange-Frauen sind die nachtragendsten Verlierer der Welt. Sie finden sich mit Schikanen nicht ab – es sei denn, sie sind selbst die Urheber.

Was Sie in der Verbindung mit einer Schlange-Frau gewinnen, ist eine liebenswerte Partnerin. Sie lässt Sie im Unglück nicht im Stich. Sie liebt es zu helfen. Auch wenn sie manchmal ein bisschen nörglerisch ist, sich gern in Ihre geschäftlichen Angelegenheiten einmischt und Ihr Privatleben stört, sie will immer nur Ihr Bestes. Haben Sie Mut! Die Zärtlichkeit und Leidenschaft Ihrer Schlange-Dame sind unübertrefflich.

Der Schlange-Mann

Eine Frau aus Stahl findet hier die Herausforderung ihres Lebens. Geben Sie einem Schlange-Mann den kleinen Finger, und er wird nicht nur die ganze Hand nehmen, sondern Sie auch noch zehn Jahre Ihres Lebens kosten. »Aber er ist ein so schöner Mann«, werden Sie protestieren. »Ich kann meine Augen nicht von ihm lassen.«

Wenn ich an Ihrer Stelle wäre, ich würde mir darüber keine Gedanken machen. Er kann auch die Augen nicht von sich selbst lassen. Schlange-Männer sind immer exquisit gekleidet, und zwar in einem raffiniert saloppen Stil, der aber bis ins Letzte ausgeklügelt ist.

Ich habe schon von meinem Freund Paul erzählt, aber eines habe ich vergessen zu erwähnen, dass er für einen Anzug von Saint-Laurent mit aufgesetzten Taschen und dem dazu passenden Wettermantel einen Mord begehen würde. Dabei ist er durchaus kein dandyhafter Typ. Seine Kleidung ist alles andere als affektiert. Früher hätte man seinen Stil aus »ausgesuchte Eleganz« bezeichnet. Der

Zug der Zeit zu modischer Herrenkleidung kommt Pauls Geschmack sehr entgegen. Elegant geschlungene Krawatten, Satinhemden, Morgenmäntel aus Samt, Smokingjacken – nichts fehlt. Was bei Pauls Modetick überrascht, ist die Tatsache, dass er nie aus dem Rahmen fällt. Er sieht einfach nur besser aus als alle anderen.

Der Schlange-Mann hat sein Leben fest im Griff. Auch das macht ihn besonders attraktiv. Schlange-Männer sind selten labile Charakter. Sie beklagen sich nicht ständig, wie ungerecht man sie behandelt und welche Intrigen ihnen den Weg nach ganz oben verlegen. Statt in Selbstmitleid zu zerfließen, finden sie immer einen Weg, sich ihre Konkurrenten vom Hals zu schaffen, ohne ihre Schlangenzähne zu deutlich zu zeigen.

Über Leichen zu gehen, ist eine der Spezialitäten des Schlange-Mannes. Hüten Sie sich, dass Sie nicht sein nächstes Opfer werden. Wenn Sie aber stark genug sind und sich damit zufrieden geben, in seinem Schatten zu leben und die Rolle der tüchtigen Hausfrau und Mutter zu übernehmen, wird der Schlange-Mann ein ausgezeichneter Partner sein.

Wenn Sie das alles gelesen haben und sich trotzdem einen Schlange-Mann als Lebensgefährten wünschen, dann sollten Sie sich an das folgende Rezept halten. Zu allererst – geben Sie ihm keine Gelegenheit, an andere Frauen zu denken. Wie man das anstellt? Ganz einfach. Machen Sie ihn zum Vertrauten aller Ihrer Gedanken. Sprechen Sie mit ihm über die einfachsten Dinge und Probleme, die Sie genau verstehen und mit denen Sie durchaus selbst fertig werden könnten. Geben Sie ihm das Gefühl, dass Sie seine Hilfe brauchen. Er liebt es, sich um die Probleme anderer zu kümmern. Erinnern Sie sich? Es ist gar nicht so selten, dass Schlange-Männer Witwen mit vier oder mehr Kindern heiraten; er wird für sie sorgen. Wenn Sie ihm keine Familie vorweisen können, dann erzählen Sie ihm, dass Sie eine kranke Mutter haben, die Sie für ein paar Monate zu sich einladen müssen. Er wird entzückt sein. Zum einen hat es den Vorteil, dass er Ihnen nicht ständig auf die Nerven fällt; zum anderen wird er stolz darauf sein, seine Gastfreundschaft anbieten zu können.

Stellen Sie sich darauf ein, dass Sie häufig mit ihm ausgehen müssen. Erscheinen Sie nicht in salopper Kleidung, wenn er Sie in ein elegantes Restaurant eingeladen hat. Und erscheinen Sie zum

Picknick nicht in einer Aufmachung, als würden Sie in einem eleganten Restaurant dinieren. Schlange-Männer erwarten von ihren Frauen, dass sie intelligent, künstlerisch begabt, in einer vagen Art hilflos und äußerst dekorativ sind.

Es ist für mich ganz klar, warum die Ehe zwischen John Cassavetes und Gena Rowlands so gut gehalten hat. John, der Regisseur (Schlange, 1929), ist der Kopf bei ihren gemeinsamen Filmprojekten. Gena (Ratte, 1936) ist das Ausdrucksmittel für Johns Genie. Sie ist eine brillante Schauspielerin. Aber sie hat nichts von der Reklameschönheit des Hollywood-Stars. Ich glaube, dass er sie gerade so mag – intelligent, einfühlsam.

Oder denken Sie an André Prévins (Schlange, 1929) skandalumwitterten Bruch mit seiner ersten Frau Dory (Ochse, 1937). Sie hat sich darüber, entweder vor oder nach ihrem Nervenzusammenbruch, in einem Song ausgelassen. »Sei auf der Hut vor jungen Mädchen, die deine Bettwäsche bewundern, dir Margeritensträuße bringen und Loblieder auf deinen Mann singen«, oder so ähnlich. Jedenfalls war aller Welt klar, wen sie meinte. Mia Farrow (Hund, 1946), das fragliche »junge Mädchen«, war offenbar ständig in der Nähe von Dorys Ehemann zu finden, bewunderte seine Arbeit und schwärmte von der glücklichen Ehe der Prévins. Dann plötzlich, päng! Kein André mehr. Keine Ehe mehr. Irgendwie muss Dory vergessen haben, dass ihr Ehemann ein Schlange-Mann war, der Anspruch auf untertänigste Reverenz hatte. Oder hatte sie ihre eigene Karriere ein bisschen zu sehr in den Vordergrund gestellt? Eines jedenfalls ist sicher: André amüsierte die songschreibende Partnerin und Ehefrau plötzlich nicht mehr.

Ich warne euch, Schlange-Bewunderinnen. Schlange-Männer sind immer für eine Überraschung gut. Sie zeigen ihre Unzufriedenheit nicht; sie ziehen es vor, von einem Tag zum anderen zu verschwinden. Sie müssen ein gutes Gespür besitzen, um die Reaktionen Ihres Schlange-Partners vorauszusehen. Und wenn Sie eigene Selbstverwirklichungsideen haben, dann fürchte ich, er wird nicht wohlwollend aus der Kulisse zuschauen, wie Sie die Welt erobern.

Ich habe schon früher von einer bestimmten Eigenschaft der Schlange gesprochen. Wenn das Feuer sich in Ihrem Herzen zu entzünden beginnt, *können* Sie damit rechnen, dass Ihr Schlange-Mann es entfacht, es schürt, und sogar das Holz herbeischafft;

wenn es kräftig brennt, wenn Sie fühlen, dass Sie in der Lage sind, sich ins Schlachtgetümmel zu stürzen, dann *müssen* Sie damit rechnen, dass er sich heimlich davonstiehlt. Er mag es nicht, wenn eine Frau ihm die Schau stiehlt.

Variationen im Jahreskreis

Schlange/Widder (21. März–20. April)

In dieser konfliktreichen Kombination trifft Feuer auf Feuer. Die besten Eigenschaften der Schlange können durch die übermäßige Aktivität des Widders gelähmt werden. Schlangen sind lässige, philosophische, verschwenderische Geschöpfe; Widder müssen ständig ihr Schicksal herausfordern. Die ausgeprägte Dualität dieser Persönlichkeit begünstigt ihre Kreativität. Wenn die Widder-Seite ihres Charakters der Tiefsinnigkeit der Schlange-Natur genügend Raum lässt, wird die Widder-Schlange zu höchsten Leistungen fähig sein. Die Schlange liebt keine Aktivität um der Aktivität willen. Um glücklich zu werden, muss dieser Menschentyp viel Kraft für Dinge aufwenden, die seiner Schlangennatur als unnötige Betriebsamkeit erscheinen.

Schlange/Stier (21. April–21. Mai)

Was? Ein Vulkan, der auszubrechen droht? Rufen Sie die Feuerwehr! Mobilisieren Sie alle Notdienste!… Gemach, überstürzen Sie nichts. Sie können sich Zeit lassen. Schlangen, die im Zeichen des Stiers geboren sind, sind unentschlossen, zögernd. Ihre unterdrückte Wut braucht lange, bis sie sich entlädt. Aber Feuer, auch wenn es unter Kontrolle ist, bleibt Feuer. Halten Sie immer etwas Abstand von solchen Menschen. Die Stier-Schlange ist künstlerisch sehr begabt, nur braucht sie oft eine lange Zeit, bis sie den Durchbruch schafft. Dann jedoch verfolgt sie entschlossen ihren Weg nach oben. Sie hat wahrscheinlich immer einen gut gefüllten Sparstrumpf unter der Matratze, als Sicherheit für schlechte Tage. Versuchen Sie nicht, sie anzutreiben. Sie würde sich höchstens verächtlich von Ihnen abwenden... oder Ihnen den Kopf abbeißen.

Schlange/Zwillinge (22. Mai–21. Juni)

Die Luft entfacht das Feuer unserer Zwillinge-Schlange. Mit ihrer Aktivität hält sie alle Welt in Bewegung. Etwas mehr Selbstdisziplin könnte ihr nicht schaden. Zu viel Feuer kann schließlich zerstörerisch sein. Eines ist sicher: Die Unbeständigkeit der Zwillinge, die in alle Richtungen zugleich aufbrechen möchte, wird durch die Besonnenheit der Schlange konterkariert, die jeden Schritt genau plant. Die Kombination führt zu einer soliden Vielseitigkeit. Berufe, die Sprachgewandtheit und Ausdrucksfähigkeit erfordern, wie Schriftsteller, Politiker, Diplomaten, sind diesem Schlange-Typ angemessen. Es stehen ihm alle Möglichkeiten offen, die Spitze der Erfolgsleiter zu erreichen.

Schlange/Krebs (22. Juni–23. Juli)

Das ist ein Schlange-Typ, bei dem man sich darauf verlassen kann, dass er sich um Haus und Hof kümmert. Der Krebs gibt der feurigen Schlange einen Spritzer vom guten alten H_2O. Dieser Schlange-Typ, der zu gewaltigen Zornausbrüchen fähig und besitzwütig wie eine Boa constrictor ist, kann rücksichtslos zuschlagen, wenn man ihn zu übervorteilen versucht. Er ist nicht der Typ, der sich abfindet oder seine Verluste abschreibt, um wieder von vorn zu beginnen. Die Krebs-Schlange ist fürsorglich und hingebungsvoll bis zum Exzess. Mit ihrer besitzergreifenden Liebe kann selbst eine jüdische Mutter nicht konkurrieren. Wenn Sie keine Angst davor haben, von ihrer Leidenschaft erstickt zu werden, dann heiraten Sie eine dieser Krebs-Schlangen. Sie sind anbetungswürdig, solange sie glücklich sind. Wenn man sie enttäuscht, werden sie bösartig und sogar gefährlich.

Schlange/Löwe (24. Juli–23. August)

Das doppelte Feuerzeichen ist für Menschen, die damit geboren sind, oft eine schwere Bürde. Ihr Leben verläuft nicht in so ruhigen Bahnen, wie es Außenstehenden oft erscheinen mag. Sie müssen sich mit vielen Widerwärtigkeiten auseinander setzen. Menschen dieses Typs sind willensstark und halsstarrig. Sie lassen sich von Unheil und Katastrophen nicht unterkriegen. Das Glück der Schlange und der Mut des Löwen werden sie durch alle Fährnisse zum Ziel bringen. Aber der Weg ist nicht leicht. Eine überraschende Spezies des Löwen – diskret und nach außen hin ruhig. Das Feuer wütet im Innern.

Schlange/Jungfrau (24. August–23. September)

Die von der Glut des Spätsommers erwärmte Erde. Die beiden Zeichen haben viel Gemeinsames. Die geistige Verwandtschaft sorgt für Stabilität. Die Jungfrau-Schlange wird jedoch zu übergroßer Genauigkeit und zu Nörgelei neigen. Wenn sie sich aufzudrängen scheint, wenn sie Ihnen mit ihrer übertriebenen Fürsorge auf die Nerven fällt, wenn sie Ihr Leben gegen Ihren Willen zu organisieren versucht, müssen Sie Geduld mit ihr haben. Man muss ihr erlauben, ihre Lieben zu umsorgen, sie würde sonst an Frustration zu Grunde gehen. Diese Menschen haben viel Herzensgüte zu verschenken. Man muss ihnen den Rücken stärken; sie haben nicht viel Selbstvertrauen.

Schlange/Waage (24. September–23. Oktober)

Das Feuer breitet sich aus, geschürt durch heftige Windstöße. Die Schlange sucht die Schönheit, und auch die Waage hat ein unbezwingbares Verlangen nach ihr. Man darf daher bei dieser Kombination eine Aura unvergleichlicher Lieblichkeit erwarten. Wenn man sie vermisst, darf man sicher sein, dass die Waage-Schlange auf der Suche nach dieser idyllischen Atmosphäre ist, die sie für ihr seelisches Gleichgewicht dringend braucht. Man merkt es ihrer etwas trägen Art nicht an, aber ihr Harmoniebedürfnis ist echt. Eine Überbetonung der femininen Komponente gibt dem Charakter etwas Weichliches. Man muss bei diesen Menschen den Hang zu Geschwätzigkeit und zu oberflächlicher Renommiererei einzudämmen versuchen. Dann werden sie zu fruchtbarer Arbeit fähig sein.

Schlange/Skorpion (24. Oktober–22. November)

Die Wasserfluten des Skorpions drohen das nur schwach brennende Feuer der Schlange zu ersticken. Unsicherheit, Selbstzweifel, ja sogar Selbstzerstörung, können die Folge sein. Die beiden Elemente in der Seele eines Menschen werden um die Vormachtstellung kämpfen. So viel Gefühl bei so grüblerischem Denken kann den Horizont verdüstern. Schreckliche Albträume und düstere Phantasien müssen nicht unbedingt zerstörerisch sein. Wenn man sie in die richtigen Bahnen lenkt, können sie zu kreativen Leistungen befähigen. Gießt man genügend Öl ins Wasser, wird auch das Wasser zu brennen scheinen. Man muss das Leben dieser Menschen mit einer gesunden Dosis Lachen aufhellen; sie sind die geborenen Zyniker.

Schlange/Schütze (23. November–21. Dezember)

Zwei kräftige Flammen, Seite an Seite, gelegentlich sich zu einer einzigen gewaltigen Flamme vereinigend, machen diese Kombination besonders brillant. Ein in diesem Doppelzeichen geborener Mensch wird sein Leben mühelos und unbekümmert seinem persönlichen Stil entsprechend meistern. Er liebt ein gemütliches Heim, ein gut bestücktes Bankkonto, gesundheitsfördernde sportliche Betätigung und lange einsame Wanderungen. Einen Fehler hat die Schütze-Schlange: Sie kann störrisch wie ein Maulesel sein. Unbeirrt und eigensinnig setzt ein Mensch dieses Typus' seinen Willen durch. Und er gewinnt immer. Warum? Weil er wirklich davon überzeugt ist, dass er alles besser weiß. Sein Weg ist für ihn immer der richtige. Wenn Sie sich ihm nicht anpassen können, wird er anderswo den idealen Partner suchen.

Schlange/Steinbock (22. Dezember–20. Januar)

Gestatten Sie mir, hier noch einmal die Namen einiger berühmter Schlange-Menschen zu erwähnen. Kann es reiner Zufall sein, dass Mao Tse-tung, Howard Hughes, Aristoteles Onassis und Mohammed Ali alle Steinbock-Schlangen sind? Die Harmonie von Feuer und Erde bringt diesen Menschentyp hervor: starrsinnig, ungeheuer zäh, nüchterne Machtmenschen, die kein Hindernis aufhalten kann. Sie haben die Verbindung von Weisheit und Macht, die die Welt erobert. Die Steinbock-Seite ihres Wesens sorgt für die nötigen Mittel, um große Taten zu vollbringen. Seien Sie vorsichtig! Als Lebensgefährten können sie unerträglich sein. Selbstsüchtig und hartnäckig bis zum Äußersten, geben sie nie auf. Der Typ des Gewinners!

Schlange/Wassermann (21. Januar–19. Februar)

Diese Schlangen müssen auf der Hut sein, dass das Luftelement des Wassermanns nicht die Überhand gewinnt. Eine Tendenz zu Depressionen, vielleicht sogar zum Wahnsinn, bedroht ihr Leben. Wenn diese kreative Kombination die nötige Selbstdisziplin und Selbstkontrolle besitzt, wird sie ihre Handikaps überwinden. Jede neue Situation wird eine solide Einübung verlangen. Sie tendieren zu Flüchtigkeit und Verantwortungslosigkeit. Sie scheinen gedankenlos zu sein, doch sie sind mit ihren Gedanken nur woanders. Man muss ihre Hand halten – falls man sie zu fassen bekommt.

Schlange/Fische (20. Februar–20. März)

Hier haben wir eine wirklich empfindsame Seele. Hier finden wir mehr Wasser als Feuer. Man muss einen Weg finden, diese Menschen zu motivieren, zu stimulieren und zu stützen. Die Fische brauchen viel Kraft, um sich nicht von ihren Sorgen unterkriegen zu lassen. Schlangen sind stark, aber ihnen fehlt oft das Selbstvertrauen. Beide Zeichen tendieren zu Passivität. Die Schlange ist unentschlossen; diese Eigenschaft besitzen auch die Fische. Man sollte einen Stachelstock kaufen, um Menschen dieses Typs durch ihr Leben zu treiben, damit sie im Alter von fünfundzwanzig Jahren fest in einem für sie passablen Beruf etabliert sind. Die Fische-Schlange wird sich sonst vielleicht nie aus ihrem unschlüssig-ängstlichen Verharren lösen. Man muss sie von Kindesbeinen an in Bewegung halten; sonst kann es zu spät sein.

Ratschläge für die Zukunft

Anmutige Schlange, du bist ein weises und individualistisches Geschöpf. Du hast viele Talente. Am wichtigsten für dein Überleben ist, dass du ein Ausdrucksmittel für deine reichen Begabungen findest. Du solltest es nicht bei einem anderen Menschen suchen, wahrscheinlich wirst du es dort nicht finden. Du bist nicht wirklich abhängig von anderen Menschen. Sei also nicht so töricht, zu glauben, dass dieser Ehepartner oder jener Freund gerade das ist, was du brauchst, um den nötigen Halt zu haben. Das Gleichgewicht bei anderen zu suchen, selbst wenn diese es zu bieten haben, wird deine Schwierigkeiten nicht lösen.

Warum ich dich so dringend davor warne, dich zu deiner Sicherheit auf andere zu stützen? Du wirst leichter als andere Menschen zu dieser Lösung geführt. Vergiss sie. Dieser reiche Verehrer, der die Erfüllung aller deiner kostspieligen Wünsche verspricht, wird dir vielleicht ein komfortables Leben bieten, aber er kann dir nicht die Entfaltung deiner Persönlichkeit schenken, ohne die du nicht glücklich werden kannst. Nimm dein Schicksal selbst in die Hand. Kämpfe gegen deine Scheu, dich den Plackereien des Alltags auszusetzen. Du bist zu intelligent, um dich für längere Zeit mit deinen Charakterschwächen abzufinden. Suche und finde einen Beruf, der dich befriedigt, oder schaffe ein gutes Heim für deine Familie. Widme dich deiner Aufgabe mit ganzem Herzen, sonst wirst du in deinem späteren Leben dich selbst hassen und ein verbitterter Mensch werden.

Dorothy Parker (geboren 1893), die berühmte Schriftstellerin der Zwanziger- und Dreißigerjahre, war eine typische Schlange. Sie war eine unserer geistreichsten Zynikerinnen. Ihr Name ist allgemein bekannt, aber ihre Werke füllen nicht mehr als einen Band. Ihr ganzes Leben lang kämpfte sie gegen ihre Unfähigkeit an, konzentriert und hart zu arbeiten. Sie verliebte sich in schwächliche Männer, von denen sie sich törichterweise die Errettung von ihrem Alkoholismus, ihrer Zerstreutheit und ihrer Trägheit erhoffte. Etwas vereinfachend wage ich zu behaupten, dass sie enorm viel Talent und wenig Rückgrat besaß. Sie war in das Detail verliebt. Sie zweifelte an ihrer Fähigkeit, die Menschen zum Lachen zu bringen. Sie gab Unsummen Geld für Kleider aus; aber sie hatte nie genügend Geld, um ein Taxi zu nehmen. Sie gab allen Versuchungen zur Flucht aus der Wirklichkeit nach, vom Alkoholismus bis zum Selbstmordversuch. Sie war immer auf der Suche nach Stabilität, die sie so heiß ersehnte und die sie nicht selbst fand und daher von außen als Geschenk einer gütigen Fee erwartete. Da die Atmosphäre mythischer Vollkommenheit nirgendwo zu finden war, wohin sie auch schaute, starb Dorothy Parker in Armut und Verlassenheit.

Du solltest dich an die Arbeit machen. Hänge dich nicht an Traditionen, die nicht länger von Nutzen sind. Zögere nicht alles hinaus. Wenn du einen ernsthaften Versuch machst, wirst du herausfinden, dass du zu raschen Entscheidungen fähig bist. Was dich beunruhigt, ist die Sorge, dass du eine falsche Entscheidung treffen könntest. Hier muss deine Urteilskraft dir helfen. Warum kannst du nicht sagen: »Ich bin für mein Leben selbst verantwortlich. Wenn ich eine Dummheit gemacht habe, muss ich meinen Stolz überwinden und die Konsequenzen auf mich nehmen.« Du könntest dich immer aufraffen und einen neuen Anfang machen; aber du bist dir nicht sicher, ob du es überhaupt willst. Deshalb zögerst du. Doch das solltest du nicht. Jeder macht Fehler. Wir alle können uns in etwas verrennen. Sich lächerlich zu machen, hat noch nie jemanden umgebracht. Aber in einer solchen Situation zu verharren, ist gefährlich. Wenn du einmal einen Narren aus dir gemacht hast, dann geh nach Hause, mach dir einen starken Kaffee und stelle dir eine Liste all deiner Fähigkeiten zusammen, die du zu haben glaubst. Eine zweite Liste sollte alle Möglichkeiten zur Lösung deines Problems aufzeigen. Und statt eine dritte Liste zu machen, solltest du lieber an die Arbeit gehen. Du kannst glücklich werden!

Da du die Rettung gern von anderen Menschen erwartest, neigst du dazu, sie dafür verantwortlich zu machen, wenn ihre Hilfe dir nicht den erhofften Erfolg bringt. Du schwörst innere Rache. Du willst es ihnen zeigen – und du schmollst. Du weigerst dich, mit ihnen zu sprechen. Du willst nicht, dass sie dich in deiner schlechten Verfassung sehen. Du machst ihnen keine wilden Szenen; lieber erstickst du an deiner unterdrückten Wut, Angst und Gereiztheit.

Ich weiß einen viel besseren Weg, um deine Rachegelüste abzureagieren. Geh in ein teures Blumengeschäft, kaufe ein prachtvolles Bouquet (möglichst eines, das mehr kostet, als du eigentlich ausgeben wolltest) und lasse es an deinen letzten Sündenbock schicken. Demütige dich ruhig einmal. Es tut Wunder für die Seele, besonders wenn du das Friedensangebot aus der eigenen Tasche bezahlst. Sei nicht so entsetzt und winde dich nicht so. Du weißt genau, dass ich Recht habe.

Im Grunde bist du ein liebenswerter Mensch. Du verabscheust es, anderen wehzutun; aber du kannst nicht ertragen, wenn sie sich dir gegenüber gleichgültig zeigen. Also schlägst du zu.

Du besitzt eine natürliche Überlegenheit. Die meisten Leute erkennen das auch an. Aber wehe dem, der das nicht tut.

Katastrophale Dinge geschehen manchmal in Jahren der Schlange. Börsenkräche und Kriegsausbrüche. Das wird dich nicht überraschen, wenn du dir einmal klarmachst, wie viel Selbstgerechtigkeit in diesen Jahren in der Luft liegt.

Entspanne dich, anmutige Schlange. Nimm dich selbst und andere etwas weniger ernst. Es gibt keinen Zweifel, dass die Welt ein enttäuschend unvollkommener Platz ist. Mit ein bisschen mehr Engagement weiser Menschen, wie du einer bist, könnte es besser werden. Schreibe dein Buch. Nimm dein Studium auf. Geh an die Arbeit. Lass dich nicht entmutigen. Da du in allem, was du unternimmst, zu hohen Leistungen befähigt bist, wird deine Mühe sich hundertfach auszahlen.

Beziehungen zu anderen Tierzeichen

Herzensangelegenheiten

Liebhaber des Schlange-Zeichen beanspruchen Exklusivrechte über das Objekt ihrer Liebe. Was ein Schlange-Mensch als Beute heimbringt, wird sein alleiniges, unbeschränktes Eigentum, das er eifersüchtig bewacht. Aber glauben Sie nicht, dass der Schlange-Mensch selbst zu ewiger Treue und dauerhafter Ergebenheit bereit wäre; doch es behagt ihm, wenn ein liebevoller und treuer Ehepartner zu Hause auf ihn wartet. Loyalität in der Liebe ist nicht seine Stärke. Der Schlange-Mensch ist immer in Versuchung, zu flirten. Und für das gefährliche Spiel, das man Liebe nennt, findet sich immer ein Partner.

Nun, wenn sich die Schlange in einen Ochse-Geborenen verliebt, stellt sich das Problem der Untreue selten. Zum Ersten sind Ochse-Menschen außerordentlich begabt, das Interesse ihres Partners an den ehelichen Riten wach zu halten; und zweitens, da Ochse-Menschen ihrem Wesen nach häuslich und weniger leidenschaftlich als vernünftig sind, werden ihre Kinder und ihr geliebtes Heim ihr Gefühlskontingent so sehr beanspruchen, dass sie die nächtlichen Beutezüge ihres Schlange-Partners kaum zur Kenntnis nehmen. Zumal der Schlange-Mensch durchaus nichts dagegen hat, die Rolle des Herrn im Hause an den Partner abzutreten. Der Ochse kann ungehindert das häusliche Regiment führen.

Schlange und Hahn passen gut zueinander. Obwohl sie gern streiten, finden sie doch immer wieder zusammen. Die ersten Jahre können recht stürmisch sein, aber auf die Dauer schleifen beide ihre Ecken und Kanten ab und werden verträglicher. Wenn sie ihre Differenzen nicht beilegen, ist der Hahn im Stande, aus reiner Bosheit der Schlange die Hölle heiß zu machen.

Drachen sind eine gute Wahl als Partner der Schlangen. Der Drache ist der einzige Lebensgefährte, der sich das Interesse der Schlange auf Dauer sichern kann. Es gibt viel Bewunderung und gegenseitiges Verständnis zwischen ihnen. Der Drache ist ein faszinierendes Geschöpf.

Sowohl der Hund wie das Schwein werden der Schlange die ihr

so wertvolle Bewegungsfreiheit lassen. Ihre Motive sind allerdings völlig verschieden. Während der treue Hund friedlich am häuslichen Herd die Rückkehr seines Gefährten erwartet, wird das erzürnte Schwein dem Schlange-Partner deshalb viel Leine lassen, weil es hofft, dass er dabei den Kopf in die eigene Schlinge steckt. Schweine nehmen es nicht übel, wenn man mit ihnen spielt, aber sie mögen es nicht, wenn man ihnen auf der Nase herumtanzt.

Tiger sind zu ungestüm für die ruhige Schlange. Wenn die Schlange sich nicht zu größerer Offenheit und Geradlinigkeit zwingen kann, wird die Verbindung mit dem hochherzigen Tiger für sie zu einer ständigen Demütigung.

Freundschaften und gesellschaftliche Beziehungen

Schlangen sind so amüsant und geistreich, dass sie fast überall Freunde finden. Zudem sind sie für ihre Schönheit und ihren guten Geschmack berühmt. Die Schlange liebt intellektuelle und kultivierte Konversation.

Aber nicht alle Menschen werden von der feinen Lebensart der Schlange angezogen. Sie hat etwas gekünstelt Hochgestochenes in ihrem Wesen, das so rustikale Geschöpfe wie Schwein, Hund oder Ochse oft als arrogant empfinden. Die ruhige und besonnene Schlange wird sich nicht schnell an andere Menschen anschließen. Ihre Intuition warnt sie, wenn die Wellenlänge eines Gesprächspartners ihrer eigenen nicht entspricht.

Ebendiese Gelassenheit zieht wiederum die Menschen an, die die Freundschaft der Schlange suchen. Der ängstliche Drache wird durch den philosophischen Gleichmut der Schlange beruhigt. Die Katze teilt die Liebe der Schlange zur Kunst. Der Hahn wird von der Weisheit und dem tiefen Mitgefühl der Schlange angezogen. Die nervöse Unrast des Pferdes bringt die gelassene Schlange nicht aus dem Gleichgewicht; die Schlange schätzt die Gesellschaft des Pferdes und ist ihm ein treuer Freund.

Der Affe lässt sich von der Schlange nicht einschüchtern, und das gilt auch umgekehrt. Vielleicht findet die Schlange den Affen etwas ungeschliffen und zu betriebsam für ihr ruhiges Naturell. Auch Partner des eigenen Zeichens interessieren die Schlange sehr. Sie wird sie auf Distanz halten, aber sie genießt den Umgang mit Gleichgesinnten.

Tiger und Schlange verlieben sich nur selten ineinander, aber sie freunden sich leicht an. Ihr Interesse aneinander ist so groß, dass sich ihre Gespräche oft bis in die späten Nachtstunden hinziehen. Tiger und Schlangen lieben ausgedehnte Palaver, auch wenn ihre Ansichten nicht übereinstimmen.

Geschäfte

Die entschlossene Schlange weiß, dass selbstständiges Arbeiten ihr den meisten Nutzen bringt. Eine Schlange studiert und verfasst gern lange und komplizierte Abhandlungen. Schlangen bringen viel Geduld für das Detail auf. Sie reagieren langsam auf Situationsveränderungen, und sie passen sich vielleicht zu bereitwillig an. Diese Eigenschaften sind der Grund, dass Schlangen am erfolgreichsten in Tätigkeiten sind, die intellektuell anspruchsvoll und unabhängig sind, also zum Beispiel Forschungsarbeit. Kommerzielle Berufe verlangen Kontaktfähigkeit und rasche Entschlusskraft, die mit dem reservierten und zögernden Wesen der Schlange nicht harmonisieren.

Wenn Schlange-Menschen sich jedoch entschließen, trotz dieser Handikaps sich im Geschäftsleben zu engagieren, dann sollten sie sehr genau auf die Geburtszeichen ihrer Partner achten. Ziegen, Hähne und Vertreter ihres eigenen Zeichens werden wahrscheinlich keine guten Geschäftspartner und Mitarbeiter für sie sein. Obwohl die Schlange klug ist und eine intuitive Begabung für Spekulationsgeschäfte besitzt, wird die Zusammenarbeit mit Menschen dieser Geburtszeichen doch eher zu vielen Diskussionen als zu fruchtbarer Leistung führen.

Der Affe wird versucht sein, die vertrauensselige Schlange auszumanövrieren. Tiger und Schlange werden sich einig werden, wo sie investieren und von wem sie ihre Waren beziehen sollen.

Da die Schlange über gute strategische Fähigkeiten verfügt, sollte sie sich mit dem fleißigen Pferd oder dem dynamischen Drachen zusammentun. Diese beiden werden es schaffen, das Energiepotenzial der Schlange immer wieder auszufüllen. Auch Ratten und Katzen sind gute Geschäftspartner für die Schlange. Die Ratte wird in das gemeinsame Unternehmen eine menschlich-freundschaftliche Atmosphäre einbringen. Und die risikofreudige Katze wird den weitsichtig angelegten Projekten der Schlange gern ihre Unterstützung geben.

Familie

Die umsichtigen und nüchternen Schlangen sind gute Eltern. Ihre Weisheit ist sehr hilfreich im Umgang mit Kindern, die Probleme haben oder überängstlich sind. Nachteilig wirkt sich bei Schlange-Eltern die häufige Abwesenheit von der häuslichen Gemeinschaft aus. Sie beeinträchtigt ihr Verständnis für die Entwicklungsschwierigkeiten der Kinder und führt zu einem Mangel an gegenseitigem Vertrauen. Da Schlange-Eltern sehr gewissenhaft sind und manchmal zur Eifersucht neigen, geben sie sich oft selbst die Schuld für die Fehler ihrer Kinder und lassen ihnen zu wenig Freiheit. Bei Schlange-Vätern hat dieser Charakterzug nicht so schwer wiegende Folgen wie bei den Müttern, die die intimsten Gedanken ihrer Kinder wissen wollen und dadurch ihren seelischen Freiraum zu sehr einengen.

Kinder, die in einem Jahr des Schweins geboren sind, leiden besonders unter dem Besitzanspruch von Schlange-Eltern. Schwein-Kinder hassen die Lüge, auch durch Verschweigen. Sie werden versuchen, indiskreten Fragen auszuweichen, obwohl das ihrem Wesen widerspricht.

Ein Ziege- oder Katze-Kind wird in der Obhut seines Schlange-Vaters oder seiner Schlange-Mutter glücklich sein. Wenn Ziegen und Katzen ein komfortables und kultiviertes Heim haben, werden sie sich bei den eleganten Schlange-Eltern wohl fühlen. Auch für Affe-Kinder ist die ruhige Atmosphäre eines Schlange-Haushalts günstig. Der Affe ist anpassungsfähig und um sein eigenes Wohlergehen besorgt. Er ist zu Kompromissen bereit. Und das fröhliche Ratte-Kind wird es als Glück empfinden, von Schlange-Eltern geführt zu werden und auf sie zu hören.

Wenn es in einer Schlange-Familie Reibereien und heftige Auseinandersetzungen gibt, so kann man meist davon ausgehen, dass die Kinder in einem Jahr des Tigers oder des Ochsen geboren sind. Schlange-Eltern werden viel Geduld und Verständnis aufbringen müssen, wenn ihnen Kinder dieser beiden Jahreszeichen anvertraut sind.

Das Pferd

DIE JAHRE DES PFERDES

25. Januar	1906	bis	13. Februar	1907*
11. Februar	1918	bis	31. Januar	1919
30. Januar	1930	bis	16. Februar	1931
15. Februar	1942	bis	4. Februar	1943
3. Februar	1954	bis	23. Januar	1955
21. Januar	1966	bis	8. Februar	1967*
7. Februar	1978	bis	27. Januar	1979
27. Januar	1990	bis	14. Februar	1991
12. Februar	2002	bis	31. Januar	2003
31. Januar	2014	bis	18. Februar	2015

PFERDE SIND: Liebenswürdig. Beredsam. Gewandt.
Beherrscht. Schlagfertig. Athletisch. Charmant. Unabhängig.
Mächtig. Arbeitsam. Fröhlich. Sentimental. Offen. Sinnlich.
ABER SIE KÖNNEN AUCH SEIN: Selbstsüchtig. Labil.
Hitzköpfig. Skrupellos. Aufsässig. Rechthaberisch.
Geckenhaft. Taktlos. Ungeduldig. Gefühllos. Habgierig.

Pferde, die ich
gekannt und geliebt habe

Pferde – ob es sich um den mythischen Pegasus, um Rennpferde, Ackergäule, Hürdenspringer, Hengste, Stuten, Fohlen, Ponys, Wildpferde oder schwer arbeitende Zugpferde handelt – sind außerordentlich beliebte Tiere. Auch im Jahr des Pferdes geborene Menschen sind, unabhängig von Beruf und Begabung, liebenswürdige, angenehme und freundliche Geschöpfe. Irgendwie verbindet man mit dem Begriff Pferd die Vorstellung von Erfolg, harter Arbeit und Unabhängigkeit. Wenn diesen Menschen jedoch das Glück des Sieges zu häufig versagt bleibt, werden sie nicht selten enttäuscht und verbittert reagieren.

Wissen, wann man seine vollen Kräfte einsetzen muss, spüren, wann es sich empfiehlt, in der Masse mitzulaufen, und wann der richtige Augenblick zum Endspurt gekommen ist, um mit einer letzten großen Anstrengung als Sieger durchs Ziel zu gehen, das sind lauter Unbekannte, mit denen jeder Pferd-Mensch sich ständig auseinander setzen muss. Bei all seinen Talenten und bei seinen grenzenlosen Energiereserven kann ein im Zeichen des Pferdes geborener Mensch nie des Sieges sicher sein. Und wer kann schon im Voraus wissen, welche Richtung es einzuschlagen gilt, wen man sich zum Freunde machen muss und wann man ein Kompliment am besten anbringt, über das man sich schon so lange den Kopf zerbrochen hat?

Immer und überall sind sich Pferd-Menschen instinktiv ihrer Überlegenheit bewusst. Von Kindheit an springen und galoppieren sie unbekümmert umher, als ob außer ihnen niemand existierte. Wenn man Gehorsam von ihnen verlangt, muss man mit ihren Launen rechnen. Scheint ihnen ein Befehl vernünftig zu sein, werden sie ihn oft freudig und zuverlässig ausführen; wenn sie Ihre Idee für Zeitverschwendung oder gar Schikane halten, werden sie sie einfach ignorieren. Eine Entschuldigung oder Erklärung scheint ihnen überflüssig. Sie tun einfach, was sie für richtig halten.

Die Welt ist für Pferd-Menschen etwas, was für sie geschaffen ist und ihnen allein gehört. Sollten Sie das Glück haben, von einem Pferd-Menschen als Freund oder Partner akzeptiert zu werden, so werden Sie ihn als großzügig, schöpferisch und liebevoll kennen lernen, immer jedoch in den Grenzen, die er einer Situation für angemessen hält. Diese Grenzen werden selten von Ihnen gesetzt. Der Pferd-Mensch schafft sich die Umgebung selbst, in der er zu leben wünscht. Entweder Sie fügen sich seinen Bedingungen, oder Sie können gehen. Nichts einfacher als das. Außer: *Sie* sagen ihm, dass er sich zum Teufel schweren soll oder drohen ihm, seine Sachen vor die Tür zu setzen, und bieten ihm an, sie freundlicherweise für ihn zu packen. Pferd-Menschen können es nicht verkraften, wenn man ihnen zeigen will, wer der Herr im Hause ist. Wenn Ihr Pferd-Mann sich in den Kopf setzt, Sie in den Schnee hinauszujagen, dann halten Sie das besser nicht für einen Scherz. Bereiten Sie alles für Ihren Auszug vor. Keine Sorge, er wird sie dann schon nicht gehen lassen. Sie sollten es nur gar nicht erst so weit kommen lassen. Psychologisch kann man Pferde leicht am Zügel führen. Es ist nicht schwieriger, als Unkraut im Garten zu jäten.

Pferde ausmanövrieren kann ein amüsantes Spiel sein. Zunächst müssen Sie sich merken, dass Diskutieren nutzlos ist. Pferde können fast jeden mit ihren Argumenten schlagen – außer ihre Artgenossen. Man spricht nicht umsonst vom Pferdeverstand. Pferd-Menschen haben eine gute Nase dafür, von wo der nächste Angriff zu erwarten ist. Sie sehen ihn kommen. Sie beschnüffeln ihn einen Augenblick, dann werfen sie Ihnen Ihre eigenen Worte an den Kopf, bevor Sie überhaupt Gelegenheit hatten, sie zu artikulieren. Wenn Sie es mögen, dass ihnen jemand buchstäblich die Worte aus dem Mund nimmt, dann suchen Sie die Gesellschaft eines Pferd-Menschen. Das wird Sie für immer von diesem masochistischen Vergnügen heilen.

Ganz allgemein kann man sagen, dass der beste Weg, mit einem widerspenstigen Freund oder Kollegen des Zeichens Pferd fertig zu werden, das bewährte Mittel des Schweigens ist. Stummes Dasitzen, eine Mauer des Schweigens, allenfalls zustimmendes Brummen und höflich-uninteressiertes Kopfnicken kann einen ärgerlichen Pferd-Menschen zur Raserei treiben. Sie wissen, dass das Pferd ein Künstler in der Anwendung verschlagener Tricks ist. Wenn er Sie in einen Dialog verstricken kann, bei dem Ihre Ansichten und Argumente den seinen völlig konträr sind, wird er es fast immer schaffen, Ihnen seine Pläne oder seine Meinung aufzuschwatzen.

Aber wenn Sie sein Tänzeln, Schnauben, Schmeicheln und Ausschlagen einfach ignorieren und sich ruhig und in gewohnter Weise mit Ihren eigenen Angelegenheiten beschäftigen, verliert ein Pferd-Mensch die Geduld. Jeder Schritt im Umgang mit Menschen dieses Typs verlangt schnelles Denken und geschicktes Reagieren. Das mag Ihnen nicht sehr gefallen. In der Tat kann es vernünftiger sein, die Achseln zu zucken und ihnen ihren Willen zu lassen. Aber Pferd-Menschen tolerieren keine Untätigkeit. Wenn Sie sich nicht wehren und sich ohne Gegenwehr vors Schienbein treten lassen, langweilen sie sich und werden mürrisch.

Das Pferd ist ständig mit neuen Ideen und neuen Methoden beschäftigt, wie er das Ziel, das er sich gesetzt hat, am besten erreichen kann. Er scheint unfähig zu sein, sich zu entspannen und seine Gedanken abzuschalten. Urlaub bedeutet für ihn verlorene Zeit. Er fühlt sich nicht wohl in seiner Haut, wenn er nicht planen, entwerfen, herumwerkeln und Konferenzen abhalten kann. Sie werden nicht oft einen Pferd-Menschen finden, der sich behaglich am Strand sonnt, es sei denn, er hätte mindestens dreißig Leute um sich herum, mit denen er diskutieren, plaudern, tratschen oder sich herumstreiten kann. Immer im Trab, vom frühen Morgen bis zum späten Abend, immer geschäftig mit irgendwelchen wichtigen oder unwichtigen Dingen, das ist das Lebenselixier des Pferd-Menschen. Man kann ihn kaum dazu bringen, sich einen Film von Anfang bis Ende anzusehen. Wenn er nicht gerade befürchten muss, wichtige Leute zu beleidigen, wird er nach fünf Minuten aufstehen und das Kino verlassen. Auch wenn er am Feierabend zu Hause in seinem Sessel sitzt, kann er nicht müßig sein. Er amüsiert sich mit Kartenkunststücken oder stellt Flaschenkapseln auf einem Stück Pappe zu Figuren zusammen.

Pferd-Menschen reisen gern. Auch bei langen Flugreisen, wenn die anderen Passagiere nach fünf Stunden untätigen Herumsitzens nervös vor ihren Kaffeetassen sitzen oder gelangweilt herumdösen, sind sie immer mit irgendetwas beschäftigt. Entweder plaudern sie angeregt mit ihrem Nachbarn, oder sie falten aus Prospekten kleine Phantasiemodelle. Was ihnen beim Reisen nicht gefällt, ist das Warten auf dem Flughafen, das Kofferpacken und das Verladen des Gepäcks, das Warten am Zoll und das Suchen eines Parkplatzes. Das alles ist für sie Zeitvergeudung.

Die alltäglichen Routinearbeiten sind für Pferd-Menschen eine schwere Belastung. Ob es sich darum handelt, den Schreibtisch aufzuräumen, Geschirr abzuwaschen, die Kleider ordentlich aufzuhängen oder das Auto zu waschen – Pferd-Menschen werden immer versuchen, sich vor solchen Arbeiten zu drücken. Wenn die finanzielle Lage es erlaubt, werden sie sich eine Hilfe für diese unangenehmen Arbeiten engagieren. Können sie sich keine Hausgehilfin leisten, werden sie ihre Sachen in unbeschreiblicher Unordnung herumliegen lassen und hoffen, dass ein anderer das nicht mit ansehen kann und aufräumt.

Pferd-Menschen sind Dandys. Frauen und Männer dieses Zeichens kleiden sich gern flott und elegant. Die meisten Männer halten so alltägliche Verrichtungen wie das Rasieren oder das Binden der Krawatte für sehr prosaisch. Nicht so ein Pferd-Mann. Gutes Aussehen verlangt viel Zeit und Mühe. Pferd-Menschen legen großen Wert darauf, ihr Image durch gepflegtes Aussehen zu heben. Und wenn sie nur bis zum nächsten Supermarkt gehen, Hemd und Krawatte sind fein aufeinander abgestimmt, das Hemd knitterfrei. Niemals würden sie in salopper Freizeitkleidung auf einer Cocktailparty erscheinen. Ob Hippie oder Beau – ein Pferd-Mensch wird zu jeder Gelegenheit passend angezogen sein.

Clifford Irving (geboren 1930), der sich als Howard-Hughes-Fälscher einen Namen gemacht hat und für seinen misslungenen Coup hat büßen müssen, ist ein reinrassiges Pferd.

Ich habe Clifford viele Jahre lang gekannt. Sein früherer Stützpunkt war die spanische Insel Ibiza. Ich habe dort zwölf Jahre lang meine Ferien verbracht. Cliffs Spitzname bei den Stammgästen auf der Insel war »Sheriff Deadwood Tree« (Sheriff toter Baum). Es hat etwas mit einem verkümmerten Strauch zu tun, der mitten auf dem Rasen vor seinem Haus steht, und etwas mehr mit Cliffords Verhältnis zu den Gesetzen.

Die zahlreichen unangenehmen Situationen, in die Clifford Irving sich während seines langen Aufenthalts dort als expatriierter Inselbewohner selbst hineinmanövrierte, sind klassische Beispiele für das Weltbild eines trickreichen Pferdes. Ein riesiger Paradiesgarten für phantasievolle Hochstapler, umgeben von einem Zaun, um ehrliche Pferde fern zu halten. Pferd-Menschen empfinden die Erfolge anderer oft als persönliche Kränkung, vor allem, wenn diese anderen ihr Geld ohne Arbeit scheffeln. Der Pferd-Mensch kennt zwei Methoden, um dieser Herausforderung durch reiche Nichtstuer oder durch Gangster, die ihr Vermögen durch Ausplünderung der Armen machen, zu begegnen. Entweder wird er einen Feldzug gegen diese Ausbeuter unternehmen, oder er wird versuchen, sich selbst ein möglichst großes Stück vom Kuchen abzuschneiden.

Cliff optierte schließlich, wie wir alle wissen, für die zweite Lösung. Aber erst nachdem er unzählige Versuche unternommen hatte, durch ehrbare Methoden sein Image und Einkommen auf Ibiza und in der großen Welt zu verbessern.

Jahrelang genoss Deadwood Tree Irving großes Ansehen als Buchautor und als Abonnent des *Time*-Magazins, das alle Welt von ihm auszuleihen pflegte, weil *Time* in Spanien doppelt so teuer ist wie in der Heimat. In seiner Freizeit trat Cliff als Beschützer der Bedrängten auf. Er legte mit seinen Fäusten einen Streit in einer Bar bei, bei dem es um den Hausschlüssel irgendeines Unbekannten ging. Er machte eine Eingabe bei Gericht gegen einen französischen Filmstar, von dem man annahm – ohne es beweisen zu können –, dass er beim Pokern mogelte. Er lieh in Not geratenen Schriftstellern, die ihre Romane nicht verkaufen konnten, Geld. Er kümmerte sich um Gestrandete und war alles in allem eine geachtete Persönlichkeit in der Expatriiertenszene von Ibiza.

Aber die ganze Zeit nagte der Neid an Cliffords Pferdeseele. Während andere großes Geld mit dem Fälschen von Meisterwerken machten, die sie an reiche Texaner verkauften, war Cliff immer noch ein unentdeckter, unterbezahlter Schriftsteller. So heckte er schließlich eine Intrige aus, mit der er sein Glück zu machen hoffte. Er schrieb die Biografie eines Mannes, der sich nie in der Öffentlichkeit zeigte. Es schien eine tolle Sache zu werden. Aber es klappte nicht.

Pferd-Menschen sollten nie versuchen, mit illegalen Mitteln schnell reich zu werden. Wenn sie eine Idee oder ein Projekt haben, müssen sie immer ihre ganze Kraft für die Verwirklichung einsetzen, sich völlig verausgaben und Eimer von Scheiß vergießen, bevor sie das Ziel wirklichen Wohlstands erreichen.

Harte Arbeit entspricht der Natur des Pferdes. Das zeigt sich auch im Fall von Clifford Irving, der nach seiner Entlassung aus dem Gefängnis wieder seinen alten Job, das Schreiben, aufgenommen hat und sich nach guter Pferdemanier redlich abplagt. Verführt von der Aussicht auf leichte Beute, war Cliff (wie manch anderes Pferd, das ich kennen gelernt habe) völlig größenwahnsinnig geworden und hatte Luftschlösser zu bauen begonnen. Er hatte sich selbst eingeredet, dass seine Intrige klappen würde. Seine Pferd-Genossen sollten aus seiner Erfahrung die richtige Folgerung ziehen. Unterschätzen Sie nie die internationalen Gangsterjäger... vor allem, wenn Sie ein ehrenhaftes Pferd sind.

Nachdem ich mich so ausführlich mit den Schwächen und Fehlern des Pferdes befasst habe, fühle ich mich verpflichtet, noch einmal daran zu erinnern, dass Pferd-Menschen weder boshaft noch engherzig, noch knauserig sind. Pferde sind die gastfreundlichsten und geselligsten Geschöpfe des chinesischen Tierkreises. Sie sind versessen auf gesellschaftliche Veranstaltungen, Konzerte, Premieren, kleine oder große Dinnerpartys. Mehreren Vereinen anzugehören ist für sie ganz selbstverständlich. Als Gastgeber oder Gastgeberin ebenso wie als Gast sind sie immer sehr geschätzt.

Pferd-Menschen sind aber nicht nur angenehme Gesellschafter, oft sind sie auch begeisterte Köche. Meine Pferd-Freundin Sheila Reventlow (deren Mann diese exotischen Partys gibt – Sie erinnern sich?) sagte mir einmal, als ich sie bei der Vorbereitung für einen Obstkuchen mit fünfzig Zutaten antraf: »Wenn ich mit meiner Kocherei oder Backerei beschäftigt bin, könnte die ganze Welt um mich herum zusammenstürzen – ich höre und ich sehe nichts und niemanden.«

Das ist eine Standardbemerkung der Pferd-Menschen. Entspannung durch ständige Bewegung, das ist der Schlüssel zur geistigen Gesundheit dieses Menschentyps. Pferd-Leute sind betriebsam. Sie basteln, entwerfen selbst ihre Weihnachtskarten, stricken Pullover für Verwandte und Bekannte, richten ihre Badezimmer mit komplizierten Extravaganzen ein, erneuern Manschetten, bauen skurrile Baumattrappen zum Klettern für ihre Katzen und beziehen eine ausrangierte Couch phantastisch mit Patchwork. Sie sind begabt für Handarbeiten, sind aber auch zungenfertig und geistig rege. Sie haben eine wohl eher praktische als theoretische Intelligenz.

Da Pferd-Menschen so gewandt im Denken, Reden und Handeln

sind, können sie auch in jedem Beruf erfolgreich sein, der mit Politik zu tun hat. Ein großes Publikum macht ihnen keine Angst. Man findet sie in fast allen Bereichen des öffentlichen Lebens, tüchtig in allem, was sie anpacken, und immer bereit, neue Projekte in die Tat umzusetzen. Vielleicht hat es mit diesem starken Selbstbewusstsein und mit ihrer Selbstdisziplin zu tun, dass wir so viele Pferde unter den berühmten Leuten finden, wobei »viele« noch ein Understatement ist. Beginnend 1894 mit der Geburt von Jack Benny, dem Herzog von Windsor und dem Dichter E. E. Cummings, finden wir in den Jahren des Pferdes eine lange Liste reicher und berühmter Persönlichkeiten.

Das Jahr 1906 war ein Jahr des Feuerpferdes. Über dieses Phänomen werden wir noch ausführlicher zu sprechen haben. Hier genügt der Hinweis, dass der Zeitraum von sechzig Jahren in China eine Art Jahrhundertzyklus ist. Dieses besondere Jahr des Feuerpferdes brachte so unterschiedliche Typen wie den New Yorker Bürgermeister Abraham Beame, den Dichter Samuel Beckett und den berüchtigten Adolf Eichmann hervor.

1918 kamen Spiro Agnew, Pearl Bailey, Rita Hayworth, der Komponist und Dirigent Leonard Bernstein und der Schriftsteller Alexander Solschenizyn zur Welt. Dann brachte uns das Jahr 1930 Anthony Armstrong-Jones, den Jazzmusiker Ornette Coleman, die Schriftsteller Jimmy Breslin, John Barth und Clifford Irving. Es war ein gutes Jahr für Pferde mit speziellen Begabungen. Die Astronauten Buzz Aldrin, Neil Armstrong und Charles Conrad sind ebenfalls Vertreter dieses Jahrgangs 1930.

Das Jahr 1942 war aus einem unerfindlichen Grund entweder extrem glücklich oder extrem verhängnisvoll für die in ihm geborenen Berühmtheiten. Zu den vom Glück verwöhnten Persönlichkeiten dieses Jahrgangs gehören die Schauspielerinnen Karen Black und Madelaine Kahn, die Dichterin und Romanschriftstellerin Erica Jong und drei der erfolgreichsten Sänger und Songschreiber unserer Zeit: Paul Simon, Harry Nilsson und der Beatle Paul McCartney. Zu denen, die ihre »Roaring Twenties« nicht lange überleben sollten, gehörten die Sänger Jim Croce, Janis Joplin und Jimi Hendrix. Ein zu früher Tod ereilte auch die Schauspielerin Sharon Tate. Besonders rätselhaft erscheint es mir, dass alle diese Menschen, die so jung einen tragischen Tod fanden, in der Zeit zwischen Dezember 1942 und Februar 1943 geboren wurden. Ich habe keine statistischen Daten, die beweisen könnten, dass diese beiden Geburtsmonate unheilvoll waren, aber es würde mich interessieren, ob vielleicht einige meiner Leser mir von tragischen Schicksalen anderer in diesen Monaten geborener Menschen berichten könnten. Vielleicht könnten solche Berichte dazu beitragen, diese rätselhaften Geschehnisse in einem neuen Licht zu sehen.

Ein freundliches Phänomen des Jahres 1954 war die Geburt des Tennis-Champions Chris Evert. Unter einem ungünstigen Aspekt steht die ebenfalls 1954 geborene Patty Hearst. Das Jahr des Pferdes 1966 war wieder ein Jahr des Feuerpferdes. Sicherlich gibt es viele unter meinen Lesern, denen im Jahr 1966 Kinder geboren wurden. Ich kann Ihnen versichern, dass diese Feuerpferd-Kinder vom Schicksal besonders begünstigt sind.

Pferd-Menschen haben etwas besonders Attraktives an sich. Ganz gleich, woher sie kommen, ihr stolzes Wesen sichert ihnen immer ein aufmerksames Publikum. Sie flößen Vertrauen ein und erwerben sich Respekt in der Gesellschaft. Ihr ausgeprägter Realitätssinn und ihr praktischer Sachverstand, gepaart mit einem außerordentlichen Hang zum Abenteuer, überraschen ihre Umgebung immer von neuem.

Pferd-Menschen sind alles andere als kapriziös. Sie fallen selten, was Garderobe, Haarstil oder Accessoires betrifft, aus der Rolle. Übertrieben auffällige Kleidung ist für sie kein Mittel der Publicity. Sie schockieren niemanden, indem sie mit bestickten wehenden Djellabahs herumstolzieren, sich den Schädel rasieren oder wilde Make-ups kreieren, bei deren Anblick man eine Gänsehaut bekommt. Sie sind sehr modebewusst und kleiden sich gern flott, aber wenn man genauer hinschaut, findet man doch einen gewissen Stich ins Konventionelle.

Ihr Mitteilungsbedürfnis und ihre Kontaktfreudigkeit führen manchmal zu einer regelrechten »Telefonitis«. Zwei meiner Pferd-Freunde, der eine in Paris, der andere in New York lebend, dürfen an die internationalen Telefongesellschaften jedes Jahr so große Summen zahlen, dass diese damit die Krankenversicherung für alle ihre Angestellten begleichen könnten. Mein Freund John Larimore in Paris (geboren 1930) blockiert die Telefonleitungen so ausdauernd wie andere Leute manchmal das Familienbadezimmer. Um zu

John am Telefon durchzudringen, braucht man eine Geduld, wie sie selbst Sisyphus kaum aufbringen könnte. Und damit nicht genug, dieses Pferd von einem Freund ruft noch mindestens zweimal (wenn nicht sogar zehnmal) an, um sich zu vergewissern, dass er die Zeit für eine Dinnereinladung auch richtig notiert hat, um mich zu fragen, ob meine Uhr genau die gleiche Zeit anzeigt wie seine, um sich zu erkundigen, ob er nicht stört: »Wäschst du dir vielleicht gerade die Haare?« Oder: »Bist du zu beschäftigt, um mit mir zu sprechen?«

Einen Pferd-Menschen wegen seiner »Phonie« aufzuziehen, hat nach meiner Erfahrung nicht die geringste dämpfende Wirkung. Mit John, der ein enger Freund ist, habe ich fast alles versucht, von Beschimpfungen bis zum Aushängen des Hörers. Als ich mich wieder einmal des letzteren Vergehens gegen die Kommunikationsindustrie schuldig machte, brachte John den Stab des Pariser Telefonstörungsdienstes stundenlang mit seinen Vorwürfen zur Verzweiflung, dass mein Anschluss nicht zu erreichen sei. Er konnte nicht wissen, dass ich nicht nur den Hörer ausgehängt hatte, sondern auch eine kleine Sicherung im Anschlusskasten an der Wand herausgezogen hatte. Kein Laut konnte meinem Telefon entlockt werden, ganz gleich, was man versuchte. Also rief John alle meine Nachbarn an, bis sich schließlich eine Dame erweichen ließ, zu meiner Wohnung zu gehen und mich an ihren Apparat zu holen.

Anrufe, die mir von dritter Seite übermittelt werden, versetzen mich immer in Panik. Ich glaubte schon, eines meiner Kinder hätte sich in der Schule ein Bein gebrochen. Ich erwartete die Stimme der Schulleiterin zu hören, als ich den Telefonhörer meiner Nachbarin aufnahm. Höflich sagte ich: »*Allo, oui?*« Auf Johns drängende Frage: »Bist du okay?«, antwortete ich auf Englisch: »Ich bin damit beschäftigt, ein Buch zu schreiben. Auf Wiedersehen!« Ich hängte ein. Meine Nachbarin, die kein Englisch versteht, muss gedacht haben, ich sei verrückt geworden. Ich dankte ihr für ihre Mühe und verließ die Wohnung, ohne eine Erklärung abzugeben.

Der Zweite der beiden pathologischen Telefonierer ist ebenfalls im Jahr des Pferdes 1930 geboren. Der Schriftsteller Jimmy Breslin ruft bestimmte Opfer täglich und manchmal auch noch nachts an. Als ich einmal das Pech hatte, bei einem der Leute, die auf Breslins permanenter Anrufliste stehen, auf einen Anruf zu antworten, hätte ich fast den Hörer ebenso wütend aufgelegt wie damals beim Anruf meines Freundes John. Als Gast des Hauses war ich nicht vor der Gefahr gewarnt worden, die das Nervensystem dieses Anrufers bedrohte, wenn eine bestimmte Nummer an der Reihe war und »er« oder »sie« nicht zu erreichen war.

Breslins Anrufe verdienen es, exakt berichtet zu werden.

Das Telefon läutet. Gelassen, entspannt, nichts Böses ahnend, nehme ich den Hörer ab und sage höflich »Hello!«

Eine barsche Stimme dröhnt aus dem Hörer: »Wo ist Don Forst?«

Zunächst bin ich durch diese schroffe Frage so verwirrt, dass ich vergesse, an wessen Telefon ich bin. »Don wer?«, frage ich freundlich.

»Forst! Wo ist er?« Noch dröhnender und noch barscher.

»Wer spricht bitte?« Meine Bitte um Information trägt den Ton beseelten weiblichen Charmes. Ich befürchte, dass der Anrufer mich vielleicht für ein idiotisches Kind oder einen verärgerten Ehebrecher hält. Ich versuche daher, ihm Vertrauen einzuflößen.

»Breslin!«, explodiert es im Hörer. »Wo ist Forst?«

Nun, für mich, eine Teilzeit-New Yorkerin, hätte Breslin der Klavierstimmer oder auch der Vorname des Anrufers sein können. Ich hatte keinen Grund zu der Annahme, dass James Breslin, der berühmte Bestsellerautor, meinen Freund anrief. So fragte ich denn: »Breslin wer?«

»Jimmy Breslin! Wo ist Forst?« Der Ton war einem Zischen ähnlich.

»Oh. *Der* Breslin.« Um meine Verlegenheit zu überspielen, fuhr ich schnell fort: »Es tut mir Leid, Sir, aber Mr. Forst ist im Augenblick nicht hier. Kann ich etwas ausrichten?«

»Wo ist er?«, kam die brüske Erwiderung.

Diesmal war ich sehr entgegenkommend. »Er hat das Haus vor fünfzehn Minuten verlassen, um ins Büro zu fahren. Er musste...«

»Dann ist er im Zug«, war Breslins letztes Wort. Er hängte auf.

Später rief ich im Büro meines Freundes an, um seine Sekretärin zu warnen, dass ein Mann namens Jimmy Breslin in naher Zukunft anrufen und sie zu Tode erschrecken werde. Aber zunächst einmal blieb ich vor dem antiken Schreibtisch sitzen, auf dem das Telefon im Forst-Haushalt stand, und zitterte fünf Minuten lang. Ich fühlte mich, als hätte ich gerade mit dem CIA, dem FBI und der Geheimpolizei gesprochen – alle zu einer Person verschmolzen.

Beim Abendessen erzählte ich dieses Erlebnis in allen Einzelheiten. Mein Gastgeber, der Breslin seit vielen Jahren kannte und eng mit ihm befreundet ist, rangiert an vierter Stelle auf Breslins Phonomanieliste. Nachdem Mr. Forst sich von seinem Lachanfall erholt hatte, sagte er: »Hör zu, Suzanne. Du konntest das natürlich nicht wissen, du hast das mit Breslin ganz falsch aufgefasst. Jimmy ist ein herzensguter Mensch. Er hat durchaus nicht die Absicht, irgendjemanden einzuschüchtern. Das ist eben seine Art.«

»Na, du könntest mich nicht als Zeugen für seine Liebenswürdigkeit benennen«, sagte ich. »Er hat versucht, mich einzuschüchtern. Und es ist ihm gelungen. Ich war vor Schrecken wie gelähmt.«

Mein Gastgeber versuchte weiter, mich von der Harmlosigkeit seines Freundes zu überzeugen. »Wenn du Jimmy kennen lernst, wirst du sehen, dass er wirklich kein Grobian ist. Er kennt dich eben noch nicht. Wenn du ihn einmal getroffen hast, wird er ein bisschen freundlicher sein.«

Am nächsten Tag wiederholte sich das Spiel. Aber ich hatte inzwischen Breslins chinesische Jahreszeichen nachgeprüft. Das Schlimmste, was man in kritischen Situationen mit Pferd-Menschen tun kann, ist, sich mit den Biestern auf eine Diskussion einzulassen. Sie sind unberechenbar. Man muss sie entweder völlig ignorieren oder ihnen mit gleicher Münze heimzahlen.

Das Telefon läutet. Ich melde mich: »Hello!«

Dasselbe barsche Dröhnen: »Wo ist Forst?« Es war tatsächlich Breslin. Aber diesmal gab ich im gleichen scharfen Ton zurück: »Wer ist da? Was wollen Sie?«

»Und wer ist dort, wenn ich fragen darf?«, kam eine etwas weniger bärbeißige Frage.

»Ich heiße Suzanne. Sind Sie Breslin?«

»Ja. Hier ist Jimmy Breslin. Wissen Sie, wo Don Forst ist?« Breslin war höflich. Nicht freundlich oder nett; aber zumindest höflich.

»Er ist im Zug«, sagte ich und hängte auf.

Diesmal zitterte ich nur ungefähr drei Minuten. Es ist eigentlich nicht meine Art, mich am Telefon wie eine Katharina die Große in den Wechseljahren aufzuführen; aber es war die einzig mögliche Verteidigung, und sie wirkte.

Heute kann ich mit Breslin über diese Geschichte lachen. Mein Freund hatte Recht. Jimmy Breslin ist ein sehr liebenswürdiger und netter Mensch. Da er ein talentiertes Pferd ist, ist er auch sehr gescheit und gewandt und enorm praktisch. Aber er ist ein Phonomane. Sollte einmal bei Ihnen um drei Uhr früh das Telefon läuten und am anderen Ende der Leitung eine unfreundliche Stimme Sie kalt nach dem augenblicklichen Aufenthaltsort eines Bekannten fragen, dann muss es nicht unbedingt der KGB oder Interpol sein; es kann ein harmloses Pferdchen sein, das sich als Kinderschreck aufspielt.

Ein wieherndes Gelächter ist übrigens kein Attribut der Menschen, die im Zeichen des Pferdes geboren sind. Drachen, Tiger und Ratten sind zu dröhnenden Lachsalven fähig, nicht aber Pferde. Sie sind zu diskret oder zu wohlerzogen, um sich solche Unschicklichkeiten zu erlauben. Eine Bekannte hat mir einmal erzählt, dass ihre Mutter von ihrem Pferd-Vater zu sagen pflegte, er gehe zum Lachen in den Keller. Amüsierte Pferde kichern entweder höflich, wobei sie die Hand vor den Mund halten, oder sie lächeln verständnisvoll.

Berühmte oder berüchtigte Pferd-Menschen sind oft wie ihre eigenen Karikaturen. Sie sind wohlmeinend, angenehm, arbeitsam und fühlen sich in ihrer Haut wohl. Die Fähigkeiten der Pferd-Menschen sind überwiegend praktischer Natur. Sie setzen ihre Projekte selbst in die Tat um. Pferd-Geborene nehmen nicht gern Hilfe von anderen an. Sie klagen nicht und mögen es auch nicht, wenn andere sie mit ihren Klagen behelligen. Wenn sie gelegentlich einsehen müssen, dass sie auf fremde Hilfe angewiesen sind, fällt es ihnen schwer, dies zu akzeptieren. Sollten Sie einmal von einem Pferd-Menschen als Assistent, Mitarbeiter oder Partner engagiert werden, dann erschrecken Sie nicht, wenn Sie herausfinden, dass er Ihre Existenz nur als notwendiges Übel akzeptiert. Er wird immer verlangen, dass alles so gemacht wird, wie er das haben will. Sie müssen entweder lernen, sich seinen Befehlen ohne Murren zu fügen, oder Sie tun gut daran, so schnell wie möglich Ihre Stellung zu wechseln. Der Pferd-Mensch duldet keine fremden Götter neben sich. Ganz gleich, wer ihm hilft, den Sieg zu erringen, er verlangt den Orden für sich allein.

Das Feuerpferd

Dieses außergewöhnliche zyklische Phänomen wiederholt sich alle sechzig Jahre. Wenn Sie in Ihrem Bekanntenkreis Feuerpferde haben, werden Sie feststellen, dass diese sich entweder schon einen Namen gemacht haben oder, falls sie dazu noch zu jung sind, mit ihren mannigfaltigen Talenten ihre Umgebung in Erstaunen setzen.

Ein Mensch, der unter diesem Sonderzeichen der chinesischen Astrologie geboren ist, wird die Grundzüge des Pferd-Charakters besitzen; aber seine überlegene Intelligenz wird diese Talente erfolgreicher zu nutzen wissen. Interessanterweise wird in den fernöstlichen Ländern die Geburt eines Feuerpferd-Kindes als ein schlechtes Omen für die Familie betrachtet, da in ihrem Gefolge Zwietracht und heftige Konflikte die Harmonie des Zusammenlebens bedrohen.

Da Feuerpferde die Eigenschaften normaler Pferd-Geborener besitzen – nur eben stärker ausgeprägt –, müssen sie sich ihren Erfolg gegen viele Widerstände und mit harter Arbeit erringen. Wenn gewöhnliche Pferde egozentrisch sind, sind diese raren Exemplare der Gattung geradezu egomanisch. Wenn ihnen einmal für eine kurze Zeit die Sonne des Glücks nicht lacht, kennen sie viele überraschende Wege, Fortunas Gunst wiederzugewinnen. Sie wissen, wie man das Missgeschick anderer zum eigenen Vorteil nutzen kann, und sie sind Meister in der Kunst verschlagener Überredung.

Mit berechnender Schläue verstehen sie es, durch ein im rechten Augenblick angebrachtes Kompliment, eine wohlgezielte Bemerkung oder durch ein gewinnendes Lächeln einen Gegner einzulullen, um ihn dann kaltblütig zu vernichten. Das hochmütige und willensstarke Feuerpferd ist alles andere als ein Verlierer. Und da es von Natur aus so stark ist, hält es sich wahrscheinlich auch für unbezwinglich.

Darin liegt die Gefahr des übersteigerten Selbstbewusstseins. Die Karriere wird dem Feuerpferd wenige oder keine Probleme stellen; aber die Liebe kann ihm zum Verhängnis werden. Wenn dieses überlegene Geschöpf sich verliebt, verliert es leicht die ihm angeborene Selbstkontrolle. Liebesaffären sind für seine Selbstsicherheit eine gefährliche Bedrohung. Im Kern ist das verwegene und unerschrockene Feuerpferd verwundbar und fast kitschig sentimental.

In der Liebe ist das Feuerpferd wie in allen anderen Aspekten des Lebens draufgängerisch und von keinerlei Selbstzweifeln gehemmt. Eine Zurückweisung oder eine Abfuhr ist für sein arrogantes Selbstbewusstsein etwas Undenkbares. Aber wir alle kennen das Sprichwort: Hochmut kommt vor dem Fall. Der Aufschrei eines verletzten Feuerpferd-Liebhabers ist die Verzweiflung gekränkten Stolzes: »Warum liebt sie mich nicht? Wie kann sie mir so etwas antun? Ich würde alles tun, um sie zurückzugewinnen.«

Nun, vielleicht doch nicht alles, gekränktes Feuerpferd. Es zahlt sich nicht immer aus, einer grausamen und gleichgültigen Herrin alles zu opfern. Es gibt andere erstrebenswerte Objekte. Das Meer ist voll von Fischen, und wie viele wertvolle Geschöpfe warten darauf, sich deiner Zuneigung mit hingebender Liebe würdig zu erweisen!

In diesem wilden Geschöpf Feuerpferd schlummern unzählige magische Talente, die nur geweckt werden müssen. Es gibt nichts, was das Feuerpferd nicht erreichen könnte. Mit konzentrierter Entschlossenheit richtet es seine ganze Energie ausschließlich auf die Ziele, die es leidenschaftlich zu erreichen wünscht.

Auch wenn es wahr sein sollte, dass das Erscheinen eines Feuerpferdes ein zwiespältiges Geschenk für seine Familie ist und dass der Segen seiner Geburt durch häusliche Konflikte und Zwietracht abgeschwächt wird, so gibt es doch Kompensationen. Seine Gegenwart mag den Seelenfrieden seiner Eltern stören, aber dieser Schaden wird durch seinen großen Beitrag zum Wohl der Familie wettgemacht. Die Anerkennung für sein öffentliches Wirken wird das Ansehen seiner Familie fördern und damit die schwere Bürde erleichtern, die das Schicksal vielleicht mit seiner Geburt ihr auferlegt hat.

Die Pferd-Frau

Pferd-Frauen sind weniger glücklich in der Liebe als in anderen Lebensbereichen. Sie sind stark, eigenwillig, selbstsüchtig und enorm praktisch veranlagt. Sie können daher Erfolg in geschäftlichen Unternehmungen wie auch in technischen und künstlerischen Berufen erwarten. Sie sind für solche Tätigkeiten besonders begabt, bei denen Ideenreichtum und Gestaltungskraft eine wichtige Rolle spielen. Pferd-Frauen zeichnen sich besonders in Karrieren aus, die ihnen viel Raum zum Planen von Objekten geben.

Da Liebe und alles, was mit ihr zusammenhängt, kaum in klare Konzepte einzuordnen und mit den festen Regeln des Pferd-Verstandes in Einklang zu bringen ist, finden Frauen dieses Typs sich oft verwirrt und fassungslos, wenn sie mit den Unwägbarkeiten des Liebesglücks konfrontiert werden. Pferde sind hartnäckig auf die Durchsetzung ihres Willens bedacht. Erfolgreiche Liebesbeziehungen erfordern per definitionem ständige Kompromissbereitschaft. Pferd-Frauen sind nur selten bereit, einem Partner Konzessionen einzuräumen, nur um seine Liebe und Zärtlichkeit zu gewinnen.

Die einzige glückliche Pferd-Frau, die ich kenne, ist meine schon früher erwähnte Freundin Sheila Reventlow (geboren 1942) in New York City, Paris, London, oder wohin immer sie ihre eigenen Wege oder die ihres ruhelosen Ratte-Mannes führen. Bevor Sheila die zufriedene Partnerin ihres viel beschäftigten Mannes wurde, war sie eine kompromisslose und völlig desorientierte Ehefrau. Sie erzählte mir einmal: »Ich versuchte, Richard zu meiner Lebensaufgabe zu machen. In den beiden ersten Jahren unserer Ehe kreisten meine Gedanken immer nur um das eine Thema, ob Richard zufrieden und glücklich war, ob er mich noch liebte und ob ich ihm gefiel. Wir waren beide nicht glücklich in unserem gemeinsamen Leben. Aber ich verstand das damals nicht. Durch mein Verhalten trieb ich Richard von mir fort. Ich erwartete, dass er mein ständiges Bemuttern und meine aufdringlichen Aufmerksamkeiten mit dankbarer Liebe akzeptierte. Ich rief ihn drei- oder viermal am Tag in seinem Büro an. Ich drängte ihn, zum Essen mittags nach Hause zu kommen, damit er genügend Vitamine zu sich nähme. Ich war keine Frau, ich war die Pest.«

Ich fragte Sheila lachend nach dem Rezept, mit dem sie das Glück ihrer Ehe gerettet hatten. Sie sprach sehr offen darüber. »Wir entschlossen uns, einen Eheberater aufzusuchen. Zuerst wollte ich überhaupt nicht. Ich glaubte, meine Ehe sei perfekt. Ich sprach immer nur von ›uns‹, was wir tun würden, wohin wir reisen wollten. Es ist wahr, Suzanne, ich hatte meine Ehe in ein Missionsinstitut verwandelt. Und eine sehr selbstsüchtige Mission dazu. Richard überzeugte mich schließlich, dass ich eine aufdringliche Glucke war.«

»Und wie hat er das geschafft?«, fragte ich interessiert.

»Er sagte, er werde mich verlassen.« Die Erinnerung schien Sheila zu belustigen. »Das hat mich zum Nachdenken gebracht. Der Eheberater hat mir Richards Haltung dann verständlich gemacht.«

Pferd-Menschen sind zu großer Freimütigkeit fähig. Sie haben im Allgemeinen einen gesunden Menschenverstand. Sheila ist da keine Ausnahme. Nachdem sie einmal ihre Abneigung überwunden hatte, Hilfe anzunehmen, war sie nicht so töricht, sich gutem Rat zu verschließen. Was sie von ihrem Mentor gelernt, hätte sie vielleicht schließlich selbst herausgefunden – wenn es zu spät gewesen wäre. Die ihr angeborenen Instinkte trieben sie, in allem, was sie tat, den Erfolg zu suchen. In der Schule, beim Sport, als Künstlerin und als Theaterproduzentin und schließlich in ihrer Karriere als Industriedesignerin wollte sie immer die Beste sein. Und meist war sie es auch.

Als Sheila heiratete, betrachtete sie ihren neuen Stand nicht als einen bloßen Rahmen ihres zukünftigen Lebens, in dem sie sich weiter ihren alten Unternehmungen widmen würde. Ehe (*ihre* Ehe) war etwas Ausschließliches. Sie widmete sich jedem Tag ihres ehelichen Lebens mit einer Hingabe, als sei sie erwählt worden, eine ganze Nation zum Wohlstand zu führen. Richard war ihr Premierminister. Sie erwartete von ihm die uneingeschränkte Kooperation zur Verwirklichung ihres meisterhaften Plans einer vollkommenen Ehe. Alles, was Richard wollte, war ein normales Leben ohne ministerielle Funktionen. Er konnte Sheilas erstickenden Besitzinstinkt und die ihm aufgezwungene Rolle des perfekten Ehemanns nicht ertragen. Er hätte es gern gesehen, wenn seine Frau ihren Beruf weiter ausgeübt hätte, aber da sie das zusätzliche Einkommen nicht wirklich brauchten, hielt er es für unfair, das von ihr zu verlangen. Er schlug ihr vor, die Verbindung zu ihren Freundinnen und Bekannten stärker zu intensivieren oder sich vielleicht selbstständig mit Designarbeit zu befassen. Aber Sheila wollte davon nichts wissen. Sie brauchte nichts und niemanden als ihren Richard.

Als ihr Eheberater ihr das alles auseinander gesetzt hatte, wurde ihr klar, dass sie den Sinn der Ehe völlig missverstanden hatte. Für sie war die Ehe eine Aufgabe wie jede andere gewesen, ein Projekt, für dessen Erfolg man alle seine Kräfte einzusetzen hat. Von nun an nahm Sheila sich mehr Zeit für andere Dinge, verabredete sich mit Freundinnen zum Essen oder zum Besuch einer Ausstellung und fand dabei heraus, dass jede dieser Damen noch andere Interessen hatte als nur das häusliche Glück. Die eine war Malerin, die andere gab Tanzunterricht, eine dritte führte ein Dekorationsgeschäft. Da Sheila eine passionierte Köchin war, bat sie ihren Mann schließlich um ein Darlehen, um einen Partyservice für Junggesellen aufzuziehen, die gern Dinnereinladungen geben, aber weder Zeit noch Neigung zum Kochen haben. Heute betreibt sie eines der erfolgreichsten Partyserviceunternehmen in der City von New York.

Sheila Reventlows Geschichte ist ein Beispiel dafür, dass die Dynamik und Zielstrebigkeit des Pferd-Menschen, die für beruflichen Erfolg so wichtig sind, für eine Liebesbeziehung oder eine Ehe zerstörend sein können. Liebe kann man nicht planen. Sie lässt sich nicht in Normen und Regeln pressen. Ihre Zutaten kann man nicht nach Gramm und Löffelmaß dosieren, und Ofenhitze und Kochzeit lassen sich nicht in Rezepte fassen. Liebe kann man nicht wie das Kochen eines Frühstückseis nach Minuten bemessen. Die einzigen Formeln sind guter Wille und Erfahrung. Das kann man lernen; aber Pferd-Menschen sind nicht immer fähig, Subtilitäten zu begreifen.

Wenn Patty Hearst nicht im Zeichen des Pferdes geboren wäre, würde sie sich vielleicht nicht kopfüber ins Unglück gestürzt haben, als sie den Terrorismus zu ihrer Mission machte. Ich bedaure den armen Anwalt, der den Auftrag hatte, sie aus dieser Geschichte herauszureden. Man kann ein Pferd Kunststücke lehren, aber man kann ihm nicht das Denken beibringen.

Der Pferd-Mann

Selbstsucht und Mangel an Phantasie sind die beiden schwierigsten Hürden, die ein Pferd-Mann zu bezwingen hat, wenn er eine persönliche Niederlage in der Liebe vermeiden will. Alle Pferd-Menschen leben in einem ständigen inneren Konflikt zwischen ihrem praktisch-nüchternen Verstand und der Angst, sich in etwas zu verstricken, was sich als triviale Spielerei oder oberflächliches Verliebtsein entpuppen könnte. Sie widersetzen sich dem Zauber der Liebe und wissen doch, wie sehr sie ihn brauchen.

Der pragmatische und hart arbeitende Pferd-Mann, der sich in sentimentalen Situationen so unsicher fühlt, hat Angst das Gleichgewicht zu verlieren, was sich auf seine berufliche Leistungsfähigkeit vielleicht negativ auswirken könnte. Er ist daher selten geneigt, sich in romantische Abenteuer einzulassen. Liebesgeschichten und anderer Gefühlshokuspokus sind selten dauerhaft und immer ein Risikofaktor. Der Pferd-Mann verabscheut diese überspannten Geschöpfe, die ihn mitten in einer geschäftlichen Besprechung anrufen, um ihn mit ihren Liebesbeteuerungen zu belästigen. Was er von der Ehe erwartet, das ist eine tüchtige Frau, die sich für *seine* Interessen einsetzt, die *seine* Kinder zur Welt bringt, *sein* Essen kocht, *seine* Hosen aufbügelt und *sein* Bett teilt.

Pferd-Männer sind äußerst egoistisch und nur auf sich selbst orientiert. Obwohl sie gewisse Bereiche ihres Lebens mit der Frau, die sie erwählt haben, zu teilen bereit sind, kann man nicht von ihnen erwarten, dass sie eine Frau als gleichberechtigten Partner akzeptieren. Sie sind überzeugt, dass sie alles können. Und sie können auch alles. Aber sie wissen, dass ihr Heim hinter ihrer Karriere zurückstehen muss, wenn sie sich an die Spitze emporarbeiten wollen. Also wählen sie sich ihre Frauen, wie ein General sich einen Adjutanten sucht. Das schützt die Beziehung vor unerwünschter Konkurrenz. Die Rangfolge wird von Anfang an festgelegt.

Ich kannte in Paris einen Pferd-Mann, dessen Frau nicht die geringsten eigenen Interessen hatte und deren einziger Lebenszweck es war, den Tiraden ihres Mannes zu lauschen und seine Meinung in jeder Gesellschaft vorzutragen. Sein Name war Allan und seine Frau hieß Jill.

Um es vorweg zu sagen: Jill hatte das Pulver nicht erfunden. Aber sie war lieb, gutmütig und ein hübsches Requisit für Allans Haus. Obwohl Jill nie etwas sagte, außer in ihrer Funktion als Allans Echo, hielt sie ihren Haushalt in bester Ordnung. Allan hatte Jill die Rolle des braven Hausmütterchens zugedacht, und damit war alles aufs Beste für ewige Zeiten geregelt.

Es war Allans Pech, dass Jill eines Tages, als sie fünfundzwanzig Jahre alt geworden war, erwachsen wurde und sich sagte: Ich habe jetzt lange genug das Haus gehütet. Ich gehe in die Welt hinaus und suche mir ein neues Glück. Jill wurde ein Topmodel im Haus Lanvin und ward nicht mehr gesehen.

Der bekümmerte Allan konnte nicht verstehen, warum Jill ihn verlassen hatte, »nach allem, was ich für sie getan habe«. Ich sagte Freund Allan, dass Jill mehr sei als nur braves Weib. Sie war eine Person. Sie brauchte andere Anregungen als nur seinen ständigen Redefluss.

Meine Worte konnten das schmählich verlassene Pferd nicht trösten. Er machte sich gleich auf und suchte sich eine Replik von Jill. Sie war achtzehn, schön und pflichtbewusst. Drei Jahre später lief sie mit dem Hausarzt davon. Sie wählte den einzigen Mann, den sie seit ihrer Heirat gesehen hatte. Alles, was Allan dazu sagen konnte, war: »Ich hätte ihn nie ins Haus lassen dürfen.«

Pferd-Männer mögen es nicht, wenn ihr Privatleben von lästigen Zwischenfällen gestört wird. Sie sind gutherzig gegenüber ihren Frauen und Kindern, die sie als ihr persönliches Eigentum betrachten. Sie wollen in ihrem Haus die uneingeschränkten Herrscher sein. Sie arbeiten lange und hart, um für ihre Familie zu sorgen. Als Gegenleistung erwarten sie unbedingte Treue und Ergebenheit.

Die grausame Wahrheit ist, dass Pferd-Männer sich manchmal danach sehnen, sich nicht so viel plagen und abrackern zu müssen. Manchmal träumen sie davon, sich früh zur Ruhe zu setzen und in irgendeinem Badeort am Mittelmeer ein behagliches Leben zu führen. Aber so sehr sie sich nach einem Schlaraffenland unter Bananenbäumen oder auf einer tropischen Insel sehnen mögen, finden Sie nicht auch, dass ein ergrauter Hengst im Badeanzug etwas albern aussehen würde?

Variationen im Jahreskreis

Pferd/Widder (21. März–20. April)

Das ist ein doppeltes Feuerzeichen. Kein kühlendes Element dämpft das unbändige Temperament des Pferdes. Heftige Zornausbrüche sind an der Tagesordnung. Eine Fülle von Projekten und Plänen brodelt im Kopf dieses vulkanischen Geschöpfes. Sentimentalität? Ja, aber sehr versteckt. Widder-Pferde haben, wenn sie sich nicht gerade gegen die ganze Welt auflehnen, einen klaren Blick für Realitäten. Sie können jede Aufgabe mit Effizienz und Elan bewältigen. Aber die im Zeichen des Widders geborenen Pferd-Menschen sind ungeduldig. Statt sich durch eine schwierige Situation durchzubeißen, lassen sie ein Projekt lieber fallen und fangen irgendwo ein anderes an. Wenn die Dinge sich in ihrem Sinn entwickeln, dann sind sie munter und bester Laune. Geht etwas schief, suchen sie den Fehler nicht bei sich selbst, sondern jammern endlos über das Unrecht, das man ihnen angetan hat. In solchen Fällen kann man sie nur mit einer Schlemmermahlzeit abzulenken versuchen.

Pferd/Stier (21. April–21. Mai)

Diesem vom Element des Feuers beherrschten Pferd nimmt eine tiefe Liebe zur Natur viel von seiner Selbstbezogenheit. Die Erde, das Element des Stiers, übt einen wohltätigen Einfluss auf das feurige Pferd aus. Das Stier-Pferd trägt die ihm auferlegten Bürden mit größerer Bereitwilligkeit als seine Artgenossen, die unter weniger erdhaften Zeichen geboren sind. Dieser Typ ist mehr materialistisch als intellektuell, arbeitet lieber mit den Händen als mit dem Kopf. Er ist ein gerissener Pragmatiker und kein differenzierter Theoretiker. Er ist nie ganz sicher, ob seine Fakten sicher sind, er besteht daher weniger halsstarrig darauf, seinen Kopf durchzusetzen, als andere Pferd-Typen. Man kann sich auf ihn verlassen. Er ist ein Arbeitstier.

Pferd/Zwillinge (22. Mai–21. Juni)

Zünden sie ein Lagerfeuer an und beobachten Sie, wie die Flammen im Nachtwind tanzen und ständig ihre Form verändern. Sie können dann ermessen, was das Luftelement der Zwillinge aus dem Feuer des Pferdes macht. Klugheit, manchmal sogar Genialität, sind herausragende Qualitäten dieses vielgestaltigen Geschöpfes. Zwillinge-Pferde tauchen an den unerwartetsten Orten auf; Film, Theater, Musik, alle Arten von Kunst, die Politik und andere Karrieren des öffentlichen Lebens ziehen ihr expansives Wesen an. Dass die im Zeichen der Zwillinge geborenen Pferd-Menschen manchmal unsicher über ihre Lebensziele sind, kann für sie zum Problem werden. Ein Pferd-Mensch ohne persönliche Mission ist wie eine Pflanze ohne Wurzeln. Er wird wankelmütig, unbeständig, unentschlossen und zögernd umherirren. Selten führt er ein Projekt zu Ende; und wenn er es doch einmal schafft, wird er nur langsam und mühsam eine neue Aufgabe angehen. Er wird einer Sache schnell überdrüssig, wenn die Stimulation durch den Erfolg ausbleibt. Dann kann es passieren, dass er resigniert und verbittert kapituliert.

Pferd/Krebs (22. Juni–23. Juli)

Das Wasser des Krebses löscht das Feuer des Pferdes nicht aus; es kontrolliert es. Das Temperament wird gezügelt, das Ego auf ein vernünftiges Maß reduziert. Da das Krebs-Pferd sich in seiner Bewegungsfreiheit beschränkt fühlt, wird es sich leicht festfahren. dieser Typ ist sensibel, launisch und introvertierter als seine Artgenossen. Krebs-Pferde sind gute Familienväter und sinnliche Liebhaber. Sie brauchen eine solide häusliche Basis. Materieller Wohlstand und Macht sind erstrebenswerte Ziele. Am liebsten widmen sie ihr Leben einer einzigen Aufgabe oder Karriere. Wenn liebevolle Partner und verlässliche Freunde ihnen den notwendigen Rückhalt geben, sind sie zu großen Leistungen fähig. Das Krebs-Pferd ist kein Zirkuspferd und kein Rennpferd, sondern ein Ackergaul. Er zieht die Ackerfurchen mit stetiger Regelmäßigkeit und weiß, dass es seine Zeit dauert, bis er die Ernte einbringen kann.

Pferd/Löwe (24. Juli–23. August)

Das Element des Löwen wie des Pferdes ist das Feuer. Löwen sind von edler Gestalt. Dasselbe gilt für Pferde. Löwen lieben den Applaus, die Anerkennung, die Verehrung; Pferde haben die gleichen Ambitionen. Das Löwe-Pferd ist ein Monstrum an Egoismus und ein sicherer Gewinner jedes Rennens, zu dem er anzutreten beliebt. Das Zusammenleben mit diesem Geschöpf ist ein Job für Rodeo-Champions. Wenn durch einen unerklärlichen Zufall ein solcher Mensch keinen Erfolg im Leben hat, wird dieser Anschlag auf seinen Stolz vernichtend sein. Ärger, Verbitterung und Selbstmitleid werden ihn zu einem unerträglichen Querulanten machen. Das Löwe-Pferd wird seinen Paddock früh verlassen und davongaloppieren, um die Welt zu erobern. Versuchen Sie nicht, es aufzuhalten. Wenn es das Ziel nicht erreicht, wird ein seelischer Zusammenbruch die Folge sein. Sein Egoismus ist doppelt so groß wie sein Pferdeverstand.

Pferd/Jungfrau (24. August–23. September)

Ein nettes Pferdchen, ein hübsches Pferdchen. Die mineralische Natur der Jungfrau wird viel dazu beitragen, das Ungestüm des Pferdes in solide Energie zu verwandeln. Jungfrau-Pferde sind Arbeiter. Sie plagen sich härter als andere Leute, um ihre Ziele zu erreichen und den Gipfel ihrer Karriere in ehrenhafter Weise zu erklimmen. Jungfrauen lieben den geraden Weg. Sie werden sich kaum zu Schikanen oder Betrügereien verführen lassen. Im Zeichen der Jungfrau geborene Pferde sind der Meinung, dass man eine Arbeit, die man nicht meistern kann, gar nicht erst in Angriff nehmen soll. Das Jungfrau-Pferd ist ein strahlendes, sinnliches und intelligentes Geschöpf, aber es hat einen großen Fehler: Es ist so attraktiv, so talentiert und so hinreißend, dass es auf Menschen des anderen Geschlechts, auch ohne es darauf anzulegen, äußerst verführerisch wirkt. Man muss damit rechnen, dass ein Mensch dieses Typs sich in den Fallstricken der Liebe verfängt. Streicheln Sie ihn zärtlich und verstecken Sie seine Schuhe. Unbeschuht kann er nicht aus dem Haus rennen.

Pferd/Waage (24. September–23. Oktober)

Hier sehen wir, wie die Vermischung von Luft und Feuer ein leichtes Chaos erzeugt. Anders als im Fall der flüchtigen Zwillinge verleiht die frische Brise der Waage dem feurigen Pferd Beredsamkeit. Waage-Pferde suchen die Harmonie. Ungerechtigkeit und Bosheit sind Übel, denen man mit Fakten und Zahlen zu Leibe rücken muss. Niemand versteht es besser, das Für und Wider einer Sache abzuwägen, als der im Zeichen der Waage geborene Pferd-Mensch. Er ist ein überzeugender Redner, ein amüsanter Unterhalter und ein geschickter Zauberkünstler. In der Diskussion wird er seine Meinung fest vertreten, aber er ist für Gegenargumente aufgeschlossen. Mit dieser Fähigkeit kann ein Mensch seines Typs sich mühelos neuen Situationen, Rollen und Verantwortlichkeiten anpassen. Sein Verständnis für die Ansichten seiner Gesprächspartner ist irreführend. Er ist ein guter Zuhörer, aber glauben Sie nicht, dass Sie ihn überzeugen oder überreden können. Er weiß genau, worum es ihm geht. Und gewöhnlich geht es ihm um die eigenen Interessen.

Pferd/Skorpion (24. Oktober–22. November)

Der Skorpion steht mit dem Eimer bereit, um das Wasser der Vernunft in das wütende Feuer zu schütten, wenn das Temperament des Pferdes außer Kontrolle zu geraten droht. Diese Verbindung ist unerschütterlicher als der Fels von Gibraltar. Wenn Sie glauben, den Panzer dieses kämpferischen Pferd-Menschen durchstoßen zu haben, hat er lediglich ein paar Kratzer abbekommen. Oh, er kann ängstlich zurückscheuen und das arme Opfer spielen, wenn es sein muss. Lassen Sie sich aber nicht zum Narren halten; das Skorpion-Pferd weiß genau, was es tut. Seine Sinnlichkeit ist berechnend, Geld und Komfort gehen ihm über alles. Jede Abweichung vom direkten Weg zum Sieg ist genau kalkuliert und fügt sich diskret in seinen Aktionsplan ein. Im Gegensatz zu anderen Pferd-Typen, die man mit psychologischem Einfühlungsvermögen manipulieren und dressieren kann, hat das Skorpion-Pferd keine Zeit für etwas so Unpraktisches wie Geradlinigkeit. Wenn es auf der rechten Flanke nicht weitergeht, dann muss man es auf der linken versuchen. Und vor allem kein unangebrachtes Zaudern. Hopp! Die erste Hürde, die zweite, und so weiter bis zum Ziel.

Pferd/Schütze (23. November–21. Dezember)

Lebhaft und idealistisch ist diese knisternde Verbindung zweier Feuerzeichen. Geräuschvoll geht sie mit Hammer und Brecheisen auf alles los, was sie erobern will. Das Schütze-Pferd ist geradlinig, ehrbewusst und tief von seiner Mission durchdrungen. Es wird seine Feinde bezwingen oder kämpfend untergehen. Wille und Geschicklichkeit ermöglichen ihm einen triumphalen Erfolg. Wenn er sich einmal für eine Sache entschieden hat, kann man sicher sein, dass sie zu einem guten Ende geführt wird. Das Gerassel wird betäubend sein. Schütze-Pferde haben die Gewohnheit, Himmel und Erde in Bewegung zu setzen, wenn sie nach den Sternen greifen. Was kann man mehr verlangen? Ein bisschen weniger Lärm vielleicht.

Pferd/Steinbock (22. Dezember–20. Januar)

So außerordentlich sind die Talente des im Zeichen des Steinbocks geborenen Pferd-Menschen, aber auch so überaus sendungsbewusst ist er, dass das Leben ihm unzählige Hindernisse in den Weg zum Erfolg legt. Nicht die Welt ist es, die ihm im Weg steht. Aber die Emotionen dieses Pferd-Menschen sind so brüchig, dass sie der Zerreißprobe der Leidenschaft nicht standhalten. Liebe und Zärtlichkeit werden ihm häufig versagt bleiben. Dabei entspricht seine Taktik durchaus den Regeln. Warum will niemand seine Gefühle ernst nehmen? Ein gewichtiges und meist unlösbares Problem. Steinbock-Pferde lehnen es ab, mit Tricks die Liebe eines Menschen zu erringen. Für sie gilt: Ein Plan ist ein Plan und bleibt ein Plan. Er kann ein Abweichen von der Ordnung nicht verstehen. Es verwirrt ihn, wenn jemand seine Moralität auszunutzen versucht. Seine romantischen Gefühle sind hinter einer strengen Maske verborgen. Ich empfehle Kitzeln, Wälzen in frischem Heu und Streicheln mit dem Staubkamm.

Pferd/Wassermann (21. Februar–19. Februar)

Feuer und Luft vereinigen sich hier zu einem heftig drängenden Temperament. Dieses Pferd besitzt die angeborene Fähigkeit, alle Konkurrenten auszustechen. Der größte Vorzug der in diesem Doppelzeichen geborenen Menschen ist ihre Weitsicht, die über den Augenblick hinaus die Zukunft im Visier hat. Sie könnten das Ziel mit geschlossenen Augen finden. Ihr Fehler ist, dass sie gerade das häufig versuchen. Ihre großen Talente verführen sie dazu, sich so sehr von den Verheißungen des Sieges blenden zu lassen, dass sie nicht daran denken, den Sattel richtig zu befestigen, und manchmal sogar vergessen, wo das Rennen stattfindet. Menschen dieses Typs sind lebhaft und überschwänglich, brillant, aber zerstreut. Für sie zählt nichts als der Sieg. Sie interessieren sich nicht für die Mittel, mit denen sie ihn erreichen werden. Auch im Gefühlsleben verlässt sich der Mensch, der im Zeichen von Wassermann und Pferd geboren ist, ganz auf sich selbst. Er braucht keine Hilfe, um das Blaue Band zu gewinnen. Aber jedes Rennpferd braucht einen Jockey. Er täte gut daran, diesen Hinweis auf einem Stück Papier in der Westentasche bei sich zu tragen, um von Zeit zu Zeit daran erinnert zu werden. Noch besser wäre es, wenn Sie dieses Pferd lieben, ihm Name, Adresse und Telefonnummer einbrennen. Irgendjemand wird ihn schon heimführen.

Pferd/Fische (20. Februar–20. März)

»Wenn Wünsche Pferde wären, würden Bettler reiten«, pflegte meine irische Mutter zu sagen. Man sollte allen Fische-Pferden in der Welt diesen Spruch zum Bedenken empfehlen. Das Wasser des Fisches löscht fast jeden Funken, den das Pferd in diese Verbindung einbringt. Pferde lieben das Planen. Sie verschwenden viel Zeit darauf, Projekte zu entwerfen und Strategien zu entwickeln. Fische sind die Träumer dieser Welt. Ein Fische-Pferd wird sich keine Lorbeeren verdienen, da es über seinen Weltverbesserungsplänen und Phantastereien leicht die Realität vergisst. Der im Zeichen der Fische geborene Pferd-Mensch lässt sich leicht beeinflussen. Er schlendert verträumt durchs Leben, so von seinen Illusionen geblendet, dass er den bösen Wolf auf seinen Fersen nicht bemerkt. »Hallo, liebes Pferd«, sagt der Wolf. »Wie wär's mit einem Spazierritt durch den Wald?« Und los saust das Pferd in der Abenddämmerung, durchs Unterholz stürmend und über die Büsche springend. Wenn es in der Nacht heimkommt, mag es die Kratzwunden der Dornen spüren, aber es wird die Schläge der Reitpeitsche vergessen haben, mit denen der Wolf es traktiert hat. Es ist ein zu gutmütiges Geschöpf, um sich über solche Ungehörigkeiten aufzuregen. Es denkt lieber nicht mehr daran – vielleicht ist es dann gar nicht wahr.

Ratschläge für die Zukunft

Verwegenes Pferd, bitte bleib ruhig. Lass mich doch erst einmal aussprechen, was ich auf dem Herzen habe. Ich bin der Wahrsager, wenn du dir das bitte merken willst. Ja, ja, ich verstehe schon. Natürlich weißt du schon alles, was ich dir sagen möchte. Das ist es ja gerade, worüber ich mit dir sprechen will.

Wie kommt es, dass du so mächtig auftrumpfen musst, wenn du eigentlich ganz klein sein solltest? Wir bewundern dich natürlich. Wie sollten wir es wagen, das nicht zu tun? Diese pompöse Manier, diese so überaus prächtige Erscheinung und diese amüsanten Kommentare setzen uns immer wieder in Erstaunen und erfüllen uns alle, die wir dich kennen, mit großer Bewunderung. Wenn du dir das vorstellst, möchtest du dich dann nicht am liebsten selbst umarmen und vor Begeisterung und Glück in Jubelrufe ausbrechen?

Nun ja, ich glaube dir schon! Nicht jeder hat schließlich das Glück, in einem Jahr des Pferdes geboren zu sein. Kein armseliges Pack gibt es hier – nur Vollbluthengste und reinrassige Stuten, nicht wahr? Und wir können sicher sein, dass du, wenn du nicht das Opfer elterlichen Unverständnisses wirst, stark und gesund aufwächst, ja, wie ein Pferd. Und wenn es auch dein Schicksal ist, so zu schuften, dass du im Stehen einschläfst, das ist ein geringer Preis für den hohen Gewinn, der dir von Geburts wegen zusteht.

Fühlst du dich jetzt besser? Ist dein Selbstbewusstsein stark genug, dass ich dir sagen kann, wie du deine vielen Talente besser nutzen solltest, statt so gemächlich auf der grünen Weide herumzutraben? Nur um ganz sicherzugehen, will ich dir noch etwas Honig mit deinem Lieblingskompliment ums Maul schmieren: Liebes Pferd, du siehst wirklich wunderbar aus, du bist ein Prachtexemplar brillanter Eleganz.

Also gut, reden wir nicht mehr um den Brei herum. Kommen wir zur Sache. Bist du bereit? Alles klar? Also – du bist ein Egoist. Aber wir lieben dich. Du bist ein arroganter Besserwisser. Aber wir verehren dich. Du denkst, die Welt ist nur für dich geschaffen. Und wir verwöhnen dich. Wozu all diese bitter-süßen Huldigungen? Nun, siehst du, Pferdchen, wenn deine besten Freunde es dir nicht sagen, wer soll es dann tun?

Deine glänzende Erscheinung allein verführt uns, dich ein wenig zu vergöttern. Es gibt keinen Zweifel, dass deine edle Abstammung dich automatisch über uns armselige Kreaturen erhebt. Du bist so enorm begabt, begabter als die meisten von uns. Und du weißt das vielleicht besser, als es gut für dich ist. Es gibt da ein paar Dinge, die du noch lernen müsstest – über den Umgang mit deinen Lieben, über deine Einfügung in die Gemeinschaft und auch darüber, dass du manchmal auch einem anderen, der vielleicht ebenso tüchtig ist wie du, etwas Anerkennung gönnst.

Wir brauchen dich. Du bist unser bester Arbeiter, unser Freund, unser Unterhalter, unser Sportidol, unser Entzücken und unser Traumbild. Mit allen diesen Referenzen solltest du uns allen ein Vorbild sein. Und du bist es. Es gibt nichts, was du nicht erreichen könntest.

Der wunde Punkt in deinem Charakter ist jedoch dieser Hang, in entscheidenden Situationen, wo es um alles oder nichts geht, nur an dich selbst zu denken. Es ist mir aufgefallen, dass du, wenn eine ambivalente, unberechenbare Krise sich am Horizont zeigt, auf den Hinterbeinen kehrtmachst und in panischer Angst davongaloppierst. Wenn es um dein eigenes Leben geht, bist du ein Kämpfer, der es mit den gefährlichsten Gegnern aufnimmt und der die gewaltigsten Heldentaten vollbringt. Du kannst Tage, Monate, ja Jahre, Kopf an Kopf mit deinen Konkurrenten um den Sieg rennen. Du kannst mit Krankheiten, Steuern, den Wölfen vor deiner Tür und dem Teufel selbst fertig werden.

Du bist nicht kleinmütig, du bist einfach krisenscheu. Trotz deines selbstsicheren Auftretens fehlt dir das Selbstvertrauen. Jeder, der dir einmal nahe gestanden hat, weiß das. Du würdest es vorziehen, wenn wir es nicht wüssten. Aber einige von uns haben diese Augenblicke kindischer Raserei erlebt, mit denen du deine Umgebung überraschst. Diese Sturm-und-Drang-Perioden, auf die du gar nicht so stolz bist, sind für uns der Beweis, dass unter deiner seidigen Mähne ein widerborstiger Nacken steckt, der sich nicht mehr beugen will. Manchmal brichst du einfach aus und gerätst in eine leidenschaftliche Wut gekränkter Selbstgerechtigkeit.

Du musst dich davor hüten, all deine Gewinnpunkte aufs Spiel zu setzen, die du so geschickt in deinen guten Tagen errungen hast. Diese Wutanfälle können deine Noten für gutes Betragen schnell zunichte machen. Wer dich in einem schwachen Augenblick gesehen hat, könnte leicht deine Fähigkeit zur Selbstkontrolle in Stresssituationen bezweifeln. Sei etwas vorsichtig, wenn du dich ärgerst. Du könntest jemanden verletzen, vor allem dich selbst.

Und schließlich, liebes Pferd, solltest du dich von unsauberen Geschäften fern halten. Wie sehr auch das leichte Geld lockt, du kannst es dir nicht im Handumdrehen verdienen. Du musst es dir erarbeiten. Du bist zu harter Mühsal geboren. Lass dich nicht durch den Schein leichter Beute verlocken. Behalte deinen klaren Blick. Dein Ziel erreichst du nur auf dem geraden Weg. Wildpferde sollten dich nicht von dem schweren, aber sicheren Weg zum Glück weglocken.

Beziehungen zu anderen Tierzeichen

Herzensangelegenheiten

Der selbstbewusste Pferd-Mensch ist ein besitzergreifender und sinnlicher Liebhaber. Unermüdliches Streben nach Vollkommenheit in der Partnerschaft der Liebe ist ein wesentliches Element seiner Existenz. Jedes Anzeichen von Missklang, von Gefahr einer Entfremdung oder von Untreue kann dieses nach dem Ziel höchster Seligkeit strebende Geschöpf in selbstzweiflerische Qualen stürzen. Pferd-Menschen sind stolz und starke Persönlichkeiten, die nicht nur zu leidenschaftlicher Liebe fähig sind, sondern auch zu selbstzerstörerischer Verblendung.

Pferd-Menschen, die ihrem ungestümen Ehrgeiz alles andere unterordnen, sind im Allgemeinen immun gegen die Gefahr, sich in eine ausweglose oder zerstörerische Liebesaffäre zu verwickeln. Damit diese Energie die Oberhand behält und nicht durch emotionelle Verstrickung gefährdet wird, tut der Pferd-Mensch gut daran, sich seinen Partner unter Ziege-, Tiger- oder Hund-Geborenen zu wählen. Ziege-Partner werden sich ihrer Kunstbegeisterung und ihren Traumphantasien widmen, während ihr Pferd-Gefährte in die Welt hinauszieht, um sich um die materiellen Bedürfnisse zu kümmern. Die kapriziösen Manieren der Ziege stören das würdevolle Pferd nicht. Es sieht die Ausflüge der Ziege in die Regionen der Phantasie als liebenswerten Kontrast zu seiner mehr erdgebundenen Natur. Ziegen sind amüsante Partner des Pferdes.

Tiger sind die noblen Revolutionäre, die über die Laster der Welt erhaben sind und für die Rechte der Unterdrückten kämpfen. Pferde respektieren Tiger. Da auch das Pferd sich zu Höherem berufen fühlt und einer Idee alles zu opfern bereit ist, ist ihm der aufregende Tiger ein willkommener Gefährte. Ein Pferd, das einen Tiger liebt, wird sich während der langen Periode der Abwesenheit des Tigers fröhlich seinen Geschäften widmen. Wenn sein vergötterter Gefährte wieder zu Hause erscheint, wird er ihn mit leidenschaftlicher Umarmung empfangen und begierig die ganze Nacht über die Strategien für den nächsten Auftritt auf der Bühne der Welt mit ihm diskutieren.

Wie der Tiger hat auch der Hund eine Vorliebe für die großen Probleme der Welt. Der Unterschied liegt darin, dass der Hund sich treu der Mission seines Pferd-Partners widmet und ihm in seinen ehrgeizigen Plänen kraftvoll zur Seite steht. In dieser Partnerschaft wird das Pferd seine pathetische Beredsamkeit voll zur Geltung bringen, während der scharfzüngige Hund mit seinem Zynismus und seinem schlagfertigen Witz seiner Rede die kräftige Würze verleiht.

Auch der Hahn ist ein attraktiver Partner des Pferdes. Mit seiner oberflächlichen Lebhaftigkeit und seiner Neugier für das Unbekannte regt er den Abenteuersinn des Pferdes an. Das Pferd wird sich stolz mit dem eleganten Hahn in der Gesellschaft zeigen. Ihre

enthusiastischen Gespräche können das manchmal etwas welt-
schmerzliche Pferd inspirieren. Auf die Dauer jedoch werden die
freimütigen Meinungsäußerungen des Hahns das verletzliche Ehrgefühl des Pferdes eher schockieren, vor allem, wenn man sich so
gut kennt, dass gegenseitige Kritik offen ausgesprochen wird.

Pferde und Ratten ziehen sich gegenseitig an. Aber das Pferd
wird auf die Dauer in dieser Partnerschaft schwer um seine Selbstbehauptung kämpfen müssen. Wenn sie zusammenbleiben wollen,
wird das auf Seiten des Pferdes manchen Kompromiss verlangen.

Mit Schwein- oder Ochse-Geborenen wird das Pferd Probleme
bekommen. Pferde versuchen, Schweine zu manipulieren; Ochsen
können selbst das stärkste Arbeitspferd ausstechen.

Vor allem sollten Pferd-Menschen aber keine Affe-Partner wählen. Diese munteren Geschöpfe werden mit ihren Listen und Rän-
ken dem ehrbaren Pferd-Menschen das Leben zur Hölle machen.
Er hat nichts gegen ein paar Tricks im Geschäftsleben, aber in der
Liebe will er Offenheit, schonungslose Wahrheit und unbedingte
Treue. Unehrenhaftigkeit in einer Liebesbeziehung wird die Leidenschaft des Pferd-Menschen töten. Der Affe-Partner ist zu verschlagen für seine empfindsame Seele.

Freundschaften und gesellschaftliche Beziehungen

Der Pferd-Mensch ist kein selbstloses, großherziges Geschöpf, das
mit vollen Händen Gaben an die Armen austeilt. Er muss daher akzeptieren, dass gewisse Freundschaftsbeziehungen für ihn automatisch ausgeschlossen sind, falls er seine egozentrische Veranlagung
nicht zu überwinden vermag.

Pferde können reibungslos mit Ziegen, Hähnen und Hunden
auskommen. Diese Geschöpfe werden einem Pferd-Freund ergeben überallhin folgen. Das Pferd wird alle möglichen Pläne austüf-
teln und lustige Streiche aushecken, mit denen es seine Freunde begeistert. Pferde mögen auch Tiger und Katzen. Beide faszinieren
das Pferd, und beide werden ihrerseits die Ehrbarkeit und die Gewissenhaftigkeit des Pferdes zu schätzen wissen. Freundschaften
dieser Partner werden sehr fruchtbar für beide Teile sein.

Anders steht es mit Affen, Schweinen oder Ratten. Der Affe irritiert das Pferd mit seinen Kapriolen und Tricks. Schweine finden Pferde ganz amüsant, aber die Geschwätzigkeit und ihre Naivität geht ihnen gegen den Strich. Ratten werden von Pferden magnetisch angezogen. Doch dieses Paar wird sich endlos über Ziele und Wege streiten. Vielleicht sind sich beide in ihrem Ehrgeiz zu ähnlich, als dass sie sich auf die Dauer vertragen könnten.

Die Schlange ist ein guter Gefährte für das Pferd. Schlangen sind eiskalt und haben eine dicke Haut; Pferde müssen ständig mit voller Kraft auf etwas losgehen, und sie wissen nicht immer rechtzeitig zu bremsen. Die Schlange kann ruhig zusehen, wie das Pferd herumgaloppiert und sich aufgeregt gebärdet, ohne dass sie dabei ihre kostbare Haut in Gefahr bringen. Schlangen sind gegen die Zornausbrüche ihres Partners gewappnet. Und weiß der Himmel, das Pferd kann in seiner Wut erschreckend wild sein.

Drachen sind freigiebig. Pferde nicht immer. Der Drache verliert leicht die Geduld mit seinem Pferd-Freund und hat auch keine Hemmungen, das deutlich zu zeigen.

Geschäfte

Pferd-Menschen sind gute Geschäftsleute. Sie haben einen gesunden Instinkt. Sie verstehen sich aufs Spekulieren und wissen, wie man auch eine schlechte Situation zu seinem Vorteil wendet. Aber mit der Wahl des richtigen Augenblicks haben sie nicht immer Glück. Um geschäftlich erfolgreich zu sein, sollte ein Pferd-Geborener entweder selbstständig agieren und sich seinen Kundenstamm durch persönlichen Einsatz aufbauen, oder er sollte sich mit Tigern, Schlangen oder Ochsen zusammentun. Mit Partnern dieser drei Zeichen wird er nie Gefahr laufen, sein Geschäft zu ruinieren. Sie werden sich erinnern, dass der Pferd-Menschen nicht gern Verantwortung teilt, und dass er nicht fähig ist, nach einem Fehlschlag aus eigener Kraft neu anzufangen. Tiger-, Schlange- und Ochse-Partner werden dem Pferd-Mensch den Luxus des Aufgebens nicht gestatten. Sie wissen, wann sie ihn gewähren lassen können, wenn er in gestrecktem Galopp dahinstürmt. Aber sie wissen auch, wann der kritische Moment gekommen ist, der ihr Eingreifen nötig macht. Tiger-Partner werden ihm einen Rippenstoß versetzen, um ihn zur rechten Zeit zur Eile anzuspornen oder ihn zu einer ruhigeren Gangart zwingen. Schlange-Partner werden den Kopf schütteln und ihm in Ruhe die Leviten lesen. Und Ochse-Partner werden ihn einfach aus der Bahn drängen und seine Aufgaben selbst übernehmen.

Drache-Menschen werden nur auf Zeit gut mit Pferd-Partnern zusammenarbeiten. Kurzfristige Geschäftsverbindungen können für beide von Vorteil sein. Wenn sie sich längere Zeit jeden Tag sehen müssen, wird der Drache-Partner versuchen, alle Theorien und Pläne des Pferd-Teilhabers umzustoßen, und dieser wird verwirrt an sich selbst zu zweifeln beginnen.

Wenn der Pferd-Geschäftsmann Angestellte für sein Unternehmen sucht, sollte er sich für Hund-, Hahn- oder Ziege-Bewerber entscheiden. Er sollte nie einen Affe-Typ anstellen und sich jeden Gedanken an die Beschäftigung eines Menschen seines eigenen Zeichens aus dem Kopf schlagen. Der Affe-Angestellte wird die Taktiken seines Pferd-Chefs kritisieren. Ein Pferd-Angestellter wird ihn zu verdrängen versuchen und allen Erfolg auf sein eigenes Konto verbuchen. Er wird vor keiner Intrige zurückschrecken, um sich Geschäftsfreunden als eigentlicher Chef der Firma zu präsentieren.

Familie

Wie jedes Kind von Pferd-Eltern weiß, wird das Familienleben einzig und allein durch den Willen des Pferd-Vaters (bzw. der Pferd-Mutter) bestimmt und hat sich ganz nach seinen (ihren) Vorstellungen zu richten. Pferd-Eltern sind nicht der polternde autoritäre Typ. Ihr herrisches Auftreten mit der Reitpeitsche in der Hand genügt, um Kinder einzuschüchtern. Aber habt keine Angst, sie werden die Peitsche wahrscheinlich nie benutzen. Pferd-Eltern sind zu sentimental, um an körperliche Züchtigung auch nur zu denken.

Statt ihren Kindern eine Ohrfeige zu geben, reden Pferd-Eltern ihnen lieber ins Gewissen. Mit endlosen Tiraden und schönen Worten versuchen sie, den Kindern auseinander zu setzen, was sie falsch gemacht haben und warum ihr Benehmen nicht in Ordnung war. Und sie schrecken auch nicht vor emotionaler Erpressung zurück. Das alte und durchaus nicht wirkungslose Syndrom des »Nach allem, was ich für dich getan habe«, ist für sie keineswegs tabu.

Pferd-Väter und -Mütter tollen vergnügt mit ihren Tiger-, Drache- und Katze-Sprösslingen herum. Die freiheitsliebenden und selbstbewussten Kinder dieser Geburtszeichen fallen ihren Pferd-Eltern nicht einmal auf die empfindlichen Nerven. Wenn Pferd-Eltern auch viel von ihren Kindern verlangen, so respektieren sie doch ihre geistige Integrität.

Hund-, Schwein- und Schlange-Kinder werden im Heim ihrer Pferd-Eltern zu Gereiztheit und Frustration neigen. Kein Hund- und kein Schwein-Kind kann die egoistische Selbstbeweihräucherung seiner Pferd-Eltern verstehen. Und in all diesem Wirbel wird die Meinung des schweigsamen Schlange-Kindes allzu leicht ignoriert. Da Pferd-Eltern so ungeheuer redselig sind, sollten sie vielleicht von Zeit zu Zeit versuchen, ein Gespräch unter vier Augen mit ihren verwirrten Kindern zu führen. Keine feierliche Aussprache. Einfach eine nette, ungezwungene Plauderei.

Affe-Kinder werden ihren Pferd-Eltern aus dem Weg gehen. Ratte-Kinder werden sich aufs Argumentieren verlegen und natürlich dabei den Kürzeren ziehen. Ochse-Kinder nehmen es übel, wenn sie von den reiselustigen Eltern zu Hause gelassen werden. Ochsen lieben ein gemütliches Heim; Pferde sind keine häuslichen Typen.

Eine Bemerkung noch zum Verhältnis des Feuerpferd-Kindes zu seinen Eltern. Ein Pferd-Kind wird immer versuchen, möglichst früh aus der Bevormundung der Familie auszubrechen. Es lehnt sich gegen die Regeln auf oder aber ignoriert sie einfach. Es hat eine sehr sentimentale Zuneigung zu seinen Eltern; aber es kann keine Einmischung in seine eigenen Angelegenheiten vertragen.

Die beste Taktik gegenüber einem Feuerpferd-Kind ist: keine Taktik. Man muss es möglichst viel sich selbst überlassen. Die Eltern sollten dafür sorgen, dass es einen ruhigen Platz für sich hat, sollten ihm Spiele besorgen, mit denen es sich allein beschäftigen kann, und viele Bücher. Es wird wahrscheinlich mit gleichaltrigen Kindern sehr gut auskommen. Die Lehrer werden es wegen seines Eifers, seiner Ausdauer und seiner guten Auffassungsgabe schätzen und respektieren.

Man hat bei Jungen und Mädchen des Feuerpferd-Zeichens oft

den Eindruck, dass sie schon erwachsen zur Welt gekommen sind. Obwohl sie sich mit Freude und Eifer an kindlichen Spielen beteiligen, scheinen sie doch nur auf das Erwachsenwerden zu warten. Sie halten sich nur an Regeln, die sie selbst als richtig und zweckmäßig akzeptieren, und sie kennen bei der Planung ihrer Zukunft keine Grenzen für ihren Ehrgeiz. Das Feuerpferd-Kind hat ein großes Bedürfnis nach Zärtlichkeit und ist anschmiegsam; Konflikte bringen es leicht aus dem Gleichgewicht. Wenn es herumgestoßen oder in triviale Familienstreitigkeiten hineingezogen wird, zieht es sich verängstigt zurück und hat nur den einen Wunsch, möglichst bald aus dem unfreundlichen Nest zu fliehen.

Die Ziege

DIE JAHRE DER ZIEGE

13. Februar	1907	bis	2. Februar	1908
1. Februar	1919	bis	18. Februar	1920
17. Februar	1931	bis	5. Februar	1932
5. Februar	1943	bis	24. Januar	1944
24. Januar	1955	bis	11. Februar	1956
9. Februar	1967	bis	29. Januar	1968
28. Januar	1979	bis	15. Februar	1980
15. Februar	1991	bis	3. Februar	1992
1. Februar	2003	bis	21. Januar	2004
19. Februar	2015	bis	7. Februar	2016

ZIEGEN SIND: Elegant. Kreativ. Intelligent. Wohlerzogen. Freundlich. Apart. Einfallsreich. Gemütlich. Ausdauernd. Liebenswürdig. Zart fühlend. Kunstsinnig. Sinnlich. Geschmeidig. Selbstlos. Friedliebend.
ABER SIE KÖNNEN AUCH SEIN: Pessimistisch. Wichtigtuerisch. Unzufrieden. Kapriziös. Indiskret. Undiszipliniert. Unselbstständig. Verantwortungslos. Unpünktlich. Unsicher.

Ziegen, die ich gekannt und geliebt habe

Ziege-Menschen sind für ihr ausgeprägtes Talent berühmt, in schwierigen Situationen eine Haltung treuherziger Naivität zu bewahren. Wenn alle anderen höchst kriegerisch Barrikaden bauen, Felsbrocken schleudern und mit ihren Gewehren auf die Feinde schießen, wird man bestimmt mindestens eine Ziege herumspringen sehen, die Gitarre im Arm und mit friedvollem Gesichtsausdruck einen erleuchteten Gesang anstimmend. Unsere Freundin die Ziege ist der Troubadour des chinesischen Tierkreises.

Nehmen wir zum Beispiel Pete Seeger (Ziege, 1919). Dieser freundliche Gentleman, ein Meister des friedlichen Widerstandes gegen die Ungerechtigkeit, war der Einhämmerer vieler aufrüttelnder Ideen in den militanten Sechzigerjahren. Mehr als zwei Jahrzehnte lang waren Pete Seeger und seine Weavers überall, wo sich ein Unwetter zusammenbraute, zur Stelle, um die Vorgänge zu registrieren, uns in ihren Songs ihre Meinung zu verkünden und um der Wahrheit willen auch das Eingreifen der Zensur zu riskieren. Aber wenn wir uns an Pete Seeger erinnern, denken wir schwerlich an physische Gewalt oder Handgemenge. Nein, noch lange nach der Auflösung der Weavers haben wir das Bild einer Ein-Mann-Bewegung vor Augen, sehen wir ihn allein auf der Bühne stehen, fast schüchtern, mit seiner vibrierend-faszinierenden Stimme seine Protestsongs in die Menge schleudernd. Wenn die Atmosphäre sich aufheizte, forderte Seeger seine Zuhörer zum Mitsingen auf. Zögernd, dann immer stärker, stimmte das Publikum ein; die Leute sangen begeistert mit. Seine Stimme ging in der Menge unter. Seine Anhänger, seine Schüler des gewaltlosen Widerstands beteten ihn an. Sie liebten ihn wegen seiner Schüchternheit. Sie applaudierten ihm für seinen Mut. Er war ihr Guru, ihr Führer und ihr Lehrer. Und doch, seltsam genug, wenn ich mich an Pete Seegers Auftritt in den ausklingenden Fünfzigerjahren in einem Klub in Greenwich Village erinnere, so hat sich besonders lebhaft in mein Gedächtnis das Gefühl eines tiefen Mitleids eingeprägt. Wenn ich darüber nachdenke, dann glaube ich wirklich, dass meine Verehrung für ihn zu einem Großteil in seiner Verwundbarkeit begründet war. Nicht dass seine Songs nicht anrührend waren oder für meine jugendlichen Ohren nicht echt klangen. Im Gegenteil. Aber da war noch etwas anderes. Er sah aus wie ein zerzaustes Küken, das seine Mutter verloren hat. Das war seltsam ergreifend... Man konnte diesem scheuen Charme nicht widerstehen.

Ziege-Menschen sind am leistungsfähigsten, wenn sie ihrem Wesen gemäß handeln können. Routine, Ordnung, feste Zeiteinteilung und starre Regeln liegen ihnen nicht. Alles, was sie tun, steht unter dem selbstverständlichen Vorbehalt, damit keine Verpflichtung anzuerkennen. Erlauben Sie mir bitte, zur Erklärung auf eine autobiografische Erfahrung zurückzugreifen. Mein guter Vater war im Jahr der Ziege 1907 geboren. Nach außen hin machte er den Eindruck eines eher pedantischen Menschen. Sein Büro war blitzsauber. Exakt aufgereiht lagen Notizblocks, Federhalter und Bleistifte auf dem peinlich sauberen Schreibtisch. Für mich war er der ordentlichste und penibelste Mensch auf Erden. Ungefähr ein Jahr nach seinem Tode kam ich in einem Gespräch mit meiner Mutter auf diese Eigenschaft meines Vaters zu sprechen. »Wie konntest du das nur ertragen, Mama? Diese ganze tüftelige Organisation im Büro und diese pedantische Ordnung von Papa. Das muss dich doch verrückt gemacht haben?«

»Von welcher Ordnung sprichst du? Dein Vater war der unordentlichste Mensch, der je auf Gottes Erde gelebt hat. Er war ein herzensguter Mensch, aber er war alles andere als ordentlich«, sagte meine Mutter lächelnd.

»Aber all diese gespitzten Bleistifte und diese exakten Ordner und die Karteien. Ich bin sicher, dass ich mich da richtig erinnere.« Ich war perplex.

»Oh das.« Meine Mutter lachte. »Das war alles nur Fassade. Dein Vater konnte sich von einem Tag zum anderen nicht erinnern, wo er seinen Kopf gelassen hatte. Er stellte deshalb immer sehr ordnungsliebende und tyrannische Sekretärinnen ein. Je diktatorischer, umso besser. Wenn er Mary Poppins hätte engagieren können, hätte er das bestimmt getan.«

Ungläubig war kaum das richtige Wort, um mein Erstaunen zu beschreiben. Ich dachte wirklich, meine Mutter sei über Nacht senil geworden. »Und wie erklärst du diese Kommodenschubladen? Und seinen Kleiderschrank? Papa war ein Fanatiker in solchen Dingen. Oder etwa nicht?«

»Ja. Solange ich alles hinter ihm aufräumte und die Schubladen mit Etiketten versah und mit ihm schimpfte, wenn er die Socken zwischen die Unterhemden legte, brachte er es fertig, methodischer als ein Computer zu sein. Aber ich sage dir, er war nicht ordentlich von Natur aus. Er legte Wert darauf, dass alles genau seinen richtigen Platz hatte, weil er befürchtete, es könnte in dem Durcheinander verloren sein. Ich liebte ihn, das weißt du. Aber das hindert mich nicht, zu sagen, dass er kein ordentlicher Mensch war.« Es klang nicht boshaft, mehr so, als wäre es eine allgemein bekannte Tatsache.

Was haben wir doch für falsche Vorstellungen von unseren Eltern. Bis sie von uns gegangen sind, haben wir oft nicht die geringste Ahnung, wie sie wirklich waren. Nach diesem Gespräch mit meiner Mutter habe ich natürlich gleich das Geburtsjahr meines Vaters im chinesischen Tierzeichenkalender nachgeprüft. Wie zu erwarten war: Er war im Zeichen der Ziege geboren. Wie kann das blinde Vertrauen eines Kindes in das, was ihm als Autorität erscheint, doch den Blick für die Wirklichkeit trüben. Weil ich schon früh mein Elternhaus verlassen hatte, war mir der wirkliche Charakter meines Vaters völlig verborgen geblieben. Ich wollte es genauer wissen. Ich fragte meine älteren Geschwister, die nicht wie ich nach Paris gegangen waren, wie Vater tatsächlich in seinem späteren Leben gewesen war.

Mein ältester Bruder sagte: »Schwach. Papa war zu liebevoll und zu gut, um wirklich stark zu sein. Dieses ganze strenge Gehabe zu Hause und im Büro? Das war alles Fassade. Im Grunde konnte er keiner Fliege etwas zu Leide tun. Wenn du dich erinnerst – er schimpfte mit uns nur, wenn Mama es ihm aufgetragen hatte. Er hasste alles Gewalttätige. Er war ein friedlicher Mensch.«

Meine Schwester? Sie erzählte mir eine Geschichte. »Erinnerst du dich, wie er uns manchmal mitten in der Nacht aus dem Bett holte und uns zu einem heimlichen Picknick mitnahm?« Ich nickte. Diese Ausflüge waren ein herrlicher Spaß gewesen. »Nun, es machte Mutter rasend. Er kümmerte sich nicht im Geringsten, ob wir dabei die Schule versäumten oder ob wir gerade Masern hatten oder nicht. Es war ihm einfach danach zu Mute, mit uns zusammen zu sein. Mama konnte sich noch darüber aufregen, als wir längst erwachsen waren.«

Diese Familienerinnerungen gaben mir zu denken. Es gab keinen Zweifel, mit meinem Vater zusammenzuleben, musste die Hölle gewesen sein. Als ich meine Mutter genauer befragte, erzählte sie mir, dass sie nie gewusst habe, ob sie im nächsten Jahr genug Geld haben würde, um für ihre fünf kleinen Schulkinder Kleider und Schuhe zu kaufen. Und gerade dann, wenn sie dringend Bettwäsche und Geschirr brauchte, ging Papa los und kaufte ihr einen neuen Cadillac. Natürlich war dann kein Geld mehr übrig für solche Lappalien wie Handtücher und Kopfkissen. Ich hatte mich immer gewundert, warum wir gestopfte Socken und geflickte Jeans in der Schule tragen mussten, während meine Eltern sich Luxusferien in Hawaii leisteten. Irgendwie stimmte das nicht zusammen, dass meine Mutter zwei neue Pelzmäntel bekam, nachdem mein Vater Bankrott gemacht hatte.

Wie mir inzwischen klar geworden ist, gibt es dafür eine durchaus einleuchtende Erklärung. Ziege-Menschen, diese liebenswerten und zärtlich-warmherzigen Geschöpfe, sind die exzentrischsten Leute der Welt. Kapriziös, das ist es, was sie beschreibt. An einem Tag arbeiten sie wie besessen, schwitzend und stöhnend, dass es einen erbarmen könnte. Und am nächsten Tag? Nun, sie haben es einfach vergessen, dass der Zaun noch nicht fertig gestrichen ist oder dass noch eine Reihe Bohnen gepflanzt werden muss. Wäre es sehr schlimm, wenn sie das erst morgen machen würden? Ziege-Menschen sind liebenswert, aber sie bringen ihre Umgebung zur Verzweiflung, unweigerlich. Versuchen Sie nicht, sie zu drängen, etwas zu Ende zu bringen, und bilden Sie sich nicht ein, dass Sie mit freundlichem Zureden bei ihnen etwas ausrichten können, wenn ihnen nicht danach zu Mute ist. Es wird nichts nutzen. Sie werden einfach lächelnd auf Wolke Nummer neun entschweben.

Die einzige Methode, die ich kenne, um mit träumerischen Ziege-Menschen fertig zu werden, ist unverblümte Tyrannei. Bellen Sie sie an und beißen Sie sie in die Waden und schieben Sie sie gleichzeitig in die Richtung, in der Sie sie haben wollen. Sie lieben heißt, sie tyrannisieren. Man hat keine andere Wahl. Sie wollen, dass man ihnen sagt, was sie tun sollen. Es macht sie nicht einmal ärgerlich. Solange Sie ihnen die Art liebevoller Fürsorge geben, die sie so heiß ersehnen, werden Sie Ihnen überallhin folgen.

Wie die Mutter, so die Tochter. Lange bevor ich wusste, dass mein »pater familias« ein Mitglied der Bruderschaft der Geißen war, hatte ich mich selbst mit einem aus ihren Reihen liiert. Sein Name war Todd. Ich habe ihn in der Einleitung schon erwähnt. Der Prinz in Blue Jeans, wenn Sie sich erinnern. Nun, ich erinnere mich sehr genau. Es war Paris, die Sechzigerjahre. Das Land von Seide und Honig und gutem Rotwein. Wie könnte ich das Nirwana vergessen?

Ohne Groll kann ich aus voller Überzeugung sagen, Todd war die entsetzlichste exzentrische Person, die ich je das Vergnügen hatte zu heiraten. Und natürlich, er war 1931 geboren. Todd war die Art von unbekümmertem Luftikus, die man einfach nicht hassen konnte. Nichts schien ihn aus der Ruhe bringen zu können. Ich nannte ihn Mr. Feuerwehr. Der Name passte ihm wie ein Handschuh. Genau in dem Augenblick, wo das Baby zu schreien anfing, die Milch für das Fläschchen überkochte, meine Augen sich mit brennenden, salzigen Tränen füllten und der Kamin zu rauchen anfing, kam Todd als Retter. Aufwischen, Beruhigen, Wickeln, Füttern, Löschen. In einem einzigen Augenblick senkte sich der Vorhang über die Tragödie. Todd konnte es richten. Und er richtete es – in aller Ruhe.

Der Haken? Solange nicht mindestens eine griechische Tragödie auf drei Ebenen abrollte, saß Todd friedlich herum und legte seine Patiencen. Fünf hektische Jahre lang machte ich Sarah Bernhardt mit meinen großen häuslichen Theaterauftritten Konkurrenz.

Der Champion eines Ziege-Menschen zu sein, das bedeutet, eine kombinierte Rolle aus Florence Nightingale und einem Diktator zu spielen. Die beiden Rollen wechseln sich ab, aber beide Elemente müssen definitiv in der Person vorhanden sein, der es gelingt, mit Menschen des Typs Ziege fertig zu werden.

Ich kann Ihnen ein treffendes Beispiel erzählen. Vor einigen Jahren brauchte ich ein Kindermädchen, als meine Nanny im Sommerurlaub war. Man nennt diese Aushilfen Aupairmädchen. Ich habe nie so recht verstanden, warum. Sie wissen, was ich meine? Ich lernte im Haus von Freunden, die in der Nähe von Paris eine biologische Farm betreiben, ein junges Mädchen kennen. Sie war eine entfernte Cousine der ehemaligen Schwiegermutter der Frau. Sie hatte, wie man sagt, Referenzen, und außerdem gefiel sie mir. Sie hieß Marie-Antoinette. Sie können sich vorstellen, dass dieser

Name in Frankreich nicht sehr gebräuchlich ist. Er hat nicht gerade den Ruf, seiner Trägerin Glück zu bringen. Jedenfalls, Marie-Antoinette oder Marie-A, wie ich sie dann nannte, war etwa neunzehn Jahre alt, hatte ein ziemlich ausdrucksloses Gesicht und eine üppige Figur. Sie studierte Literatur an der Sorbonne. Ihre Eltern waren beide Zahnärzte. Sie suchte einen Job für die Sommerferien. Ich engagierte sie.

Manchmal bin ich wirklich naiv. Ich dachte nicht daran, sie nach ihrem Geburtsjahr zu fragen. Aber schon bald fand ich heraus, dass sie nicht neunzehn Jahre alt war, sondern siebzehn (Ziege, 1955). Wir wollten die Ferien in Ibiza verbringen. Ibiza ist eine herrliche kleine Insel mit einem unverdient schlechten Ruf, vor der spanischen Mittelmeerküste gelegen. Dieses herrliche Fleckchen Erde mit seinen weißen Stränden und den ungewaschenen Vagabunden war seit zwölf Jahren mein geliebtes Ferienparadies. Ich hatte selbst einmal zu diesen Weltenbummlern, Herumstreunern, oder wie immer man sie nennen mag, gehört, aber ich hatte keine blasse Ahnung, dass ein Ziege-Mädchen mit nach Ibiza nehmen ungefähr dasselbe ist, als wenn man ein Kind an der Hand zum Opferaltar führt. Ich muss gestehen, ich hatte mir nichts dabei gedacht. Marie-A sollte auf die Kinder aufpassen und sich mit dem Haushalt beschäftigen, während ich meinen Sommerurlaub nutzen wollte, um ein überfälliges Buch zu schreiben.

In den beiden ersten Wochen war das Leben in dem Ziegelhaus in der malerischen alten Stadt wunderbar. Marie-A schrubbte und putzte mit Feuereifer, stets lächelnd und guter Laune. Sie fiel mir ein wenig auf die Nerven mit ihrer ständigen Fragerei, wie dies und jenes gemacht werden sollte. Aber ich schrieb das dem Umstand zu, dass ich nicht mehr gewohnt war, Anweisungen zu geben. Meine Kinderfrau in Paris ist so tüchtig, sie kommandiert mich herum. Traurig zu sagen – aber ich war wieder einmal auf dem Holzwege.

Eines Tages kamen die Kinder zu mir mit dem ernsten Blick in den Augen, der bedeutet: Wir haben etwas mit dir zu besprechen. Mit der piepsigen und drängenden Stimme, die kleine Mädchen oft haben, sagte zuerst Daisy, dann Autumn: »Mami, du musst sie wegschicken.«

»Und wieso?« Ich zündete mir eine Zigarette an, um meine Nerven zu beruhigen. Wie alle Welt weiß, Kritik an einem Babysitter bedeutet, dass man ihn verliert.

Meine Kinder, die von einer Sprache in die andere, von einem Kulturschock in den anderen getrieben worden sind, beschweren sich fast nie über etwas, solange sie genug zu essen bekommen. Daisy piepste los: »Sie vergisst alles.«

»Nun ja, das ist doch nicht schlimm, oder? Ihr vergesst eine Menge Sachen. Und ich auch. Was ist an Marie-As Vergesslichkeit so Besonderes?«

»Gestern hat sie vergessen, uns Mittagessen zu geben. Und vorgestern hat sie vergessen, die Hotdogs vom Herd zu nehmen, und sie sind alle verbrannt. Und heute Morgen hat sie vergessen, mit uns zum Strand zu gehen, weil sie betrunken war.« Ihre Stimme überschlug sich vor Verzweiflung.

Ich war nicht gerade erfreut, diese neuesten Nachrichten über Marie-A zu hören.

»Betrunken?« Ich stand auf und rief: »Wo ist sie jetzt?«

»Wir wissen es nicht. Sie ist vor ungefähr zwei Stunden weggegangen und hat uns einen Zettel dagelassen. Hier ist er.«

Daisy gab mir einen Fetzen Packpapier, auf dem mit Bleistift geschrieben stand: »Meine Süßen, ich gehe zum Strand mit meinem lieben Robin. Ich bin am Abend zurück. Macht euch einen schönen Tag. Ich liebe euch, Marie-A.«

»Wer ist dieser ›liebe Robin‹?«, fragte ich mein verwirrtes Elfenpaar.

»Er ist ein Hippie«, kam es wie aus einem Munde. »Er schubst uns immer rum. Er ist nicht so nett wie Stevie war.«

»Und wer war oder ist Stevie?«, fragte ich.

»Der mit der Gitarre, der letzten Mittwoch hier geschlafen hat. Er war lustig«, sagte Autumn. »Er hat Daisy und mir einen Comic geschenkt.«

Jetzt fiel Daisy ein. »Ja, du dachtest, er wäre nett, aber all das Herumgehopse im anderen Zimmer, worüber Marie-A dauernd kichern musste; ich konnte gar nicht einschlafen dabei. Ich mochte ihn überhaupt nicht.« Sie war unerbittlich, was Stevie betraf.

Nun halte ich mich als allein stehende Mutter von zwei kleinen Engeln für nicht gerade prüde, was Sex und alle die Dinge, die damit verbunden sind, betrifft. Wenn das Thema zur Sprache kommt, gebe ich meinen Kindern alle freimütigen Erklärungen, die man ihnen geben soll. Ich gehöre aber nicht zu diesen Ultralibertinisten, die Sexausstellungen in Kindergärten organisieren, damit die Kinder sich ungehemmt entwickeln können. Ich war entsetzt, wütend und krank vor Angst, dass die Mädchen einen unheilbaren Schock fürs Leben erleiden konnten, wenn sie in so zartem Alter mit solchen nächtlichen Ausschweifungen in Berührung kamen. Und ich dachte auch an die Eltern von Marie-A. Was würden sie denken, wenn sie erfuhren, dass Marie-A sich auf dieser Sündeninsel mit jedem hergelaufenen Faulenzer herumtrieb? Ich war froh, dass der berüchtigte Charmeur Clifford Irving diesen Sommer nicht in Ibiza war.

An diesem Nachmittag ging ich selbst mit den Kindern zum Strand. Und am Abend, als Marie-A mit Sonnenbrand und trüben Augen wieder heimgefunden hatte, unterhielt ich mich in aller Ruhe mit ihr. Ich erklärte ihr, dass ihr Privatleben ihre eigene Angelegenheit sei; was sie in ihrer Freizeit machte, interessierte mich nicht. Aber sie war noch minderjährig, und ich hatte die Verantwortung für sie in einem fremden Land. Ihren Eltern gegenüber hatte ich die Pflicht, ihrer Herumtreiberei ein Ende zu machen. Und was meine Kinder betraf, so war ich fuchsteufelswild.

Die ganze Zeit über, während ich auf sie einredete, lächelte Marie-Antoinette und nickte zustimmend und spielte die Rolle einer heiligen Theresia im letzten Stadium zerknirschter Reue. Ich hatte ja Recht. Sie werde es nie wieder tun. Warum hatte ich ihr das nicht vorher gesagt?

»Du meinst, man muss dir sagen, dass du keine Herumtreiber ins Haus bringen sollst?«, schimpfte ich.

Ich *hätte* es ihr früher sagen sollen. Sie würde es nie wieder vergessen. Und so fort. Und die nächsten Tage war alles in Ordnung. Sie spielte und tollte mit den Kindern im Haus herum und war so eifrig, als hätte sie die Arbeit erfunden. Dann kam Jean-Claude zum Abendessen. Jean-Claude, der Wüstling. Jean-Claude, der widerliche alte Mann. Jean-Claude, dem ich kaum erlaubte, in das Zimmer meiner Kinder zu schauen, aus Angst, er könnte sich auf die schlafenden Engel stürzen. Er war ein Geschäftsmann, mit dem ich manchmal zu tun hatte. Ein Agent für Schriftsteller. Ein lüsternes altes kommerzielles Genie.

Sie ahnen es schon. Marie-A rannte nachts mit ihm davon. Den Kopf auf die Hände gestützt, fragte ich mich, wie ich nur in diesen Schlamassel geraten war. »Ich habe zweiundsiebzig Stunden nach dir gesucht, junge Dame«, tobte ich. Ich zögerte, die Polizei zu rufen. Ein spanisches Gefängnis ist für ein junges Mädchen schlimmer, als wenn man es in ein Bordell schicken würde.

»Sie haben gesagt, Sie würden mich mit netten Leuten bekannt machen. Jean-Claude ist doch Ihr Freund«, flennte das mannbare Geschöpf.

»*Non. Non et non!* Jean-Claude ist nicht mein Freund. Er ist jemand, mit dem ich geschäftlich zu tun habe. Ich lade ihn einmal im Jahr gezwungenermaßen zum Essen ein. Ich mag Jean-Claude überhaupt nicht.«

»Sie hätten es mir sagen sollen«, wisperte Marie-A. »Ich werde das nie wieder tun.«

Marie-Antoinette gehörte zu den Menschen, denen man alles sagen muss. Wenn man sie dabei erwischte, wie sie die verkehrsreiche Grandrue überquerte, nachdem man sie gewarnt hatte, die verkehrsreiche Rue de la République nicht zu überqueren, dann sagte sie mit unschuldigem Augenaufschlag: »Sie haben mir nicht gesagt, dass ich hier nicht über die Straße gehen soll.«

Kurz, ich schickte sie nach Hause zu ihren Eltern zurück. Sie gab mir zu verstehen, dass sie glücklich sei, uns zu verlassen. »Dieser Platz ist nicht sehr gut für mich. Meine Mutter lässt mich nie mit Jungens ausgehen. Mein Vater ist sehr streng. Ich wohne zu Hause; mir gefällt es da besser.« Ihre Eltern wussten, was sie taten.

Ich weiß, es hört sich an, als würde ich Kindermädchen, die im Zeichen der Ziege geboren sind, in unzulässiger Weise herabsetzen. Das ist nicht meine Absicht. Ziege-Menschen gehören zu den schöpferischsten und erfindungsreichsten Geschöpfen überhaupt. Sie sind intelligent und sensibel. Sie sind elegant und sehen gut aus. Sie haben viele, sehr viele wunderbare Eigenschaften.

Solange das Leben den Ziegen eine fette Weide zum Grasen gibt, kann man erwarten, dass sie sich wohl fühlen. Das Zeichen der Ziege ist ein gutes Omen für die Menschen, die es lieben, von anderen abhängig zu sein. Obwohl es mir nicht leicht fällt, das zu sagen: Für Frauen ist das Zeichen der Ziege günstiger als für Männer. Männern dieses Zeichens fällt es so schwer, gegen ihre angeborene

Launenhaftigkeit anzukämpfen, dass es ihnen fast unmöglich ist, in traditionellen so genannten Männerberufen Erfolg zu haben.

Viele Leute halten Ziege-Männer für weibisch. Man sollte sich durch den äußeren Eindruck nicht täuschen lassen. Der Ziegenbock ist immerhin eines der universalen Symbole für Virilität. Was wir als weibliche Züge des Ziege-Mannes missverstehen, ist nichts anderes als ihre sanfte Natur und ihre ästhetische Sensitivität. Warum die Gesellschaft diese Wesenszüge als typisch weiblich betrachtet, ist die eigentliche Frage. Aber das lässt sich nicht von einem Tag zum anderen ändern.

Mick Jagger ist in einem Jahr der Ziege geboren (1943). Jedes Mal, wenn ich ihn bei einem Konzert sehe, beeindruckt mich am meisten die Manifestation einer unverkennbaren Androgynie. Er besitzt zweifellos eine so starke erotische Ausstrahlung, wie man sie heute kaum jemals auf der Bühne erleben kann. Er ist unbestreitbar männlich; doch in seiner Aura, seinem Tanzen, seinen graziösen Sprüngen ist etwas Weibliches – ein Zug, der, obgleich schockierend, doch ungeheuer attraktiv wirkt. Jagger ist nicht das Modell des männlichen Kraftprotzes unserer Magazine, aber sein Sexappeal dringt aus allen Poren seiner Haut. Wenn Sie mir nicht glauben, dann gehen Sie einmal in eines seiner Konzerte und sehen Sie selbst. Es gibt keinen Zweifel, dass er »ganz Mann« ist.

Im Gegensatz dazu strahlt die Sängerin, Songschreiberin und Musikantin Joni Mitchell so eine Art erdhaft-verführerischen Zauber aus, wie er vielen Ziege-Menschen eigentümlich ist. Sie tritt ebenfalls mit ihren Songs allein auf, die von großer poetischer Ausdruckskraft sind. Ihr Gesang hat etwas von innen heraus Leuchtendes. Ihre Stimme wirkt durch die kristallene Reinheit des Tons fast unsinnlich. Und ihre Botschaften schmettert sie nicht in den knallharten Rhythmen in die Zuschauer, wie wir es heute so sehr gewohnt sind – o nein. Joni Mitchell hält ihr Publikum in Atem, physisch und geistig. Ihre klaren Töne dringen bis in die äußersten Ecken des Saales. Ihr Stimmvolumen ist beachtlich. Und was sagt sie ihren Zuhörern? Der Text ihrer Songs entspricht ganz ihrem Ziege-Wesen. Joni Mitchell sagt das, was alle Ziege-Menschen, die ich kenne, auch immer sagen: »Ich hätte nicht in dieses Flugzeug steigen sollen.« »Meine schöne weiße Wäsche und mein phantastisches französisches Parfüm fehlen mir.« Und: »Ich komme heim nach Kalifornien.« Aber vorher: »Vielleicht werd ich nach Amsterdam gehen, vielleicht nach Rom, und ich will mir einen großen Flügel leihen und viele Blumen in mein Zimmer stellen.« Und dann sagt sie, dass sie in ihr geliebtes Kalifornien zurückkehren will. Wenn Sie diese Songs nicht kennen, dann sollten Sie sich einmal ihre Schallplatte *Blue* anhören. Sie verdient es. Und sie wird Ihnen auch helfen, die Natur der Ziege-Menschen zu begreifen.

In einem anderen Schlager, der typisch für sie ist, heißt es: »Ich ging zu einer Party durch eine schmutzige rote Straße. Da waren viele nette Leute. Sie lasen *Rolling Stone*. Sie lasen *Vogue*. Sie fragten mich: Wie lange kannst du hier bleiben? Ich sagte, eine Woche. Vielleicht zwei. Gerade so lange, wie man braucht, um braun zu werden.« Diese schmutzige rote Straße ist der ausgefahrene Zufahrtsweg zur Farm eines meiner Freunde auf der Insel Ibiza. Als Joni Mitchell auf der Insel war, veranstalteten wir eine Party, zu der sie kam. Groß, gertenschlank, auffallend schön. Ihr Gang war eher ein Hüpfen. Mit ihren schimmernden blonden Haaren sah sie aus wie ein kanadisches Mädchen aus den Wäldern des hohen Nordens – nicht wie irgendein Mädchen vom Lande, sondern wie ein Star. Als ich später ihren Song über die Party am Ende der schmutzigen roten Straße hörte, musste ich lachen. Sie hatte die Atmosphäre dieser Soiree perfekt erfasst. Alle diese blasierten Typen der europäischen Society waren hier vertreten, saßen gelangweilt herum und blätterten in Modemagazinen. Und sie blieb auch nicht sehr lange auf der Insel.

Ziegen bleiben übrigens nirgendwo lange. Sie sind nicht gerade für ihre Beständigkeit berühmt. Sie treiben von einer Situation in die andere, wobei sich durch ihre bloße Gegenwart die Hektik ihres Temperaments auf die Umwelt überträgt. Diese Eigenschaft ist zugleich ihre Stärke und ihre Schwäche. Auf der einen Seite haben sie, weil sie so vielseitig interessiert sind und sich gleich hingebungsvoll ihren stets wechselnden Aufgaben widmen, die Fähigkeit, ihre Talente auf vielen Gebieten zu erproben. Auf der anderen Seite kann diese geistige Beweglichkeit, wenn sie nicht kontrolliert wird, ihre Lebenskraft zerstören. Ich kann daher nicht eindringlich genug auf die große Bedeutung der Sicherheit für das Leben eines Ziege-Menschen hinweisen. Solange man sich um ihn kümmert und er ein behagliches Leben führt, wird er glücklich und zufrieden sein und keine Neigung verspüren, in die Ferne zu schweifen. Wenn er die Gewissheit nicht hat, dass sein Leben sicher und komfortabel bleiben wird, fängt er bald an, nach grüneren Weiden Ausschau zu halten.

Ziege-Menschen geben die großartigsten Partys. Sie haben ein besonderes Talent, Atmosphäre zu schaffen. Die Beleuchtung wird genau richtig sein, die Dekoration perfekt, das Buffet (vorausgesetzt, er vergisst nicht, den Partyservice zu bestellen) delikat und raffiniert. In solchen Dingen kennen sie alle Tricks. Sie sind bemerkenswert gute Gastgeber und Gastgeberinnen. Sie scheinen ein besonderes Geschick zu haben, jedem ihrer Gäste das Gefühl zu vermitteln, dass sie gerade ihn besonders schätzen. Außerdem drängen sie sich nicht auf, sondern lassen ihre Gäste sich selbst amüsieren, ohne sich dauernd einzumischen.

Ich habe erwähnt, dass Ziege-Geborene ausdauernd sind. Ich meine nicht damit, dass sie unbezwingbare Krieger sind, die bis zum bitteren Ende kämpfen. Ziege-Menschen haben ihre eigene Art von Ausdauer. Man könnte sie vielleicht besser als Selbstbehauptung bezeichnen. Menschen, die im Jahr der Ziege geboren sind, verwenden viel Zeit auf die Suche nach einem Bündnis, nach einem Partner, der ihr Leben vor Schaden bewahren soll. Was andere Menschen als Abenteuer, Ungebundenheit oder Unabhängigkeit schätzen, ist für Ziege-Menschen eine unerträgliche Belastung. Ihr Trachten geht mehr dahin, die für sie so wichtige Sicherheit bei einem anderen Menschen zu finden. Sie brauchen jemanden, auf den sie sich verlassen können. Mick Jagger spricht es in einem seiner Songs aus: »Wir alle brauchen jemand, um uns anzulehnen.« Jemand heißt, einen, der sich darum kümmert, dass unser Ziege-Mensch morgens rechtzeitig aufsteht, dass er ein sauberes Hemd anzieht und für die Arbeit des Tages gerüstet ist. Ziegen sind alles andere als selbstgenügsam. Sie leben ihr Leben durch andere Menschen; sie sehen die Dinge besser durch die Augen eines geliebten Menschen, und man sollte nicht damit rechnen, diesen Zug ihres Charakters ändern zu können.

Die Berufswahl für Ziege-Menschen sollte vor allem die verschiedenen Arten der Kunstausübung berücksichtigen. Man sollte alles von der Dichtkunst bis zum Filmschaffen oder zur Architektur in Betracht ziehen. Erziehung wird hilfreich sein, aber Ziege-

Menschen haben nicht immer das nötige Verständnis für die harte Vorbereitung auf einen Beruf. Sie sind nicht die Gelehrten dieser Welt. Sie sind unkonzentriert und träumerisch in der Schule. Sie schauen sehnsüchtig aus dem Fenster und wünschen sich, dass eine gute Fee sie von dieser Sklaverei erlöst. In einer sicheren und ruhigen Umgebung werden sie ihren Gedanken freien Lauf lassen, stundenlang über eine Idee für ein Bild oder einen Roman brüten, eine neue Methode zur Bewältigung der Zukunft planen oder komplizierte Entwürfe für die dekorative Gestaltung eines Wohnzimmers zeichnen, für das sie bisher nicht einmal die Mittel zur Anmietung, geschweige denn zur Gestaltung gefunden haben.

Ziege-Menschen haben kein Zeitgefühl. Sie kommen unweigerlich entweder zu früh oder zu spät zu einer Verabredung. Mein Ziege-Mann pflegte mich mindestens dreimal am Tag zu fragen: »Welcher Tag ist heute?« Mein freundliches Ziege-Kindermädchen, von dem ich Ihnen erzählt habe, kam regelmäßig eine halbe Stunde nach Ladenschluss mit der Frage zu mir: »Was soll ich zum Abendessen einkaufen?« Einem Ziege-Menschen wegen seiner Interesselosigkeit für Zeitpläne oder wegen seiner vielen Hirngespinste böse zu sein, ist einfach unmöglich. Der beste Rat, den ich Ihnen geben kann, ist der, sie so zu nehmen, wie sie sind.

Eine letzte Anekdote aus meinem Eheleben wird vielleicht besser verdeutlichen, warum sie einen Ziege-Menschen nicht hassen können, selbst wenn er sie mit seinen exzentrischen Ideen zur Verzweiflung bringt. In einer düsteren Epoche meines Hausfrauendaseins lebten wir im nördlichen Teil des Staates New York, wo der Winter 1967 besonders streng war. Wir mussten unsere beiden kleinen Mädchen jeden Morgen früh aus dem Bett holen, warm vermummen und in den Kindergarten bringen. Todd blieb abends immer lange auf, während ich früh ins Bett ging. Eines Morgens stand ich wie üblich um sechs Uhr auf und kochte mir meine erste Tasse Kaffee, um mich für die Aufgaben einer jungen Mutter und berufstätigen Frau zu stärken. Nach einem kurzen Blick in die Zeitung und einer raschen Toilette, weckte ich die Kinder und begann mit dem Ritual des Waschens, Fütterns, Ankleidens und so weiter.

Es war ein extrem kalter Tag. Ich schickte einen schläfrigen Todd ins Badezimmer zum Duschen und begann mit dem mühsamen Prozess, die beiden Kinder für den Weg durch die Kälte zu verpacken. Aber wo waren ihre Sachen? Ich konnte weder einen Fäustling noch einen Overall finden. Da ich in solchen Dingen so ordentlich war, wie man von einer erschöpften und berufstätigen Mutter erwarten kann, wusste ich, dass ich die Überkleider der Kinder in den Schrank gehängt hatte, bevor ich schlafen gegangen war. Aber, dachte ich, vielleicht irre ich mich auch. Am Ende war ich unzurechnungsfähig. Ich begann tatsächlich, an meinem Verstand zu zweifeln. Also jagte ich sozusagen durch alle Schubladen und Spielzeugkästen, in der Annahme, dass ich vielleicht das kreative Spielzeug in den Schrank und die warmen Kinderanzüge in den Spielzeugkasten gestopft hatte. Aber sie waren einfach nicht zu finden. Ich rief Todd durch den Dampf im Badezimmer zu: »Hast du die Anzüge der Kinder irgendwo gesehen?«

Er rief fröhlich zurück: »Hast du im Kleiderschrank nachgesehen?«

Typisch. Ich schnaubte verächtlich. Hielt er mich für so dumm, nicht da nachzuschauen, wo die Sachen sein sollten? Ich schlug die Badtür wütend zu.

Zu der Zeit, als Todd aus dem Bad kam und sich anzog, war ich völlig aufgelöst. Es war bald acht Uhr, und ich hatte für die Kinder nichts zum Anziehen. Todd trank in aller Ruhe seinen Kaffee. Ich drängte ihn zur Eile, damit er mir helfen konnte, nach den verschwundenen Sachen zu suchen. Er lächelte mir verständnisvoll zu (was ich in diesem Augenblick nicht zu schätzen wusste). Mit einem Kind unter jedem Arm stand ich in der Küchentür und fuhr ihn an: »Finde endlich die Sachen! Wir werden beide zu spät zur Arbeit kommen.«

Todd stand auf, trank den Restschluck seines Kaffees, fasste mich liebevoll um die Taille, öffnete die Haustür und sagte: »*Voilà.*«

Sie werden es nicht glauben, aber es ist wahr. Ich schwöre es. Draußen vor der Haustür standen drei Schneemänner, so lebensecht geformt, wie ich es noch nie gesehen hatte. Da waren Mama Schneemann, Daisy Schneemann und Autumn Schneemann nebeneinander, Hand in Hand – und hatten unsere Kleider an. Mein Waschbärmantel, die Wollmütze, die ich selbst gestrickt hatte, die Anzüge der Kinder – alles war da. Und zu Füßen dieser Meisterstücke der Bildhauerkunst waren in den Schnee die Worte geschrieben: ICH LIEBE EUCH. Ich musste die Kinder in Decken gewickelt zum Kindergarten bringen, ich zog meinen Regenmantel über drei Pullovern an, aber ich konnte nicht ärgerlich sein. Wer konnte schon einem so liebenswerten Irren böse sein?

Diese Anfälle geistiger Unzurechnungsfähigkeit sollte man nicht missdeuten. Sie sind harmloser Natur; sie haben nichts mit Tobsuchtsanfällen zu tun. Es ist einfach, dass Ziege-Menschen gelegentlich unsanft aus ihren köstlichen Träumen gerissen und mit der harten Wirklichkeit in Gestalt unglaublich banaler Menschen und Fakten konfrontiert werden. Während der Perioden der Geistesabwesenheit entwerfen sie die großartigsten künstlerischen Pläne, die sie vor ihrer Umgebung geheim halten, aus Angst, missverstanden zu werden. Man würde sie doch nur für Ausgeburten einer überspannten Phantasie halten. Während dieser Zeiten, in denen sie hoch oben in den Wolken zu schweben schienen, können Ideen heranreifen, die durchaus einen großen praktischen Wert haben – wenn man sie in die richtigen Kanäle leitet.

Mehr noch. Die Fähigkeit des Ziege-Menschen, sich sowohl pragmatischen wie künstlerischen Bedingungen sehr rasch anzupassen, gewährt ihm eine ungewöhnliche Stärke. Geistige Beweglichkeit kann in unserem Zeitalter ständig wechselnder Lebensbedingungen eine sehr wünschenswerte Qualität sein. Weil Ziege-Menschen sich in allen Situationen gut zurechtfinden, sind sie emotionell weniger labil als die meisten anderen Menschen. Nichts schockiert sie, nichts verwirrt sie, nichts trübt ihren klaren Blick auch in schwierigsten Situationen. Damit Sie verstehen, was ich meine, ich denke zum Beispiel an Barbara Walters (Ziege, 1931) und ihre Interviews in der frühmorgendlichen *Today Show*. Sie kann einen verstockten Mörder, einen notorischen Hochstapler oder einen mutmaßlichen Veruntreuer von Staatsgeldern zum Reden bringen. Sie ist der Beichtvater par excellence des Bildschirms. Nichts bringt sie aus der Fassung. Keine noch so geschickten Versuche ihrer Interviewpartner, um das Thema herumzureden, können sie von ihrem Ziel abbringen.

Kürzlich erlebte ich sie in einem Gespräch mit Julie Eisenhower. Die Tochter des ehemaligen Präsidenten Nixon erschien in der *Today Show*, angeblich um ein von ihr verfasstes Kochbuch für Kinder vorzustellen. Mrs. Walters fragte höflich nach ein paar Details über Rezepte und Methoden der Kinderküche. Julie antwortete:

»Ich verwende eine Menge ausgefallener Zutaten wie Erdnussbutter mit Eibisch und heißem Paprika zwischen zwei Scheiben Schwarzbrot« (oder irgendetwas in dieser Art). Sie lächelte überaus gewinnend.

»Ich weiß, Sie möchten nicht gern über Watergate diskutieren«, sagte Mrs. Walters. »Aber lassen Sie mich nur diese eine Frage stellen: Wird Ihr Vater jemals für seine Sünden Buße tun?«

Raffiniert gemacht, dachte ich. Schnell wie der Blitz von der Küche in den Beichtstuhl. Julie wusste nicht, wie ihr geschah. Sie begann zu stammeln, irgendetwas wie, dass ihr Vater eingesehen habe, wie sehr er im Unrecht gewesen sei, und so fort. Barbara ließ sie reden.

Dann ein neuer Schlag. »Ja, aber was will er tun, um den Schaden, den er angerichtet hat, wieder gutzumachen?« Sie ließ nicht locker. Es war etwas von der sanften Colombo-Tour in ihrer Stimme. »Sie wissen, Julie, dass es mir Leid tut, dieses peinliche Thema anzuschneiden, aber unsere Zuschauer haben ein so großes Interesse an allem, was Ihren Vater betrifft. Sie und ich haben ja immer über fast alles miteinander sprechen können.« Hinter ihrem sanften Getue verbarg sich die unnachgiebige Leidenschaft des Journalisten für Wahrheit um jeden Preis. Julie ließ sich nicht mehr als ein paar halbe Antworten entlocken, aber man wird zugeben müssen, dass es bei Barbaras liebenswürdig-freundschaftlicher Art sehr schwierig gewesen sein muss, Papas Geheimnisse (Ratte Nixon, geboren Januar 1913) nicht zu verraten.

Ziege-Menschen sind erfinderisch, anpassungsfähig und wohlerzogen. Meistens meinen sie das, was sie sagen. Unehrenhaftigkeit wird nur dann in die Verhaltensweise eines Ziege-Menschen Einlass finden, wenn sein Lebensstil oder seine sichere Einkommensquelle bedroht sind. Unter solchen Umständen kann er sich winden und drehen, extrem ärgerlich werden und schließlich zusammenbrechen. Wenn er geschickt ist, wird er solche Herausforderungen gar nicht erst entstehen lassen. Er wird seine Umgebung sorgfältig auf jede Konkurrenzmöglichkeit hin beobachten und eine Bedrohung unter Kontrolle zu bringen versuchen, bevor sie zu groß wird, um mit friedlichen Mitteln ausgeschaltet werden zu können. Krieg ist für Ziege-Menschen keine Lösung. Strategie und friedliche Konfliktlösung sind eine bessere Alternative. Der

Ziege-Mensch ist ein kompromissfähiger, guter Partner und ein hervorragender Teamarbeiter.

Die Ziege-Frau

»Anziehend« ist das Schlüsselwort zur Beschreibung der Dame Ziege. Wir wissen bereits, dass Ziege-Menschen Zauberwesen sind. Aber solange wir nicht die Charakterzüge der Ziege-Frau analysiert haben, können wir nicht beurteilen, wie reizvoll diese Wesen sind. Es muss etwas mit ihrer Schüchternheit oder vielleicht mit ihrem entwaffnenden Lächeln zu tun haben, das sie aufsetzen, wenn man sie herausfordert. Es könnte auch mit ihrem hervorragenden Geschmack in Kleiderfragen zusammenhängen; aber, ehrlich gesagt, es ist mir nicht möglich, den ausschlaggebenden Grund für die außerordentlich entwickelte Fähigkeit dieser Frauen zu nennen, den richtigen Mann zum Heiraten zu finden.

Wenn es überhaupt so etwas wie den vollkommenen Mann gibt, dann werden vermutlich die meisten Exemplare dieser seltenen Spezies von all den hilflosen, zitternden und mit den Wimpern klimpernden Ziege-Damen im Junggesellenland zur Strecke gebracht. Sie werden sich erinnern, dass Ziege-Menschen sich gern bemuttern lassen. Wenn Sie sich selbst für den soliden, dauerhaften Typen halten, dann sollten Sie sich eine Ziege-Frau suchen. Ich kann Ihnen jedoch versichern, dass sie, sobald Sie ihr die Möglichkeit dazu geben, sich an Ihre starke Schulter lehnen und Ihnen ihre Pläne für einen luxuriösen Lebensstil enthüllen wird, die Ihre wildesten Albträume übertreffen.

Ziege-Frauen haben, nicht viel anders als ihre männlichen Artgenossen, ein besonderes Talent, das schmucklose Gewebe eines banalen, trüben Lebens in den kostbaren Seidenbrokat eines Lebens in Heiterkeit und Glanz zu verwandeln. Täuschen Sie sich nicht, es wird Sie eine Menge Geld kosten. Doch für den richtigen Mann wird eine so brillante Alchimie ihren Preis wert sein. Ziege-Frauen haben keine Hemmungen, Geld auszugeben, vor allem das anderer Leute. Sie sind ausgezeichnete Erbinnen, wunderbare reiche Witwen und ungewöhnlich geschickte Alimentenjägerinnen.

Dieses sinnliche Geschöpf entfaltet seinen Reiz am besten in guten Zeiten. Widrigkeiten, seien sie finanzieller oder emotioneller Natur, stürzen die Ziege-Frau in Depressionen. Sie ist eine leidenschaftliche und hingebungsvolle Geliebte. Sie braucht die Gewissheit, dass die Liebe ihres Partners tief und dauerhaft ist. Keine Schmetterlinge für sie! Es würde nicht gesund sein. Ein untreuer Gatte oder Liebhaber würde eine Katastrophe bedeuten, ein wackliges Bankkonto einen schlimmen Nervenzusammenbruch zur Folge haben. Sie macht es sich zur Aufgabe, ihre Zelte auf aussichtsreicher Höhe oder in der fruchtbaren Ebene aufzuschlagen. Nur diese beiden Alternativen stehen zur Debatte.

Wenn ich betone, dass Ungemach und Bedrängnis der Ziege-Frau so zuwider sind, so will ich damit nicht unterstellen, dass sie in einem Notfall nicht sich selbst (und anderen) zu helfen wisse. Ich erinnere mich sehr lebhaft, wie ich mit einer Ziege-Freundin in einem offenen Boot vor der griechischen Insel Korfu strandete. Wir waren zu fünft in diesem Boot, in dem so viele Leute kaum Platz fanden. Die Geschichte nahm den klassischen Verlauf. Als wir vom Strand aus lossegelten, war kein Wetterumschwung vorauszusehen. Ungefähr eine Stunde später kam ein heftiger Sturm auf. Keiner von uns war ein erfahrener Segler, am wenigsten Elizabeth Stanilas (Ziege, 1931). Sie war im binnenländischen Zentralpolen aufgewachsen und hatte das Meer zum ersten Mal nach dem Krieg überhaupt gesehen. Niemand von uns hatte Segelerfahrung. Und wir waren alle zu Tode erschrocken. Nach typischer Anfängermanier drängten wir uns alle an einem Ende des Bootes zusammen. Wahrscheinlich fühlten wir uns zusammen sicherer. Ich weiß es nicht. Jedenfalls hatten wir eine panische Angst.

Plötzlich kroch Liz an das andere Ende der Nussschale, von der unser Leben abhing, und begann, Befehle zu brüllen. »Florence, du gehst da herüber.« Sie zeigte mit dem Finger nach Steuerbord. Florence rückte zentimeterweise nach rechts herüber. »Suzanne, du bleibst, wo du bist. Bleib sitzen!« Ich blieb. »Marco, du hierher!« Marco kroch zitternd nach vorn. »Perikles!« (In Griechenland heißen tatsächlich noch heute Leute Perikles.) »Nach links!« Er kroch nach links herüber. Als die Katastrophe drohte, behielt Liz als Einzige den Kopf. Sie verteilte uns so, dass das prekäre Gleichgewicht des Bootes einigermaßen erhalten blieb, und kommandierte uns dann jeweils herüber oder hinüber, wenn das Boot nach einer Seite zu kippen drohte.

An diesem Abend, als wir knusprige Lammspießchen aßen und dazu harzigen Landwein tranken, hoch oben in den Bergen des idyllischen Korfu, brachte Perikles einen Toast auf unseren Schutzengel aus. »Sie ist unser Retter. Wir grüßen sie. Unser Dank begleitet sie. Möge ihr Haus vor Tigern bewahrt bleiben ...« Und so noch eine ganze Weile weiter. (Griechen können so pathetisch reden.) Als wir unsere Gläser erhoben, schauten wir uns erstaunt um. Elizabeth war nirgends zu sehen. Vor einer Sekunde war sie noch da gewesen. Aber wir waren von Perikles' Rede so benebelt, dass wir gar nicht bemerkt hatten, wie sie verschwunden war.

Nach einer zehnminütigen Jagd spürten wir Elizabeth auf, die unter einem Olivenbaum saß und den Mondaufgang bewunderte. »Ich habe bemerkt, dass er in dieser Jahreszeit sich schneller bewegt.« Das war alles, was sie zu ihrem Verschwinden zu sagen hatte. Liz verstand nicht, warum wir so erleichtert waren, sie gefunden zu haben. Wie konnte sie ahnen, dass wir Trinksprüche ausbringen wollten? Und wofür? Was hatte sie denn Besonderes getan? Zerknirscht kehrte sie an den Tisch zurück, als hätten wir sie wegen ihres Verschwindens gescholten.

Verschämte Ängstlichkeit ist ein anderer Charakterzug der Ziege-Frau. Sie ist ständig über etwas bekümmert. Warum hast du ihr nicht gesagt, dass du das Schlafzimmer nach vorn hinaus nicht tapeziert haben wolltest? Sie hatte dir doch nur eine Freude machen wollen. Wenn du sie doch nur erinnert hättest, das Geschirr abzuwaschen, bevor die Gäste kamen, dann hätte sie genügend saubere Löffel zur Hand gehabt. Die Ziege-Frau macht Sie nicht etwa für ihre Fehler verantwortlich; sie kann nur nicht verstehen, warum Sie nicht mit Stiefeln und Reitpeitsche in die Küche gekommen sind, um ihr die notwendigen Anweisungen zu geben. Sie ist kein Selbststarter. Und sie ist auch kein Mensch, der etwas zu Ende bringt. In ihrem Kopf muss es ein Netz von Empfängern geben, die der Reihe nach, jeder einzeln, eingeschaltet werden müssen. Nichts wird zur rechten Zeit begonnen oder vollendet. Das halbe Essen ist kalt, bevor der Rest aufgetragen ist. Sie kann wirklich nicht jeden Abend daran denken, das Salz auf den Tisch zu stellen. Wofür hältst du sie? Für eine Art Computer?

Aber ihre Zerstreutheit ärgert sie selbst auch. Frau Ziege möchte alles sein, was sie nicht ist. Nichts ist jemals so, wie sie es haben möchte. An ihrer blauen Hose fehlt ein Knopf, und die purpurrote passt nicht zur himmelblauen Bluse. Was soll sie tun? Sie wird Sie um Rat fragen. Es ist ganz einfach.

Und um noch einmal auf meine Ziege-Freundin Liz Stanilas zurückzukommen: Als ich sie eines Tages zum Essen abholen wollte, fand ich sie mitten in ihrem Wohnzimmer stehen mit zwei völlig verschiedenen Ohrringen in den Ohrläppchen. Ich lachte schallend und rief:»Liz, du verrücktes Huhn, du hast zwei verschiedene Ohrringe an.« Erst dann fiel mir auf, wie bizarr die ganze Szene war. Nicht nur baumelte an ihrem linken Ohr ein goldener Reif, an ihrem rechten ein silbergefasster Stein, sondern das war auch alles, was sie anhatte. Liz sah mich gekränkt an – es war nicht fair von mir, mich über sie lustig zu machen. Aber es sah wirklich zu komisch aus, wie sie da völlig nackt mit diesem seltsamen Paar Ohrringen mitten im Zimmer stand.»Ich kann mich nicht entscheiden, welchen ich nehmen soll. Was denkst du?«, fragte sie mich.

»Wie kann ich das sagen? Ich meine, hast du eine Idee, was du dazu anziehen willst? Oder willst du so zum Essen ausgehen?« Ich unterdrückte mein Kichern. Es war ihr ernst mit dieser welterschütternden Wahl. Hierzu kam noch, dass wir schon fünfzehn Minuten zu spät für unsere Verabredung waren.

»Komm ins Schlafzimmer. Ich kann es wirklich nicht sagen. Ist diese Bluse zu grell für meine orangefarbene Hose?« Sie hielt mir eine minzgrüne Bluse von Pucci hin. »Ich kann es bei diesem Licht nicht erkennen.«

Natürlich kam Liz nicht auf die Idee, Bluse und Hose in das helle Wohnzimmer zu bringen, wo sie die Kontrastfarben besser hätte sehen können. So weit denkt sie einfach nicht. Und womit, glauben Sie, verdient Liz ihren Lebensunterhalt? Sie ist eine sehr erfolgreiche Designerin von Theaterkostümen in Paris! Ist das keine Überraschung?

Der Ziege-Mann

Wenn ich über die männlichen Exemplare des Ziege-Zeichens schreibe, muss ich mich sehr davor hüten, meine Objektivität durch persönliche Erfahrungen beeinträchtigen zu lassen. Das soll mich aber nicht dazu verleiten, diese beunruhigend liebenswerten Vertreter des anderen Geschlechts zu Sündenböcken zu stempeln. Wenn man wie ich mit keinen anderen Vergleichsmaßstäben für das Bild des idealen Mannes aufgewachsen ist, als mit dem des phantasievoll unberechenbaren Ziege-Mannes, ist es nicht leicht, ihn vorurteilsfrei zu sehen. Ich muss daher von vornherein gestehen, dass ich eine Schwäche für Ziege-Männer habe.

Der beste Teil jeder Erfahrung mit Männern dieses Zeichens ist das Horsd'œuvre. Die Präliminarien einer Liebesbeziehung zu Ziege-Männern sind immer ein Hochgenuss. Ihre Verführungskunst besteht darin, Sie mit Geschenken und Angebinden zu überhäufen, für die Sie überhaupt keine Verwendung haben. Diese wahren Orgien verschwenderischer Großzügigkeit verkehren sich aber irgendwie in ihr Gegenteil, wenn sie in der Mitte des Mahls verabreicht werden. Was früher ein Mittel gewesen war, Ihre Liebe zu gewinnen, wird jetzt zu einer Methode, Ihren Zorn zu besänftigen, wenn es häuslichen Ärger gegeben hat. Wenn er Ihre Nagelschere benützt, um seinen elektrischen Rasierapparat zu reparieren, und Sie darüber in Wut geraten, dann wird er eiligst zum nächsten Juwelierladen rennen und Ihnen den teuersten goldenen Ring kaufen, den Tiffany zu bieten hat. Natürlich werden Sie ihn nicht tragen können, ehe Sie sich selbst eine neue Nagelschere gekauft haben. Aber das ist nun einmal so, wenn man mit einem Ziege-Mann verheiratet ist.

Wenn Sie nicht zu dem Typ Frau gehören, der den Milchmann mit einem Lächeln statt mit einem Scheck bezahlen kann, dann heiraten Sie besser keinen Ziege-Mann. Er bringt es einfach nicht fertig, sich um die Notwendigkeiten des Alltags zu kümmern. Obwohl seine Bewunderung für Ihre Fähigkeit, schwierige Situationen zu meistern, keine Grenzen kennt, werden doch immer Sie es bleiben, von der dieses Kunstwerk erwartet wird. Daher mein Rat an die Frauen, die glauben, ohne einen Ziege-Mann nicht leben zu können: Nehmen Sie eine kalte Dusche, schlucken Sie zwei Valium, trinken Sie eine Flasche Champagner vom besten Jahrgang und legen Sie sich hin, um in Ruhe darüber nachzudenken; Ziege-Männer sind sehr viel bessere Liebhaber als Ehemänner.

Aber es gibt Kompensationen in der Ehe mit einem Ziege-Mann. Er wird nie herumnörgeln. Er wird vielleicht nicht einmal reden, wenn Sie nicht selbst ein Gespräch anfangen. Er ist gewöhnlich ein ruhiger Typ, gerät nicht leicht in Ärger oder Wut. Aber drängen Sie ihn nicht! Fragen Sie einen Ziege-Mann nie, woran er gerade denkt. Verlangen Sie nicht von ihm, dass er Ihnen sein Inneres enthüllt. Er wird es nicht tun. Sie können ihn herumkommandieren, so viel Sie wollen. Er mag das. Er wird für sich selbst Entschuldigungen finden, aber im Grunde nimmt er es nicht übel, wenn Sie der Herr im Haus sind. Und vor allem erwarten Sie nicht, dass er sich ändern könnte. Er wird zugeben, dass er schwierig ist, dass man ihn nicht erreichen kann, dass er mit seinen Gedanken selten bei der Sache ist. Er mag sogar eine Zeit lang aus seinem Schneckenhaus herauskommen und Ihnen ein- oder zweimal bei Ihrer Plackerei helfen, um seinen guten Willen zu zeigen. Aber es ist ihm nicht ernst damit. Am nächsten Tag hat er vergessen, wohin er den Besen gestellt hat und ist schrecklich bekümmert, dass das Steak für das Abendessen der Kinder ungenießbar ist, weil er es nicht rechtzeitig aus der Gefriertruhe genommen hat. Er wird ihnen im Nobelcafé ein Eis spendieren. Sie werden sich prächtig amüsieren. Und glauben Sie bitte nicht, dass er Sie mit Absicht bis zur Weißglut reizen will. Er meint es gut. Setzen Sie sich ruhig hin und führen Sie Ihr Haushaltsbuch. Er wird Ihnen eine Tasse kalten Tee und eine Platte Kaviar bringen.

Variationen im Jahreskreis

Ziege/Widder (21. März–20. April)

Der im Zeichen des Widders geborene Ziege-Mensch hat eine Veranlagung zur Streitsucht. Seine aufgeregte Art ist ihm angeboren. Die Ziege, die im chinesischen Tierkreis durch das »kleine Feuer« repräsentiert wird, verbindet sich hier mit dem »großen Feuer« des

Widders. Widder sind ungestüme Krieger. Ziege-Menschen begegnen Konfliktsituationen mit passivem Widerstand. In der Widder-Ziege ringen zwei Temperamente um die Vorherrschaft. Menschen dieses Doppelzeichens sollten sich der Kunst oder der Musik verschreiben, um ihre kämpferische Natur zu beruhigen. In künstlerischen Berufen werden sie sich auszeichnen. Sie können so auch gegen die Ungerechtigkeiten, die sie so schmerzlich empfinden, mit friedlichen Mitteln protestieren. Ziege-Menschen, auch die starken Typen des Widderzeichens, sollten nicht versuchen, eine politische oder militärische Karriere einzuschlagen. Die zu erwartenden Konfrontationen werden ihnen als abstrakte Auseinandersetzung durchaus willkommen sein; aber wenn es dazu kommt, einem Feind wirklich den Schädel einzuschlagen, wird ihre zarte Ziege-Seele sich sträuben.

Ziege/Stier (21. April–21. Mai)

Das »kleine Feuer« der Ziege flackert tapfer in diesem erdhaften Geschöpf. Aber allen Anstrengungen zum Trotz wird es oft seinem schwerfälligen Grundcharakter zum Opfer fallen. Stiere brauchen einen kräftigen Anstoß, um sich in Bewegung zu setzen. Auch Ziegen muss man regelmäßig, wenn auch liebevoll, anspornen. Ein Mensch dieses Zeichens wird ein guter Angestellter sein. Eine verantwortliche leitende Tätigkeit liegt ihm nicht. Ein anderer, auch ein liebender Partner, muss bereit sein, selbst die Zügel in die Hand zu nehmen. Immer und immer wieder wird der Hang, sich seinen Träumen hinzugeben und auf das Schlaraffenland zu warten, ihn überwältigen. Wenn Sie gerade zur Ruhe gekommen sind, weil er endlich auf dem Weg zum Erfolg zu sein scheint, wird er plötzlich entscheiden, dass er sich geirrt hat, wird sich Ihrem Rat verschließen und sich mit neuen komplizierten Plänen befassen, die ihn endlich auf den richtigen Weg zum Erfolg bringen werden. Für den Stier-Ziege-Mann ist das Leben eine endlose Reihe mühsamer Aufstiege. Wenn er, durch seine eigene Unstetigkeit bedingt, an einer Aufgabe scheitert, so wird er behaupten, dass ihm das nichts ausmache. Er kann darüber lachen und die Schuld einem anderen zuschreiben. Er hat einen ausgeprägten Sinn für Humor.

Ziege/Zwillinge (22. Mai–21. Juni)

Prasselnd schießen die Flammen empor, wenn der Sauerstoff der Zwillinge das »kleine Feuer« der Ziege entfacht. Da Launenhaftigkeit ein ausgeprägter Charakterzug beider Zeichen ist, müssen Menschen dieses Typs sich damit abfinden, dass sie einen harten Kampf zu führen haben, um in den Strudeln der Idiosynkrasien, mit denen sie geboren sind, zu überleben. Wandelbarkeit kann ein Geschenk der Götter sein. Von Blume zu Blume zu flattern, mag ein aufregender Zeitvertreib sein. Aber sich ernsthaft auf eine Aufgabe zu konzentrieren, ist ein soliderer Weg, das wirkliche Leben zu bewältigen. Im Zeichen der Zwillinge geborene Ziege-Menschen können dem mürrischsten alten Kauz ein Lächeln entlocken. Ihre Talente sind ein brillanter Humor und die Gabe der Mimik. Ob ein solcher Mensch Schauspieler, Schriftsteller oder Metzger ist, er wird immer und überall einen zuverlässigen Führer brauchen. Er ist ein Mensch, der mit Begeisterung und Schwung an eine Sache herangeht; aber schon am nächsten Tag langweilt ihn die Aufgabe, und er beginnt sich nach etwas anderem umzusehen. Wenn er nicht einen Ehepartner findet, der auf ihn aufpasst, sollte er einen professionellen Zuchtmeister engagieren, der ihn von seinen Bocksprüngen abhält.

Ziege/Krebs (22. Juni–23. Juli)

Depressionen werden den Elan der Krebs-Ziege hemmen. Tiefes Wasser und »kleines Feuer« sind keine ermutigende Verbindung. Ein Mensch dieses Typs wird das Leben oft unerträglich finden. Wie soll er mit all dem Elend fertig werden. Eine karitative Tätigkeit wird ihm zusagen. Er wird ein liebevoller Vater (oder eine liebevolle Mutter), ein zärtlicher Ehepartner und ein charmanter Freund sein. Er besitzt ausgezeichnete Führungseigenschaften, vorausgesetzt, er lässt sich von seinem Pessimismus und seiner Mutlosigkeit bei kleinen Fehlschlägen nicht unterkriegen. Er wird dann mit Ausdauer und Erfolg seine Aufgabe meistern. Sein einziges inneres Handicap ist, dass beide Komponenten seines Wesens, die des Krebses und die der Ziege, emotionell sehr verwundbar sind.

Ein schwungvoller Partner kann hier die Atmosphäre hell und fröhlich erhalten. Ohne diese äußere Aufmunterung wird der im Zeichen des Krebses geborene Ziege-Mensch sich oft in die Einsamkeit zurückziehen und wertvolle Zeit damit vergeuden, die Wunden zu pflegen, die gefühllose Menschen ihm zugefügt haben.

Ziege/Löwe (24. Juli–23. August)

Löwen sind ihrem Wesen nach starke, geschmeidige, ungestüme Geschöpfe, denen niemand die Herrscherwürde abspricht. Ziegen genießen, wie wir wissen, keinen solchen Ruf. Der Einfluss des kräftigen Feuers des Löwen auf das flackernde »kleine Feuer« der Ziege sichert der Löwe-Ziege Stabilität und einen uncharakteristisch starken Willen gegenüber seinem bevorzugten Widersacher, der Ungerechtigkeit. Ein Mensch dieses Typs wird ein guter Anwalt, ein ausgezeichneter Beamter oder überhaupt eine Persönlichkeit von Format sein. Die sensible Natur der Ziege kann die kategorische Aggressivität des Löwen dämpfen. Der im Zeichen des Löwen geborene Ziege-Mensch wird wahrscheinlich charakterliche Festigkeit mit menschlicher Wärme verbinden. Er ist der einzige Ziege-Typ, der nicht unbedingt einen starken Partner im Beruf und in der Ehe braucht. Seine eigene innere Festigkeit wird sein bester Führer sein.

Ziege/Jungfrau (24. August–23. September)

Die fast kristallene Reinheit der Jungfrau wird der labilen Natur der Ziege die Kraft geben, mit den unvermeidlichen Widrigkeiten des Lebens fertig zu werden. Jungfrau-Menschen sind solide und ehrenhafte Naturen. Aber ebenso wie Ziege-Menschen sind sie gegenüber Betrug und Verrat naiv-hilflos. Die Jungfrau-Ziege wird einen gerissenen Affen oder eine weise Schlange als Partner brauchen, um nicht immer wieder von betrügerischen Menschen getäuscht zu werden. Ein Mensch dieses Typs wird gut daran tun, sich von komplizierten geschäftlichen Projekten fern zu halten. Er wird gute Leistungen bringen, wenn er den Rückhalt eines soliden Arbeitgebers oder verlässlicher Freunde hat, die ihm mit ihrem Rat beistehen, wenn er sich einer Entscheidung nicht sicher ist. Ohne solchen Beistand wird er nicht nur seelischen, sondern auch materiellen Schaden erleiden.

Ziege/Waage (24. September–23. Oktober)

Wieder einmal facht hier der Wind das »kleine Feuer« der Ziege an. Harmonie und der feste Wille, die Dinge im Gleichgewicht zu halten, sind die angeborenen Eigenschaften der Waage. Dieser Ziege-Mensch ist ein gewandter Redner. Er wird nicht so anfällig für die charakteristischen Fehler des Ziege-Menschen sein – Selbstmitleid und Pessimismus. Waage-Menschen sind fast immer gefühlsabhängig. Ziege-Menschen schätzen es nicht, einsam und auf sich selbst gestellt zu sein. Beide lieben die Schönheit. Der von diesen beiden Wesensarten geprägte Mensch wird unter komfortablen Lebensbedingungen sich prächtig entfalten, in einer ärmlichen Umgebung aber verdorren. Einem im Zeichen der Waage geborenen Ziege-Menschen sollte man niemals in wirtschaftlichen Notzeiten das Ruder überlassen. Er braucht das Polster eines soliden Wohlstands, um seinen aristokratischen Lebensstil aufrechtzuerhalten. Enthaltsamkeit ist für diesen Menschen eine unzumutbare Belastung. Fordern Sie von ihm nicht, dass er sich der Sklaverei einer Büroarbeit unterziehen soll, solange sie nicht Ihr Studium abgeschlossen und sich eine Position erarbeitet haben, in der Sie alle seine Herzenswünsche erfüllen können. Wenn Ihr Waage-Ziege-Partner ein sorgenfreies Leben genießen kann, wird er Ihnen bis zum Lebensende treu anhängen. Versuchen Sie nicht, ihn abzuschieben, ihm seine Position zu nehmen oder ihn auch nur im Spaß an seinem Ziegenbart zu zupfen. Er wird Sie mit seinen Hörnern attackieren und zum Teufel jagen.

Ziege/Skorpion (24. Oktober–22. November)

Das Wasser, das Element des Skorpions, stagniert; das Feuer der Ziege ist klein. Wenn dieser Ziege-Typ gut gelenkt wird, wird sein

Feuer nicht verlöschen, sondern kräftig brennen. In Zeiten der Enttäuschung jedoch wird man die Skorpion-Ziege kräftig meckern hören. Ihre Unzufriedenheit kann sich in der Form ätzender Kritik oder plumper Herausforderung äußern. Dieser Ziege-Typ lässt sich nicht herumstoßen. Skorpione sind rachsüchtig und scharfzüngig. Der im Zeichen des Skorpions geborene Ziege-Mensch reagiert wenig freundlich, wenn seine Wünsche missachtet werden. Schlagen Sie ihn nicht, wenn er am Boden liegt. Dieser Typ kennt verschlagene und hinterhältige Methoden, seinen Feinden einen tödlichen Stoß zu versetzen, wenn diese es am wenigsten erwarten. Er kann jahrelang warten, doch plötzlich wird er zuschlagen und den unachtsamen Feind an seiner empfindlichsten Stelle treffen. Andererseits ist dieser Ziege-Mensch ein guter und verlässlicher Freund. Er erwartet von seinem Partner nicht mehr, als er selbst zu geben bereit ist. Erst wenn Sie sich von ihm trennen, merken Sie, wie viel er Ihnen gegeben hat.

Ziege/Schütze (23. November–21. Dezember)

Diese Verbindung zweier Feuerelemente besitzt einen stärkeren Willen als die meisten anderen Ziege-Typen. Obwohl ein solcher Mensch ein gewisses Maß an Führung braucht, ist er idealistisch genug, um die von ihm selbst gesteckten Ziele ausdauernd zu verfolgen. Schütze-Menschen sind im Allgemeinen Optimisten. Eine größere Unbefangenheit wird diesem Ziege-Typ helfen, die Probleme besser zu meistern. Entschlussfähigkeit ist nicht gerade die starke Seite der meisten Ziege-Menschen. Diese Kombination ist für manche Überraschung gut. Mit ein wenig Unterstützung durch seine Freunde wird der im Zeichen des Schützen geborene Ziege-Mensch ein Draufgänger sein. Er braucht ein Gefühl der Sicherheit und des Selbstvertrauens, um seine Fähigkeiten voll zu entfalten. Ihm Hindernisse in den Weg zu legen oder ihn von Plänen zurückhalten zu wollen, die er sich in den Kopf gesetzt hat, würde schlimme Folgen für ihn haben. Wenn man mit einem solchen Menschen befreundet ist, sollte man ihm helfen, das richtige Gleichgewicht zwischen Freiheit und Sicherheit zu finden, das er für den Erfolg bei seinen oft abenteuerlichen Unternehmungen braucht.

Ziege/Steinbock (22. Dezember–20. Januar)

Der Steinbock ist ein Beispiel für Dauerhaftigkeit und Widerstandsfähigkeit. Die Ziege ist kein kämpferisches Geschöpf, solange sie nicht gezwungen ist, ihre Weidegefilde gegen Eindringlinge zu verteidigen. Beide Zeichen haben die Gabe der Geduld. Ihr Symbol ist die Gestalt der kletternden Gämse. Die Steinbock-Ziege hat etwas Rassiges in ihrem Charakter, das sie aus den anderen Typen dieses Zeichens heraushebt. Sie ist nicht die gewöhnliche Garten- und Wiesenziege, die mit einem Strick am Pflock angebunden ist. Menschen dieses Doppelzeichens sind anspruchsvoll. Sie haben jedoch auch die Fähigkeit, in Notzeiten durchzuhalten, was für den Ziege-Typ im Allgemeinen nicht charakteristisch ist. Gelassenheit und Vernunft sind die Gaben, die der Steinbock in diese Verbindung einbringt. Die Ziege gibt ihrem konservativen Partner einen Schuss kapriziöser Leichtigkeit und Phantasie. Wenn man dem Steinbock-Ziege-Menschen eine Aufgabe stellt, die ihn reizt, wird er alle seine Fähigkeiten voll einsetzen.

Ziege/Wassermann (21. Januar–19. Februar)

Durch das starke Luftelement des Wassermanns angefacht, wird das »kleine Feuer« der Ziege bizarre Flammen entwickeln. Kein Mensch ist von mehr Idiosynkrasien geplagt als unser Freund, der Wassermann. Und Ziege-Menschen sind nicht gerade langweilige, sture Arbeitstiere. Die Verbindung dieser Zeichen kann sowohl brillante Genies wie unberechenbare Irre hervorbringen. Diese Menschen haben einen starken Hang zu exzentrischer Übersteigerung, die durch eine feste Hand kontrolliert werden muss. Wenn der Wassermann-Ziege-Mensch von vernünftigen Freunden angeleitet und gelenkt wird, ist er zu sehr hohen Leistungen fähig. Dichtung, Film, Musik, soziale Reformen werden ihm – wenn er sich dafür begeistern kann – ein befriedigendes Lebensziel geben.

Ziege/Fische (20. Februar–20. März)

Während andere Tierkreiszeichen der unbeständigen Ziege Halt und Stärke geben, sind die wankelmütigen Fische durchaus keine Hilfe. Der Ziege-Mensch ist leicht beeinflussbar, wankelmütig und künstlerisch begabt. Das sind auch die Eigenschaften des Fische-Menschen. Beide Typen sind wandelbar und haben etwas Einzel-gängerisch-Geheimnisvolles an sich, das stärkere Menschen an-zieht. Der Fische-Ziege-Mensch sollte sich rechtzeitig auf die Suche nach einem starken Partner begeben, der ihm mit fester Hand hilft, seine großen Talente zu entfalten. Die Kunst in allen ihren Varia-tionen dürfte Personen dieses Typs vielerlei Möglichkeiten bieten. Was ihnen schwer fällt, sind die Berufswahl, die Disziplin des Ler-nens und das Selbstvertrauen. Wenn die Fische-Ziege nicht frühzei-tig zu regelmäßiger Arbeit angehalten wird, wird sie ein Leben lang unter dem Handicap zu leiden haben, ihre Phantasie nicht auf ein festes Ziel konzentrieren zu können. Wenn sie aber liebevoll ge-lenkt wird, dann wird sie Großes leisten.

Ratschläge für die Zukunft

Unstete Ziege, jetzt, nachdem ich alle Chancen verspielt habe, je-mals wieder zu einer der liebenden Ziegen heimzufinden, die mei-nen Lebensweg ein Stück begleitet haben, lass mich das Fiasko mit Anstand und Ernst zu Ende bringen. Aber um nicht gleich mit der Tür ins Haus zu fallen, will ich dem, was unbedingt noch gesagt werden muss, eine Bemerkung vorausschicken: Was immer du empfinden magst, wenn du die folgenden Ausführungen liest, bitte erinnere dich, wie viel Zeit meines Lebens ich willig darauf ver-wendet habe, dich mit Kopf und Herz zu begreifen. Wenn ich mir auch vorgenommen habe, dir aus meiner Erfahrung einige Rat-schläge für die Zukunft zu geben, so weiß ich doch, dass du dir da-rüber im Klaren bist, dass ich mir der Sinnlosigkeit bewusst bin, durch Logik allein die rituelle Eingeweideschau zu bestreiten. Hier genüge das Bekenntnis: Ich weiß heute sehr genau, dass dein Charme und mein Realitätssinn unser Zusammenleben unausweichlich mit allerlei Konfliktstoff belasten mussten. Und wenn wir uns auch heute, wo wir erwachsen sind, gegenseitig etwas besser verstehen, so muss das keineswegs bedeuten, dass wir von der einzigartigen Tatsache weniger fasziniert oder verwirrt sind, dass Menschen wie ich von dem Charme der Menschen deines Wesens stark angezogen werden.

Uff! Und nun ein Wort des gesunden Menschenverstandes.

Ihr Ziegen wisst vor allem die Sicherheit zu schätzen, die euch die Stärke eurer Freunde und Partner bietet. In der Geborgenheit eines komfortablen häuslichen Rahmens springt ihr Ziege-Menschen munter und glücklich durchs Leben, ohne vorwärts oder rückwärts zu blicken. Eure Stärke ist eure Phantasie. Eure Attraktivität liegt in eurer großen Liebesfähigkeit. Das Ziel dürfte daher klar sein. Du musst einen Weg finden, liebe Ziege, der dich vor offenen Konflikten schützt. Du darfst dich nicht in Auseinandersetzungen einlassen, bei denen du befürchten musst, betrogen zu werden, oder die Verschlagenheit von dir verlangen. In der großen schlechten Welt gibt es schlauere Menschen, als du bist, die nur darauf warten, dass du ihnen ins Gehege kommst. Streit ist für deine sensible Natur ein großes Wagnis.

Du bist von Natur aus unsicher. Immer wenn du fühlst, dass man dir den magischen Teppich unter den Füßen wegzieht, denke an dieses Handikap. Es kann dir helfen, positiv auf Herausforderungen zu reagieren. Warte ab. Behalte ruhiges Blut. Ärgere dich nicht.

»Wie kann ich das?«, braust du auf. »Warum sollte ich?«, fragst du mich.

Weil du, wenn du das nicht tust, selbst das einzige Opfer deines Ärgers sein wirst, den du in dich hineinfrisst. Durch deine verletzten Blicke und deine verschlossene mürrische Haltung gegenüber denen, die dich – wie du glaubst – hintergangen haben, entfremdest du dir oft Menschen, wenn du sie am nötigsten brauchst. Wenn dich etwas ärgert (und glaube mir, das wird häufig genug vorkommen), dann friss es nicht in dich hinein, sondern sprich es offen aus. Mach aus deinem Herzen keine Mördergrube, wenn dir etwas gegen den Strich geht.

Aber da du dir so bereitwillig alles zu Herzen nimmst, missverstehe meinen Rat nicht so, dass du jetzt plötzlich schreiend und prügelnd auf die Leute losgehen sollst, die dich ärgern. Das würde das Dilemma nicht lösen. Es gibt in diesem verteufelten Leben so etwas wie eine goldene Mitte. Es wird dir ganz sicher nichts bringen, wenn du rechthaberisch proklamierst, dass du entnervt und verbittert bist und deshalb das Recht in Anspruch nimmst, jemandem eins auf die Nase zu geben.

Wenn du dich deprimiert fühlst, laufe nicht gleich wie ein geprügelter Hund herum. Versuche doch einmal, dich auszusprechen. Raffe dich aus deiner Gekränktheit auf und bringe deine Probleme ans Tageslicht. Sprich mit einem geliebten Gefährten oder Freund einmal offen über deinen Kummer. Es ist leichter, als du denkst, wenn du einmal deine Empfindlichkeit überwunden hast. Geh einfach zu dem Menschen, dem du dich anvertrauen möchtest, und sage ihm ganz direkt: »Ich bin mir im Augenblick meiner nicht ganz sicher; könnten wir uns einmal unterhalten. Allein?«

Und wie wäre es damit, dir einen genauen Plan für die Zukunft zu machen? Trage dabei deiner exzentrischen Natur Rechnung, indem du dich mit einem strengen, fast religiösen Eifer der Zukunftsplanung widmest. Sieh nach vorn. Lass dich nicht entmutigen, weil alles so kompliziert aussieht. Sieh noch einmal hin. Dann sage zu dir selbst: »Ich kann das schaffen. Ich werde den Termin am Donnerstag, dem 27. März, drei Uhr nachmittags, einhalten können, wenn ich mir eins nach dem anderen vornehme.« Schritt für Schritt, täglich den Fortgang genau beobachtend und die vorhandene Zeit genau einteilend, Hürde für Hürde nehmend, wirst du deinen Weg zu einem ersten Sieg über deinen Hang zur Abschweifung machen.

Wenn du während dieser Zeit wieder einmal die Lust verspürst, bei einer Party auszuhalten, bis der Gastgeber dich um fünf Uhr morgens hinauswirft, dann zwinge dich, dieser Versuchung zu widerstehen. Verlasse eine fröhliche Gesellschaft in dem Augenblick, in dem das Fest seinen Höhepunkt erreicht hat. Sei streng mit dir selbst. Du wirst staunen, wie groß der Nutzen sein wird. Die so gewonnene Charakterstärke wird alle die überraschen, die dir nie zugetraut hätten, dass du für dich selbst einstehen kannst. Nach und nach wirst du dich von anderen unabhängig machen. Wohl oder übel werden diejenigen, zu denen du immer mit einem Gefühl neidvoller Bewunderung aufgeblickt hast, dir Beifall spenden – oder beleidigt sein, weil du gewagt hast, dich auf eigene Füße zu stellen. Wenn sie sich von dir abwenden, dann waren sie es nicht wert, dass du sie bewundert hast.

Ziege-Menschen sind oft eine wehrlose Beute für die Habgierigen dieser Welt. Sie lassen sich allzu leicht aus Angst dazu verleiten, etwas wegzugeben, worauf sie einen Anspruch haben. Mein Rat an sie ist folgender: Ein hilfloses Kind wird immer mit Liebe überschüttet. Die Jugend ist für Ziege-Geborene meist eine glückliche Zeit. Aber man kann sich schwerlich vorstellen, dass sich jemand einen ausgewachsenen Ziegenbock als Kuscheltier zulegt. Was könnte weniger attraktiv sein als ein alter struppiger Grasfresser, der im Garten herummeckert? Wenn daher das wollige kleine Zicklein nicht klug wird und seine Hörner zu gebrauchen lernt, bevor es erwachsen ist, dann wird es mit Haut und Haaren gefressen werden. Sieh zu, dass dir das nicht passiert.

Beziehungen zu anderen Tierzeichen

Herzensangelegenheiten

Die Gefühle der Ziege-Menschen sind so leicht verwundbar, dass sie von unverständigen oder herzlosen Partnern leicht zerstört werden können. Ein Ziege-Mensch braucht viel herzliche Zuneigung und ein friedliches, sorgenfreies Leben. Ochsen oder Hunde sind daher als Partner im Allgemeinen völlig ungeeignet, es sei denn, der Ziege-Mensch hätte durch beruflichen Erfolg eine Selbstsicherheit gewonnen, die ihm von Geburt an nicht mitgegeben ist. Hund-Partner respektieren zwar die liberalen Ansichten und karitativen Neigungen des Ziege-Menschen, aber sie haben wenig Geduld mit seiner offensichtlichen Unfähigkeit, sich zu behaupten und für seine Rechte zu kämpfen. Ochse-Partner schnauben schon und rollen wütend die Augen, wenn sie sehen, wie der Ziege-Mensch seine Gedanken stundenlang hin und her wendet, bevor er sie in die Tat umsetzt.

Ziege-Menschen sind, von Krisen abgesehen, sanfte und unpraktische Träumer. Sie können nichts zweimal in der gleichen Weise tun. Ziege-Menschen stehen am Morgen auf und schaffen jedes Mal eine neue Welt. Ein reicher und pragmatischer Affe-Partner mit seiner Fähigkeit, alles mit einem einzigen Blick zu erfassen, wird mit Freude für die Bedürfnisse des Ziege-Menschen sorgen, ihm helfen, die Dinge klar zu sehen, und ihn ermutigen, seinen Verstand besser zu gebrauchen. Auch Pferd-Menschen werden gern einem geliebten Ziege-Partner helfen, mit seinen Problemen und Misshelligkeiten fertig zu werden.

Die beste Wahl für einen Ziege-Menschen ist aber ein Katze-Partner. Mit seinem liebevollen Wesen, seinem Glück in Geldangelegenheiten und seinem diplomatischen Geschick kann er seinem Gefährten ein friedvolles und komfortables Heim schaffen. Zudem sind Katze-Menschen künstlerisch begabt und lieben einen gepflegten Lebensstil. Die beiden können sich gemeinsam eine sorgenfreie Existenz aufbauen, die sie gegen Gefahren von außen sicher abschirmt.

Im Zeichen des Schweins geborene Menschen sind ebenfalls gute Gefährten für Ziege-Menschen, da auch sie viel Glück in Geldangelegenheiten haben und ihren Reichtum gern mit einem so anmutigen Partner teilen. Zwei so sanfte Naturen werden eine gute und liebevolle Ehe führen. Wenn Schwierigkeiten auftauchen, sollte die Ziege ihrem Schwein-Partner das Kämpfen überlassen. Ziegen werden leicht von starken Feinden in die Flucht geschlagen; Schweine, die gereizt werden, greifen ihren Gegner wütend an.

Freundschaften und gesellschaftliche Beziehungen

Wenn ich ein sanftmütiger Mensch des Ziege-Zeichens wäre, würde mein Selbstverständnis praktisch unangreifbar sein. Ziege-Menschen sind gegen die Schwächen anderer nachsichtig. Sie nehmen die Dinge, wie sie kommen, und sorgen sich im Allgemeinen nicht über Krisen, bevor sie wirklich eintreten. Weil Ziege-Menschen so leicht zu beeinflussen sind, sind sie durch Manipulationen äußerst gefährdet.

Tatsache ist, dass Ziege-Menschen sehr oft einen Freund brauchen, der sich um ihre Interessen kümmert. Drache- und Pferd-Partner werden das mit Freuden tun. Sie schätzen die Sensibilität ihrer Ziege-Freunde und helfen ihnen gern über Schwierigkeiten hinweg. Sie muntern sie auf und stärken ihr Selbstvertrauen, wenn sie sich einer Aufgabe nicht gewachsen fühlen.

Katzen sind gute Freunde für Ziegen. Ebenso die geduldigen Schlangen und die trickreichen Affen. Sie alle werden den Erfindungsreichtum der Ziege schätzen und ihr den nötigen Freiraum schaffen – selbst wenn es auf ihre eigenen Kosten geht.

Der konventionelle Hahn und die penible Ratte fühlen sich im Umgang mit der Ziege unbehaglich. Bei all der Träumerei und den wirklichkeitsfremden Ideen der Ziege sträuben sich ihnen die Haare.

Tiger und Ochsen werden sich manchmal mit der Ziege befreunden, doch das ziellose Herumvagabundieren der Ziege wird ihnen auf die Nerven gehen und sie vertreiben.

Schwein-Geborene können Ziege-Menschen motivieren. Ihre Unterhaltungen werden für die Ziege nützlich und für das Schwein interessant sein. Sie sind die typischen Schulfreunde.

Im Umgang mit Menschen aller anderen Zeichen werden Ziege-Geborene sich vor Schwächen hüten müssen, die sie zwar kennen, aber gern zu ignorieren versuchen. Sie werden gute Freunde auf eine ganz banale Weise verlieren. Sie kommen sehr häufig zu spät zu Verabredungen; sie haben kein Empfinden für die unausgesprochenen Wünsche und Bedürfnisse ihrer Freunde; sie sind unfähig, auf die Prioritäten anderer einzugehen; und sie brauchen unendlich viel Zeit, um eine Entscheidung zu treffen. Sie sollten daher ihre Sensibilität mehr nach außen richten, damit sie rechtzeitig gewarnt werden, wenn ihre Freunde ärgerlich oder ungeduldig sind. Diese werden über kurz oder lang die Hoffnung aufgeben, festen Kontakt mit der Ziege zu halten, die immer irgendwo über den Wolken zu schweben scheint. Und die Ziege fragt sich dann vergebens, was sie eigentlich falsch gemacht hat.

Geschäfte

Geschäfte und Ziegen, das sind absolut unvereinbare Begriffe. Ziegen sind einfach zu nett und zu großzügig und zu unbeschwert und zu konfus, um Sinn für geschäftliche Dinge zu haben. Als Angestellte sind sie allerdings oft sehr pflichtbewusst. Sie kommen zwar fast jeden Tag zu spät zur Arbeit, aber ihr Pensum erledigen sie trotzdem irgendwie. Ziegen haben nichts gegen Überstunden und Nachtarbeit einzuwenden, und sie funktionieren auch unter sehr harten Bedingungen. Ihre Arbeitsweise ist nicht gerade rationell, aber sie haben Ausdauer.

Geschäftliche Partnerschaft ist eine andere Sache. Die Talente der Ziege können Partnern Nutzen bringen, die nicht versuchen, die Ziege zu Routinearbeiten zu zwingen. Affen zum Beispiel haben ein ausgesprochenes Gespür für die Fähigkeiten der Ziege und verstehen es, sie zu beiderseitigem Vorteil einzusetzen. Das Schwein, der Drache und die Katze werden ebenfalls Verständnis für die Notwendigkeit haben, die Ziege ständig zu ermutigen und anzuleiten.

Das ungestüme Temperament des Tigers und seine Fähigkeit, die gefährlichsten Feinde unerschrocken anzugreifen, kommen dem Wunsch der Ziege entgegen, sich mit einem stärkeren Partner zu verbinden. Aber Tiger sind nicht gelassen genug, um immer wieder gegen die Unfähigkeit der Ziege anzukämpfen, sich selbst zu behaupten. Streit und sogar Gewalttätigkeit können die Folgen sein. Das trifft auch für den Ochsen als Partner zu. Für eine Ziege ist der Ochse ein schreckliches Ungeheuer, das bei Nacht durch den Wald stapft, sich von Bärenfleisch ernährt und immer mächtiger und schrecklicher wird. Wenn der Ochse nicht eine so starke Abneigung dagegen hätte, anderen Führung und Beistand zu gewähren, könnte er der Ziege zum Erfolg verhelfen. Doch wenn der Ochse nur zwei Minuten der Ziege bei ihrer Herumhopserei zugeschaut hat, verliert er die Geduld, und mit der Partnerschaft ist es aus.

Pferd-Geborene werden eine Ziege eher umbringen, als ihr Erfolg zu gönnen. Keine Ziege, die etwas auf sich hält, sollte sich mit einem Pferd-Partner zusammentun. Obwohl das Pferd durchaus fähig ist, der Ziege zu helfen, wird es versucht sein, sie zu manipulieren. Die großmütige, vertrauensselige Ziege wird bei diesem Handel Gesicht und Habe verlieren.

Schweine finden Ziegen sehr nützlich. Eine Verbindung dieser beiden wird sicherlich erfolgreich sein. Schweine sind äußerst gewissenhaft und ehrlich. Ziegen sind das zwar auch, aber dabei ein wenig naiv. Aber das Schwein hat Glück; die Ziege hat Phantasie.

Diese positive Partnerschaft von Stärke und Erfindungskraft wird große Erfolge bringen.

Familie

Ziege-Menschen sind von Grund auf gütig und nachsichtige Eltern, denen vielleicht das große Maß an Aktivität, das mit dem Aufziehen von Kindern verbunden ist, ein wenig über den Kopf wächst. Wird denn das Baby nie aufhören zu schreien, und wann wird es endlich in ein Alter kommen, in dem es seinen Eltern Freund und Gefährte sein kann? Leider, liebe Ziege-Eltern, ist das nur ein frommer Wunsch. Ihr werdet Jahre eurer kostbaren Traumzeit dafür opfern müssen, winzige Schreihälse nachts auf den Arm zu nehmen und mit ihnen in der Wohnung herumzuspazieren. Euch mögen diese Belästigungen nicht gefallen, aber ihr liebt eure Kinder. Und so weit es in eurer Macht liegt, werdet ihr alles tun, um für ihr Wohlergehen zu sorgen. Ziege-Menschen sind die warmherzigsten Geschöpfe der Welt. Sie werden mit Zeit und Geld nicht knausern, wenn es um das Wohl ihrer Kinder geht. Aber sie werden sehr enttäuscht sein, wenn sie herausfinden, dass ihre Kinder die Liebe nicht so vergelten, wie sie es erwarten.

Mit Affe-, Hund- oder Katze-Kindern werden Ziege-Eltern sich sehr gut verstehen. Sie werden viele gemeinsame Interessen haben, über die sie miteinander reden können. Ratte- und Schlange-Kinder haben es schwerer, den sprunghaften Ideen ihrer Ziege-Eltern zu folgen; aber sie lieben ihren feinen Humor und freuen sich über die Fähigkeit, sich über sich selbst lustig zu machen. Hahn- und Ochse-Kinder haben überhaupt kein Verständnis für all den Wirbel und die dauernde Änderung der Regeln, die sie ganz konfus macht.

Egozentrische Drache- und Pferd-Kinder mögen zwar die unorthodoxe Art ihrer Ziege-Eltern, aber sie fallen diesen mit ihrer ständigen Fragerei auf die Nerven. Und eine Ziege, die man zu sehr belästigt, kann sehr ärgerlich werden.

Tiger-Kinder haben keine Geduld mit der Entschlusslosigkeit von Ziege-Eltern. Sie werden sich von ihnen fern halten. Es ist gut, wenn ein charakterlich und wesensmäßig stärkerer Ehepartner bei der Erziehung des starrköpfigen Tiger-Kindes helfen kann.

Schwein-Kinder sind nachsichtig gegen die phantasievolle Unberechenbarkeit von Ziege-Eltern. Letzlich wird gerade das Schwein-Kind seinen Ziege-Vater oder seine Ziege-Mutter am meisten verehren. Es wird ihnen auch im Alter seine Anhänglichkeit bewahren. Schwein-Kinder lieben Romantik. Und diese finden sie im Übermaß bei ihren Ziege-Eltern, die sie mit phantastischen und abenteuerlichen Geschichten bis an ihr Lebensende versorgen.

Der Affe

DIE JAHRE DES AFFEN

2. Februar	1908	bis	22. Januar	1909
19. Februar	1920	bis	7. Februar	1921
6. Februar	1932	bis	25. Januar	1933
25. Januar	1944	bis	12. Februar	1945
12. Februar	1956	bis	30. Januar	1957
30. Januar	1968	bis	16. Februar	1969
16. Februar	1980	bis	4. Februar	1981
4. Februar	1992	bis	22. Januar	1993
22. Januar	2004	bis	8. Februar	2005
8. Februar	2016	bis	27. Januar	2017

AFFEN SIND: Sehr intelligent. Witzig. Erfinderisch.
Umgänglich. Logisch. Unabhängig. Geschäftstüchtig. Aktiv.
Enthusiastisch. Klarsichtig. Geistig beweglich.
Leidenschaftlich. Frisch. Faszinierend. Gewandt.
ABER SIE KÖNNEN AUCH SEIN: Trickreich. Eitel.
Heuchlerisch. Opportunistisch. Umständlich. Nicht sehr
vertrauenswürdig. Treulos. Albern. Skrupellos.

Affen, die ich gekannt und geliebt habe

In der Haltung dieses munteren und schlauen Geschöpfes zeigt sich immer eine gewisse drahtige Elastizität. Selbst etwas füllige Gestalten wie Craig Claiborne, der Gastronomieschriftsteller (Affe, 1920), oder die Schauspielerin Elizabeth Taylor (Affe, 1932) wirken behänder als andere korpulente Typen. Vielleicht hängt es mit ihren Augen zusammen. Denken Sie zum Beispiel an das weise Affengesicht des berühmten Richters Learned Hand (Affe des Jahres 1872), oder schauen Sie sich ein Foto von Bella Abzug (Affe, 1920) oder Melvin Van Peebles (Affe, 1932) an, wenn Sie Gelegenheit dazu haben.

Affen sind im Allgemeinen bemerkenswert gescheit. Das werden Sie selbst feststellen, wenn Sie einmal nachprüfen, welche Menschen in Ihrem Freundes- und Bekanntenkreis in einem Jahr des Affen geboren sind. Sie sind sehr amüsante Gesellschafter, die mit ihren drolligen Geschichten ihre Zuhörer zu Lachtränen reizen. Sie können sowohl heiter-witzig als auch süffisant ironisch oder bissig sarkastisch sein. Sie werden sich in der Gesellschaft eines Affe-Menschen jedenfalls nie langweilen.

Ich habe den Eindruck, als hätte ich Millionen Affen überall in der Welt kennen gelernt. Entweder vermehren sie sich stärker als andere Typen, oder sie sind ständig auf der Flucht, sodass man dieselben Leute an den verschiedensten Orten trifft. Vielleicht kommt mir dieser Gedanke deshalb, weil eine der weniger attraktiven Eigenschaften des Affe-Geborenen eine gewisse Unehrenhaftigkeit ist.

Ich wollte es gleich sagen, aber wie kann ich es Ihnen so erklären, dass nicht der Eindruck entsteht, alle Affe-Menschen wären Lügner und Betrüger und Heuchler? Offen gesagt, liebe Leser, das ist nicht leicht. Doch ich will es versuchen.

In jedem Menschen dieses Geburtszeichens sind sozusagen zwei unterschiedliche Charaktere vereinigt. Nach außen hin sind alle Affe-Menschen freundlich, umgänglich und liebenswürdig, in ihrem Innern aber wuchert das Unkraut der Verschlagenheit. Ihre Mitmenschen müssen ihnen helfen, kräftig zu jäten, damit sie sich nicht am Ende in ihren eigenen Schlingen verfangen.

Lassen Sie mich Ihnen ein Beispiel eines perfekt ausgeführten Täuschungsmanövers erzählen. Ich war auf der Suche nach einem antiken Sofa zu einem erschwinglichen Preis und fuhr deshalb in die Pariser Vororte. (In Paris sind die Preise für Antiquitäten geradezu exorbitant, wie Sie vielleicht wissen.) Man muss viel Zeit aufwenden, um überhaupt ein Stück zu einem einigermaßen annehmbaren Preis aufzutreiben. Also fuhr ich in meinem verbeulten alten VW mit meiner Freundin und alten Jagdgefährtin Marie-Christine de La Rochefoucauld (Affe, 1932) los.

Marie-Christine ist eine der komischsten Frauen, die ich je kennen gelernt habe. Sie gehört zu den Menschen, die ein perfektes Gedächtnis haben. Sie vergisst nichts, was in ihrem eigenen Leben und dem ihrer Bekannten jemals passiert ist. Jedes Detail jeder komischen (oder nicht komischen) Begebenheit erzählt Marie-Christine allen ihren Freunden wieder und immer wieder, jedes Mal von ihrer Phantasie mit anderen satirischen Effekten ausgeschmückt. Um es kurz zu machen: Marie-Christine redet ein bisschen viel, aber sie ist eine Freundin, auf die man sich verlassen kann.

Nachdem wir sechs schicke kleine Antiquitätenläden durchforstet hatten, wurde uns klar, dass die Preise, Vorstadt oder nicht, weit über meinen Möglichkeiten lagen. Hinzu kam, dass wir nichts als aufgeplusterte, sündteure Monstrositäten zu sehen bekommen hatten. Schließlich kam Maria-Christine der Gedanke, es mit dem Kaufhaus Saint-Vincent-de-Paul zu versuchen. Dieses Etablissement entspricht in etwa den Heilsarmeemagazinen. Leider sind jedoch die Franzosen zu konservativ, um sich so einfach von ihren alten Sachen zu trennen, sodass man nicht erwarten kann, ein Louis-XV.-Buffet in irgendeiner Ladenecke versteckt zu finden, das man zu einem Preis von einem Franc erstehen könnte. Aber gelegentlich findet man doch ein gutes preiswertes Stück. Und Marie-Christine versteht sich darauf, wie ein Orientale um den Preis zu handeln.

Heureka! Mitten in einem Berg von wackligen Möbelstücken aus der »Frühen Conciergeperiode« stand ein Gedicht von einem Sofa aus dem 19. Jahrhundert, dessen Proportionen für mein Wohnzimmerchen ideal waren. Die Leute, die die Preise für solche ausrangierten Stücke festsetzen, wissen über den tatsächlichen Wert solcher Perlen heute noch besser Bescheid als vor einigen Jahren. In jedem Fall aber waren zweihundert Francs für ein Stück, in das ich verliebt war, besser als eintausend für etwas, das ich nicht mochte. Mein Kaufobjekt hatte eine gebrochene Sprungfeder und eine flotte Schräglage, die auf ein gebrochenes Bein zurückzuführen war – aber das ließ sich reparieren.

Als ich bei dem kleinen Mann an der Kasse zahlte, fragte ich ihn nach dem Zustellungstermin. Mein Gesicht muss ziemlich lang geworden sein, als er mir sagte: »Es tut mir furchtbar Leid, Madame, aber Saint-Vincent-de-Paul stellt nicht zu.«

»Pfui über Saint-Vincent-de-Paul«, rief Marie-Christine unfromm. »Macht nichts, wir werden einen Weg finden.«

Von einem Münzfernsprecher an der Wand rief ich mindestens zehn Speditions- und Umzugsfirmen an. Alle sagten dasselbe: »Ein kleines Sofa? Bedaure, Madame, nicht zu machen.« Oder so ähnlich. Entmutigt sagte ich zu Marie-Christine, ich müsse wohl oder übel bis Samstag warten, dann könnte ich mir von meinem Nachbarn einen Renault-Kombi leihen. Ich teilte dem Mann an der Kasse mit, ich würde meinen Schatz am Wochenende abholen. »Es tut mir nochmals Leid, Madame, aber wir können keine Ware für Kunden aufbewahren.«

Einem Nervenzusammenbruch nahe, sah ich Marie-Christine hilflos an, in der Hoffnung, sie könnte das Unmögliche möglich machen. Sie blickte den Mann hinter der Registrierkasse streng an und sagte: »Sie reservieren das Sofa eine Stunde. Wir kümmern uns um den Transport.« Marie-Christine stammt aus einer alten Adelsfamilie. Im Allgemeinen macht sie keinen Gebrauch davon, aber Frankreich ist Frankreich, und wenn Marie-Christine es für notwendig hält, dann zieht sie ihren Adel aus der Jeanstasche und wirft ihn dem hin, der eine Dosis davon braucht. »*Oui, Madame*«, sagte der Bursche unterwürfig; fast stolz darauf, von dieser plötzlich so hochnäsigen jungen Dame zurechtgewiesen zu werden, klebte er ein Schild »Verkauft« auf das Stück und brummte etwas von »Les Parisiennes«.

Wir stiegen lachend in den Wagen. »Wohin fahren wir?«, fragte ich.

»Zu der schäbigsten Bar, die wir finden können. Beeil dich!«, antwortete sie.

Schmutzig ist das treffende Wort für die Bar, die wir im nächsten Dorf fanden, schmutzig und heruntergekommen. Wir setzten uns auf die Barhocker, und Marie-Christine flüsterte mir aus dem Mundwinkel zu: »Lass mich das machen. Du hältst den Mund.« Ich hielt den Mund.

Der Patron wischte mit einem antiken Lappen lustlos über die Theke und fragte: »Was trinken Sie?«

»Nettes Lokal, das Sie hier haben.« Marie-Christine lächelte und schaute sich in der verwahrlosten Kneipe um. »So echt.«

»Ha«, schnaubte er verächtlich.

»Keine schlechte Eröffnung«, murmelte ich vor mich hin. »Ich möchte einen Kir, bitte. Nicht so viel Sirup.«

Ohne mit der Wimper zu zucken, fuhr Marie-Christine fort: »Für mich dasselbe. Wie gehen die Geschäfte heutzutage? Ein bisschen langsam bei der Inflation, würde ich wetten.« Sie ließ sich nicht beirren.

Der Patron gab keine Antwort. Er ging zum anderen Ende der Bar, nahm seine Zeitung wieder auf und vertiefte sich in die Rennergebnisse.

»Kennen Sie jemanden in der Nähe, der einen Lieferwagen hat?«, rief Marie-Christine mit lauter Stimme zu ihm hinüber.

Der Besitzer schüttelte nur einmal kurz den Kopf. Offenbar war sein einziger Wunsch, dass M-C endlich den Mund halten und dahin zurückgehen möchte, wo sie so offensichtlich herkam – den Champs-Elysées.

Aber Marie-Christine dachte nicht daran, ihre Fragerei aufzugeben. Affe-Menschen sind hartgesottene Problemlöser. Sie bestehen darauf, die Dinge zu Ende zu bringen – nach ihrer eigenen Methode. Sie wandte sich an den jungen Mann, der neben ihr saß, und begann mit ihm zu plaudern. »Hallo, ich heiße Marie Dubois, und das ist Suzanne White. Wie ist Ihr Name?«

»Pierre«, murmelte der Mann verlegen.

»Kommen Sie oft hierher?« Ihre Stimme ließ so etwas anklingen wie: Was macht ein netter Junge wie Sie in einer solchen Kneipe?

Er lächelte zurück. »Nur wenn ich nicht arbeite.«

»Sie haben also Urlaub. Deshalb.« Marie-Christine nickte und hob die Augenbrauen. Französische Ferien spielen sich im Allgemeinen nicht Mitte März in schmutzigen Vorstadtbars ab.

»Bin im Streik«, sagte der junge Mann und blickte missmutig in sein Bierglas.

»Wollen Sie ein Bier mit uns trinken?«

Gute alte M-C.

»Das ist nett von Ihnen. Natürlich will ich.« Sein Gesicht hellte sich auf.

Marie-Christine bestellte ein Bier für ihn und entschuldigte sich, um *les Toilettes* aufzusuchen. Ich schwatzte mit dem Mann über die harten Zeiten und wie wenig Streikgeld die Gewerkschaften zahlten. Marie-Christine kam im richtigen Augenblick zurück, als der Mann sein Bier zur Hälfte getrunken hatte. Er stieß mit ihr an und sagte: »Auf eine *grande dame*, die mir ein Bier spendiert hat. Meine Frau wird Augen machen, wenn ich ihr das erzähle. Haben Sie nicht eben gesagt, Sie suchten jemand mit einem Lieferwagen?«

Ich schwöre, Marie-Christine vollbringt Wunder, wenn Not am Mann ist. Sie ist wirklich eine »Nothelferin«.

Sie stieß mit ihm an und warf ihm einen ihrer speziellen verschwörerischen Kummerblicke zu. »Und ob wir einen Lieferwagen brauchen. Wir haben nicht viel Geld, und wir müssen ein Möbelstück nach Paris bringen. Sie können sich nicht vorstellen, was die Spediteure für eine Fahrt in die City verlangen. Es ist Wahnsinn. Seit der Staatspräsident seine Sprüche über die Inflation macht, erhöht jeder seine Preise, weil er denkt, das ist gut für Frankreich oder so etwas. Haben Sie in letzter Zeit die Preise für Lebensmittel beobachtet?«

Natürlich hatte der Mann einen Lieferwagen. Er war ein arbeitsloser Installateur, der nichts Besseres zu tun hatte, als mein Sofa dreißig Kilometer weit zu befördern. Aber er war auch stolz, etwas träge, und er war sich nicht sicher, ob er einem Paar neunmalkluger Mädchen aus der City helfen sollte, die ihm ein lumpiges Bier spendiert hatten.

»Was haben Sie heute Nachmittag vor?«, fragte Marie-Christine, als sie ihm noch ein Bier bestellt hatte.

»Ich würde mir gern das Fußballspiel im Fernsehen anschauen, aber meine Frau sieht lieber den Nachmittagsfilm, also werde ich das wohl oder übel auch tun. Sie mag es sowieso nicht, wenn ich immer zu Hause herumsitze. Ich bin ihr nur im Wege.«

Der Ahablick in M-Cs Augen ließ mich meinen Kopf schamvoll abwenden. Ich wusste genau, was jetzt kommen würde.

Sie legte ihre Hand kumpelhaft auf die Schulter des Mannes.

»Was für ein komischer Zufall. Suzanne und ich sind richtige Fußballfans. Wir sehen uns alle Spiele in ihrer Wohnung an. Es ist besser in Farbe. Ich habe nur einen Schwarzweißempfänger. Was für einen haben Sie?«

Er hatte nur einen kleinen Schwarzweißapparat, und er beklagte sich, dass er hier draußen ohne Antenne keinen guten Empfang hatte.

»Also alles klar. Sie kommen und sehen sich heute Nachmittag das Spiel mit uns an. Ich fahre in Ihrem Lieferwagen mit, damit Sie das Haus finden. Auf diese Weise können Sie das Spiel sehen, und Suzanne bekommt ihr Sofa.«

Wie hätte er widersprechen (oder widerstehen) können? Marie-Christine hatte ihn mit ihren falschen Tricks zur Strecke gebracht. Weder sie noch ich hatten jemals in unserem Leben ein Fußballspiel angesehen, noch war ihr Name Dubois, noch besaß eine von uns ein Fernsehgerät, weder in Schwarzweiß noch in Farbe.

Das Sofa sieht fabelhaft aus. Ich habe das abgebrochene Bein angeleimt und das Sofa mit Chintz neu bezogen. Die Feder drückt ein bisschen durch, aber ich lege ein Kissen darüber, wenn Besuch kommt.

Ich ziehe es vor, diesen Webfehler im Charakter des Affe-Menschen als Geschicklichkeit oder Erfindungsgabe zu bezeichnen, statt den hässlichen Ausdruck Verschlagenheit zu gebrauchen. Wenn ein Affe-Mensch mit einem komplizierten Problem konfrontiert wird, ist ihm jedes Mittel, auch das boshafteste, recht. In der Tat macht es ihm riesigen Spaß, solche Streiche auszuhecken, wie ich einen eben beschrieben habe. Solange solche Lügengespinste einigermaßen harmlos sind, wird ja auch kein großer Schaden angerichtet.

Im Gegensatz zum Tiger, der rücksichtslos durch dick und dünn rast, ist die Haltung des Affen gegenüber einer Herausforderung von kluger Berechnung bestimmt. In einer schwierigen Situation kalkulieren sie exakt alle Möglichkeiten. Sie wägen das Für und Wider genau ab, während sie vor dem Spiegel ihre Tricks ausprobieren (sie sind alle Dandys). Wenn sie sich dann schlüssig geworden sind, werden sie entweder die anstehenden Probleme so schnell und geschickt lösen, wie das nur möglich ist, oder – wenn sie sehen, dass sie eine Nummer zu groß für sie sind – sie werden die Sache wie eine heiße Kartoffel fallen lassen. Sie sind keine Narren und kennen ihre Grenzen im Allgemeinen sehr genau.

Eine außergewöhnliche Eigenschaft des Affe-Menschen ist die überschwängliche Begeisterung für riesige Projekte. Sie hätten die Fotos von Yul Brynners (Affe, 1920) herrschaftlichem Wohnsitz in normannischem Stil vor seinem Umbau sehen müssen. Holzbalken in unmöglichen Anordnungen kreuz und quer verlaufend, abgebröckelter Stuck, riesige Säle mit durchhängenden hohen Decken, hektarweise Gestrüpp und wucherndes Unkraut – die Renovierungsarbeiten würden Tishman & Co. überfordert haben. Ich bin sicher, Walt Disney (Ochse, 1901) würde vor der Idee, einen solchen Palazzo herzurichten, zurückgeschreckt sein. Nicht so Yul Brynner. Er kaufte einfach den ganzen Plunder – in Bausch und Bogen, einschließlich Termiten. Und ich muss um des lieben Klatsches willen hinzufügen, dass solch nette kleine Hütten nicht gerade billig sind.

Wissen Sie, wenn Yul Brynner ein müßiggängerischer Millionär wäre und nicht jede Woche zwölf oder fünfzehn Drehbücher zu lesen, einen riesigen Schlag von Brieftauben über die ganze Welt hin zu kontrollieren und sich um eine Horde Zuchthunde zu kümmern hätte, wenn er nicht gelegentlich in TV-Serien spielen und von Zeit zu Zeit einen Spielfilm machen müsste, wenn er nicht seine elegante französische Frau ausführen, seine neunjährige Tochter in die Schweiz zur Schule fliegen und wieder abholen müsste, wenn er nicht einen brillanten verlorenen Sohn von Zeit zu Zeit in Augenschein zu nehmen hätte, dann würde mir ein solches Projekt, wie er es sich mit dem Kauf dieses Landsitzes aufbürdete, nicht gar so ungeheuerlich vorgekommen sein.

»Aber Rock«, fühlte ich mich verpflichtet zu sagen, als Brynner jr. sorgfältig die Reihe von Schnappschüssen in seinen berühmten Wunderbeutel verstaute, »es sieht so aus, als würde es jeden Augenblick einstürzen. Dein Vater wird zu alt sein, um noch umzuziehen, bis die Dachdecker erst einmal die fehlenden Dachziegel ersetzt haben.«

»Nicht, wenn er das in die Hand nimmt. Da kennst du meinen Vater schlecht. Du kannst dir keine Vorstellung machen, mit welchem Elan er an solche Projekte herangeht. Unsere Häuser waren alle in einem solchen Zustand. Mein Vater ist es gewohnt, Häuser zu restaurieren. Die schlimmste Bruchbude wird zu einem manchmal etwas unübersichtlichen, aber gemütlichen Haus, wenn er sich damit befasst. Dieser stechende Blick, den er hat, bohrt sich im Nu mitten in das Herz des Problems. Mein illustrer Vater ist kein Spaßmacher. Er geht ran.« Rock wurde bei dem bloßen Gedanken blass. Er ist im Jahr des Hundes 1946 geboren und ein entschieden anderer Mensch als sein Vater. Aber mehr davon später.

In wenigen Monaten war die Ruine nicht nur bewohnt, sondern auch nicht wieder zu erkennen. Ordentlich angelegte Blumenbeete hatten das wuchernde Gestrüpp verdrängt, ein neues Dach leuchtete ziegelrot im recht seltenen normannischen Sonnenschein. Die Nebengebäude, Anbauten, das Mobiliar – alles war in gediegenem Geschmack arrangiert. Yul Brynners verfallener Normannengutshof war ein prächtiger Landsitz geworden, würdig seines berühmten Besitzers.

An dem Tag, an dem ich das vollendete Kunstwerk sah, war Brynner sen. nicht zu Hause. »Wo hält sich dein Vater zurzeit auf?«, fragte ich, neugierig wie immer, den Sohn Rock.

»Er ist heute in Vietnam«, antwortete Rock wie beiläufig.

»Macht er in Truppenbetreuung?« Mir fiel nichts anderes dazu ein.

»Sei nicht albern. Er holt meine Schwester ab.«

»Lass doch die dummen Witze, Rock. Deine Schwester ist nicht in Vietnam. Sie ist neun Jahre alt und ich weiß zufällig, dass sie in der Schweiz in einem Internat ist.« Eines von Rocks Talenten ist das eines ausgezeichneten Märchenerzählers – in vier Sprachen.

»Nicht diese Schwester. Die neue. Er hat in diesem Jahr zwei vietnamesische Waisenkinder adoptiert, und er ist nach Vietnam geflogen, um dafür zu sorgen, dass das zweite Kind sicher aus dem Land herauskommt.« Rock seufzte über meine offensichtliche Begriffsstutzigkeit, was die verschlungenen Wege seines Vaters betraf. Aber in seiner typischen gelassenen Art kramte er wieder einmal in seinem Wunderbeutel herum. »Möchtest du ein paar Fotos von meiner kleinen Schwester sehen? Sie ist wirklich ganz niedlich.«

Und das war sie auch. Eine chinesische Babypuppe, die Yul Brynner höchstpersönlich tausende von Kilometern über das Meer in ein altes französisches Château holte, um sie dort *à l'américaine* aufzuziehen. Ich schätze, für einen Affe-Menschen ist das etwas ganz Normales.

Eine bemerkenswerte, wenn auch nicht unbedingt zu missbilligende Eigenschaft der Affe-Menschen kann sehr irritierend sein. In Jahren des Affen geborene Leute pflegen bei allen ihren guten oder bösen Taten nur ihr eigenes Interesse zu verfolgen. Selbst die scheinbar selbstlosesten oder hilfreichsten Aktionen sind, wenn sie von einem Affe-Menschen vollbracht werden, mit Sicherheit ein Mittel zum Zweck. Vielleicht sind Sie über diese Feststellung erstaunt und werden mir vorhalten, dass dies auf Ihre Affe-Freunde nicht zutreffe, die Ihnen so bereitwillig helfen und sich in schwierigen Situationen so hingebungsvoll um Sie kümmern, die Ihnen so geduldig zuhören, obwohl sie doch im Allgemeinen das Reden für sich gepachtet haben.

Es stimmt ja auch tatsächlich, dass Affe-Menschen ausgezeichnete Freunde und Wohltäter sind – für die, von denen sie etwas wollen. Nicht dass es unbedingt ein schlechter Charakterzug ist, wenn man etwas so Wertvolles wie Freundschaft, Zuneigung oder Liebe zu erwerben sucht. Es ist nur so, dass man sich im Umgang mit Affe-Menschen immer der Tatsache bewusst sein sollte, dass ihre Beweggründe häufig egoistischer Natur sind. Es könnte sonst passieren, dass alle diese Bekundungen von Selbstlosigkeit, diese langen Stunden geduldigen Beistands in schwierigen Lagen, alle diese Schaustellungen uneigennütziger Freundschaft Sie zu der irrigen Auffassung verleiten, dass alle Affe-Menschen mit Florence Nightingale (Drache, 1920) um die Palme karitativen Heldentums konkurrieren.

Warum ich so hartnäckig darauf herumreite? Das hat mit meiner langjährigen Erfahrung als Beobachter von Affe-Verhaltensweisen zu tun. Sie bekommen mehr als ihren gerechten Anteil an Belohnung für ihre so anerkennenswerten karitativen Leistungen. Vielleicht sollte ich das an einem Beispiel erläutern.

Über einen (nach meinen Maßstäben) ziemlich langen Zeitraum hatte ich eine romantische Beziehung zu einem sehr populären Affe-Gentleman, der Kriminalromane schreibt. Wenn man ihn so sah, wie er in seinem teuren und schick unterheizten kleinen Mansardenzimmer im Herzen des Quartier Latin mit Blick auf die Seine hockte, auf seiner Schreibmaschine seufzend eindrucksvolle literarische Einfälle tippend und träumerisch dem Rauch nachblickend, der aus seinen Gauloises in den verhangenen Himmel über Paris aufstieg, dann konnte das Leben für ihn nicht gerade schlimm aussehen. Aber für meinen Freund Jean-Valère ist *la vie* ein bisschen zu oft eine unerträgliche Last. Und während der Zeit unserer Freundschaft war dieses unzumutbare Atelier, das er an der herrlichsten Stelle des Erdkreises zu bewohnen gezwungen war, ein ganz besonders schlimmer Ort, weil ich ihm ständig in den Ohren lag, wie schwer jemand zu ertragen sei, der den ganzen Tag nicht aufhört, seufzend die Augen zum Himmel zu erheben. Ich bin nicht der Typ, der dauernd kritisiert und herumnörgelt, aber verständlicherweise ist es auch nicht besonders unterhaltsam, wenn man Tag für Tag zuschauen muss, wie jemand sich selbst beweisen will, wie unglücklich er ist. Besonders da es so offensichtlich war, dass Jean-Valère stillschweigend unterstellte, dass dieser schreckliche Zustand mein Fehler war.

Was also unternahm ich, um zu versuchen, den Kranken zu heilen? Nun, zunächst einmal muss ich feststellen, dass ich sehr schnell schreibe. Er hatte solche Schwierigkeiten, auch nur eine Silbe am Tag seiner IBM Selectric zu entreißen, dass ich ihm Stöße von Arbeit abnahm, indem ich bis in die frühen Morgenstunden in meiner Wohnung auf dem Wrack von Schreibmaschine klapperte, die mir Jean-Valère so großzügig überlassen hatte, als er den Hunderttausendfrancsvorschuss für sein neues Buch bekommen hatte. Zweitens muss ich gestehen, dass ich eigentlich das Buch selbst schrieb. Er gab mir oft ein paar Ideen, aber da er es nicht vertragen kann, nachts »derangiert« zu werden, zog ich es vor, die Handlung selbstständig weiterzuentwickeln, statt ihn anzurufen und zu fragen, wie er die Killer geschnappt haben wollte oder in welchem grausigen Zustand die Leiche des Gigolo aufgefunden werden sollte. Es war eine gute Übung. Oder zumindest bildete ich mir das ein, als ich Detail an Detail reihte, seinen Stil kopierte und mir Sorgen machte, er möchte mit meiner Arbeit nicht zufrieden sein.

Wenn ich dann mit den Aktendeckeln voll blutrünstiger Verbrechen und scharfsinniger Detektivarbeit in Jean-Valères Studio auftauchte, war er immer voll des Lobes. Ich war so wundervoll zu ihm. Er glaubte ehrlich, er verdiente mich nicht. Niemand war glücklicher als er. Er machte mir Geschenke. Wir gingen gemeinsam auf Reisen. Er überhäufte mich mit edlen Weinen und herrlichen Blumen. Und tatsächlich hörte ich eine Zeit lang viel seltener sein schreckliches Seufzen.

Es war kein schlechtes Leben, die Sekretärin/Geliebte eines berühmten Autors zu sein. Ich will durchaus nicht einen anderen Eindruck erwecken. Die sechs Monate in Paris mit Jean-Valère waren großartig. Er war ein guter Liebhaber und ein prima Freund. Und nebenbei lernte ich eine Menge. Ich hatte bis dahin nur Artikel für französische Magazine geschrieben. Ich hatte mich immer mit großen Zweifeln gefragt, ob es mir einmal gelingen würde, ein Buch in meiner adoptierten Sprache zu schreiben. Diese Arbeit bewies, dass ich es konnte.

Als das Buch erschien, gaben die *éditeurs*, wie man die Verleger in Frankreich nennt, einen *coquetèle* zu Ehren von Jean-Valère (die Stehparty haben die Franzosen als schicke Zugabe zu ihren angenehmen Gesellschaftsbräuchen übernommen). Als wir mit dem *éditeur* meines Freundes in einer kleinen Runde plauderten, den Whisky on the rocks oder einen anderen Drink in den gestikulierenden Händen haltend, fragte mich jemand: »Und womit verbringen Sie Ihre Tage, Mademoiselle?« Die französischen Männer haben die charmante Gewohnheit, Damen jedes Alters als Mademoiselle zu titulieren, offenbar um ihnen das Gefühl zu vermitteln, sie seien gerade heiratsfähig gewordene Schönheitsköniginnen, ganz gleich, wie viele Ehen sie schon hinter sich haben.

Ich lächelte. »Ich bin Schriftstellerin.«

»*Journalistin!*« Jean-Valère korrigierte mich laut. »Du bist eine Journalistin.«

»Nun, ich schreibe Geschichten, nicht wahr?« Ich warf Jean-Valère einen Blick zu, in der Hoffnung, er werde eine gewisse Komplizenschaft über unsere jüngste »Zusammenarbeit« zeigen.

»Du schreibst Artikel für Zeitschriften. In Frankreich nennt man solche Leute Journalisten.« Das hörte sich an, als ob *bloß* ein Journalist zu sein so etwas wäre wie von Geburt an mit Krätze behaftet zu sein.

Die Spannung stieg. Mein hohes Ross stieg mit. Ich verlangte von Jean-Valère sicherlich nicht, dass er seinem Verleger erzählte, ich sei die schriftstellerisch begabte Tochter von Mary McCarthy, der man gleich einen Vorschuss von zehntausend Dollar für die Biografie ihrer Mutter geben sollte. Ich wollte nur, dass er persönlich, und auch nur geheim, anerkannte, dass ich nicht nur eine amerikanische Modejournalistin war, die in Paris herumrannte, um gelegentlich einen kleinen Artikel in *Women's Wear Daily* unterzubringen.

Ich stieß ihn deshalb heimlich an. Dann wandte ich mich seinem Verleger zu und sagte: »Ich habe in diesem Jahr eine Menge als Fiction-Ghostwriter in Französisch gemacht. Ich habe gerade begonnen, einen eigenen Roman zu schreiben. Ich denke, ich bin jetzt so weit, dass ich eine größere Sache in Französisch machen kann.«

»Sie sind nicht Französin?«, fragte der Verleger, erstaunt die Brauen hochziehend.

Entzückt wie immer, wenn Leute sich durch meinen überzeugenden Pariser Akzent täuschen lassen, stieß ich Jean-Valère wieder an und lachte. »Du siehst, Chéri«, sagte ich, »Monsieur Buffon hat auch nicht gemerkt, dass ich Amerikanerin bin.«

Dann erklärte ich, dass ich seit meinem einundzwanzigsten Lebensjahr in Frankreich lebte und lange und hart gekämpft hätte, um meinen amerikanischen Akzent loszuwerden.

»Sie hat einen Akzent.« Jean-Valère war offensichtlich nicht bei Sinnen. Ich hätte nicht im Traum gedacht, dass er so herablassend über mich sprechen könnte. Er war es gewesen, der mich immer wieder zum Schreiben ermuntert hatte, der mein Selbstvertrauen gestärkt hatte. Ich hätte ihm am liebsten meinen Drink über die eleganten Gucci-Mokassins geschüttet.

Während sie weiter darüber diskutierten, ob ich einen Akzent hätte oder nicht, stand ich still dabei und kochte eine Intrige aus, die einer Katharina von Medici würdig sein sollte. Als eine passende Gesprächspause eintrat, brachte ich in meinem perfektesten Französisch (solche Wörter vermeidend, die vielleicht nicht absolut authentisch klingen mochten) die unverfrorene Lügengeschichte vor: »Ich habe einen Entwurf für einen Kriminalroman, den ich schon mehreren Verlegern gezeigt habe. Sie sind begeistert. Wenn es Ihnen recht ist, werde ich Sie am Donnerstag um zehn Uhr aufsuchen. *D'accord?*«

Jean-Valère wäre fast an einer Olive erstickt. Ich ging nach Hause, um über einem guten Buch meine Wut zu vergessen.

Diese Geschichte hätte einfach irgendeine aus einer Reihe männlicher Chauvinismen oder dergleichen sein können, wäre nicht das Buch, mit dem ich die beiden nächsten Tage schmollend verbrachte, *Zelda* von Nancy Milford gewesen. Aus Neugier schaute ich immer, wenn ich Biografien berühmter Männer lese, ihr Geburtsjahr im chinesischen Horoskop nach. Scott Fitzgerald war im September 1896 geboren. Jean-Valère ist 1932 geboren. Das machte aus den beiden ein Paar Affen. Und half mir, etwas mehr vom Charakter des Affe-Menschen zu verstehen.

Von sublimer Einzigartigkeit jedoch ist die extravagante Leichtigkeit, mit der Affe-Menschen ihren Charme anzubringen wissen. Mit den verblüffendsten Methoden verstehen sie es, sogar das widerstrebendste Auditorium auf ihre gewinnende Art in ihren Bann zu ziehen. Mürrische Kellnerinnen, die Ihnen das Essen mehr vorwerfen, als servieren, säuerliche Verkäuferinnen in großen Warenhäusern, die Sie nicht eines Blickes würdigen, wenn Sie, von einem müden Fuß auf den anderen tretend, an der Wäschetheke auf Bedienung warten, unfreundliche Telefonistinnen, die sich weigern, die Nummer Ihres Freundes Charlie in Podunk, Maine, herauszusuchen, wo es nur einen Anschluss im ganzen Dorf gibt und Sie den Namen der Leute nicht wissen, bei denen er zur Miete wohnt – all diese Eisklumpen von Leuten, die wir in unserem täglichen Leben so sehr schätzen –, sie werden sanft wir Lämmer und süß wie Honig, wenn der verführerische Affe seine Show abzieht.

Nur zum Spaß will ich Ihnen einmal vorführen, wie das so geht. Sie springen auf den zerrissenen Plastikrücksitz eines New Yorker Taxis an einem tropisch-heißen Regentag. Sie sind aus der Provinz und kennen nicht den Unterschied zwischen Greenwich Village und Greenwich Meridian.

Der Fahrer (ebenfalls aus dauerhaftem Kunststoff) versteht Sie nicht, weil Sie aus Ohio sind und mit einem komischen Akzent sprechen. Sie bitten ihn, Sie nach Sheridan Square zu bringen, was nur zwei Block entfernt ist. Er brummt und fährt eine halbe Stunde lang eine Sightseeingtour mit Ihnen durch Chinatown, sodass der Taxameter einen Preis zeigt, der für seine Begriffe annehmbar ist. Wenn Ihnen klar ist, dass er Sie neppt, werden Sie wütend und drohen mit der Polizei. Er antwortet mit ein paar unflätigen Beschimpfungen, die Sie nicht verstehen können, weil er einen Brooklyn-Akzent und eine komische Ausdrucksweise hat. Kurz, Sie streiten sich herum und geben ihm schließlich Ihre Armbanduhr, um Ihren Seelenfrieden wiederzugewinnen. Ende des Aktes bei einem normalen menschlichen Wesen.

Einem Affe-Menschen würden solche Horrorszenen nie passieren. Affen sind vorsichtig und geschickt, hell und erfinderisch. Ein Affe-Mensch steigt an einem tropisch-heißen regnerischen Abend in ein kugelsicheres, schweißdünstiges New Yorker Taxi und sagt: »Wie weit ist es nach Sheridan Square, bitte?«

»Paar Blocks«, murmelt der Polyesterfahrer unverständlich.

»Es tut mir schrecklich Leid, aber ich kann Sie nicht verstehen. Könnten Sie etwas lauter sprechen, bitte, Sir? Ich fürchte, diese Wand hier vor mir macht es mir unmöglich, Sie richtig zu verstehen. Es tut mir wirklich Leid, aber würde es Ihnen etwas ausmachen, Ihre Antwort zu wiederholen?« Es dauert etwas länger bei Affe-Menschen, aber dafür erreichen sie auch ihr Ziel.

»Paar Blocks, ich sagte zwei, eins und eins, sind zwei Blocks von hier! Sind Sie taub oder was ist?« Charme träufelt aus diesen altruistischen Seelen, die Sie in Gotham chauffieren. Der Taxifahrer reißt das Fenster in der Trennwand auf, verbittert.

»Ich muss mich entschuldigen. Es ist mir bewusst, dass das eine sehr kurze Strecke ist, aber würden Sie mich trotzdem hinfahren? Es regnet so stark.« Der Wagen rollt an. »Ich kann Sie nicht gut sehen, aber das Foto auf dem Zulassungsausweis sagt mir, dass Sie sicher ein netter Mensch sind. Ist das ein englischer Name? Ich habe einmal jemanden in London gekannt, der hieß Lofkowitz. Genau wie Sie. Er war Parlamentsabgeordneter. Wird wohl ein entfernter Verwandter von Ihnen gewesen sein.« Geschnatter, Geschwafel, Tricks und Blabla. Der Affe-Mensch hört nicht auf. Und er hat Recht. Der Fahrer ist so perplex und benommen von der Dusche, die ihm sein Affe-Passagier verabreicht, dass er froh ist, die beiden Blocks schnell und direkt und billig hinter sich zu bringen. Affentricks stehen der schlimmsten (oder besten) Sorte verlogener weiblicher Ränke nicht nach. Es ist nicht ein natürlicher Charme oder Magnetismus, der die schlimmsten Arten mürrischer Verdrießlichkeit überwinden lässt. O nein. Es ist wirklich harte Arbeit, Voraussicht und Verschlagenheit aus der obersten Trickschublade. Er erfordert ein großes Maß an Schlagfertigkeit und eine überlegene Intelligenz.

Als die Gehirne ausgeteilt wurden, standen die Affen ganz vorn in der Reihe. Alle Affe-Menschen, die ich kenne, sind smart. Alles, was jemals in ihrem Gedächtniscomputer eingegeben wurde, ist dort ein Leben lang gespeichert. Man braucht nur auf den Knopf zu drücken, und los plärrt der Affe. Wenn am Sonntag, dem 14. August 1934, Rafy Hardy sein Match gegen den Weltmeister im Dominospiel in Helsinki gewonnen hat, wird der Affe-Mensch Ihnen sagen können, wie das Wetter an diesem Tag in Finnland war. Affe-Geborene gehören zu der Sorte Menschen, die Kreuzworträtsel in fünf Minuten gelöst haben, während andere ihre erste falsche Eintragung in der Senkrechtspalte ausradieren. Ihr Wissen hat gewöhnlich nichts mit fundiert-akademischer Bildung zu tun. Sie sind zu ungeduldig für so schwierige Gebiete wie Philosophie oder Sanskrit. Sie würden viel eher über die exquisiten Tischmanieren des Sokrates Bescheid wissen als über das, was in seinen Schriften steht. Ihr Witz ist treffend und scharf.

Affe-Menschen sollten nur in Berufen tätig sein, die keine langweilige Routine kennen. Stellen Sie einen Affe-Menschen als Registrator ein, und sehen Sie zu, wie lange das gut geht. Es kann einfach nicht klappen – es sei denn, die Registratur wäre in einem äußerst schlechten Zustand und müsste völlig neu organisiert und geordnet werden. In wenigen Tagen würde er diese scheußliche Arbeit abgeschlossen haben und nach anderen Aufgaben fragen. Er liebt Geschäftigkeit. Er liebt es, sich mit Problemen auseinander zu setzen, mit denen andere nicht zurechtkommen. Aber er ist auch ziemlich schnell entmutigt, wenn eine Arbeit zu kompliziert für ihn oder zu schwierig ist. Affe-Menschen sind alles andere als faul, vor einer zu starken Beanspruchung ihrer Zeit aber schrecken sie zurück, denn Zeit ist für sie ein sehr kostbares Gut. Fortschritt ist für sie besonders wichtig. Sie müssen das Gefühl haben, voranzukommen, ihre Leistung zu steigern, sich innerhalb ihrer Grenzen auszuzeichnen. Es ist für sie nicht so wichtig, an der Spitze zu stehen, der Chef zu sein, obwohl sie oft gute Führungsqualitäten haben. Affe-Menschen treten gern hinter anderen zurück, die sie bewundern und zu denen sie aufblicken. Sie sind hervorragende Journalisten.

Emotionell ist der Affe-Mensch sehr labil. Man wird wohl nie genau erfahren, welche tragischen Umstände zu dem frühen Tod von Sylvia Plath (Affe, 1932) geführt haben, aber sie muss ihre scharfe und bittere dichterische Hellsichtigkeit und quälende Phantasie als eine zu schwere Bürde empfunden haben.

Ehe und Familie sind für die meisten Affe-Menschen etwas sehr Kompliziertes. Eheliche Treue ist nicht ihre Stärke. Stellen Sie sich einmal vor, Sie wären der schwer geprüfte Lebenspartner von Angela Davis (Affe, 1944). Nicht als ob ich andeuten wollte, dass Mrs. Davis sich mehr als einen Liebhaber zur gleichen Zeit hielte. Solche Unterstellungen wären vermessen. Aber man muss zugeben, dass ihr recht hektischer Lebensstil nicht gerade beispielhaft für orthodoxes Familienverständnis ist. Affe-Menschen sind häufiger als andere unter Junggesellen anzutreffen. Oder sie mögen gerade in einem Interimsstadium zwischen zwei Ehen sein. Mehrere Eheversuche sind bei Affe-Typen nichts Seltenes. Die werden von Phantasie getrieben, sie entziehen sich dem Alltagstrott häufiger als andere Menschen, und sie begeistern sich so sehr für alles Neue, dass nicht aus dem Rahmen fallende Verhältnisse keine so anhaltende Attraktivität für sie haben, wie das wünschenswert wäre.

Die Affe-Frau

Versetzen Sie sich bitte einmal in Ihre Kindheit zurück. Erinnern Sie sich an jemanden namens Wendy? Nein, ich meine nicht das kleine Mädchen mit den Zöpfen, das im zweiten Schuljahr auf der Bank neben Ihnen gesessen hat. Ich spreche von Wendy Darling, der großen Schwester von Michael und John, dem entzückenden kleinen Zauberwesen, zu dem eines Tages eine grüne Fee durchs Fenster ins Zimmer geflogen kam, direkt von dem Etikett eines Erdnussbuttertopfes. *Die* Wendy meine ich.

So wie einer unserer begabtesten Schriftsteller, J. M. Barrie (Affe, 1860), die clevere Wendy geschaffen hat, ist sie das Urbild des weiblichen Affe-Menschen. Wie viele elfjährige Mädchen kennen Sie, die ihr glückliches Heim, ihre Spielgefährtinnen, ihre Eltern und ihre Sicherheit aufgeben, um mit einem närrischen Luftikus von Jungen, der nicht erwachsen werden will, in die große Welt zu ziehen? Mit sechzehn vielleicht, aber mit elf? Sie werden mir zustimmen, dass Barrie die Heldin seiner Geschichte nach seinem eigenen Bild geschaffen hat. Wendy ist irgendwie sanfter und ein wenig vernünftiger als der durchschnittliche kleine männliche

Ausreißer unserer Abenteuergeschichte. (In jenen Tagen pflegen Mädchen noch nicht um Mitternacht von ihrer Familie wegzulaufen.) Aber Wendy flog mit ihrem Peter Pan in das Land ihrer Phantasie, das sich »Niemals-Land« nannte, ohne auch nur die Erlaubnis des Kontrollturms am Londoner Flughafen zu haben. Kinderpsychologen werden Ihnen sagen, dass das nicht die normalen Symptome vorpubertärer Ängstlichkeit sind.

Zugegeben, sie kam nach Hause zurück. Sie wurde wahrscheinlich erwachsen und hatte ein Baby und lernte, wie man Bananenbrot backt. Nach Barries Vorstellung gab es für sie keinen anderen Weg.

Aber wer kann wissen, ob nicht bei einer anderen Gelegenheit – wir können das natürlich nur vermuten – ein neuer Traum sie in der Mitte einer finsteren Nacht fortgetragen hat? Es könnte Zorro gewesen sein oder der Kleine Prinz, der sie mit sich nahm. Tatsache ist, dass Wendy zu dem Typ Mädchen gehört, die nichts dagegen haben, sich entführen zu lassen, solange für genügend Spaß gesorgt ist.

Eine meiner Pariser Freundinnen, die in einem Jahr des Affen geboren ist, ist bekannt für solche Narreteien und verblüfft mich immer wieder durch ihre Unberechenbarkeit. Wenn Kitty unser Heiligtum, unser Literatencafé auf dem Montparnasse, betritt, empfängt sie allgemeines Freudengeheul. Alle laden sie ein, an ihrem Tisch Platz zu nehmen. »Wo bist du gewesen? Wir haben dich schon vermisst. Was machst du zurzeit? Wir haben gehört, du wärst nach Afrika gegangen. Man hat uns erzählt, du wärst letztes Jahr in der Jonny-Carson-Show aufgetreten. Stimmt das?« Sie lächelt und erkundigt sich bei dem einen nach seiner Frau, bei dem nächsten, wie es mit seinem neuen Roman steht, völlig die Tatsache ignorierend, dass die meisten von uns in der Tat geglaubt hatten, sie sei gestorben oder hinweggezaubert worden.

Wenn es Ihnen gelingt, Kathryn an Ihren Tisch zu locken, dann verwandelt sie die sonst recht mühsame abendliche Schrifstellerkonversation zu einer »Eine-Frau-Show«. Witze, lustige Geschichten über Leute in fernen Ländern, exzentrische Ereignisse in Eisenbahnen und auf Schiffen. Die winzigsten Details, die niemand sonst auch nur vage amüsant fände, erhalten in einer großen Komikervorstellung Leben.

Ist dieses Genie Schriftstellerin? Ist sie eine berühmte Schauspielerin? Nichts dergleichen. Sie ist eine Art Reisesekretärin für berühmte Leute. Auf diese Weise saust sie in der ganzen Welt herum, pickt ihre Märchenerlebnisse auf und bringt sie ihren alten Freunden in das Café auf dem Montparnasse zurück. Affe-Frauen haben im Allgemeinen wenig persönlichen Ehrgeiz. Ich würde sagen, Kitty ist ein ganz untypisches Exemplar dieser Gattung.

Affe-Frauen haben oft etwas reizend Lausbübisches an sich. Vielleicht könnte man es besser als katzenäugige Unschuld oder treffender noch als drollig-niedlichen Geraldine-Chaplin-Look bezeichnen. Jedenfalls machen sie eher den Eindruck koketten Liebreizes als hinreißender Schönheit. Sie appellieren an den Großen-Bruder-Instinkt, der in jedem Mann lebendig ist. Aber seien Sie vorsichtig, meine Herren! Was aussieht wie Anpassungsfähigkeit und zärtliches Anlehnungsbedürfnis, ist nicht das ganze Bild. Innerhalb der Grenzen einer gesunden Ehe oder Familie wird die Phantasie Tag für Tag ihr Verwirrspiel treiben und nach immer neuen Zerstreuungen suchen. Sie müssen Ihrer Affe-Frau Unterhaltung bieten. Kino, Party, Theaterpremieren, alle Arten geselliger Zirkel und Freundeskreise sind wesentliche Voraussetzungen dafür, dass eine Affe-Dame auch nur dem Gedanken näher tritt, die Rolle der Hausfrau zu akzeptieren. Zobel? Luxus? Kostbar eingerichtete Wohnungen? Schicke Autos? Die Affe-Frau könnte nichts weniger interessieren als solcher Klimbim. Neuigkeiten, das ist es, was sie braucht. Telefonieren, diskutieren, Probleme lösen, das ist ihr Lebenselexier.

Für Affe-Frauen ist Sexualität weniger ein rein physisch bedingtes oder emotionelles Phänomen als bei Frauen anderer Geburtszeichen. Affe-Menschen werden vom Gehirn gelenkt. Bei ihnen muss es in den oberen Etagen zünden, bevor man das Parterre ihrer Seele erreichen kann. Erzählen Sie einer Affe-Frau einen guten Witz für ihr Repertoire, und sie wird Ihnen überallhin folgen. Erinnern Sie sie an ihren Großvater, der ein so lustiger Mensch war, und sie wird Sie nie vergessen. Und machen Sie sich ihretwegen keine Sorgen. Ich habe Affe-Mädchen nachts mit Männern losziehen sehen, die Ihnen einen Schrecken einjagen würden, wenn Sie Ihnen in einer dunklen Allee begegneten. Finstere Typen verängstigen hinterlistige Affen nicht. Irgendwie wird unsere Heldin von der Verderbtheit, die wir hinter dieser finsteren Visage lauern sehen, nicht berührt. Sie gehört zu den Mädchen, die fünf Jahre lang mit einem Trunkenbold leben können, der im Delirium sich in Hafenschänken mit Matrosen prügelt, und unversehrt daraus zurückkommen. Erinnern Sie sich: Sie ist flexibel und weiß, wie man Limonade aus sauren Äpfeln macht.

Frauen, die in einem Jahr der Affen geboren sind, sind loyaler als ihre männlichen Artgenossen. Sie sind nicht von Natur aus flatterhaft. Sie haben zu viel mit ihren unzähligen Engagements und ihren gesellschaftlichen Verpflichtungen zu tun. Sie ziehen es vor, einem Mann treu zu sein, statt sich auf solche erniedrigenden Dinge einzulassen, die sie als eitles Blendwerk bloßer Promiskuität betrachten. Wenn ihnen das Eheleben jedoch als uninteressant und geistig unbefriedigend erscheint und sie kein Licht am Ende des Tunnels erkennen, werden sie sehr wahrscheinlich eines Tages mit einem anderen auf und davon gehen, den sie für lustiger und geistig anspruchsvoller halten.

Das bedeutet nicht, dass eine Affe-Frau, die mit einem Kobold davonläuft, das deshalb tut, weil sie Sie nicht mehr mag. Bei weitem nicht. Affe-Frauen wollen ihre Freunde behalten; sie lieben es, Wunden, die sie geschlagen haben, zu verbinden, den Schmerz der verletzten Psyche eines zurückgewiesenen Verehrers mit ihren Zauberkräften zu lindern. Seien Sie nicht überrascht, wenn sie Sie aus dem Niemals-Land anruft und zum Essen einlädt, damit Sie ihren neuen Liebhaber kennen lernen, den arbeitslosen Stepptänzer, der sie an ihren früheren Chef erinnert und der zurzeit mit einem gebrochenen Bein in Gips herumhumpelt. Sie ist niemals rachsüchtig, und sie hat auch keine Gewissensbisse, weil sie Sie verlassen hat. Sie hört nichts Böses, sie sieht nichts Böses, und sie spricht mit gespaltener Zunge. Langweilig ist sie wirklich nicht.

Zum Schluss will ich Ihnen noch eine visuelle Hilfe zum Erkennen einer Affe-Frau geben. Imogene Coca, die berühmte Komikerin mit dem elastischen Gesicht, die seinerzeit so oft in Livesendungen des Fernsehens zu sehen war, ist im Jahr des Affen 1908 geboren. Weiß der Himmel – sie hat eine Menge Tricks auf Lager gehabt!

Der Affe-Mann

Wie soll ich ihn erklären? Mit welchen Worten kann ich diesen charmanten Irren beschreiben? Wenn ich an einen Affe-Mann denke, dann kommen mir Federico Fellinis (Affe, 1920) verrückteste Filme in den Sinn, überlagert von Charlie Parkers (Affe, 1920) tollsten Akkorden, die beiden zu einer Person verschmolzen, die Ähnlichkeiten mit dem unverbesserlichen Kuriositätensammler hat, den wir als Howard Cosell (Affe, 1920) kennen. Es wäre nicht fair zu behaupten, dass sie alle ein bisschen spinnen, aber es kommt der Wahrheit doch ziemlich nahe.

Zunächst wäre festzuhalten, dass Affe-Männer den Eindruck erwecken, als ob sie mehr gelacht oder geweint hätten als der Rest der Menschheit. Vielleicht zwinkern sie zu viel mit den Augen, und das bringt diesen gewissen Schimmer hervor. Jedenfalls scheinen sie immer entweder von Lachkrämpfen geschüttelt oder von tiefster Verzweiflung befallen zu sein. Für einen Affe-Mann gibt es keine emotionalen Zwischentöne. Der Ausdruck variiert nur zwischen Tragik und Komik. Werfen Sie einmal einen Blick auf Milton Berle (Affe, 1920) und sehen Sie, ob ich nicht Recht habe.

Aus irgendeinem Grunde sehen sie so aus, als ob sie das Rezept für ewige Jugend gefunden hätten. Ich vermute, das hängt mit ihrer geistigen Frische zusammen. Brynner hat eine Glatze, es kann also nicht stimmen, dass Affe-Menschen ihre Haare nicht verlieren. Mein Freund Jean-Valère, von dem ich Ihnen erzählt habe, hat eine tief gefurchte Stirn, die von seinen unendlichen Seufzern herrührt. Man kann also nicht sagen, dass sie das Leben nicht ernst nähmen. Der berühmte Richter Learned Hand, der wie der schreckliche Alte vom Berge aussah, wenn er finster über seine Brille hinweg die Gauner und Betrüger anblickte, war für seine Enkelkinder ein jugendlich-unbeschwerter Spaßmacher, der mit seinen munteren Scherzen jedes feierliche Weihnachts- oder Erntedankessen in ein fröhliches Kinderfest verwandelte. Unter anderem pflegte er seinen eigenen Versionen von Gilbert- und Sullivan-Operetten vorzuführen, wobei er in einer Person Regisseur, Schauspieler und Sänger zugleich war. Richter Hand hüpfte im Zimmer umher und hielt mit seinen Kapriolen und Luftsprüngen die Kleinen in Atem, während die Erwachsenen, gesetzt in ihren Schaukelstühlen wippend, hochgeistige Gespräche über Michelangelo führten. Ich fragte seine Enkelin einmal, wie sie sich dieses kindische Benehmen des sonst so weisen Juristen erkläre: »Oh, Großpapa? Er hat sich nie sehr ernst genommen.« Das mag der Schlüssel sein, nach dem wir suchen.

Ich erinnere mich an einen Winterabend im Speisesaal des legendären Restaurants La Coupole auf dem Montparnasse. Es war vor etlichen Jahren. Damals durfte man noch in diesem wie eine Bahnhofshalle aussehenden Riesenpalast stundenlang an einem Tisch bei dem einzigen Drink sitzen, den man sich leisten konnte, und das Treiben um sich herum beobachten. Es muss gegen Mitternacht gewesen sein, als ich Melvin Van Peebles (Affe, 1932), den berühmten schwarzen Regisseur und Produzenten von *Sweet Badass* und anderen Erfolgsfilmen, durch den Mittelgang schlendern sah. Er blieb bei einigen Tischen von Fans und Bekannten stehen und setzte sich schließlich an den Tisch, an dem ich mit einem befreundeten Drehbuchautor saß. Wir kannten Melvin beide aus früheren Zeiten. Die Pariser Szene der Sechzigerjahre wimmelte von Genies, die entweder später fortgingen, um ihr Glück woanders zu suchen, oder die in Paris abwarten wollten, ob die Preise nicht wieder fielen.

Nach einer freundlichen Begrüßung *à la française* durch Kuss auf beide Wangen und nachdem wir ihm einen Drink bestellt hatten, fragte mein Freund Melvin nach den Namen einiger Produzenten, die er wegen seiner Filmdrehbücher aufsuchen könnte.

»Ruf den Soundso von Warner Brothers hier in Paris an«, sagte Melvin mit freundlichem Grinsen. »Er wird versuchen, dich abzuwimmeln, aber das ist okay. Er weiß, wer du bist. Er ist sowieso auf der Suche nach einem Stück für den schwarzen Filmmarkt. Jedenfalls wird er mit dir sprechen.«

»Tja, aber was soll ich ihm sagen? Kann ich sagen, dass du mein Zeug gelesen hast, und dass du denkst, es ließe sich was draus machen? Ich meine, ich weiß nicht so recht, wie ich ihn angehen soll. Wenn ich deinen Namen benutzen dürfte...«

»Meinen Namen benutzen??? Willst du dir gleich selbst den Strick um den Hals legen? Mann, für diesen Burschen bin ich der Paria aller Parias. Ich habe es selbst geschafft. Ohne ein Stück Brot von ihnen anzunehmen. Ich würde dir nicht raten, meinen Namen auch nur zu erwähnen. Aber...«, er schlürfte seinen Drink und fügte boshaft lächelnd hinzu: »Wenn einer von denen meinen Namen ins Gespräch bringt, dann erzähle ihnen, dass du denkst, ich wäre verrückt. Sag ihnen, du hättest mich immer für einen totalen Schwachkopf gehalten. Das ist es, was sie hören wollen. Was glaubst du, wie denen zu Mute ist, wo ich ihnen hier das Geschäft vermassele. Mich können die nicht ausstehen, Mann, nicht ein bisschen.«

Was mich bei diesen Bemerkungen beeindruckte, das war das offensichtliche Fehlen jeder Selbstüberheblichkeit. Bescheidenheit ist eine souveräne Manifestation von Stärke. Affe-Menschen haben diese Gabe in hohem Maße.

Wenn Sie bei einer Party einen Affe-Mann kennen lernen, dann wird er Ihnen nicht erzählen, er sei der Präsident von Standard Oil, wenn er in Wirklichkeit Straßenarbeiter ist. Er wird Ihnen auch nicht erzählen, er sei der Präsident von Standard Oil, wenn er es ist. Er wird Sie wahrscheinlich mit irgendeinem Scherz von Ihrer Frage ablenken. Er möchte in erster Linie um seiner selber willen geschätzt werden, er möchte Sie mit seiner Persönlichkeit und mit seiner Fähigkeit beeindrucken, Sie zu amüsieren und zu betören. Er macht sich tatsächlich Sorgen darüber, ob man ihn mag oder nicht. Es würde für ihn nicht genug sein, wenn Sie ihm beteuerten, Sie seien verrückt vor Liebe zu ihm. Er braucht Sie auch als Freund. Er braucht jemanden, mit dem er sich unterhalten kann.

Der Austausch von Ideen und Meinungen ist für den Affe-Mann viel wichtiger als die Frage, ob er Sie beim ersten Rendezvous ins Bett bekommt. Obwohl er außerordentlich erotisch ist, spielt der sexuelle Akt als solcher für ihn nicht die entscheidende Rolle. Vorspiel und Ausklang sind für ihn der beste Teil des Liebesaktes. Er liebt das Spiel. Eroberung um der Eroberung willen langweilt ihn bis zum Gähnen. Das hat für ihn keinen Reiz. Affe-Männer lieben Frauen mit Witz, Frauen, mit denen man interessante Gespräche führen kann, Frauen, die auf eigenen Füßen stehen. Lehnen Sie sich nicht schutzsuchend an ihn; er wird Ihnen ein Bein stellen und sich vor Lachen schütteln, wenn sie hinfallen.

Wer verstand das alles besser zu sagen als J. M. Barrie? Peter Pan war ein echter Affe-Junge. Was ihm am meisten am Herzen lag, das war der Fahrschein für den Niemals-Land-Express. Wenn er in der Broadwayinszenierung über die Bühne flog und sang: »Ah, wie gescheit ich bin«, und den Kindern den Refrain beibrachte: »Ich will nicht erwachsen werden. Ich will nicht erwachsen werden. Ich will nicht in die Schule gehen«, wer hätte da nicht Lust, mit ihm in sein Wunderland einzutreten – wenn auch nur für einen Augenblick?

Freuen Sie sich an den Phantastereien Ihres Affe-Mannes. Finden Sie heraus, was in seinem Kopf vorgeht. Ich garantiere Ihnen, er wird Ihnen das Fliegen beibringen.

Variationen im Jahreskreis

Affe/Widder (21. März–20. April)

Die Kombination von Feuer und Metall verleiht den in einem Jahr des Affen geborenen Widdern einen eisernen Willen und Nerven aus Stahl. Widder-Menschen erhalten durch das Zeichen des Affen eine größere Lebendigkeit und Sicherheit. Bei ihren hundertundeins Projekten, die sie zur gleichen Zeit verfolgen, wird ihnen die Scharfsinnigkeit, Besonnenheit und Voraussicht des Affen von Nutzen sein. Howard Cosell ist ein Widder-Affe. Von ihm wissen wir, dass er kein Gras unter seinen Füßen wachsen lässt.

Affe/Stier (21. April–21. Mai)

In diesem Fall verbinden sich die Kräfte von Feuer und Erde. Eine Goldmine ...? Leicht möglich. Da Stiere langsam in Fahrt kommen, phlegmatisch und stumpf sind, tut ihnen das Temperament des Affen gut. Der schlagfertige Affe gibt dem mürrischen Bullen etwas von dem selbstkritischen Humor, den dieser so nötig hat. Affe-Menschen sind nette Gesellen. Stier-Menschen können ein bisschen Aufmunterung brauchen. Bei diesem Typ gibt es wenig Geldsorgen. Menschen beider Zeichen haben eine glückliche Hand in finanziellen Dingen. Die Affenseite dieses Charakters wird jedoch eher zu Verschwendung neigen als die Stierseite. Wenn Sie unter

Ihren Bekannten Stier-Geborene haben, die ungewöhnlich lebhaft und lustig sind, forschen Sie doch einmal nach, in welchem Jahr sie geboren sind.

Affe/Zwillinge (22. Mai–21. Juni)

Einer der chinesischen Astrologen, den ich bei meinen Nachforschungen um Rat fragte, zählte mir einige der Charakteristiken auf, nach denen ich bei Affe-Menschen Ausschau halten sollte. Er sagte: »Der Affe ist für uns, was die Zwillinge für euch sind.« Es war eine der wenigen Äquivalenzen, die er besonders erwähnte. Es ist zweifellos wahr. Affe-Menschen sind Zwillinge-Menschen sehr ähnlich. Diese Kombination von Luft und Metall startet zu gleicher Zeit in in viele Richtungen, dass man, wenn man ihn beobachtet, glauben könnte, mitten auf der Startbahn des O'Hara-Flughafens von Chicago zu stehen. Zwillinge sind Superredner; Affen hören nie auf zu schwatzen. Zwillinge sind unüberlegt, phantasievoll und unberechenbar; Affen mögen keine Routine, für sie muss alles einmalig sein. Zwillinge-Affen sind quecksilbrig wie eine ganze Horde ausgelassener Schuljungen. Sie brauchen ständige Überwachung, sonst verschwinden sie eines Tages im Weltraum und kommen nie wieder zurück.

Affe/Krebs (22. Juni–23. Juli)

Ich sehe einen glänzenden Goldklumpen, der dem rauschenden Sturz eines Bergbachs widersteht. Vielleicht ist es auch eine seltene Goldmünze auf dem Boden eines Wunschbrunnens. Aber was immer es ist, das Temperament des Affen ist das treibende Element in dieser Verbindung. In Jahren des Affen geborene Krebs-Menschen fühlen sich oft durch den frivolen Zug in ihrem Wesen irritiert. Affen sind so verwirrend und unstet; Krebse hassen es, aus ihrer komfortablen Routine gerissen zu werden. Man kann bei diesem Typ Warmherzigkeit, Mütterlichkeit, gepaart mit einem stählernen Willen, erwarten. Aber vielleicht findet man stattdessen einen höchst reizbaren Griesgram. Wenn Sie einen solchen Menschen zu größerer Leistung anspornen wollen, legen Sie ihn auf den Boden, drücken Sie mit dem Knie gegen seinen Magen und kitzeln Sie ihn, bis er »Aufhören!« ruft. Stellen Sie sich etwa Yul Brynner in einer solchen Position vor. Sehen Sie, worauf ich hinauswill?

Affe/Löwe (24. Juli–24. August)

Nochmals Feuer und Metall. Diese Dampfmaschine von Mensch sollte damit aufhören, mit einer Hand Lokomotiven zu stoppen. Versuchen Sie einmal, solchen Menschen zu sagen, sie sollten etwas Dampf ablassen und abkühlen. All dieses Funkensprühen... Aber was hilft das Zureden schon? Stellen Sie sich Bella Abzug in einer Zwangsjacke vor; vielleicht können Sie sich auch vorstellen, wie das Resultat sein würde. Der Löwe-Affe kann sein Publikum zu Lachstürmen hinreißen; er kann uns zu wütenden Zornausbrüchen reizen, und er kann uns zu Tränen der Verzweiflung rühren. Feuerwerk... Menschlicher Dynamo... Nennen Sie ihn, wie Sie wollen. Diese Menschen werden ihren Machtkampf nicht aufgeben, bevor der Feind nicht sechs Fuß unter der Erde liegt. Machen Sie ihn sich zum Freund, Feinde dieses Kalibers sind gefährlich.

Affe/Jungfrau (24. August–23. September)

Eine fein geschliffene Schere aus härtestem Stahl. Dieser Typ ist nützlich, sich selbst und anderen. Naivität der Jungfrau verbunden mit dem scharfen Witz des Affen. Mir fällt ein altes Sprichwort ein: Mache dir neue Freunde, aber bewahre die alten. Die einen sind Silber, die anderen Gold. Freundschaften mit Menschen dieser beiden Zeichen können uns viel geben. Es sind sehr liebenswerte Menschen, ein bisschen anspruchsvoll vielleicht, aber sehr angenehm. Eine Gefahr: Sie lassen sich leicht entmutigen. Zu viel Druck kann zum Zusammenbruch führen. Gehen Sie behutsam mit ihnen um. Sie verdienen es.

Affe/Waage (24. September–23. Oktober)

Wenn ich Menschen dieses Typs den ganzen Tag um mich hätte, würde ich mir von meinem Obsthändler regelmäßig eine Kiste vollreifer Bananen herüberschicken lassen, um ihnen den Mund zu stopfen, wenn ihr ständiges Geplapper und Geschwafel überhaupt nicht aufhören will. Aber manche Menschen haben gern das Haus voller Gäste. Mit diesem Duo sind Sie vollauf bedient! Sie werden sich nie über Einsamkeit zu beklagen haben. Waage-Affen haben die Fähigkeit, in den schlimmsten Auseinandersetzungen ihr seelisches Gleichgewicht zu behalten. Sie legen viel Wert auf einen reich bestückten Kleiderschrank und elegante Wohnungseinrichtung. Sie werfen gern das Geld zum Fenster hinaus (halten Sie die Fenster gut verschlossen!). Ihre Kompromissbereitschaft und Anpassungsfähigkeit wird von niemandem übertroffen. Ihre Ritterlichkeit ist bewundernswert. Diese Menschen haben einen betörenden Charme.

Affe/Skorpion (24. Oktober–22. November)

Ich spreche nicht gern davon, aber es lässt sich nicht verhehlen, dass der Skorpion-Affe ein potenzieller Selbstmörder ist. Die Verbindung dieser beiden Zeichen birgt viele Gefahren in sich. Der Hang zur Selbstzerstörung wird durch eine depressive Gemütsverfassung gefördert. Man muss versuchen, dem Skorpion-Affen das Leben zu erleichtern. In einer heiteren und freundlichen Umgebung wird er uns mit munteren Späßen und Spielen belustigen. Zu viele Hindernisse werden dieses sensible Geschöpf aus der Bahn werfen. Kunst, Musik, viel Liebe und eine Menge Geld zum Ausgeben können viele Krankheiten heilen. In diesem Fall sind sie von besonderer Heilkraft. Eine stark entwickelte Sexualität, eine reiche Phantasie und ein philosophisch-gründliches Denken sind wesentliche Eigenschaften dieses Menschentyps. Kreativität ist ihm angeboren. Stärken Sie seine Moral, und er wird Großes vollbringen.

Affe/Schütze (23. November–21. Dezember)

Ich würde für diesen Typ votieren. Weder Wahrheitsliebe noch Intelligenz mangeln ihm. Idealismus, gezügelt durch gesunden Menschenverstand, befähigt zu hohen Leistungen. Ein Mensch dieser beiden Zeichen hält nicht viel vom Heiraten. Nicht dass er den Zölibat wählen würde, aber er würde für das Junggesellentum optieren. Wenn man irgendwo den Peter-Pan-Charakter finden kann, dann wird es hier sein. Weder Affen noch Schützen akzeptieren gern die Fakten des Erwachsenseins. Obwohl sie freundliche und umgängliche Menschen sind, stehen sie doch ein bisschen zu gern im Rampenlicht. Wenn sie nicht Acht geben, werden sie am Schluss die Dummen sein.

Affe/Steinbock (22. Dezember–20. Januar)

Wenn dies ein Roman wäre, würde mein Held wohl ein Steinbock-Affe sein. Da gibt es genügend Konfliktstoff, um drei Bände zu füllen. Aber da ist auch viel Durchsetzungsvermögen, Ehrenhaftigkeit und Ehrgeiz, Weisheit und Schwung. Ich bin mir nicht sicher, wie die Geschichte ausgehen würde, in der so viele harte Kämpfe ausgetragen werden, so viele Rückschläge durchgestanden werden müssen. Steinböcke sind so hart und unbeugsam, dass ein Schuss phantasievoller Unbeschwertheit von Seiten des Affen ihnen gut tut. Ein strenger Vorgesetzter mit einem Zwinkern in den Augen findet viel Bereitwilligkeit bei seinen Untergebenen. Die Elemente sind Metall und Erde. Die Stollen liegen tiefer als in den meisten Bergwerken, aber die Ausbeute wird die Mühe wert sein.

Affe/Wassermann (21. Januar–19. Februar)

Auch die Verbindung dieser beiden Elemente erzeugt einen geselligen Typ. Unser alter Freund Learned Hand war Wassermann, auch Miss Angela Davis ist unter diesem Zeichen geboren. Ich würde an Ihrer Stelle nicht jede Nacht aufbleiben, um auf die Heimkehr Ihres Affe-Wassermann-Gefährten zu warten. Ich würde nicht einmal das Licht brennen lassen, um ihm die Suche nach dem Schlüssel zu erleichtern. Es wäre reine Engergieverschwendung. Bei aller Gescheitheit und allem Sinn für soziale Verpflichtung ist dieser Allerweltskerl viel zu beschäftigt mit seinen ehrgeizigen Zukunftsplänen, um sich um solche Banalitäten zu kümmern, wie rechtzeitig zum Abendessen zu erscheinen, oder daran zu denken, dass die kleine Tochter neue Schuhe braucht. Die Verbindung dieser beiden Zeichen verspricht Hochherzigkeit und Esprit. Es hat keinen Sinn, über Lappalien zu streiten. Ihr Wassermann-Affe-Partner wird gar nicht zuhören. Schimpfen Sie nicht mit ihm; er meint es gut.

Affe/Fische (20. Februar–20. März)

Dieses liebenswerte Geschöpf ist ein Silberfisch, der anmutig hierhin und dorthin gleitet, sich jedem Milieu anzupassen weiß und phantasievolle Kreationen schafft, die die Welt begeistern. Fische werden Kraft und Unabhängigkeit im Zeichen des Affen gewinnen. Da Kunstsinn und Sensibilität zum Wesen der Fische gehören, sichert die Verbindung mit dem Scharfsinn und dem logischen Denken des Affen die Harmonie eines ausgeglichenen Temperaments. Die Ergänzung der oft exzessiven Sentimentalität der Fische durch die Brillanz und Extravaganz des Affen befähigt zu hoher künstlerischer Ausdruckskraft.

Ratschläge für die Zukunft

Mein lieber Affe, warum muss ein so einfallsreiches Geschöpf wie du sich ständig fragen: Liebt man mich? Gefalle ich noch? Habe ich wieder einen Fauxpas begangen? Ist jemand mit mir böse? Du kannst sicher sein, dass in den meisten Fällen, wenn du dir selbstquälerisch die Haare raufst, die Menschen, die dich vor zwei Sekunden angebetet haben, jetzt immer noch exakt dasselbe fühlen. Aber nein – du willst ein Zeichen, eine Bestätigung, ein Lächeln oder ein Zuwinken, um dich zu beruhigen, dass alles in Ordnung ist. Das Schlimme ist, mein kleiner Affe, je mehr Liebesbeweise wir dir geben, umso mehr schreist du nach weiteren. Je ostentativer du deine Kapriolen schlägst, uns zum Lachen zu bringen versuchst, das brave Kind spielst, das alles tut, um uns zu gefallen und uns zu amüsieren, umso mehr fällst du uns auf die Nerven. Beruhige dich. Wir lieben dich ja.

Warum du bei aller angeborenen Gescheitheit nicht in der Lage bist, deine emotionelle Überspanntheit zu zügeln, können wir nicht verstehen. Wenn du so viel Zeit und Kraft verwendest, um die Liebe deiner Mitmenschen zu gewinnen, dann kann das auf die Dauer nicht gut gehen. Deine überzogene Selbstlosigkeit muss ja die Profitjäger auf den Plan rufen. Wenn du nicht rechtzeitig den Riegel vorschiebst, werden sie bald deine Vorratskammern plündern und dich aus deinem Lieblingssessel vertreiben.

Du bist komisch und bezaubernd, lieb und gutwillig und geschickt in allem, was du unternimmst. Wir alle lieben deinen Witz. Wir preisen deinen Charme und deine Gefälligkeit. Du selbst bist es, der sich ständig mit Zweifeln quält. Gibt es denn keine Möglichkeit, dir klarzumachen, dass es nicht deine einzige Rolle im Leben ist, die Leute mit Kapriolen und Possen zu amüsieren?

Warum versuchst du es nicht einmal anders? Statt dich in deine Lektüre zu flüchten oder dich in deine Traumwelt einzuschließen, wenn du dich mutlos fühlst, solltest du dich auf deine Talente besinnen. Mache dir klar, ein wie wertvoller Mitarbeiter du uns bist. Erinnere dich, was du in all diesen Jahren für uns getan hast. Wir haben das nicht vergessen. Beschäftige dich intensiv mit einem Gebiet, über das du schon immer genauer Bescheid wissen wolltest. Mache einen Kursus in Tiefseetauchen oder nimm Unterricht im Malen. Vielleicht wirst du auf diese Weise durch deine eigenen Leistungen mehr Selbstvertrauen gewinnen.

Dein eigentliches Handikap ist, dass du genau weißt, wie sehr du anderen überlegen bist. Insgeheim bist du überzeugt, dass niemand auf der ganzen Welt gut genug für dich ist. Aber du brauchst die Bestätigung der anderen. Darum vergeudest du deine Zeit mit der ruhelosen Suche nach einer Atmosphäre, in der du dich akzeptiert fühlen kannst. Und dieser Konflikt wütet auch in deinem Innern. Trotz allem, was du für andere tust, trotz der vielen Opfer, die du bringst, kannst du nicht an dich selbst glauben. Statt dich mit Selbstzweifeln zu quälen, solltest du lieber das tun, was dir gefällt.

Sei objektiv, auch dir gegenüber. Es ist unwahrscheinlich, dass man dich für die Wahl zum Präsidenten der Vereinigten Staaten nominiert, aber vielleicht lernst du, dich so zu akzeptieren, wie du bist.

Und was bist du nun? Sicherlich nicht der Felsen von Gibraltar, der Fels in der Brandung der Zeit, oder irgendein anderer langweiliger Pfeiler der Ewigkeit. Du, lieber Affe, bis wandelbar wie die Jahreszeiten. Deine Stärke liegt in deiner Anpassungsfähigkeit, in deiner Begabung, neue Wege zu finden und die daraus erwachsenden Probleme mit größter Präzision zu lösen. Dein Gesichtsausdruck ist ein Barometer deiner Stimmung. Es ist nicht leicht, alle Leute zu jeder Zeit mit deinem gezwungenen Lächeln und deinem verletzten Augenaufschlag hinters Licht zu führen. Deine Natur ist nicht statisch. Dessen sind wir uns bewusst.

Die Tendenz zu extremen Schwankungen zwischen emotionellen Hochs und Tiefs ist nicht unbedingt ein Problem. Schwierig wird es erst, wenn du dir einbildest, dass andere, die stärker sind als du, unbedingt ein Vorbild für dich sein müssen. Aber das stimmt ja nicht. Rohe Kraft ist nicht das Wichtigste im Leben. Für jemanden wie dich ist es wesentlich, die Begabung zu pflegen, Krisen zu überstehen, Hieben auszuweichen und den richtigen Augenblick abzuwarten, um zurückzuschlagen. Den richtigen Zeitpunkt zu erkennen, ist eine sehr positive Begabung. Und in dieser Kunst bist du zweifellos Meister.

Mein Rat für dich? Lass dich nicht einengen. Bei aller Anpassungsfähigkeit brauchst du auch genügend Raum, um dich zu entfalten. Achte in jeder Situation darauf, dass du das Licht am Ende des Tunnels sehen kannst. Dann mache dich auf den Weg, teile dir die Etappen genau ein. Löse die Probleme, wenn sie auftauchen. Kämpfe mit dem Drachen, wenn er dir in den Weg tritt. Und denke nicht immer daran, wie weit der Weg ist, der noch vor dir liegt. Plane nicht zu weit voraus. Überlasse die Langzeitprobleme denen, die mehr Ausdauer haben als du. Lebe mit deiner quecksilbrigen Veranlagung und gegen sie. Mache öfter einmal eine Bestandsaufnahme. Ich bin überzeugt, die gewaltige Zahl kleiner Siege, die du errungen hast, wird es mit der einmaligen großen Leistung irgendeines anderen jederzeit aufnehmen können.

Beziehungen zu anderen Tierzeichen

Herzensangelegenheiten

Der Affe ist ein ewiges Kind. Er will gar nicht erwachsen und ernsthaft werden und eine Familie gründen. Und doch sind Affen gerade dafür bekannt, dass sie viele Kinder in die Welt setzen, die sie mit Liebe überschütten und mit denen sie sich gut verstehen. Vielleicht sollte man besser sagen, dass der Affe-Liebhaber bei aller Kindlichkeit seines Wesens schließlich erwachsen werden *muss*, dass er sich aber nie mit ganzem Herzen der Aufgabe widmet, seiner zahlreichen Familie ein Heim und Geborgenheit zu schaffen.

Die Gefühle des Affen-Menschen scheinen sich immer zu gleicher Zeit in die verschiedensten Richtungen zu bewegen. Einen Augenblick ist er von einer träumerischen Blondine fasziniert, die so entzückend lispelt, und in der nächsten Sekunde verliebt er sich in das brünette Kätzchen eines Freundes, das so lustige Geschichten zu erzählen weiß. Affe-Menschen scheinen keine Präferenz hinsichtlich Größe oder Farbe, Figur oder Temperament zu haben. Sie lieben es einfach, amüsiert zu werden und sich selbst zu amüsieren.

Am besten entspricht der Vorliebe des Affen für munteren Zeitvertreib der charmante Drache. Mit ihm wird sich der Affe nie langweilen. Hinzu kommt, dass selbst der verliebteste Drache sich mit einer Aura der Gleichgültigkeit umgibt, die der Affe als Herausforderung empfindet und die seine Phantasie beflügelt. Und Affe-Menschen verstehen es, einen Drache-Partner mit seinen eigenen Waffen zu schlagen. Die Beziehung zwischen den beiden wird faszinierend sein.

An nächster Stelle folgt die nervöse Ratte. Auch die Ratte versteht sich darauf, den Affen zu unterhalten und zu amüsieren. Und Ratten beten Affen an. Was immer der Affe sich an Tricks ausdenkt, die Ratte wird ihn ehrfürchtig bewundern. Die beiden werden sich gemeinsam wundervolle Ideen für Partys ausdenken, und sie werden viel Munterkeit und Fröhlichkeit miteinander teilen.

Tiger kommen mit Affen gut zurecht, solange der Tiger zu geschäftig und von seinen eigenen Angelegenheiten zu stark beansprucht wird, um in die manchmal recht zwielichtigen Machenschaften seines trickreichen Affe-Gefährten hineingezogen zu werden. Tiger sind ehrenhafte Geschöpfe. Um nicht von dem cleveren Affen übertölpelt zu werden, sollte der Tiger sich seine Unabhängigkeit bewahren. Die häufige Abwesenheit des Tigers wird für die starke Liebesbedürftigkeit des Affen ein großes Handikap sein; aber selbst der reiselustigste Tiger wird die Leidenschaft des Affen so dauerhaft zu fesseln vermögen, dass dieser nicht daran denkt, ihn zu betrügen.

Affen können sich auch mit Partnern vieler anderer Zeichen gut verstehen. Ein gutmütiger Affe-Mensch kann seinen Lebensstil auch einem Partner des Schlange-, Ziege- oder des eigenen Tierzeichens anpassen. Auch mit dem Glück bringenden Schwein wird der Affe-Mensch eine erfolgreiche Partnerschaft eingehen können. Natürlich ist es für den Affen nicht schwieriger, ein Schwein hereinzulegen, als von einem Ast zum anderen schwingen. Aber der Affe ist nicht nur trickreich, er ist auch äußerst intelligent. Und jeder intelligente Mensch weiß, dass es ein Kinderspiel ist, die Unschuldigen dieser Welt zu hintergehen. Daher verzichtet der Affe-Mensch darauf, einen Schwein-Partner übers Ohr zu hauen. Wenn der Einsatz nicht hoch genug ist, reizt den Affen das Spiel nicht.

Der Ochse wird als Partner des behänden Affen viel zu leiden haben. Am Anfang mag Leidenschaft manche Schwierigkeit ihrer Beziehung überbrücken, aber wenn der Ochse erst Kinder hat, wendet er seine ganze Liebe seiner Nachkommenschaft zu und wird seinem Partner gegenüber gleichgültig. Der liebebedürftige Affe wird sich dann vielleicht anderswo sein Vergnügen suchen.

Hund und Affe sind sich in ihrem Zynismus so ähnlich, dass eine Partnerschaft kaum gut gehen kann. Sie täten gut daran, eine sich anbahnende Beziehung möglichst bald abzubrechen – es sei denn, sie hätten genügend Geld, um Schwierigkeiten durch Komfort zu kompensieren. Aber Geld allein macht auf die Dauer auch nicht glücklich.

Pferde sind oft eifersüchtig auf die leichte und trickreiche Art des Affen, sein Glück zu machen, sodass sie wenig Neigung haben, mit ihm eine Beziehung einzugehen. Ein Pferd mit einer Affe-Gefährtin wäre ein bedauernswertes Geschöpf.

Freundschaften und gesellschaftliche Beziehungen

Affen sind so faszinierend witzige Geschöpfe, dass fast jeder sie gern um sich hat. Dem Charme eines fröhlichen Affen zu widerstehen ist fast unmöglich. Immer zum Lachen aufgelegt, immer schwungvoll und enthusiastisch und sich dabei der eigenen Schwäche durchaus bewusst, ist der Affe ein Geselle, dessen Gesellschaft niemand ablehnt.

Pferde, Schlangen und Hähne werden allerdings am Umgang mit dem Affen weniger interessiert sein, es sei denn, es reizten sie heftige Diskussionen oder Streitgespräche. Für das magische jugendliche Flair des Affen haben die drei keinen Sinn, und manchmal sind sie auch neidisch auf seine Erfolge.

Die Geschicklichkeit des Affen im Lösen von Problemen ist für seine Bewunderer von großem Nutzen. Drache, Tiger und Katze finden gewöhnlich, dass der Affe ein ausgezeichneter Freund und ein kluger Berater ist. Die drei sind häufig Krisen und Depressionen ausgesetzt, aber der unverwüstliche Affe hilft ihnen schnell über jede Hürde hinweg. Und dazu kommt noch, dass Drachen und Tiger genau wissen, dass der Affe sie um den Finger wickeln kann, was sie ganz amüsant finden, und sie parieren seine erfinderischen Tricks mit Vergnügen.

Ratten beten Affen an. Eine gegenseitige Zuneigung wird dauerhaft sein. Die Ratte ist begeistert, wenn der schlagfertige Affe ihren Scherzen zuhört und ihnen Beifall spendet. Solange der Affe seinem Ratte-Freund ein wenig Aufmerksamkeit widmet, wird die freundschaftliche Beziehung zwischen den beiden halten.

Die Affen ihrerseits respektieren und bewundern die Talente von Schweinen und Ochsen. Diese beiden sind potenzielle Opfer verschlagener Ränkeschmiede. Aber der Affe spielt nicht mit den Gefühlen aufrichtiger Gemüter. Er zieht es vor, diejenigen auszutricksen, die seine Verschlagenheit wirklich herausfordern. Auch die freundliche Ziege ist für den Affen kein Objekt seiner Gerissenheit.

Artgenossen des Affen können ebenfalls Freunde fürs Leben sein.

Geschäfte

Bei seiner natürlichen Begabung, für schwierige Probleme praktische Lösungen zu finden, kann der Affe ein wertvoller Geschäftspartner für jeden sein – wenn er sich entscheidet, ihn nicht auszumanövrieren. Aber wie wir wissen, ist der Affe ein Manipulierer. Er muss von seiner Umgebung herausgefordert und provoziert werden, sonst ist er nicht leistungsfähig.

In Anbetracht der Neigung der Affen zu gewagten Unternehmungen könnten seine besten Geschäftspartner unter Tigern, Drachen und Schweinen zu finden sein. Der Tiger vereinigt seine Kraft mit der Gerissenheit des Affen; der Drache bringt seinen dynamischen Schwung ein; und das Schwein bringt dem Affen Glück und hat Verständnis für seine Eskapaden.

Eine geschäftliche Partnerschaft oder Zusammenarbeit mit Pferden, Katzen oder anderen Affen würde wohl nur zu viel Lärm um nichts führen. Der clevere Affe kann dem Pferd gegenüber bereitwillige Unterordnung simulieren, aber das Pferd traut ihm nicht. Katzen sind nicht besonders kreativ, und Affen sind bessere Kritiker als Erfinder. Ihr Geschäft würde allenfalls stagnieren. Und ein Affe würde seinen Affe-Partner zwar verstehen, aber die beiden würden versuchen, sich gegenseitig auszutricksen, und das wäre schlecht fürs Geschäft.

Allen anderen Zeichen sollte man von einer Geschäftsverbindung mit dem Affen dringend abraten. Er würde sie alle übers Ohr hauen und ausnehmen. Sie müssten Tag und Nacht auf der Hut sein, dass ihr Partner nicht ihr schlimmster Feind wird.

Vor allen anderen aber muss die Ratte sich vor dem Affen hüten. Ihre Partnerschaft würde sicherlich sehr interessant sein. Doch Ratten neigen dazu, ihrem Affe-Partner blindlings zu folgen, ohne dass sie im Stande sein würden, ihn so zu sehen, wie er ist – interessant, aber skrupellos.

Familie

Affen lieben Kinder. Wenn sie es nicht zu schwierig finden, selbst aus den Kinderschuhen herauszuwachsen, dann setzen sie gern möglichst viele Kinder in die Welt. Kinder sind für Affe-Eltern vor allem Spielgefährten. Ein Affe-Vater (oder eine Affe-Mutter) mag noch so sehr Respektperson sein, an Späßen und Streichen der Kinder beteiligen sie sich gern. Affen können sich herzhaft über die harmlosen Possen und Albernheiten freuen. Sie sind gewöhnlich tierliebend und nehmen sich schwächere Geschöpfe mit besonderer Ausdauer und Inbrunst an.

Zu Ratte-, Tiger- oder Drache-Kindern haben Affe-Eltern ein besonders inniges Verhältnis. Diese Kinder werden den phantastischen Erzählungen ihrer Affe-Eltern gern zuhören und werden auch ihre klugen Ratschläge bereitwillig annehmen.

Pferd-Kinder finden die Affe-Eltern oft ein wenig zu leichtsinnig. Hund- und Hahn-Kinder werden von all den Possen und Scherzen verwirrt. Sie halten nicht viel von Spaß um des Spaßes willen. Und mit einem Ochse-Kind wird der Affe Schwierigkeiten haben. Affen respektieren harte Arbeit nicht sonderlich. Wenn sie ihren Ochse-Kindern Tipps geben, wie man diese oder jene Vorschrift umgehen kann, werden Ochse-Kinder den Respekt vor ihren Affe-Eltern verlieren. Zwei Affen in einem Haus stellen alles auf den Kopf. Und ein Ratte-Kind wird seinen Affe-Eltern immer an den Fersen kleben und sie bedrängen, ihm Geschichten zu erzählen, mit ihm zu spielen und es zu verhätscheln.

Der Hahn

DIE JAHRE DES HAHNS

22. Januar	1909	bis	10. Februar	1910
8. Februar	1921	bis	27. Januar	1922
26. Januar	1933	bis	13. Februar	1934
13. Februar	1945	bis	1. Februar	1946
31. Januar	1957	bis	17. Februar	1958
17. Februar	1969	bis	5. Februar	1970
5. Februar	1981	bis	24. Januar	1982
23. Januar	1993	bis	9. Februar	1994
9. Februar	2005	bis	28. Januar	2006
28. Januar	2017	bis	15. Februar	2018

HÄHNE SIND: Offen. Lebhaft. Mutig. Einfallsreich.
Attraktiv. Begabt. Großzügig. Enthusiastisch. Konservativ.
Fleißig. Stilvoll. Amüsant. Nachdenklich. Beliebt.
Abenteuerlustig. Selbstsicher.
ABER SIE KÖNNEN AUCH SEIN: Kleinkariert. Prahlerisch.
Weltfremd. Misstrauisch. Heftig. Kurzsichtig. Rechthaberisch.
Pompös. Pedantisch. Verschwenderisch. Anmaßend.

Hähne, die ich gekannt und geliebt habe

Eine kindliche Begeisterung für alles Neue lebt im Herzen jedes Menschen, der im Zeichen des Hahns geboren ist. Langeweile gibt es für ihn nicht. Alle Lebensbereiche interessieren und reizen ihn. Er reist gern, lernt neue Länder und Menschen kennen, misst seine Kräfte an unbezwingbar erscheinenden Aufgaben und erprobt neue Lebensformen.

Sie alle, Männer sowohl wie Frauen, haben etwas erfrischend Naives. Vom frühen Morgen bis zum späten Abend stolzieren sie herum und picken nach allem, was bunt aussieht und Profit oder Unterhaltung verspricht. Sie gehören zu den Menschen, die jeden Tag so genießen, als wäre es der Erste und der Letzte ihres Lebens.

Wenn Hahn-Menschen mit Routinearbeiten befasst sind, die selbst das sturste Arbeitstier langweilig finden würde, finden sie immer neue Wege, diese Arbeiten interessanter zu machen. Wegen dieser ungewöhnlichen Lebensauffassung werden unsere Hahn-Freunde oft missverstanden. Hierarchien, Befehlsketten und Amtswege verwirren sie. Sie arbeiten am besten nach ihrem eigenen Zeitplan und in ihrem eigenen Rhythmus. Sie fühlen sich am glücklichsten in Situationen, die keine Anpassung an vorgegebene Regeln und Vorschriften verlangen, die nach ihrem Selbstverständnis ohnehin völlig unnütz sind.

Der Hahn-Mensch steht oft mit der etablierten Autorität auf Kriegsfuß. Auf Grund seiner Selbstsicherheit und seiner großen Fähigkeit zu persönlicher Leistung reagiert er oft zu vehement auf gut gemeinte Kritik. Frieden und Wohlstand sind für ihn nicht leicht zu erreichen und zu bewahren. Hahn-Menschen sind ihr Leben lang auf Suche nach unbegangenen Wegen und neuen Aufgaben. Niemand ist besser geeignet als sie, das Unmögliche möglich zu machen, aber auch niemand hat so hart daran zu arbeiten.

Höhen und Tiefen sind für Hahn-Menschen etwas Normales. Verschaffen Sie ihnen ein ruhiges und komfortables Leben – und sie werden sich langweilen. Man wird zwar ständig zu hören bekommen, dass sie ein besseres Leben verdient hätten, dass sie sich ein geordnetes, ruhiges und sorgenfreies Dasein wünschen; aber in ihrem innersten Herzen verlangen sie nichts Besseres, als dass ihre

Kreativität durch möglichst harten Widerstand herausgefordert wird, auch wenn das viel Schmerz und Tränen bedeutet.

Seit vielen Jahren bin ich mit einem hinreißend abenteuerlichen Gentleman-Linguisten-Weltreisenden-Gourmet-Bonvivant – einem hervorragenden Musiker und ausgezeichnetem Koch – befreundet, der von Beruf Augenchirurg ist. Valentine Armani (selbst sein Name fällt aus dem Rahmen) ist 1945 geboren. Mit neunzehn Jahren brach der geniale junge Vagabund aus dem Provinznest in der Industriewüste im Norden des Staates New York nach dem Geburtsland seiner Eltern in Europa auf, um einen Sommer lang Abenteuer, Kultur, eine neue Szenerie und eine neue Atmosphäre zu suchen.

Was er dort fand, war, wie er es ausdrückte, »eine neue Welt«. Ich wollte seine Begeisterung nicht dämpfen, indem ich ihn daran erinnerte, dass er ja aus *der* Neuen Welt gekommen war. Ich begnügte mich damit, ihm zuzuhören.

»In Parma«, rief er aus, »wo meine Großeltern geboren wurden, da haben sie wirklich echten Parmesankäse! Sie reiben ihn direkt im Laden, wenn du dabei bist.« Val stellt niemals Tatsachen fest – er interpretiert sie. »Und in Verona gibt es ein Restaurant, in dem du jede Menge Flusskrebse am Spieß gebraten essen kannst! Du würdest es nicht glauben, wie billig die sind. Sie verschenken sie praktisch. Und sie haben dort eine ganz besondere Art Senf. Er ist so köstlich, dass du ihn aufs Brot schmieren kannst. Wenn ich das nächste Mal nach Italien fahre, werde ich die Stadt besuchen, in der er hergestellt wird, und versuchen, das Rezept herauszubekommen. Man schmeckt, dass sie etwas Koriander verwenden, aber ich bin mir nicht sicher, ob sie nicht auch ein wenig Dill hineintun.«

Als er mir von seiner Jungfernfahrt erzählte, saßen wir gemütlich vor dem Kamin in meiner Wohnung in Paris. Ich hatte damals keine Ahnung, dass Val in den folgenden Jahren so oft nach Europa zurückkehren würde, dass er so viele exotische Orte besuchen und mir immer neue aufregende und barocke Geschichten von seinen Fahrten mitbringen würde, wenn er durch meine Adoptivstadt Paris kam. Von Ungarn brachte er Platten mit Zigeunermusik mit. Er hatte fünf ungarische Volkslieder auswendig gelernt. Aus Marokko kam er mit Djellabahs für mich und die Kinder zurück, und er hielt uns zwei volle Tage und Nächte mit seinen Erzählungen über die Wunder der

Wüste und über das Treiben auf den arabischen Märkten in Atem. In England lernte er, wie man Yorkshirepudding macht, und legte sich einen Cockney-Akzent zu. Dann kam er eines Morgens um drei Uhr in meine Pariser Wohnung gestürmt, auf dem Rückweg von einer zweiwöchigen Sizilienreise. Als ich mich aus dem Bett aufraffte, um auf das anhaltende Klingeln zu antworten, dachte ich mir schon: Das kann nur Val sein. Er muss auf dem Weg in die Normandie sein, um dort etwas von der süßen Butter zu kaufen, die er für seine *Mousse au chocolat* braucht. Ich machte uns Kaffee.

Val begann zu berichten: »Stromboli ist die phantastischste Sehenswürdigkeit der Welt. Es ist ein aktiver Vulkan. Die Leute leben direkt unter ihm. Sie fürchten sich nicht einmal vor seinem Ausbruch. Ich habe mich mit ihnen in ihrem Dialekt unterhalten. Weißt du, was der sizilianische Patois-Ausdruck für Großmutter ist?« Er ging in dem Zimmer hin und her, seine halb volle Tasse Kaffee in der Hand schwingend. Dann drehte er sich plötzlich zu mir herum: »Tust du nicht ein bisschen zu viel Zichorie in den Kaffee?«

Der verwirrende Charakterzug bei Hahn-Freunden wie Val ist ihr angeborenes Talent, im gleichen Atemzug von einem Thema zum anderen zu springen. Mitten in einem Gespräch über die Funktionen des Augapfels wird Val plötzlich bemerken, wir sollten doch sofort zu einem Bäcker im Zentrum von Paris gehen, wo man das Brot noch über einem Holzfeuer bäckt. »Wenn wir uns beeilen, können wir noch im Restaurant Lyonnais in der Rue du Faubourg-Saint-Honoré zu Mittag essen. Im diesjährigen Guide Michelin haben sie wieder einen Stern bekommen«, verkündet er begeistert, während wir aufbrechen. »Kannst du mir ein paar D-Mark in Francs umwechseln?«

Bei all diesem Wirbel, den Hahn-Menschen ständig veranstalten, könnte man den Eindruck gewinnen, dass sie ihren Beruf nicht sonderlich ernst nehmen und sich in ihm nicht sehr engagieren. Nichts könnte falscher sein als eine solche Annahme. Wenn Menschen, die in Jahren des Hahns geboren sind, sich vernünftigerweise für eine Karriere entschieden haben, in der sie mehr oder weniger ihre eigenen Herren sind, dann sind sie enorm fleißig und zuverlässig. Wegen ihrer Vorliebe für elegantes Auftreten und ihres leidenschaftlichen Interesses für alles Neue und Unbekannte erscheinen sie oft weniger tief veranlagt, als sie in Wirklichkeit sind.

James Jones, Autor von *Verdammt in alle Ewigkeit,* der lange Zeit in Paris gelebt hat, ist ein erstklassiges Beispiel für den Elan des Hahn-Menschen. Als ich Jim zum ersten Mal traf, sprach er gleichzeitig über vier verschiedene Themen und spielte bei einer Pokerpartie in seinem prachtvollen *Hôtel particulier* auf der Ile Saint-Louis mit. In ziemlich anmaßendem und selbstsicherem Ton belehrte er seinen Kollegen James Baldwin, dass das Leben in Südfrankreich unerträglich sei. Im nächsten Atemzug wies er Sidney Chaplin (ältester Sohn von Charlie) an, er solle nicht mit Schuhen auf dem neuen Teppich herumtrampeln. Dann, als er sich eine neue Pokerkarte hatte geben lassen, begrüßte er mich herzlich und schüttelte meinem Begleiter die Hand, während er gleichzeitig fragte, ob jemand einen neuen Drink wünsche.

Hahn-Menschen lieben es, sich um ihre Freunde zu kümmern. Als Jim Jones in Paris lebte, waren seine Sonntagabendpartys für einheimische und durchreisende Freunde berühmt. Bei diesen allwöchentlichen Veranstaltungen konnte Jims wortgewaltige Hahn-Manier sich richtig in Szene setzen. In dem mit Berühmtheiten bestückten Salon konnte man Françoise Sagan mit Irwin Shaws Frau über die Saison in Deauville plaudern hören, und man schnappte auch Bruchstücke von Konversationen weniger bekannter Leute auf, die James Jones eingeladen hatte, einfach weil er sie mochte. Die Pariser, die nicht mit den Jones bekannt waren, spöttelten gern über diese snobistischen Schaustellungen von Reichtum und Ruhm. Aber das war durchaus nicht berechtigt. Jones ist eine populäre Figur und ein berühmter Autor. Er ist immer gern großzügig mit seinem Geld umgegangen, und schließlich hat er ja auch eine Menge davon verdient.

Dieser aufwendige Lebensstil hat ihn aber nie daran gehindert, sich mit aufstrebenden jungen Schriftstellern, Malern und Musikern anzufreunden, an deren Talent er glaubt. Wie die anderen Hahn-Menschen gefällt Jim sich in der Rolle des Lehrers. Wann immer ein unbekannter Schriftsteller oder einfach irgendein Bekannter sich an ihn um Hilfe oder Rat wendet, erzählt Jones ihm stolz von seinen eigenen Erlebnissen, verbreitet sich über seinen geliebten Beruf, seine schwierige Anfangszeit, seine Erfahrungen bei der Army oder eine interessante Reise, auf der er einmal eine Kirche gesehen hat, die einen unauslöschlichen Eindruck bei ihm hinterlassen hat. Manchmal wirkt sein Geplauder etwas predigerhaft. Aber was manche Leute als Belehrung missverstehen, ist oft nichts anderes als Begeisterung für das Thema, über das er sich weitschweifig auslässt.

Enthusiasmus ist ein Charakterzug des Hahn-Menschen. In ihrem Überschwang halten Menschen dieses Zeichens oft eine höflich-interessierte Frage für eine Einladung, zwei Stunden lang über die Schönheit ägyptischer Grabfunde zu dozieren. Sie sind überheblich und manchmal fast brutal aggressiv in ihren Äußerungen. Und wenn ihre Kommentare noch so scherzhaft klingen, ihre sarkastischen Anzüglichkeiten sind durchaus ernst gemeint. Ihr Hahn-Freund mag eine kritische Bemerkung in einer harmlos-hänselnden Form vortragen, wenn er aber ironisch lächelnd etwa sagt, er glaube, Sie hätten etwas Gewicht zugelegt, dann meint er: Geh auf Diät. Du bist fett wie ein Schwein. Für Hahn-Menschen ist es praktisch unmöglich, mit ihrer Meinung hinter dem Berg zu halten.

Hahn-Menschen sind ziemlich anmaßend. Ihr Leben ist reich an Abenteuern, die sie ihren Freunden immer wieder stolz erzählen. Dabei spielen sie sich gern als Schulmeister auf. Sie müssen allen und jedem verkünden, was sie denken. Wenn ein Hahn-Mensch sich angegriffen oder beleidigt fühlt, kennt er weder Diplomatie noch Takt.

Zudem sind Hahn-Menschen ausgesprochene Pedanten. Wenn irgendetwas nicht an seinem gewohnten Platz ist oder wenn jemand gegen ihre Ordnungsprinzipien verstößt, führen sie sich auf, als stünde der Weltuntergang unmittelbar bevor. Dramen entstehen aus den nichtigsten Anlässen, die lächerlichsten Lappalien werden zu bedeutenden Angelegenheiten. Einer meiner Freunde, der im Jahr des Hahns geboren ist, musste während eines mit viel Liebe und Mühe bereiteten Mittagessens plötzlich vorzeitig aufbrechen, weil ihm eingefallen war, dass er unbedingt eine seiner drei Tiefseetaucheruhren vor drei Uhr beim Uhrmacher abliefern musste, weil dieser sonst die Kalenderanzeige nicht bis zum folgenden Samstag reparieren würde.

»Oh«, bemerkte ich beiläufig, »willst du am Wochenende tauchen?«

»Doch nicht mitten im Winter.« Er lachte gequält über meine

blödsinnige Frage. »Ich mag es nur nicht, dass Dinge, die nicht in Ordnung sind, herumliegen.«

Ich muss gestehen, dass mir dabei der Gedanke kam: Wenn ich mich unter Wasser aufhalten müsste, würde es meine geringste Sorge sein, das Datum nachzuprüfen.

»Brauchst du tatsächlich das Datumding an deiner Uhr, wenn du schwimmst?«, fragte ich mit treuherzigem Augenaufschlag.

»Man weiß nie«, war die spitze Antwort.

Plötzlich erschien vor meinem geistigen Auge Jacques Cousteau (Schwein, 1910), der irgendwo in der Tiefe der Südsee am 23. Dezember entspannt herumkurvte und plötzlich nervös auf seine tauchfeste Uhr schaute, um entsetzt festzustellen, dass ihm nur noch zwei Tage für seine Weihnachtseinkäufe blieben.

Die ganze Idee war wirklich absurd. Aber das ist die Art Pedanterie, für die Hahn-Menschen berüchtigt sind.

Eine Hahn-Frau, die wir alle wegen ihres vollendeten Stils und ihres gewinnenden Wesens bewundern, ist Katherine Hepburn (geboren 1909). Gibt es überhaupt etwas an ihrem Auftreten, das wir kritisieren möchten? Könnten Sie sich vorstellen, dass jemand mit Fingern auf sie zeigt, weil ihr Unterrock unter dem Kleidersaum zu sehen ist? Ganz sicher nicht. Wenn Katherine Hepburns Petticoats hervorblitzen, dann deshalb, weil sie das romantisch-attraktiv findet. Sogar eine zerwühlte Frisur oder Schmutzflecken auf ihrem klassischen Gesicht sehen gut aus.

Man kann Katherine Hepburn sicher nicht als Sexkätzchen, aber auch nicht als Charakterschauspielerin klassifizieren. Ihre Attraktivität liegt in ihrer Würde. Ihre Stimme ist warm, mit etwas scharfem Unterton. Sie hat eine sehr eigenwillige Art von Eleganz, die mit dem Lächeln ihrer irischen Augen harmoniert. Das Leuchten, das von diesen strahlenden Augen ausgeht, ist unwiderstehlich, beste Hahn-Qualität.

Irgendetwas an diesen Menschen reizt uns, sie aus ihrer gesetzten Reserve herauszulocken. Würde Kate Hepburn es als eine Unverschämtheit empfinden, wenn man von ihr verlangte, ihre Waden vor der Presse zu zeigen? Wie würde sie auf eine indiskrete Frage oder eine journalistische Aufdringlichkeit reagieren?

Nun, zunächst würde sie die Person wohl heftig zurechtweisen, die ihren Hahn-Stolz zu beleidigen wagt. Mrs. Hepburn ist durchaus in der Lage, sich sehr prägnant auszudrücken. Und sie ist auch dafür bekannt, dass sie ihre Worte nicht lange abwägt, bevor sie sich äußert. Und wenn ein scharfer Kommentar nicht ausreicht, kann sie auch zu recht ungewöhnlichen Taktiken der Selbstverteidigung greifen, wie ich das bei einer Pressekonferenz in Paris selbst miterlebt habe.

Ich habe im Tiger-Kapitel über diese Pressekonferenz berichtet. Aber ich habe nicht erzählt, wie wirkungsvoll Mrs. Hepburn an diesem Tage mit einer besonders aufdringlichen Fotografin fertig wurde.

Die Journalisten waren vorgewarnt worden, dass es Katherine Hepburn nicht sehr angenehm sei, in französischer Sprache interviewt zu werden. Sie beherrscht diese Sprache zwar fast perfekt; aber vielleicht war ihr Sprachschatz an diesem Tag etwas eingerostet und sie fürchtete, missverstanden zu werden. Die Fragen wurden langsam und deutlich von einer Gruppe internationaler Journalisten gestellt, die etwa zwei Meter von Mrs. Hepburns erhöhtem Podium entfernt standen.

Mit ihrem üblichen Charme und Liebreiz beantwortete Mrs. Hepburn Frage nach Frage in grammatisch einwandfreiem Französisch. Plötzlich drängte sich eine Kameradame im Hosenanzug durch die Menge bis auf die Stufen des Podiums vor und warf buchstäblich ihre 35-mm-Kamera Katherine Hepburn direkt vors Gesicht. Die Geste war schockierend, brutal.

Mit einer schwarzen Box knapp 10 cm vor dem Gesicht – wie eine gefährliche Waffe auf sie gerichtet –, verlor der Star der Stars nicht einen Augenblick die Ruhe, sondern fuhr fort zu reden, bis sie ihre Antwort beendet hatte. Dann drehte sie sich ihrer Angreiferin zu und sagte, direkt in die Linse blickend: »Aber wirklich! Erlauben Sie?«

Die von Mrs. Hepburns Bemerkung völlig ungerührte Fotografin trat noch näher mit ihrer Schießscheibe heran. Die elegante Kate, immer noch lächelnd und den Reportern vor ihr zunickend, hob den Arm, als ob sie ihr Gesicht vor der indiskreten Kamera schützen wollte, drehte sich halb zur Seite und beförderte die Fotografin samt Apparat und Zubehör die drei Stufen hinunter, wohin sie gehörte.

Einen Augenblick lang schien niemand über diese Reaktion

mehr schockiert zu sein als Mrs. Hepburn selbst. Rasche Aktionen physischer Aggression sind offensichtlich nicht ihre Sache. Aber als sie sich bedroht fühlte, ging ihre überlegene Würde keineswegs verloren. Mrs. Hepburn rief weder um Hilfe, noch brach sie in Tränen aus. Stattdessen entschloss sie sich einfach, direkt und mutig, die richtige Distanz zu ihrer Angreiferin herzustellen.

Hahn-Menschen können, wie Sie gesehen haben, für sich selbst sorgen. Natürlich ist es ihnen lieber, von Freunden und Partnern umgeben und geliebt zu sein. Wenn sie jedoch auf sich selbst gestellt sind, Gefahren selbst bewältigen und eigenhändig abwehren müssen, haben sie keine Angst. Scheitern, Enttäuschung und Feindschaft rufen bei ihnen kein Trauma hervor und stürzen sie nicht in Abgründe der Verzweiflung, aus denen sie ihr Missgeschick beklagen. Der Hahn-Mensch ist ein elastischer und einfallsreicher Typ.

Unter einer etwas großtuerisch und abweisend-beiläufigen Art verbirgt sich ein tiefes und aufrichtiges Gefühl für seine Mitmenschen, ob Männer, Frauen oder Kinder. Hilflose Geschöpfe fordern die Hilfsbereitschaft des Hahn-Geborenen heraus, wenn er sich auch weigert, sich in das Elend der Armen verstricken zu lassen. Ich habe einen Hahn-Bruder, George mit Namen (geboren 1933). Er ist all das, was man von diesem Menschentyp erwartet, und noch einiges mehr.

Wenn ich Geld brauche, ein Transportmittel oder auch nur ein beruhigendes Wort, ist George zur Stelle. Er ist reserviert und unfähig, meinen Kummer zu teilen. Er gehört nicht zu denen, die meine Hand halten und mit mir seufzen. Äußerlich ist er ganz Kühle und Nüchternheit. Unerschütterlich geht er ruhig seinen Weg und räumt die Schwierigkeiten für sich selbst und seine Lieben aus, indem er hier einen Scheck ausschreibt, dort Geld überweist, Flugtickets besorgt, tröstende Worte und Zurechtweisungen austeilt. Aber bei all seiner Großzügigkeit vermeidet George es sorgfältig, sich selbst in den Kummer anderer hineinziehen zu lassen.

Bevor ich etwas von den Eigenschaften der Hahn-Menschen wusste, glaubte ich, George fürchte sich einfach, seine Gefühle zu zeigen. Jetzt verstehe ich ihn besser. Seine Hahn-Natur zwingt ihn, sich so stark für andere zu engagieren, dass er sich den Luxus des Mitleids nicht leisten kann. Wenn man ihn bedrängt, über die Vergangenheit, über unsere Kindheit, einen Krankheits- oder Todesfall in der Familie zu sprechen, dann ist er gehemmt und versucht, vom Thema abzulenken. Für ihn sind, wie für alle Hahn-Menschen, die ich kenne, Gefühlsäußerungen etwas Schwieriges, wenn nicht Unmögliches.

Weil Hahn-Menschen so gleichgültig erscheinen und häufig ihr verständnisvolles Mitgefühl hinter einer Fassade von Stolz und Arroganz verbergen, werden sie manchmal von denen, die sie lieben, missverstanden. Mitleidsgesten materieller Art sind ihre Art und Weise, ihre Liebe zu zeigen. Selbst wenn sie Ihnen unters Kinn fassen und sagen: »Nun komm. Halt die Ohren steif. Sei keine Heulsuse«, dann ist das, was sie denken, eher so zu beschreiben: Wie Leid du mir tust. Ich wollte, ich könnte mit dir weinen. Aber ich muss mich stark zeigen.

Hahn-Menschen denken viel nach. Aber sie sind nicht introvertiert. Vielleicht könnte man sie als Utopisten oder Träumer bezeichnen. Ständig brüten sie über komplizierte »Projekte«, mit denen sie schnell ein Vermögen zu machen, den besten Film seit zehn Jahren zu produzieren oder auf andere Weise über Nacht reich oder berühmt zu werden hoffen. Sie sind ungeheuer erfinderisch. Unglücklicherweise fallen viele ihrer Pläne wie Kartenhäuser zusammen. Aber was soll's. Hahn-Menschen sind es gewohnt, ein Hasardspiel mit Fortuna zu wagen. Sie haben außergewöhnliche Kräfte, sich zu erholen, unendliche persönlichen Reserven und eine unerschrockene Art, sich dem Fiasko zu stellen, die ihre Feinde und Freunde immer wieder erstaunt.

Bankrotte, gebrochene Herzen und fehlgeschlagene Projekte sind nichts Ungewöhnliches für den Hahn-Menschen. Sie können ihm ungestraft den magischen Teppich des Idealismus unter den Füßen wegziehen – es lässt ihn kalt. Er kann immer aus der Stadt wegziehen, von vorn anfangen, neue Freunde und Partner finden und ein Leben in der trockensten Wüste zum Erfolg führen.

Diese Haltung des »Heute hier, morgen dort«, gibt dem Hahn-Menschen auch eine enorme Stärke gegenüber seinen eigenen emotionellen Enttäuschungen. Trotz aller freundlichen Zuneigung und Großzügigkeit gegenüber Lebensgefährten und Freunden sind Hahn-Menschen, wenn man sie betrügt oder enttäuscht, immer schnell bereit und in der Lage, ihr Leben allein weiterzuführen, als wenn nichts gewesen wäre.

Hahn-Menschen brauchen Komplimente. Sie geben und empfangen Anerkennung und Lob mit Leichtigkeit und Anmut. Man wird selten einen Hahn-Menschen finden, der sich gern mit der Gesellschaft von Angehörigen des eigenen Geschlechts begnügt. Männer und Frauen dieses Zeichens suchen die Gesellschaft des anderen Geschlechts. Schon die Möglichkeit der Eroberung und Verführung gibt ihrem Leben Würze.

Die Gelegenheit, sich zur Schau zu stellen, die Chance, einem bewunderten Menschen zu gefallen oder vielleicht nur ein lobendes Wort über die Eleganz seiner Kleidung zu hören, sind nur einige der Motivationen für die Vorliebe des Hahn-Menschen, in einer Gesellschaft zu brillieren.

Der lebhafte Hahn-Mensch ist ein beliebter Partygast, ein guter Gastgeber und ein williger Gesprächspartner. Er genießt es, andere mit seinen abenteuerlichen Ideen zu amüsieren, und hat eine koboldhafte Freude daran, sie mit seinen witzigen Bemerkungen aufs Eis zu führen. Alle Menschen, die in einem Jahr des Hahns geboren sind, sind stolz wie ein Pfau und schlagen ihre Räder gern vor einer aufmerksamen Gesellschaft.

Wenn sie aber den Kopf in ihrem glänzenden Gefieder verstecken, dann ist das ein Zeichen ihrer Verwirrung. Ihr Krähen kann dann sehr verletzend sein. Im Allgemeinen ist darüber niemand mehr erstaunt als sie selbst. Man kann aber wohl sagen, dass ihr Kikeriki schlimmer ist als ihr Schnabelhacken.

Wenn ein Hahn auch seine Unzufriedenheit mit der Unvollkommenheit der Welt lauthals herauskräht, in Wirklichkeit liegt es ihm fern, jemanden beleidigen zu wollen. Er ist tatsächlich so oft von sich selbst enttäuscht, über seine Fehleinschätzung delikater Situationen verärgert und tief betrübt über einen neuen Fauxpas, dass er sehr stark unter Selbstzweifeln leidet. Er könnte sich selbst um den Hof jagen, weil er seiner Schwiegermutter gesagt hat, ihre neue Haarfarbe sehe aus wie Wäschebläue. Aber er kann sich einfach nicht zurückhalten, seine Meinung zu verkünden, wo Diskretion besser am Platz wäre.

Das Leben des Hahn-Menschen mag von Fehlschlägen und kleinen Katastrophen geschüttelt werden, aber für ihn ist das nur eine interessante Reihe von Hochs und Tiefs. Wenn er am Boden zerstört ist, dann erwarten Sie nicht, dass er Sie um Hilfe bittet. Er liebt es wirklich, seine eigenen Schwierigkeiten in seiner unnachahmlichen Weise selbst zu regeln. Wenn er einmal durch den dunklen Tunnel hindurch ist und die Sonne des Erfolges ihm wieder lacht, wird er Ihnen stolz seinen Sieg in allen Einzelheiten schildern. Damit vermeidet er es auch, sich der Kritik über seine misslungenen Pläne auszusetzen.

Und ein Letztes: Obwohl Ihr Hahn-Freund oder Lebensgefährte oft so agiert, als ob ihm die ganze Welt seit ewigen Zeiten gehöre, denken Sie daran, dass auch er Gefühle hat. Seine gelegentlichen Seitenhiebe und sarkastischen Bemerkungen sind seine Art, Bewunderung zu zeigen. Seine Ironie ist in Wirklichkeit eine Form, Begeisterung mitzuteilen. Hahn-Menschen wissen, wie weh Enttäuschungen tun; sie zeigen sich mutig bei Niederlagen und Fehlschlägen, und sie sind ergebene und loyale Freunde. Sie sind nicht immer fähig, extreme Verhaltensweisen zu akzeptieren oder unorthodoxe Anschauungen gutzuheißen. Doch wie bizarr ihnen radikale Ansichten und Methoden für sie selbst auch erscheinen mögen, anderen gegenüber sind sie sehr tolerant.

Die Hahn-Frau

Hahn-Frauen sind die faszinierendsten Lebensgefährten und Liebespartner. Sie sind sowohl mütterlich (was man von guten Hennen erwarten kann) als auch von Natur extrovertiert und interessiert an aktiver Betätigung im Geschäfts- und Gesellschaftsleben. Gewöhnlich legen Hahn-Frauen großen Wert darauf, finanziell von ihren Ehemännern und Freunden möglichst unabhängig zu sein. Sie wollen auch in der Ehe oder in einer Liebespartnerschaft ihre eigenen Pläne und Vorstellungen weiterverfolgen.

Weil Hahn-Frauen in der Lage sind, sich selbst in der Welt einen Namen zu machen und aus eigener Kraft Erfolg zu erringen, kann das Leben mit ihnen schwierig sein. Zunächst einmal können sie Untüchtigkeit nicht ertragen. Ein schlampiger Haushalt ist für sie einfach undenkbar. Sie glauben, dass man sich nur auf sich selbst verlassen kann. Kompromisse sind für sie keine Methode, Probleme zu lösen. Wenn man aus Chaos Ordnung schaffen will, muss man befehlen und führen können.

Wenn Sie Partner einer Hahn-Frau sind, gebe ich Ihnen den guten Rat: Lassen Sie Ihre Kleider nicht herumliegen, halten Sie Ihren Wagen innen wie außen tadellos sauber, und bleiben Sie stets auf dem Pfade der Tugend. Jede Abweichung von den Regeln (die sie schon bald nach Beginn Ihrer Beziehung aufzustellen pflegt) könnte zu einem mindestens temporären Wahnsinnsausbruch führen.

Ich spreche aus eigener Erfahrung, weil meine Nichte Pamela, eine sehr selbstsichere und perfekte junge Dame, in einem Jahr des Hahns geboren ist (1957). Ungeachtet aller elterlichen und schulischen Erziehungsversuche ließ sie nie einen Zweifel daran aufkommen, dass sie die feste Absicht hat, ihr Leben ganz nach ihrer eigener Fasson zu gestalten. Obwohl sie als Kind durchaus vernünftig auf die üblichen Disziplinarmethoden reagierte – wie rechtzeitig ins Bett zu gehen und zu essen, was auf den Teller kam –, hatte sie sich doch einige recht ungewöhnliche Angewohnheiten zugelegt. Wenn ihre Mutter ihr auftrug, ihr Zimmer in Ordnung zu bringen, dann versuchte sie ständig neue Methoden der Staubsaugerhandhabung. Manchmal nahm diese Hausarbeit, die andere Kinder verabscheuen, sie einen ganzen Samstag lang in Anspruch. Sie behauptete, es mache ihr nichts aus, ihre Spielzeit für Hausarbeit zu opfern, solange man ihr erlaubte, mit dem zu spielen, was sie »Erwachsenen-Spielzeug« nannte.

Als meine Schwester sich vor einiger Zeit entschloss, wieder ernsthaft ihre Malerei aufzunehmen, bat sie ihre Tochter, einen Teil der Hausarbeit zu übernehmen. Eine Hausgehilfin zu engagieren kam nicht in Frage. Pam studiert Jura an der Universität ihrer Heimatstadt und arbeitet stundenweise in einer Bank. Sie erklärte sich einverstanden, das Einkaufen und Kochen in der Woche zu übernehmen. Die gründlichen Putzarbeiten wollten die beiden Frauen gemeinsam am Wochenende erledigen. Dieses Arrangement hielt exakt eine Woche. Am Freitag stritten die beiden sich, ob man den Sonntagskuchen besser mit vorgefertigten Zutaten oder nach herkömmlicher Methode backen sollte. Sie konnten sich nicht einig werden, wie die Spagettisoße gemacht werden sollte, und zankten sich ständig über jede Kleinigkeit der Hausarbeit. Pam behauptete, die Frühstückseier für ihren Vater besser zu kochen. Meine Schwester war überzeugt, dass ihre Methode die richtige war.

Meine Schwester war verzweifelt. Wie würde sie je dazu kommen, ihre eigene Karriere zu verfolgen, wenn ihre Tochter sich weigerte, zu kooperieren? Sie schrieb mir: »... Suzanne, du hast dich immer mit Pam verstanden. Ich weiß nicht, ob deine chinesische Astrologie uns in diesem Fall helfen kann, aber ich möchte es gern einmal versuchen. Sie ist so selbstherrlich. Es macht mich wahnsinnig. Sie versteht alles besser als ich. Du weißt, wie tüchtig sie ist. Aber soll ich mir von ihr sagen lassen, wie ich mein eigenes Haus zu führen habe?«

Zum Glück für meinen Geldbeutel erhielt ich den Brief nicht in Paris. Von New York City aus führte ich sofort ein Telefongespräch mit meiner verängstigten Schwester. »Ich verstehe nicht, warum du die Tatsachen nicht einsehen willst«, sagte ich. »Dein begabtes Kind kann das alles viel schneller und kompetenter machen als du. Sie ist tüchtiger als die meisten jungen Mädchen, die ich kenne. Sie hat nicht gerade die orthodoxesten Methoden, aber solange die Arbeit gemacht wird, warum wehrst du dich? Wenn du sie richtig anfasst, wird sie dir alle die Dinge abnehmen, die du schon immer so gehasst hast. Lehne dich gegen ihr System auf, und es ist aus. Sie wird das Haus verlassen.«

Ich hörte den altvertrauten mütterlichen Seufzer durch das Telefon. »Manchmal glaube ich, ich habe ein Monster aufgezogen. Sie ist erst achtzehn. Und sie ist ihren gleichaltrigen Studienkolleginnen um zwei Semester voraus. Ich mache mir Sorgen um sie. Wenn sie all diese zusätzliche Arbeit macht, wird sie mir krank werden. Du kannst dir nicht vorstellen, was sie zu Hause alles macht. Sie liest bis in die Nacht hinein. Dann macht sie noch ihre Speisepläne und ihre Einkaufslisten. Manchmal hat sie, wenn ich morgens aufstehe, schon die Hemden ihres Vaters gebügelt, bevor sie zu einer Vorlesung um acht Uhr weggeht. Es ist direkt unheimlich!«

Was konnte ich sagen? Meine Schwester hat mich selbst immer für etwas verrückt gehalten. Ich verzichtete also darauf, ihr zu erklären, dass ihr geliebter Sprössling als Hahn-Geborene wahrscheinlich General Motors leiten könnte, wenn man ihr erlaubte, das nach ihrem eigenen Rhythmus und ihren eigenen Vorstellungen zu tun. So beschränkte ich mich auf die Bemerkung, dass Pamela immer ein bemerkenswert tüchtiges Mädchen war, das sich nie über zu viel Arbeit beklagt hat, solange andere Leute ihm nicht auf die Füße traten. Ich schlug meiner Schwester vor, sie selbstständig schalten und walten zu lassen und zu sehen, was dabei herauskäme. »Pamela ist stark genug. Lass sie in Ruhe, und halte dir den Kopf frei für deine eigenen Arbeiten.«

Es ging ein paar Wochen so weiter mit dieser unergiebigen Arbeitsteilung, bevor meine Schwester schließlich nachgab und sich ganz auf ihren abstrakten Expressionismus konzentrierte. Bis es so weit war, gab es monumentale Schlachten. Pamela warf ihrer Mutter vor, dass sie nicht wisse, wie man Hemdkragen faltenfrei bügele; sie solle ihr doch einmal dabei zusehen, wie man es richtig mache. Pams Kochkünste gefielen ihrem Vater und ihren jüngeren Brüdern so gut, dass sie gemeine Bemerkungen machten, wie sehr sich der Küchendienst gebessert habe. Der Stolz meiner Schwester wurde auf eine harte Probe gestellt. Dann geschah das Unvermeidliche. Pamela drohte auszuziehen. Sie sagte, ihre Mutter sabotierte ihre Gemüsesuppe und mischte sich in ihre Angelegenheiten ein, indem sie den Ofen hinter ihrem Rücken säuberte. Ihre Worte waren scharf und eines Hahnes würdig: »Halte dich aus meinen Sachen heraus, dann mische ich mich auch nicht in deine Geschäfte!«

Da Geschäft das war, was meine Schwester mit ihrer Malerei im Sinn hatte, erklärte sie sich schließlich einverstanden, von der Bühne abzutreten und Pamela das schwierige Amt zu überlassen, den Haushalt zu führen. Als sie mich anrief, um mir die Neuigkeit zu berichten, sagte sie: »Solange wir unsere Sachen aufräumen und nicht vergessen, die Badewanne nach Gebrauch zu säubern, schimpft sie nicht viel. Ich hoffe nur, du hast Recht wegen ihrer Gesundheit. Die Tochter meiner Nachbarin ist vorige Woche mit einer Mononukleose ins Krankenhaus eingeliefert worden, und sie macht sich nicht einmal selbst die Haare.«

Das ist eine ganze Weile her und Pamela ist noch immer gesund und kräftig. Sie studiert, verdient sich ihr Taschengeld bei der Bank und probiert im Augenblick ein neues Rezept für ein lockeres Soufflé au Grand Marnier aus.

Hahn-Frauen sind sehr effektiv. Sie verstehen sich auch meisterlich auf die Kunst, in ihrer Kleidung einen gekonnt saloppen Stil zu pflegen. Katherine Hepburn hat das gleiche einförmige Ensemble aus schwarzer Hose und Bluse fünfunddreißig Jahre lang getragen. Und sie sah immer umwerfend darin aus. Jacqueline Susann, die kürzlich verstorbene Schauspielerin und Romanschriftstellerin, erschien immer in ihrem salopp-eleganten Stil, der auf alles Dekorative verzichtete. Hahn-Frauen haben eine natürliche Eleganz. Carly Simon (geboren 1945), Sängerin und Ehefrau von James Taylor (Ratte, 1948), ist dafür ein gutes Beispiel. Groß, sehr stolze Kopfhaltung, das Gesicht von langem, weichem Haar lose, aber sorgfältig eingerahmt, strahlt sie eine unnachahmliche Würde aus.

Wenn Sie eine Hahn-Dame als Lebensgefährtin oder Freundin haben, denken Sie bitte immer daran, dass sie mehr Bewunderung und Anerkennung braucht als die meisten anderen Frauen. Versuchen Sie nicht, sie in ihrer Selbstständigkeit zu beschränken. Seien Sie nicht beleidigt, wenn sie autoritär oder lehrerhaft ist. Und vor allem – seien Sie lustig in ihrer Gegenwart. Bringen Sie sie zum Lachen, zeigen Sie ihr, dass das Leben schön und interessant ist. Sie leidet am meisten darunter, dass sie sich selbst zu ernst nimmt.

Der Hahn-Mann

Für einen Mann ist das Hahn-Zeichen eine Trumpfkarte, aber zugleich auch eine Bürde. Seine Existenz ist durch einen Interessenkonflikt zwischen Familie und all den wunderbaren Abenteuern, die die Liebe und das Leben ihm verheißen, gespalten. Oft verlangt er nichts sehnlicher, als ein guter Hausvater und Ernährer zu sein. Er wünscht aufrichtig, ein aufmerksamer Liebhaber und Gatte zu sein. Und doch spürt er immer den Drang, die Welt zu erobern und alle Routine zu vergessen. Es fällt ihm schwerer, ein treuer Ehemann oder Liebhaber zu sein, als es manchmal den Anschein hat. Hahn-Männer sind nun einmal das, was ihr Name andeutet; sie lieben es, zu flirten, Frauen zu gefallen und sie zu verführen.

Unglücklicherweise sind Hahn-Männer aber von Natur konservativ. Illegitime Liebesverhältnisse kollidieren mit ihrem Eigentumsbegriff. Ihr Hang zum Perfektionismus wird fast immer die Oberhand gewinnen. Der Hahn steht gern im Rampenlicht, aber die Scheinwerfer sollen auf seine Vorzüge gerichtet sein. Die Vorstellung, einen schlechten Eindruck zu machen, ist ihm unerträglich.

Unter den Hahn-Männern, die sich einen Namen gemacht haben, sind solche Supermänner wie Errol Flynn (geboren 1909), Roman Polanski (geboren 1933) und Philip Roth (geboren 1933). Die Reputation dieser drei Gentlemen für ihre Verführungskunst ist ein wesentlicher Faktor ihrer Publicity. Aber auf der Liste der berühmten Hahn-Männer finden wir auch so talentierte und sensible Persönlichkeiten wie James Jones (geboren 1933/34), Steve Allen (geboren 1921) und William Faulkner (geboren 1897). Diese Mitglieder der Hahn-Sippe gehören der monogamen Schule an. Der Erfolg ist ihnen nicht in den Schoß gefallen; sie haben Großes erreicht, aber auch viele Rückschläge hinnehmen müssen. Sie haben fast alle eine dauerhafte Ehe geführt.

Die zweite Gruppe – die Monogamen – hat eine entschieden weisere Wahl getroffen. Hahn-Männer fühlen sich, wenn sie ihrem Hang zum Abenteuer auch im Liebesleben folgen, selten ganz wohl in ihrer Haut. Sie träumen davon, sesshaft zu werden, wie ihre ernster veranlagten Freunde ein Heim und eine Familie zu besitzen, Pfeife und Pantoffel und Lehnstuhl vor dem Kamin inbegriffen. Ihr Handikap ist, dass sie ihrem Drang in die Ferne so schlecht widerstehen können.

George Segal, Schauspieler und Fernsehstar, kam vor einigen Jahren nach Paris, um einen Film zu drehen. Das war zu der Zeit, als ich mir meinen Lebensunterhalt mit der Führung einer Modeboutique verdiente. Der Laden lag in unmittelbarer Nähe von Segals Hotel. George kannte Vicki Tiel, die Modedesignerin der Boutique, durch ihre Geschäftspartner Elizabeth Taylor und Richard Burton. Sie hatten in dem Film *Wer hat Angst vor Virginia Woolf?* zusammengearbeitet. Eines Tages kam George in den Laden, um Vicky zu besuchen. Er schüttelte mir die Hand und sagte munter: »Wie geht es Ihnen? Ich bin George Segal.«

Da ich ziemlich lange nicht in den Staaten gewesen war, erkannte ich George nicht gleich als Schauspieler. Er hätte auch ein Vertreter sein können. Ich schüttelte ihm freundlich die Hand und sagte: »Ich bin Suzanne White. Wie geht es Ihnen?«

Als ich einen Drink für den Besucher holte, wisperte mir eine Dame im Geschäft zu: »Das ist George Segal, der berühmte Schauspieler.«

Man versucht immer, sich möglichst unbeeindruckt zu zeigen,

wenn man eine Berühmtheit trifft. Ich verhielt mich also so, als wäre es für mich völlig normal, um zwei Uhr nachmittags einem Mitglied der exklusiven Klasse der Filmstars Whisky zu servieren.

»Was führt Sie zu uns?«, fragte ich meinen Gast, als wäre ich völlig ahnungslos.

»Ich bin Schauspieler«, antwortete er mit gewinnendem Lächeln. »Ich drehe hier einen Film. Ich wollte nur kurz hereinschauen und Vicky Guten Tag sagen. Ich wohne im L'Hôtel, dem kleinen Laden um die Ecke. Wenn sie länger fort ist, kann ich später noch einmal vorbeikommen.«

»Oh, sie wird in ein paar Minuten zurück sein. Sie wollte nur eben einen Kaffee trinken.« Ich bat ihn, solange in meinem Büro Platz zu nehmen.

Wir plauderten ein paar Minuten liebenswürdig über dieses und jenes. Dann öffnete sich die Tür, und zwei kleine reizende Mädchen im Alter von neun oder zehn Jahren kamen herein. »Daddy«, sagten sie, sich an ihn schmiegend, »Mami ist fertig. Sie sagt, du möchtest gleich zurückkommen. Wir müssen noch einkaufen.«

Mr. Segal stellte mir seine beiden Töchter stolz vor und erhob sich. »Bitte, sagen Sie Vicky, dass ich hereingeschaut habe. Ich muss jetzt gehen, meine Frau wartet auf mich.«

Als Vicky zurückkam, richtete ich ihr Georges Botschaft aus. Ihr Gesicht strahlte. »War Patty bei ihm? Ich habe sie seit Jahren nicht gesehen. Wo sind sie abgestiegen?«

Nach ein paar Stunden kam George wieder in den Laden. Vicky war ganz aufgelöst. »Und wie geht es dir denn? Und was macht Patty? Und sind die Kinder gesund?« Sie plauderten eine Weile, dann ging er.

Vicky kam zu meinem Schreibtisch herüber. Sie sah bekümmert aus. »George lächelt überhaupt nicht. Dabei war er immer so lustig. Was ist wohl mit ihm los? Ich hoffe, es ist alles in Ordnung. Ich glaube, ich rufe Patty einmal an und spreche mit ihr. Vielleicht ist etwas mit seiner Karriere...«

Da ich die Segals nicht kannte, war mir natürlich nicht der Gedanke gekommen, er könnte normalerweise anders sein, als ich ihn kennen gelernt hatte. Äußerst angenehm, ein wenig schweigsam und nervös und zerstreut.

Am selben Abend, gegen Mitternacht, stieg ich in meinen Wa-

342

gen, um das gewohnte nächtliche Ritual der Amerikaner in Paris zu vollziehen, nämlich im Quartier Latin die Frühausgabe der *International Herald Tribune* zu kaufen. Als ich durch eine kleine Straße in der Nähe der Place Saint-Germain-des-Prés fuhr, bemerkte ich auf dem Bürgersteig eine gebeugte Gestalt, die langsam dahinschlurfte. Ich schaute hin. Dann blickte ich weg. Plötzlich sah ich noch einmal zurück. Die trübselige Gestalt, die dort ging, war doch George Segal. Er ging so gebückt, dass er fast auf die Hälfte seiner normalen Größe zusammengeschrumpft zu sein schien. Der Anblick war alarmierend. Ich hielt an und lehnte mich aus dem Fenster, um ihn anzurufen. »George? Sind Sie es?«, fragte ich verwundert.

Erstaunt, dass eine Dame ihn aus einem Auto in einer Straße von Paris anrief, schaute er vorsichtig zu mir hin. Dann erkannte er mich, richtete sich leicht auf und sagte mit mürrischer Stimme: »Oh, hallo Suzanne. Ja, ich bin's.«

Es ist nicht meine Gewohnheit, nachts durch die Straßen von Paris zu fahren und nach deprimierten Filmstars zu jagen, aber er machte einen so extrem elenden Eindruck, dass ich dachte, er brauche wohl Hilfe. Also sagte ich: »Sind Sie in Ordnung?« Er war offenbar weder betrunken, noch wirkte er so, als ob er unter dem Einfluss von Drogen stände. Er sah einfach nur traurig aus.

»Ich bin in keiner besonders vergnügten Stimmung, wenn Sie das meinen.«

Er trat an den Wagen heran. »Ich habe eine Erkältung und mit dem Film läuft es nicht so glatt, wie ich gehofft hatte. Die Kinder haben sich so auf Paris gefreut, und ich würde gern mehr Zeit für sie haben. Aber ich bin so eingespannt und mit meinen eigenen Problemen beschäftigt. Ich schätze, ich bin einfach etwas deprimiert.«

»Wollen Sie etwas trinken?« Meine Geste war wirklich nichts anderes als einfaches menschliches Mitgefühl. »Vielleicht täte es Ihnen gut, sich ein bisschen auszusprechen.«

George sagte mir natürlich nicht ausdrücklich, dass seine Frau ihn ermorden würde, wenn er mit mir einen Drink nähme, aber es war trotzdem nicht zu überhören. »Nein, danke, ich bin schon zu lange ausgeblieben. Ich wollte mir nur bei einem kleinen Spaziergang den Kopf auslüften. Patty wird sich schon Sorgen machen.«

Ich bin George nach diesem Abend nicht wieder begegnet, aber ich sprach am nächsten Tag mit Vicky über ihn. Sie erzählte mir, dass diese Depressionen bei ihm nichts Ungewöhnliches seien. Seine Frau sei die geduldigste aller Ehefrauen. Vicky schrieb diese Anfälle von Niedergeschlagenheit seinem künstlerischen Temperament zu. Ich war nicht überrascht, als ich feststellte, dass er im Zeichen des Hahns geboren war.

Ich sah George Segal das nächste Mal in New York City – ich vor meinem Fernseher, er aus Los Angeles mir über Johnny Carsons Schreibtisch zulächelnd. George sang ein komisches Lied und spielte Ukulele. Selbstsicher und in bester Laune sah er aus, als wisse er nicht, was Traurigkeit ist.

Extreme Hochs und Tiefs sind bei Hahn-Männern keine Ausnahme, sondern die Regel. Ihre enthusiastische Lebensauffassung und ihre Begeisterung für alles, was neu und interessant ist, macht aus der Realität einer bestimmten Situation oft ein falsches und verzerrtes Bild. Weil sie oft so hochfliegende Pläne haben, sind sie leicht enttäuscht, wenn eine Erfahrung nicht dem Bild ihrer Phantasie entspricht.

Wenn Sie mit einem Mann des Hahn-Zeichens verheiratet oder befreundet sind, denken Sie immer daran, dass seine Stimmungen rasch wechseln. Wenn der Hahn-Mann deprimiert, mürrisch, traurig und elend ist, kann es durchaus sein, dass er sich schon am nächsten Tag wieder so fühlt, als gehöre ihm die Welt. Nehmen Sie zwei Aspirin, und gehen Sie mit einem guten Buch ins Bett. Man muss Hahn-Männer sich selbst überlassen, dann finden sie am ehesten wieder zu sich selbst. Gutes Zureden oder Schimpfen helfen nicht. Manchmal ist Aktivität heilsam. Geselligkeit könnte sie aufmuntern. Viel Beifall ist immer ein gutes Mittel. Er ist fast die einzige Methode, auf die Hahn-Männer prompt und sicher reagieren.

Variationen im Jahreskreis

Hahn/Widder (21. März–20. April)

Der Widder ist ein Feuerzeichen. Der Hahn wird durch das Metall repräsentiert. Die beiden Zeichen verschmelzen zu einer Art patiniertem Gold. Das ist eine positive Verbindung. Beide, Widder und Hahn, sind ichbezogene Geschöpfe. Beide lieben es nicht, sich unterzuordnen. Ich bin mir nicht sicher, ob ich ein 1-Zimmer-Apartment mit einer Freundin dieses intellektuellen Typs teilen möchte. Widder-Hahn-Menschen neigen zu extremer Geschwätzigkeit und sind daher furchtbar betriebsam. Erfolg ist ihr Lebensziel. Das Gefühlsbarometer schlägt von einem Extrem ins andere. Sex ist von überragender Bedeutung für sie. Die Natur in allen ihren Formen fasziniert und interessiert diese unruhigen Wesen. Im Allgemeinen ist ihre Naivität und ihre Offenheit angenehm wohltuend, jedenfalls solange die großen Pläne, die sie verfolgen, nichts mit kriegerischen Auseinandersetzungen oder politischen Krisen zu tun haben. Ihr Witz und ihre Gewandtheit lassen keine Langeweile aufkommen.

Hahn/Stier (21. April–21. Mai)

Die Kombination von Hahn und Stier ist alles andere, als der Name erwarten lässt. Charakterstärke und Ernst, gepaart mit extremem Fleiß, machen aus dieser Verbindung von Erde und Metall eine Goldgrube der Weisheit. Unerschrocken, in der ihnen eigenen ruhigen Art, können diese besonnenen Menschen ihre weniger sicheren und labileren Freunde oder Partner mit einer ungewöhnlichen Ausdauer und Dynamik führen. Sie arbeiten härter als alle anderen, wenn es darum geht, undankbare Aufgaben zu erledigen. Wegen ihrer drängenden und zupackenden Art können sie Untüchtigkeit und Schlamperei in ihrer Umgebung nicht ertragen. Der Stier-Hahn-Mensch ist ständig auf der Hut vor seinen Freunden und Bekannten, denen er nie ganz traut. Die Folge ist natürlich, dass er oft einsam ist. Er scheint sich bereitwillig der Armen und vom Glück Benachteiligten anzunehmen, aber er verliert schnell die Geduld mit ihnen. Er muss sich vor der Versuchung hüten, sich mit Menschen zu umgeben, die ihn nur ausnutzen. Gerade weil er so begabt und unabhängig ist, zieht er die Schwachen und Untüchtigen an.

Hahn/Zwillinge (22. Mai–21. Juni)

Wenn wir schon von Hochs und Tiefs reden, dann haben wir hier ein echtes Barometer, das ständig steigt und fällt. Luft hat die unangenehme Eigenschaft, ungeschütztes Metall zum Rosten zu bringen. Da Zwillinge für sich schon zwei verschiedene Temperamente haben, wird die Verbindung des explosiven Hahns mit ihnen sehr komplexe Persönlichkeiten bilden. Was mancher vielleicht als Sensibilität bei diesen Menschen zu verstehen glaubt, ließe sich auch als Willensschwäche und Labilität interpretieren. Eine Karriere als Schauspieler würde anzuraten sein. Das Theater wird ihm ein Ventil für seine exzentrischen Emotionen geben. In einem Jahr des Hahns geborene Zwillinge-Menschen können erfolgreich mit anderen zusammenarbeiten. Sie sind begabt für die Entwicklung neuer Ideen. Sie besitzen Innovationsfreude und Begeisterung. Aber wenn es dazu kommt, ein Langzeitprojekt zu realisieren, fehlt ihnen die Ausdauer. Ich rate jedem, der in diesem Zeichen geboren ist, sich einen starken Partner zu suchen, bevor er ein Projekt in Angriff nimmt. Menschen dieses Typs sind gute Sprinter, aber keine erfolgreichen Langstreckenläufer.

Hahn/Krebs (22. Juni–23. Juli)

Das Wasser des Krebses kann die glänzende Oberfläche des Hahn-Metalls angreifen. Dieser Typ neigt zu mürrischer Unzufriedenheit. Er muss härter als andere Hahn-Zeichen um Anerkennung und Erfolg kämpfen. Er ist von der Hitze des Sommers geprägt. Er lässt sich leicht von der notwendigen Disziplin harter Arbeit ablenken. Zuweilen wirkt er schlaff und träge. Lassen Sie ihn gewähren. Er denkt nach oder grübelt über irgendein neues Projekt. Dieser Typ ist von Natur aus weder lebhaft noch energisch. Aber er kann reizbar und manchmal des ständigen Kampfes gegen die Elemente überdrüssig sein. Wenn er sich hingebungsvoll einer Aufgabe widmet, kann er große Leistungen erbringen. Die Kraft ist vorhanden. Er braucht viel Aufmunterung und viel liebevolle Zuwendung.

Hahn/Löwe (24. Juli–23. August)

Diese Kombination von Metall und Feuer erzeugt selbstbewusste Menschen. Ihre Augen strahlen Stolz und Intelligenz aus. Sie streben nach Macht und wissen sie mit Charme und Witz zu erreichen. Wie die meisten Hahn-Typen ist auch dieser aufbrausend, aber seine Löwe-Natur kann seine Wut schrecklich machen. Der Löwe-Hahn ist attraktiv und gesellschaftlich beliebt. Frauen, die unter diesen Auspizien geboren sind, werden von Männern umschwärmt. Der Hauptfehler dieses Typs ist eine Tendenz zu ausweichender Unverbindlichkeit und eine gewisse Entscheidungsschwäche. Die Exzentrizität des Hahns ist bei den Löwe-Geborenen besonders stark ausgeprägt. Sie kleiden sich gern auffallend und versuchen, mit waghalsigen Bravourstücken ihr Publikum zu beeindrucken. Die Haupttugend dieser Menschen ist ihre Aufgeschlossenheit. Sie sind weniger hochnäsig-konservativ als ihre Artgenossen.

Hahn/Jungfrau (24. August–23. September)

Die in diesem Doppelzeichen geborenen Menschen stehen für ihre Überzeugungen ein. Während viele Hahn-Arten nicht gerade besonders zuverlässig sind und zu emotioneller Labilität neigen, gibt die Herzensreinheit der Jungfrau diesem Typ eine ausgeprägte Individualität und eine große Charakterstärke. Im Zeichen des Hahns geborene Jungfrauen haben nicht immer eine glückliche Hand in Geldangelegenheiten, aber sie verstehen sich aufs Sparen. Hüten Sie sich vor ihrem Temperament. Der kleinste Zank kann zum offenen Krieg führen. Sie sind von Natur hart und spröde. Der Jungfrau-Hahn-Mensch ist trotz aller Festigkeit und Stärke zu feinfühlig, um sich mit Ellbogenkraft durchzusetzen. Er ist am leistungsfähigsten, wenn er selbstständig arbeitet. Er ist nicht träge, aber er schätzt es nicht, für andere zu arbeiten.

Hahn/Waage (24. September–23. Oktober)

Hier scheinen die Elemente Luft und Wasser unvermischt zu bleiben. Dieser Charakter hat zwei sehr verschiedene Seiten. Er ist unentschlossen, schwankt auf und ab, hin und her, immer auf der Suche nach dem seelischen Gleichgewicht. Waage-Menschen können den Mund nicht halten. Die beiden Zeichen widerstreben einander so sehr, dass das Problem unlösbar erscheint. Die Waage-Hahn-Frau ist sehr geschäftstüchtig und vom Glück begünstigt. Ihr männlicher Widerpart erregt oft Anstoß mit sarkastischen Bemerkungen. Für ihn sind Berufe günstig, die sicheren Geschmack und Schönheitssinn verlangen. Er muss allerdings sehr hart arbeiten, um sich erfolgreich durchzusetzen. Viele zerschlagene Hoffnungen und gescheiterte Projekte machen das Leben für diesen Menschen zu einer ständigen Herausforderung. Nur Mut!

Hahn/Skorpion (24. Oktober–22. November)

Diese Kombination von Metall und Feuer scheint immer mit Riesenschritten voranzuschreiten, selbst wenn sie Zielstrebigkeit nur vortäuscht. Der Skorpion-Hahn-Mensch ist besser im Reden als im Handeln. Er ist im Allgemeinen sprachlich gewandt, dabei aber oft oberflächlich. Ungleich anderen Skorpion-Menschen haben diese Personen etwas Jugendlich-Unreifes an sich, das sie ihr ganzes Leben bewahren. Selbst in höherem Alter reagieren sie manchmal recht kindisch. Diese Hahn-Typen sind schnell verärgert und rachsüchtig und haben eine giftige Zunge, von der sie bei jeder passenden und unpassenden Gelegenheit Gebrauch machen. Durch ihre ständige Abwehrhaltung bringen sie andere in eine schwierige Lage. Oft schlagen sie als Erste zu, um einer Enttäuschung vorzubeugen. Skorpion-Hahn-Menschen sind überaus misstrauisch und tun sich schwer, bei Freunden oder Partnern Kraft und Sicherheit zu suchen. Sexuell sind sie oft gehemmt. Da sie sich scheuen, ihr

Wesen offen zu zeigen, ist eine echte Gefühlsbindung für sie tabu. Vielleicht sind sie auch nur schwerfälliger als die meisten anderen Menschen. Jedenfalls sind ihnen Komplikationen äußerst zuwider.

Hahn/Schütze (23. November–21. Dezember)

Die im Zeichen des Schützen geborenen Hahn-Menschen sind leichtsinniger und unbekümmerter als andere Hahn-Arten. Sie neigen zu parasitären Verhaltensweisen und eignen sich gern die Früchte der harten Arbeit anderer an. Ihr Leben widmen sie oft Aufgaben, die sie selbst als idealistisch betrachten. Es ist nichts Ungewöhnliches für solche Menschen, plötzlich nach Afrika aufzubrechen, um Missionare oder Neokolonialisten zu werden. Jede Herausforderung, die ihnen verheißt, idealistische Ziele mit Gewinn bringendem Profit zu verbinden, reizt ihre egoistische Natur. In der Liebe ist der Schütze-Hahn nicht leicht zu einer Bindung bereit. Freiheit und Unabhängigkeit haben Vorrang vor allem anderen. An zweiter Stelle rangiert der Wunsch, durch interessante Reisen die Welt kennen zu lernen. Familie und Heim nehmen den letzten Platz in seiner Rangliste ein, obwohl er vielleicht eine starke Sehnsucht nach Sesshaftigkeit und geordneter Häuslichkeit verspürt. Schon in seiner Jugend treibt ihn die Wanderlust oft in fremde Länder. Mit zunehmendem Alter lässt seine Reiselust nach. Wenn Sie an eine Verbindung mit einem dieser Zugvögel denken, werden Sie sich auf ein mindestens zeitweiliges Zölibat einstellen müssen, bis Ihr geliebter Partner zu alt ist, um ein Flugzeug zu besteigen.

Hahn/Steinbock (22. Dezember–20. Januar)

Dieser Typ entspricht ziemlich genau der Vorstellung von »kühlem Kopf und heißem Herzen«. Äußerlich scheint er nüchtern und gelassen, und wenn er noch so sehr unter den Qualen einer unerwiderten Liebe leidet, er wird doch nie seine Gefühle zeigen. Gesellschaftlich sind die im Zeichen des Steinbocks geborenen Hahn-Menschen sehr beliebt. Trotz ihres etwas hochfahrenden und großspurigen Auftretens sind sie weder aggressiv noch pedantisch. Wenn sie sich weitläufig über eines ihrer Lieblingsthemen auslassen, wissen sie im Allgemeinen sehr genau Bescheid und verstehen es, ihre Gedanken interessant vorzutragen. Diese elegant gekleideten und redegewandten Menschen eignen sich gut für eine Karriere als Anwalt oder Politiker. Eine diplomatische Laufbahn allerdings sollten Hahn-Menschen dieses Zeichens besser vermeiden. Sie gehen gern verschwenderisch mit ihrem Geld um und sind überaus großzügige Gastgeber. In ihren jungen Jahren haben Reisen in fremde Länder eine besondere Anziehungskraft. Man weiß bei diesen Menschen nie genau, ob sie mit ihrer eigenen Existenz unzufrieden sind oder ob sie von den Reizen anderer Lebensformen so sehr beeindruckt sind. Jedenfalls finden sie es schwierig, lange an einem Platz auszuharren.

Hahn/Wassermann (21. Januar–19. Februar)

Dieser Menschentyp ist nicht besonders zuverlässig, aber trotzdem überaus liebenswert. Großzügigkeit ist sein Kennzeichen. Er ist immer bereit, für Menschen, die ihn lieben, sein Letztes herzugeben. Vielleicht kann er keinen anderen Grund sehen, warum man ihn lieben sollte. Er ist nicht sehr selbstsicher und zeigt das auch durch die Art, wie er Menschen, bei denen er sich beliebt machen will, hofiert. Dieser Hahn-Typ kann Ihnen das Gefühl vermitteln, als seien Sie der aufregendste Mensch, den er je kennen gelernt hat. Frauen dieses Zeichens haben Glück in der Liebe. Sie sind sanftmütiger und liebenswürdiger als andere Hahn-Frauen. Und sie sind eifersüchtig. Sie sind zwar selbst durchaus nicht immer treu, aber sie haben eine sehr egoistische Art, die Freiheit ihrer Partner einzuschränken. Man sollte kein heiteres Leben in einer Partnerschaft mit diesem Hahn-Menschen erwarten. Er wird viele Erfolge erringen, aber seine Fehlschläge werden kaum weniger häufig sein.

Hahn/Fische (20. Februar–20. März)

Beide, Hahn und Fische, sind enorm anpassungsfähig. In vielen Fällen kann diese Anpassungsfähigkeit positiv sein. Gesellschaftlich zum Beispiel dürfte ein Mensch dieses Zeichens viel Erfolg haben. Im Geschäftsleben oder in Verwaltungstätigkeiten jedoch wird er nicht immer am richtigen Platz sein. Er eignet sich besser für musikalische oder andere künstlerische Betätigungen als für Berufe, die Entschlusskraft oder Menschenführung verlangen. Man sollte ihm also raten, sich von allen Ambitionen fern zu halten, für die er mehr als Charme und ein freundliches Wesen mitbringen muss. Selbst unter günstigen Bedingungen sind Hahn-Menschen leicht aus der Fassung zu bringen, und sie neigen zu Selbstbemitleidung. Hahn-Fische-Menschen sind allzu oft Opfer ihrer selbstquälerischen und unsicheren Wesensart. Ständig hört man sie klagen: »Was habe ich jetzt schon wieder falsch gemacht? Immer geht alles schief.« Dabei haben sie aber immer das Gefühl, dass alles, was ihnen an Ungemach zustößt, die Schuld anderer Leute ist. Oft stimmt das sogar. Aber selbst, wenn das so ist – das ständige Klagen ist ihnen geradezu ein Bedürfnis, auf das sie nicht verzichten wollen. Statt sich alles Schlimme so zu Herzen zu nehmen, sollten sie besser aus ihren Fehlern lernen und sich vor zu großer Vertrauensseligkeit hüten.

Ratschläge für die Zukunft

Mein reservierter Hahn-Freund, manchmal möchte ich dich einen Schuft nennen, aber du bist in Wirklichkeit nur ein Taugenichts. Du bist bisweilen etwas unbesonnen, aber immer liebevoll und freigebig zu denen, die vom Glück weniger begünstigt sind als du.

Ich schätze, man wirft dir oft Arroganz vor. Leute, die dich nicht gut kennen, beurteilen dein im Grunde gütiges Wesen oft falsch, weil du so reserviert bist und deine Gefühle nicht zur Schau stellst. Durch dein selbstsicheres und gespreiztes Auftreten erweckst du bei Fremden oft den Eindruck, überheblich und gefühllos zu sein.

Um diesem falschen Ruf entgegenzuwirken, solltest du dir meinen Rat zu Herzen nehmen: Halte deine Zunge drei Sekunden lang im Zaum, bevor du deine Meinung äußerst. Lass deine Worte ein oder zwei Sekunden lang Kopf und Herz passieren. Vielleicht wäre es besser, diese unverblümte Bemerkung zu unterdrücken. Vielleicht solltest du dir jenen bissigen Kommentar für eine andere Gelegenheit aufheben. Gib den Leuten, wenn du schon etwas sagen musst, lieber das zu hören, was für sie hilfreich sein könnte. Mache aus deiner Kritik ein Kompliment. Das Ergebnis könnte ein kurzes Zögern wert sein.

Es gibt keinen Zweifel, dass du viele Freunde hast. Hahn-Menschen sind immer beliebt bei denen, die sie gut kennen. Du kannst in der Tat damit rechnen, in jeder Gesellschaft »Hahn im Korb« zu sein. Du bist ein geistreicher und witziger Unterhalter; aber du sprichst nicht gern über heikle Themen, und vielleicht hast du damit Recht. Sich auf emotionelle Gespräche einzulassen, kann gefährlich sein.

Aber vermisst du nicht etwas? Würde es dir vielleicht manchmal gut tun, aus deiner Reserve auszubrechen und auf ein ehrliches Zeichen der Zuneigung offen zu antworten? Ein Kuss in der Öffentlichkeit, ein zärtlicher Blick auf der Straße, eine liebevolle Umarmung im Wagen können doch deinem Image nichts anhaben. Die Menschen, die dich lieben, möchten etwas mehr von der Zärtlichkeit, die du für sie empfindest, spüren, wenn sie mit dir zusammen sind.

Deine Lebenslust gefällt uns. Dein brillantes Äußeres erweckt unsere Bewunderung. Aber warum kannst du dich nicht von Zeit zu Zeit einmal gehen lassen? Sei gelegentlich mal etwas schlampig. Lass uns dein wahres Gesicht sehen, unrasiert und ohne Schminke. Entspannung kann sehr gut für die Seele sein.

Du wirst wahrscheinlich protestieren, mich darauf hinweisen, wie konservativ du über Politik, Liebe, Kindererziehung und alles andere denkst. Meine Frage bereitet dir Unbehagen, nicht wahr? Aber ich habe nichts Schlimmes im Sinn. Ich möchte dich nur für ein paar Minuten aus deiner Reserve locken, möchte dich ohne den Zwang der Konventionen erleben, die dir so wichtig erscheinen.

Mein stolzer Hahn, wir wissen deine mutigen Bemühungen, die Ordnung aufrechtzuerhalten, zu schätzen. Wir bewundern deine Tapferkeit in schwierigen Situationen; aber können wir uns nicht einmal gemütlich zusammensetzen, die Socken ausziehen und einen netten kleinen Schwatz halten? Ich bin es manchmal leid, dich immer nur in Hochform zu erleben.

Beziehungen zu anderen Tierzeichen

Herzensangelegenheiten

Hahn-Menschen sehen die Liebe als eine ebenso schwierige Aufgabe an wie beruflichen Erfolg. Sie müssen beweisen, dass sie aller Wertschätzung würdig sind, die man ihnen entgegenbringt. Wenn sie Liebe und Zärtlichkeit finden, sind sie bereit, daran festzuhalten. Hahn-Menschen sehen es nicht als Glück an, neue Quellen der Zuneigung zu erschließen. Sie lieben ihr Heim, und wenn das Reisen für sie auch Vorrang hat, so rufen sie doch jeden Abend ihre Lieben an, um sie ihrer Treue und herzlichen Gefühle zu versichern. Wenn sie feststellen, dass die Person, für die sie so viel Zeit und Gedanken aufgewendet haben, ihre Gefühle nicht erwidert, geraten sie wohl zunächst in Panik und sogar Verzweiflung. Aber sobald sie sich gefasst haben und sich darüber klar geworden sind, dass man sie getäuscht oder betrogen hat, können sie einen klaren Trennungsstrich ziehen und das ganze Theater vergessen. Bedauern? Vielleicht. Aber der Hahn kann immer einen neuen Anfang machen, und er fürchtet sich nicht vor dem Unbekannten.

Der Hahn kommt gut mit dem treuen Ochsen aus. Beide sind gleich konservativ. Sie kümmern sich um Heim und Familie. Und der Ochse wird liebevoll das Haus hüten, wenn der Hahn in der Welt umherreist.

Geistig passen Schlange und Hahn gut zusammen. Beide haben einen Hang zu philosophischer Tiefgründigkeit und diskutieren brillant über metaphysische Probleme. Sie geben wahrscheinlich ein sehr attraktives Paar ab. Wenn der Hahn jedoch von Zeit zu Zeit mit geschäftlichen Schwierigkeiten zu kämpfen hat, dürfte die verschwenderische Schlange nicht gerade begeistert davon sein, den Gürtel enger schnallen zu müssen.

Drachen bringen einem geliebten Hahn-Partner sehr viel Glück.

Der Hahn ist ein emsiger Arbeiter. Er wird gern dem hochmütigen Drachen den Vorrang lassen und auf seine gesellschaftlichen Erfolge stolz sein.

Hahn-Menschen fallen dem rastlosen Hund-Partner mit ihrer geschwätzigen, neugierigen Art auf die Nerven, doch die Verbindung der beiden Zeichen kann glücklich sein, wenn auf beiden Seiten Leidenschaft vorhanden ist. Die Ratte ist ein guter Partner für den betriebsamen Hahn, der viel auf Reisen ist. Ein Ratte-Mensch wird treu sein, wenn er seinen Liebesgefährten bewundert, und er kann seine eigenen Wünsche dem Glück des geliebten Partners unterordnen.

Hähne und Katzen bringen es selten fertig, ihre Differenzen gelassen auszutragen. Wenn die Katze nicht lernt, die scharfe Zunge des Hahns zu ignorieren, werden die Funken sprühen.

Und der Hahn findet die Koexistenz mit einem Artgenossen äußerst schwierig. Sie mögen weder Konkurrenz, noch ertragen sie leicht die Schwächen ihrer Partner, die sie zu sehr als Spiegelbild ihrer eigenen Unzulänglichkeit betrachten. Solche Liebesaffären haben selten lange Bestand.

Freundschaften und gesellschaftliche Beziehungen

Gesellschaftliche Veranstaltungen geben dem Hahn die beste Möglichkeit, seine Theorien zu entwickeln und sich attraktiv und liebenswürdig in Szene zu setzen. Aber der Hahn ist innerlich durchaus nicht immer so selbstsicher, wie er sich in der Öffentlichkeit gibt; doch färbt schließlich sein Image auf die Realität seines Charakters ab. Sicherlich verbirgt sich unter der glänzenden Fassade oft Angst und Unsicherheit, aber der Hahn lässt sich das nicht anmerken. Können Sie sich eine verwirrte Katherine Hepburn vorstellen? Wenn, dann sicherlich nicht in der Öffentlichkeit.

Der Hahn findet seine besten Freunde unter Pferden (die sich gern mit ihm zur Schau stellen), unter Ochsen (die seine Phantasie bewundern), unter Schlangen (deren intellektuelle Brillanz er teilt) und unter Ratten (die den Hahn geschickt zu manipulieren verstehen).

Zwei Hähne hacken zu gern aufeinander herum, was nur zu

noch mehr Streitigkeiten führt. Schweine verstehen sich selten gut mit Hähnen, weil sie etwas schüchtern sind und den Hahn schrecklich aufgeblasen finden. Ziegen sind so unkonventionell, dass sie dem konservativ-reservierten Hahn auf die Nerven fallen. Affen bringen mit ihren Tricks und Possen den strengen Hahn zur Verzweiflung.

Der Drache hält den Hahn für einen hervorragenden Gefährten. Der Tiger fühlt ebenso. Und Katzen machen einen Buckel, wenn sie mit der lebhaften und direkten Art des Hahns konfrontiert werden. Katzen finden den Hahn zu offensichtlich pedantisch – vielleicht weil sie selbst so unaufdringlich pedantisch sind.

Geschäfte

Der Hahn-Mensch ist ein exzellenter militärischer Vorgesetzter. Er funktioniert dann besonders gut, wenn seine persönliche Ordnung nicht durch Einmischung unbotmäßiger und uneinsichtiger Partner oder Untergebener gestört wird. Hahn-Menschen sind risikofreudig und arbeiten am besten allein. Sie eignen sich besonders für selbstständige Tätigkeiten. Auch eine Lehrtätigkeit üben sie gern aus. Ihre Lebensphilosophie ist nicht immer vorausschauend und weise, und sie halten nicht so viel von Sparsamkeit und Zukunftsvorsorge. Der Hahn ist von Natur verschwenderisch. Er knausert mit Pfennigen und wirft das große Geld zum Fenster hinaus. Er hat plötzliche Anwandlungen von Großzügigkeit und ist dann entsetzt, wenn das Geld ihm zwischen den Fingern zerronnen ist.

Da Hahn-Menschen die Geselligkeit lieben und sich gut auf andere Menschen einstellen können, würde ihnen die Führung eines Restaurants oder auch eines Ladengeschäfts Freude machen. Aber sie sollten es so einrichten, dass ihnen ein weiser Drache- oder Tiger-Partner zur Seite steht, der ihre Spendierfreudigkeit in Grenzen hält und darauf achtet, dass sie nicht zu vertrauensselig mit Kunden umgehen.

Der Hahn-Mensch ist so oft vom Pech verfolgt, dass Geschäftspartner das ständige Auf und Ab gar nicht lustig, sondern ärgerlich finden. Wie wir wissen, besitzt der Hahn-Mensch wenig Sinn für materielle Sicherheit. Die verantwortungsbewussten Katze-,

Hund- oder Schwein-Menschen, die sich auf eine Partnerschaft mit ihm einlassen, müssen nicht selten zusätzliches Geld ins Geschäft stecken, damit es nicht zum Zusammenbruch kommt. Einen Affe-Partner würden die riskanten Geschäfte des Hahn-Menschen nicht stören, aber der Hahn könnte durch seinen Affe-Manager ganz kräftig zur Ader gelassen werden.

Hahn-Menschen werden recht gut mit geschäftlichen Krisen fertig; aber sie können von ihren Partnern keine ebenso kavaliersmäßig gelassene Haltung gegenüber finanziellen Verlusten erwarten. Hahn-Menschen schlagen sich am besten allein durchs Leben. Mit einer guten Ausbildung können sie fast jeden Beruf ausüben, wenn er sie interessiert.

Familie

Hahn-Eltern sind autoritär und pedantisch. Bei ihnen muss alles seine Ordnung haben. Ein Kind, das keinen Sinn für Sauberkeit und Disziplin hat, wird es nicht leicht bei ihnen haben. Gehorsame Kinder sind Könige im Haus ihrer Hahn-Eltern. Der Hahn ist der Überzeugung, dass Ordnung herrschen muss, damit der Haushalt funktioniert und jeder sich wohl fühlen kann. Seine Kinder sehen immer adrett und sauber geschrubbt aus. Er lässt nicht mit sich spaßen; aber er liebt seine Kinder tief und aufrichtig.

Wenn ein Hahn einem Hahn das Leben schenkt, dann steht nach einem chinesischen Sprichwort Unheil ins Haus. Die beiden kämpfen nicht nur um die Vorherrschaft, sie versuchen auch, die Persönlichkeit des anderen zu zerstören. Es wird keinen Frieden geben, bevor nicht einer von ihnen das Haus verlassen hat. Es sei denn, ein Elternteil habe die feste Hand des Drachen, um den Streitigkeiten Einhalt zu gebieten.

Hund-Kinder finden ihren Hahn-Vater (oder ihre Hahn-Mutter) ein bisschen zu protzig. Schlange- und Ochse-Sprösslinge gehorchen ihren Hahn-Eltern aufs Wort. Beide Seiten können einander viel geben.

Hahn-Eltern lassen ihren Affe- und Ziege-Kindern viel Freiheit, doch sie sind oft von ihrer Trägheit enttäuscht. Der menschliche Geist ist manchmal widerspruchsvoll. Was der Hahn als seine eigene große Schwäche ansieht, ist sein Hang zum Müßiggang. Jedes kleinste Anzeichen dieses Fehlers bei anderen wirkt auf ihn wie ein rotes Tuch.

Tiger- und Schwein-Kinder täuschen Unterordnung vor, um ihre Kindheit ohne Schaden zu überstehen. Die Hand des Hahns wird ihnen nicht sehr wehtun.

Ein Ratte-Kind wird sich manchmal gegen seine Hahn-Eltern auflehnen. Aber es ist von Natur aus anschmiegsam und wird sich schließlich damit abfinden, dass der Hahn König ist.

Der Hund

DIE JAHRE DES HUNDES

10. Februar	1910	bis	30. Januar	1911
28. Januar	1922	bis	15. Februar	1923
14. Februar	1934	bis	3. Februar	1935
2. Februar	1946	bis	21. Januar	1947
18. Februar	1958	bis	7. Februar	1959
6. Februar	1970	bis	26. Januar	1971
25. Januar	1982	bis	12. Februar	1983
10. Februar	1994	bis	30. Januar	1995
29. Januar	2006	bis	17. Februar	2007
16. Februar	2018	bis	4. Februar	2019

HUNDE SIND: Hochherzig. Mutig. Edel. Loyal. Anhänglich. Aufmerksam. Selbstlos. Treu. Bescheiden. Altruistisch. Erfolgreich. Philosophisch. Ehrbar. Diskret. Pflichtbewusst. Logisch. Intelligent.
ABER SIE KÖNNEN AUCH SEIN: Rastlos. Besorgt. Verschlossen. Abwehrend. Kritisch. Pessimistisch. Gefährlich. Zynisch. Störrisch. Moralisierend.

Hunde, die ich gekannt und geliebt habe

Jeder Hund hat seinen Tag. So sagt man bei uns. Aber bis dieser sprichwörtliche Tag kommt, müssen im Jahr des Hundes geborene Menschen oft ein Hundeleben führen.

Hunde sind besorgt. Als hätte die Geburt ihnen schon die Pflicht zur ständigen Wachsamkeit auferlegt, sind sie von Natur achtsam, unruhig, haben ein feines Gehör und scharfe Augen. Sie sind die Wächter der Welt; sie sehen ihre Aufgabe darin, auf Erden die Integrität zu bewahren und zu schützen. Wenn sie Argwohn oder Misstrauen zeigen, kann man sicher sein, dass ihre Motive äußerst ehrenhaft sind. Hunde sind fast nie selbstsüchtig. Dass sie rastlos und bekümmert in die Welt schauen, hängt damit zusammen, dass sie immer auf der Suche sind, wo etwas zu reparieren, Streit zu schlichten oder Wunden zu heilen sind. Sie begnügen sich nicht damit, Böses auszukundschaften, sie wollen auch etwas dagegen tun.

Heuchelei und Bosheit beleidigen die edle Seele des Hundes. Ausbeutung oder Missbrauch wehrloser Menschen spornen ihn zu tatkräftiger, selbstloser Hilfsbereitschaft an. Menschen, die in einem Jahr des Hundes geboren sind, scheuen nicht davor zurück, sich mutig in den Kampf gegen Ungerechtigkeit und Unterdrückung zu stürzen. Das Schlimme ist, dass diese riskante Gewohnheit, sich für andere zu schlagen, nicht selten zu ihrem eigenen Untergang führt.

Ich habe drei Brüder. Der älteste, im Zeichen des Hahns geboren, leiht mir großzügig Geld, wenn ich in der Klemme stecke. Dann bittet er mich höflich, ihn nicht mit meinen Sorgen zu behelligen, bis meine Angelegenheiten wieder in Ordnung sind. Sich gefühlsmäßig zu engagieren, ist nicht seine Stärke. Der jüngste, im Zeichen des Tigers geboren, wird mich zum Essen einladen, mir erzählen, wie wundervoll er mich findet, oder mich stundenlang zu trösten versuchen. Aber die meiste Zeit ist dieser Bruder nirgendwo zu finden. Tiger kommen in der Welt herum. John ist da keine Ausnahme. Der mittlere Bruder, Peter, ist 1946 geboren und hat alle Qualitäten des Hundes.

Wenn ich durch einen besonderen Umstand oder eine bestimmte Person innerlich verunsichert bin oder mit einer schwierigen Situation nicht fertig werde, dann wird Peter mir nicht großzügig Geld schicken, mich nicht zum Essen in sein winziges Apartment einladen oder mir zu verstehen geben, ich solle ihn erst wieder anrufen, wenn meine Krise überstanden sei. Peter, mein Hund-Bruder, wird das nächste Flugzeug nehmen und mir einen vernünftigen Geldbetrag geben. Wenn das erledigt ist, wird er die Ärmel aufkrempeln und sich auf den Weg machen, um den Urheber meines Problems mit ein paar kräftigen Faustschlägen zur Räson zu bringen. Zum Teufel mit seinem guten Ruf! Peter kümmert seine eigene Sicherheit überhaupt nicht. Er ist weder gewalttätig noch dickköpfig. Peter mag einfach Leute nicht, die nach seinen Vorstellungen gegen Recht und Anstand verstoßen.

Eine hübsche Anekdote wird Ihnen konkreter zeigen, wie Hund-Menschen sich verhalten, wenn sie mit Ungerechtigkeit konfrontiert werden. Peter hatte als kleiner Junge eine Menge Spielkameraden. Einer von ihnen war ein fetter kleiner Bursche namens Bunny. Bunnys Eltern waren zu alt oder zu egoistisch, um einzusehen, dass es für ihren Sohn eine schwere Belastung und eine wirkliche Gefahr bedeutete, wenn sie ihm den Kosenamen Bunny gaben, ihn mit Süßigkeiten und Kuchen voll stopften, bis er aussah wie ein Federkissen mit Lockenkopf, und ihn so zum Spielen in die grausame Welt normaler robuster Straßenjungen schickten.

Alle Kinder in der Nachbarschaft machten sich über Bunny lustig. Sobald er irgendwo auftauchte, zum Baseballspielen, zu einem Hinterhofversteckspiel oder was auch immer man trieb, stets empfing ihn ein lautes Gejohle und Gehänsel der anderen Kinder. »Hau ab, du Schwächling. Mein Vater sagt, du wirst ein Bauch auf Stelzen, wenn du erwachsen bist. Deine Mutter läuft herum, als wäre sie in der Heilsarmee. Dein Vater ist ein Trunkenbold.« Und so weiter und so fort. Armer Bunny. Er stand stumm da, den Daumen im Mund, und ließ alles über sich ergehen. Wegzulaufen, das wäre für rundliche sechsjährige Beinchen nicht möglich gewesen.

Peter dagegen war ein stämmiger, muskulöser Fünfjähriger, der mit drei Jahren schon Zweirad fuhr und es immer mit Kindern jedes Alters und jeder Stärke aufnahm. Er war nicht streitsüchtig, aber er war zäh.

An einem schönen Sommertag, gegen sechs Uhr nachmittags, wurde ich ausgeschickt, um Peter zu suchen und ihn zum Abendessen zu holen. Nachdem ich eine halbe Stunde lang alle Sandkästen und Spielplätze abgeklappert hatte, fiel mir ein, er könnte vielleicht in dem Wäldchen am Ende unserer Straße zu finden sein. Und da war er auch.

Ich sah Peter beißend und mit Händen und Füßen um sich schlagend in einem Haufen von etwa vierzehn Jungen und Mädchen im Alter zwischen vier und zwölf Jahren. Sein Gesicht war schweißüberströmt, sein verschwitzter Bürstenschopf glänzte im Licht der späten Nachmittagssonne. Mein kleiner Bruder versuchte, sich ganz allein gegen eine Armee von grölenden und schreienden kleinen Wilden zu behaupten.

»Bunny lutscht den Daumen! Bunny lutscht den Daumen!«, sangen und tanzten sie im Kreis herum.

Der unerschrockene Peter bearbeitete ein Kind mit seinen Fäusten, trat ein paar andere gegen die Schienbeine und schrie dabei: »Hört auf! Hört sofort auf!« Aber natürlich grölte die Bande weiter. Die Chancen standen nicht gerade gut für meinen Bruder. Aber solche Kleinigkeiten machen einem echten Hund nichts aus.

Inmitten dieses Haufens johlender kleiner Bösewichter erblickte ich einen an einer hohen Ulme festgebundenen Klumpen blaßrosa Fleisch, den ich schließlich als Bunny identifizierte. Tränen strömten aus seinen verängstigten und verschreckten Augen. Ich war hilflos. Aber schon bald erschien mein Vater, der über unser Ausbleiben besorgt war, auf der Bildfläche, band den zitternden Bunny los und schalt die älteren Kinder: »Ihr solltet wirklich vernünftiger sein.« Peter konnte sich nicht beruhigen. Den ganzen Weg nach Hause hörte er nicht auf, auf meinen Vater, der ihn an der Hand hinter sich herzog, einzureden: »Ich hab's ihnen gesagt, Daddy. Ich hab's ihnen immer wieder gesagt. Er heißt nicht Bunny. Sein Name ist Eldridge. Sie könnten ihn Eldridge nennen, nicht, Daddy? Könnten sie ihn nicht Eldridge nennen?«

Peter wurde geschimpft, weil er sich geprügelt hatte; wir wurden beide ins Bett geschickt, weil wir nicht rechtzeitig zum Essen nach Hause gekommen waren. Als es unten etwas ruhiger geworden war, schlich ich mich in Peters Zimmer, setzte mich auf sein Bett, um ihn zu trösten. Doch Peter schlief fest und ruhig. Er griff dann nur einmal, durch mein Kommen halb aufgeweckt, nach meiner Hand und murmelte: »Er heißt Eldridge, Susie. Ich hab's ihnen gesagt. Er heißt Eldridge.« Ich ging auf den Zehenspitzen aus dem Zimmer, stolz, die große Schwester eines verkannten Helden zu sein.

Für einen Menschen des Zeichens Hund ist Missbilligung nie ein hinreichender Grund, seinen Kampf gegen das Unrecht einzustellen. Ralph Nader (geboren 1934), berühmt-berüchtigter Sauberkeitsfanatiker, befasst sich seit Jahren mit der Aufdeckung betrügerischer und skandalöser Manipulationen der Konsumgüterindustrie und mit der Anprangerung schwer wiegender Verstöße gegen die Gesetze über die Reinhaltung von Luft und Wasser, und er sucht nach Wegen, diese Gefahren einzudämmen. Was motiviert einen Mann wie Nader? Ist es der Ehrgeiz, berühmt zu werden? Machthunger? Will er das System verändern? Geht es ihm ums Geld? Offensichtlich trifft das alles nicht zu.

Wenn Nader Beifall, Anerkennung oder materielle Vorteile mit seinen Kreuzzügen gegen kommerzielle Kriminalität erringen wollte, würde er wohl eher in den spätabendlichen Talkshows auftreten, für so genannte »natürliche« Produkte werben und gutes Geld damit verdienen.

Aber wenn ich noch so misstrauisch seine Sauberkeitskampagnen verfolge, ich kann mir nicht vorstellen, dass Hund Ralph Nader Schweigegeld von Firmen annimmt, damit er seine Schnüfflernase nicht in ihre Waren und ihre Produktionsmethoden steckt.

Wetter, Temperatur, atmosphärische Bedingungen und Milieu verursachen die Ausschläge des Gefühlsbarometers der Hunde. Wenn sie in einem gesunden sozialen Klima leben, wo Heiterkeit und Frohsinn gedeihen, können sie sehr munter sein, jeden Spaß mitmachen und sogar ihre kleinen Tricks vorführen. Stecken Sie sie in ein Kaff, wo das Leben langweilig, die Landschaft uninteressant und gesellschaftliche Zerstreuungen so gut wie gar nicht vorhanden sind, dann werden Hund-Menschen mürrisch und unverträglich. Hunde haben wenig Eigeninitiative und sind auf Anregungen von außen angewiesen.

Im Jahr des Hundes geborene Menschen wählen sich Lebensgefährten und Partner, deren äußere Erscheinung, Manieren, Lebensstil oder kämpferischer Einsatz ihnen Eindruck machen. Der Hund-Mensch stellt seine Kraft gern der Mission eines anderen zur Verfügung. Hunde sind die perfekten Gehilfen für Politiker, Gewerkschaftsführer oder andere sozial engagierte Personen. Sie sind aufrichtige Verfechter jeder guten Sache, aber da sie die Kulisse der Bühne vorziehen, überträgt man ihnen gern die schmutzige Arbeit. Auch wenn Hund-Menschen berühmt sind, wenn sie noch so oft in der Öffentlichkeit auftreten, sie sind im Grunde ihrer selbst nie sicher, leiden an Lampenfieber und haben Angst, ihrer Aufgabe nicht gewachsen zu sein.

Zum Teil sind diese Selbstzweifel in einer Art Geringschätzung für den leichten Weg begründet. Nichts ist dem Hund zu viel, er ist sich für keine Arbeit zu schade; exakte Vorbereitung, Proben, Umarbeiten des Textes, neue Proben – nichts kann ihn abschrecken. Er wird Überstunden machen, tagelang ohne Schlaf auskommen und sich schonungslos an den Rand des Zusammenbruchs bringen, bis das Resultat zufrieden stellend ist. Überdies ist die Präsentation ihm ebenso wichtig wie die Qualität der Arbeit. Ein Hund-Mensch würde nie, wenn er beispielsweise eine Reihe von Seestücken gemalt hat und diese in einer Kunstgalerie ausstellt, den ästhetischen Eindruck dadurch stören, dass er zur Vernissage in farbbeschmierten alten Jeans erscheint.

Man kann ohne Übertreibung sagen, dass Hund-Menschen sich der Arbeit wie dem Spiel mit bulldoggenhafter Verbissenheit widmen. Gesellschaftliche wie geschäftliche Veranstaltungen werden peinlich genau geplant. Vom Essen über die Musik bis zur abgestimmten Beleuchtung wird eine von Hund-Menschen arrangierte Festlichkeit exakt vorbereitet und wirkungsvoll in Szene gesetzt sein. Manchmal wenden sie an die Details so viel Mühe, dass sie kaum noch den Überblick behalten. Das spürt man besonders in ihrer Konversation, die übrigens leicht einen etwas scharfen Ton annimmt. Wenn man Hund-Menschen auf irgendein besonderes Thema anspricht, verzetteln sie sich nicht selten so sehr in nebensächliche Details, dass die eigentliche Frage darin untergeht.

Übrigens scheinen Hund-Menschen oft eine Situation besser zu beherrschen, als das tatsächlich der Fall ist. Wenn Sie einen Hund-Menschen sehen, dessen Auftreten und Haltung fast beleidigend steif und unnahbar wirkt, dann können Sie sicher sein, dass er sich innerlich quält und denkt: Ich hoffe, sie mögen mich. Ich möchte niemanden beleidigen. Hoffentlich begehe ich keinen schrecklichen Fauxpas.

Trotz ihres manchmal kühlen Erscheinungsbildes sind Hund-

Menschen sensibel, warmherzig und liebevoll. Wie ihre tierischen Ebenbilder mögen sie manchmal knurren und bellen, wenn Sie sich ihnen nähern; aber mit ein paar beruhigenden Worten und einer freundlichen Geste kann man den Hund dazu bringen, fröhlich mit dem Schwanz zu wedeln.

Meine erste Begegnung mit Rockwell Brynner (Hund, 1948) fand im Haus gemeinsamer Freunde statt, das an der Kaimauer der Seine in der Pariser Innenstadt liegt. Mit wiegenden Hüften kam er auf mich zu, küsste mich auf beide Wangen und stellte sich selbst vor: »Ich heiße Rock.«

Ich muss gestehen, dass ich noch nie jemand mit dem Namen Rock kennen gelernt hatte. Er hörte sich an wie der Name eines Preisboxers oder vielleicht eines Gangsters aus der Unterwelt von Chicago. Aber dieser Rock hatte den Kopf rasiert und trug einen goldenen Ohrring. Aus seiner phantasievollen Aufmachung schloss ich, dass er weder Boxer noch ein Schlägertyp war. Seine Kopftracht und sein Schmuck ließen mich eher an einen verrückten Hippie denken, der versuchte, wie ein fernöstlicher Potentat auszusehen. Sein öliges Indianerparfum stach mir in die Nase, aber er schien so galant und fröhlich zu sein, dass ich einem kleinen Schwatz mit ihm nicht abgeneigt war.

Bei dem, was Rockwell Brynner mir in den zehn Minuten vor dem Diner erzählte, fielen mir zwei Dinge auf. Erstens: Er war intelligent, gut informiert, redegewandt und witzig. Zweitens: Seine Unterhaltung war gespickt mit Floskeln wie: »Und so sagte ich zu Yul«, oder: »Liza denkt, ich sei in sie verliebt, aber das stimmt nicht.« Und dann erzählte er mir eine Story, wie er Prinzessin Margaret auf einer Londoner Party eine Marihuanazigarette habe rauchen sehen. Ich war überzeugt, dass dieses stark duftende Blumenkind ein aufgeblasener Snob und schrecklicher Angeber war. Glaubte er, ich würde ihm seine wilde Geschichte über Prinzessin Meg abnehmen? Und wie kam er dazu, über Yul Brynner zu sprechen, als wäre der sein bester Freund? »Liza«, so vermutete ich, war Minelli, aber dieses idiotische Geschwafel von Verliebtheit fand ich ärgerlich.

Patzig sagte ich: »Entschuldigen Sie bitte, ich möchte nicht indiskret sein, aber warum haben Sie Ihren Kopf rasiert? Hatten Sie eine Kopfflechte?«

»Das, meine verehrte junge Dame, ist, was Psychiater eine Manifestation des ›Berühmter-Vater-Syndroms‹ nennen. Ich litt eine Zeit lang an einer sehr schlimmen Form dieser Krankheit. Daher rasierte ich mir den Kopf und kaufte mir einen Ohrring.« Rock stand auf, um mich in das Esszimmer zu führen.

Zum Glück fiel mir jetzt der Groschen: »Und wer ist Ihr Vater? Wieso diese Probleme?«

Als ob er in ein Mikrofon spräche, verkündete Rock: »Mein Vater ist der große, der hervorragende, der fabelhafte Machismo-Star von Bühne und Film, Yul Brynner!« Ich musste lachen.

Rock Brynner ist so vieles auf einmal, dass ein Versuch, ihn zu beschreiben, nie den Anspruch auf Vollständigkeit erheben könnte. Lassen Sie mich daher nur kurz feststellen, dass Rock ein vollendetes Exemplar des Hund-Charakters ist.

Wenn man Rock zum ersten Mal begegnet, täuscht seine fast abweisende höfliche Art über die Tatsache hinweg, dass er einen großen Teil seines Lebens mit der Suche nach seiner künstlerischen Identität verbracht hat. Unter der Bürde, der Sohn eines berühmten Schauspielers zu sein, hat er fast seine ganze Kindheit lang gelitten, oft verzweifelt, manchmal hoffnungslos seinem Idol nacheifernd. Wie einfach hätte das Leben für ihn sein können, wenn sein Vater ein einfacher Geschäftsmann aus Indiana gewesen wäre. Natürlich ist Rock stolz darauf, der geniale Sohn eines Genies zu sein. Zugleich aber hat die schwere Last, sich mit seinem willensstarken und anspruchsvollen Vater messen zu müssen, Rock viel Schmerz und Selbstzweifel gebracht. Da er in einem Jahr des Hundes geboren ist, war er von Natur empfindsamer und verwundbarer als die meisten anderen Menschen. Obwohl Rock mutig ist, fehlt ihm hin und wieder die Einsicht, wie und wo er seinen Mut beweisen soll.

Dieser sensible junge Mann musste von frühester Kindheit an mit einem gerüttelten Maß an selbstquälerischer Unsicherheit fertig werden. Wahrscheinlich würde es für Rock die einfachste Sache gewesen sein, ins Filmgeschäft einzusteigen. Aber statt die bereitwillig angebotene Hilfe all dieser mächtigen und einflussreichen Leute, die er schon immer gekannt hatte, anzunehmen, zog Rock es vor, sich für eine Karriere am Theater zu entscheiden, um sich aus eigener Kraft durchzusetzen. Unabhängig von den Zwängen Hollywoods und ohne die hilfreiche Hand der Studiobosse wollte

Rock seine Talente und seinen Geist in seiner eigenen Weise und zu seiner eigenen Zeit nutzen.

Hund-Menschen sind sich der Tatsache, dass in dieser Welt die Großen die Kleinen fressen, besonders stark bewusst. Wenn die Dinge nicht so richtig funktionieren, wenn Situationen eintreten, in denen alles grau in grau erscheint und kein Ausweg sichtbar ist, dann sind Hund-Menschen die Ersten, die das bemerken. Diese analytische Fähigkeit macht sie manchmal zu Zynikern. Selbst Menschen, die sie genau kennen, sind gelegentlich von ihren bitteren Kommentaren und beißenden Bemerkungen überrascht. Wenn gerade alles wunderbar und herrlich ist, dann schließt plötzlich ein Laserstrahl aus dem scharfen Detektivauge des Hundes, und bevor Sie noch wissen, wie Ihnen geschieht, bellt er los: »Dein Kuchen schmeckt nach Soda!« Oder: »Die Tapete im Badezimmer sieht aus, als ob die Hühner daran gepickt hätten.«

Hund-Menschen können sich durch die geringste Kleinigkeit aus der Fassung bringen lassen. Sie scheinen nicht fähig zu sein, bissige Bemerkungen, die besser ungesagt blieben, zurückzuhalten. Leider sind sie besser im Austeilen als im Hinnehmen. Sie sind so empfindlich, dass ein unbedachtes Wort genügt, ihre Gefühle zu verletzen. Gleich verkriechen sie sich in ihre Hütte, legen sich hin und winseln. Was Hund-Menschen sagen und was sie meinen, sind zwei ganz verschiedene Dinge. Diese Bemerkung über Ihre Tapete war vielleicht als Scherz gedacht; aber irgendwie kam es ganz anders heraus. Hund-Menschen ist Subtilität fremd. Sie sollten in ihrer Jugend darauf abgerichtet werden, ihre Worte abzuwägen, bevor sie sie herausbellen.

Hunde meiden das Unbekannte und Unerprobte. Sie sind keine Avantgardisten. Solange eine Methode nicht hundertfach erprobt ist, lassen sie die Hände davon. Wenn jedoch eine Idee oder Theorie sich als tauglich für einen bestimmten Zweck erwiesen hat, dann werden Hunde sie aufgreifen und bis zum Äußersten ausschlachten. Und dann, man weiß ja nie, was kommt, werden sie den Knochen vergraben. Es könnte ja sein, dass ein alter Freund diese abgelegte Jacke oder diesen ausrangierten Elektrorasierer noch einmal brauchen kann.

Obwohl Hund-Menschen weder knauserig noch geizig sind, gehen sie vorsichtig mit ihrem Geld um. Im Einklang mit ihrer Gewohnheit, Zeit und Energie für gemeinnützige Zwecke zu opfern, kaufen sie freigebig Dinge für Menschen, die sie bewundern und lieben, statt Wohlstand für sich selbst anzuhäufen. Zum Teil ist dieser offensichtliche Mangel an Erwerbssinn auf die Abneigung gegen rein kommerzielle Tätigkeiten zurückzuführen; zum andern ist der Hund-Mensch von Natur pessimistisch und unsicher. Diese Eigenschaft ist oft irritierend, wenn er sich beim Einkaufen nicht entschließen kann. Er hat das Gefühl, dieses Stück könnte zu protzig aussehen, jenes passe in der Farbe nicht oder der Schnitt entspreche nicht seinem Stil. Hund-Menschen sind jene Leute, die stundenlang vor dem Spiegel in den Bekleidungsgeschäften stehen, sich alles vorlegen lassen, die Verkäufer zur Verzweiflung bringen und schließlich noch den Direktor zu sehen wünschen. Und dann, wenn die Zeit des Ladenschlusses gekommen ist, stellen sie fest, dass an dem Kleidungsstück, für das sie sich entschieden haben, ein Knopf fehlt oder ein Saum lose ist, und treten vom Kauf zurück.

Wenn im Jahr des Hundes geborene Menschen sich für eine ihren Talenten und ihrem kritischen Auge entsprechende Karriere entschieden haben, vergessen sie ihre Unsicherheit, verlieren ihre Unentschlossenheit und gehen mit Elan an die Arbeit. Diese scheinbare Änderung ihrer Verhaltensweise ist gewöhnlich darin begründet, dass sie Rat, Ermutigung und Protektion von Freunden akzeptieren. Begeisterung kann ansteckend sein. Menschen des Hund-Zeichens reagieren da besonders stark. Geben Sie ihnen von Zeit zu Zeit einen aufmunternden Klaps, dann gehen sie nicht mehr von ihrer Seite.

Das muss nicht heißen, dass jeder Hund einen strengen Herrn braucht; doch es bedeutet, dass Hunde gut beraten sind, wenn sie sich vor den Schlitten eines anderen spannen lassen, der selbst ein wenig mitzieht. Auf sich allein angewiesen, werden Hunde zaudern, und sie neigen dann zum Ausbrechen. Wenn sie dagegen gut angeleitet werden, bringen sie beachtliche Leistungen zu Stande. Aber diese von dritter Seite verordnete Kur für die Überwindung der Selbstzweifel des Hundes kann eine sehr unangenehme Nebenwirkung haben. Die helfende Hand, die er so sehr braucht, um vorwärts zu kommen und Leistung zu erbringen, kann auch dazu dienen, ihn auszubeuten. Missbrauch seiner vertrauensseligen Natur und seiner mutigen Anstrengungen werden den Hund ganz sicher tief enttäuschen und deprimieren. Er wird wahrscheinlich einen Feind nicht wütend angreifen oder einem Verräter nicht an die Gurgel springen. Nein. Eher wird er an gebrochenem Herzen sterben, seinen Kummer in Alkohol ertränken oder sich selbst umbringen.

Eine kurze Übersicht über berühmte Persönlichkeiten, die in den Jahren des Hundes geboren sind, soll uns einige der typischen Eigenschaften dieses Zeichens verdeutlichen. 1922 kamen Judy Garland, Helen Gurley Brown und Zsa Zsa Gabor zur Welt. Sie könnten dieses Trio für nicht sehr charakteristisch halten. Das öffentliche Image dieser drei Frauen verbirgt aber entscheidende Züge ihrer Persönlichkeit. Nur wenige Informationen stehen uns darüber zur Verfügung.

Judy Garland starb so jung, dass wir nur wenig von ihrem innersten Wesen wissen. Biografien gibt es im Übermaß. Jede zeigt eine etwas unterschiedliche Färbung. Sie alle aber zeichnen das Bild einer tragischen Existenz. Judy Garland war ein begabter Musical-Star. Für ihre Karriere hätte sie einen starken und unabhängigen Charakter gebraucht, den sie nicht besaß. Seit Judys zweitem Lebensjahr zwang ihre Mutter sie zum Theaterspielen. Und sie spielte gehorsam für ihre theaterbesessene Mutter.

Judy Garland hasste ihr Aussehen. Während ihrer Schulzeit beneidete sie ihre Klassenkameradin Lana Turner wegen ihrer Schönheit. Im MGM-Studio wollte sie unbedingt als Sexidol glänzen. Judys Figur war die einer fetten Wachtel. Zu dick. Mayer verordnete ihr Diätpillen und Hühnerbrühe. Nach einer solchen Monate dauernden Schlankheitskur war sie nervös, knochig und fahl. Um ihre eigene Vorstellung von einer sexuell attraktiven Frau zu verwirklichen, versuchte Judy, von den Diätpillen loszukommen. sie begann wieder normal zu essen und bekam sofort Übergewicht. Also wieder zurück zu Pillen und Suppe. Sie war eine wirklich große Schauspielerin, aber ein starker Charakter war sie entschieden nicht.

Über Zsa Zsa kann ich eigentlich nur sagen, dass ihre ehrgeizige Mutter sie zwang, ein Star zu werden. Wie in vielen anderen Fällen war dieser Zwang auch hier der entscheidende Faktor.

Wenn man Helen Gurley Browns eigenen Worten glauben kann, sieht sie ihre Aufgabe darin, ihren Lesern Trost und Hilfe zu geben, wobei ihr weiser und liebevoller Ehemann sie nach Kräften unterstützt. *Cosmopolitan* wurde unter ihrer geschickten Regie Amerikas meistgekaufte Frauenzeitschrift. Mrs. Brown machte den Erfolg ihres Blattes zu ihrer persönlichen Mission. Man sagt, dass sie härter arbeitet als jeder Angestellte des *Cosmo*-Verlags. Das ist sicherlich typisch für den fleißigen Hund-Menschen.

Die berühmten Männer des Hund-Jahres 1922 sind ebenfalls charakteristische Vertreter ihres Geburtszeichens. Pierre Cardin, Norman Mailer und Kurt Vonnegut gehören zu diesem Kreis. Cardin entwirft (für europäische Begriffe) sehr konservative Damen- und Herrenkleidung. Mailer hat nie einen gelassenen Optimismus ausgestrahlt. Seitenhiebe und bissige Kommentare sind Ausdruck seines Lebensgefühls. Und Vonnegut ... Der bescheidene, misstrauische Schriftsteller zeigt sich nur in seinen Büchern, nie in der Öffentlichkeit.

Vonnegut, der Meister der phantasievollen Gesellschaftskritik, der sezierende Entlarver unserer kostbaren nationalen Mythologien. Haben Sie Kurt Vonnegut jemals auf dem Bildschirm gesehen? Oder haben Sie überhaupt von den Büchern dieses großartigen Schriftstellers gehört? Sie sollten einmal etwas von ihm lesen, dann werden Sie erkennen, dass er in einem Jahr des Hundes geboren ist.

Das nächste Jahr dieses Zeichens ist das Jahr 1934. Wenn Sie die Ähnlichkeit zwischen Brigitte Bardot, Carol Burnett, Shirley McLaine und Kate Millett nicht auf Anhieb sehen, kann ich das verstehen. Man erkennt mühelos, dass Burnett und McLaine in diese Kategorie passen. In beiden ist etwas von dem Garland-Syndrom zu spüren. Aber Bardot und Millett? Ja, natürlich, wenn Sie darüber einmal richtig nachdenken. Die misstrauische Brigitte Bardot verlässt ihr Haus in Saint-Tropez nur, um Freunde zu besuchen. Sie lebt umgeben von ihren Findlingstieren und hat den größten Teil ihrer Filmhonorare für die Errichtung von Tierasylen überall in Frankreich ausgegeben. Die Bardot ist ein echter Hund-Mensch. Kate Milletts Buch *Sexual Politics* (deutsch: Sexus und Herrschaft) erregte, wie Sie sich sicher erinnern werden, großes Aufsehen und wurde ein Standardwerk des Feminismus. Durch ihre wissenschaftliche Untersuchung unterstützte sie das Anliegen der weniger begabten, aber geräuschvoll agitierenden Vorkämpfer feministischer Ideen wie Mrs. Gloria Steinem (Schwein, 1935). Das ist die Art der

Hund-Menschen. Idealistische Kämpfer, die sich für andere schlagen.

In der Tabelle der männlichen Berühmtheiten des Jahrgangs 1934 finden wir Alan Arkin, Leonard Cohen, Gene Wilder und »Elvis The Pelvis« Presley. Ich will hier keine ausführliche Beschreibung ihrer Hund-Qualitäten geben, sondern schlage Ihnen vor, sich einmal das allen gemeinsame auffällige physische Charakteristikum anzusehen, das Erscheinungsbild des geprügelten Hundes. Ihr Erfolgskapital, ihr Image, ist dieser naive Hundeblick eines pessimistischen Lebensgefühls.

Ein letzter Blick auf eine Berühmtheit des Jahres 1934. Liza Minelli, Tochter von Judy Garland, ist wie diese im Zeichen des Hundes geboren. Vielleicht etwas vernünftiger und stärker als ihre früh verstorbene Mutter. Trotzdem wird sie immer auf der Hut sein müssen, um nicht ausgebeutet zu werden.

Nachdem wir die wesentlichen Schwächen und Stärken der in Jahren des Hundes geborenen Menschen kennen gelernt haben, möchte ich doch noch einmal wiederholen, dass sie ausgezeichnete Freunde sind. Sie sind aufrechte, ehrenwerte Bürger. Ihr Pessimismus, ihr offenbarer Mangel an Begeisterungsfähigkeit, ihre selbstquälerischen Zweifel sollten mit Nachsicht toleriert werden. Hunde brauchen ständige Aufmunterung und moralische Unterstützung. Ob Schoßhündchen oder Wachhund, sie sind die besten Freunde des Menschen.

Die Hund-Frau

Wo es um ihren eigenen Erfolg geht, ist die Hund-Dame fast krankhaft ängstlich. Bei jedem Schritt, den sie macht, fragt sie sich, ob eine so unfähige, ungeschickte Frau mit so wenig erotischer Ausstrahlung wie sie selbst überhaupt ein Recht hat, am Wettbewerb teilzunehmen. Trotzdem werden Sie, wenn Sie eine Frau dieses Zeichens nach ihrer eigenen Einschätzung ihres Charakters fragen, überrascht feststellen, dass sie sich für sehr ehrgeizig hält.

Nach meiner Erfahrung sind die Ambitionen der Hund-Frau nicht von genügend gesundem Egoismus oder dynamischer Kraft getragen, um diesen Titel zu verdienen. Tatsächlich sind diese Frauen von einem starken Machthunger gequält. Sie wünschen sich sehnlich, auf der Spitze des Berges zu stehen, den sie so unnahbar und abweisend vor sich aufragen sehen. Sie haben wenig Freude daran, andere den Gipfel ersteigen zu sehen; aber sie wissen, dass sie ohne die Ermutigung starker Freunde und geliebter Partner auf ewig zu der verächtlichen Rolle des neidischen Zuschauers verurteilt sind.

An einer früheren Stelle habe ich gesagt, dass Hund-Menschen sehr von ihrer Umgebung abhängig sind. In einer Wüste würden sie geistig verdorren. In einer stimulierenden freundlichen Atmosphäre dagegen sind sie fähig, sich jeder Herausforderung zu stellen. Dann verlieren die Widerstände gegen ihren Erfolg und ihre Selbstverwirklichung allen Schrecken. Frauen des Hund-Zeichens sind in dieser Beziehung besonders abhängig. Ein gefühlloser Partner, eine langweilige Umgebung werden der Hund-Frau alle Kraft nehmen. Wenn auch noch so viel Brillanz in ihrem Innern verborgen ist, ohne inspirierende Anstöße von außen wird sie nicht ans Tageslicht dringen. Hund-Frauen sind darauf angewiesen, dass andere ihnen ihre Rolle vorschreiben. Sie werden fähig sein, mit Stil und Intelligenz zu interpretieren, zu redigieren und zu korrigieren; aber man kann von ihnen nicht erwarten, dass sie ohne fremde Hilfe etwas Neues schaffen.

Unter meinen Bekannten findet sich eine charmante Hund-Dame, deren misstrauische Vorsicht immer mit ihrem leidenschaftlichen Drang nach Selbstverwirklichung im Kampf liegt. Ihr Name ist Marie-Laure Castellan (geboren 1946). Obwohl französischer Abstammung, ist Marie-Laure mit ihrem amerikanischen Ehemann, einem Arzt, so oft zwischen den Kontinenten hin- und hergezogen, dass sie nicht mehr weiß, welches Land ihre Heimat ist. Marie-Laure hat in Spanien, Frankreich, Italien und Deutschland gelebt. Im Augenblick wohnt sie, weil der Beruf ihres Mannes sie dorthin verschlagen hat, in (ausgerechnet!) Buffalo, New York.

Buffalo ist meine Heimatstadt. Trotz ihres Lärms, ihrer industriellen Luftverschmutzung und ethnisch gemischten Bevölkerung liebe ich sie. Marie-Laure hat meine nostalgische Anhänglichkeit an Buffalo nie verstehen können. Jeder Tag ihres Lebens in dieser Stadt kostet sie Überwindung und lähmt ihre Energie. Die Trübsinnigkeit, die sie jeden Morgen beim Aufstehen in der grauen Eintönigkeit Buffalos überfällt, lässt ihren Blutdruck in den Keller stürzen.

Wegen meines lange überfälligen Scheidungsprozesses musste ich nach Buffalo reisen. Wenn man im Staat New York ein Scheidungsurteil erreichen will, muss man dem Gericht einen Zeugen benennen. Meine Schwester Linda lebt in Buffalo. Sie ist im Zeichen des Schweins geboren (1935), und Schwein-Geborene lieben es nicht, in Gerichtssachen hineingezogen zu werden. Da ich Linda nicht überreden konnte, dem Richter zu erzählen, was sie von meiner seit langem toten Ehe wusste, rief ich im letzten Augenblick Marie-Laure von New York City aus an.

Gott sei Dank war Marie-Laure zu Hause. Ich ratterte meinen Plan herunter: »Marie-Laure, hör zu. Ich bin's, Suzanne. Ich komme heute Abend mit der Achtuhrmaschine an. Es geht endlich mit meiner Scheidung klar. Der Termin ist für morgen früh angesetzt. Kannst du mich wohl um neun Uhr bei meinem Anwalt treffen? Er wird uns alles Nötige sagen.«

»Uns?«, warf Marie-Laure schüchtern ein.

»Ach ja, beinahe hätte ich es vergessen«, sagte ich schnell, »ich brauche dich als Zeugin. Kannst du? Willst du? Bitte…«

»Ja, natürlich.« Marie-Laures Stimme klang ekstatisch. »Das wird endlich etwas Abenteuer in mein Leben hier bringen.«

Der ganze Termin dauerte kaum zwei Minuten. Alles, was der nette Richter von Marie-Laure wissen wollte, war ja oder nein. Konnte sie bestätigen, was mein Anwalt vorgetragen hatte? Sie war ein bisschen enttäuscht. Sie brannte darauf, ihren Sermon loszulassen, den sie über meine misslungene Ehe vorbereitet hatte. Der Richter rief Marie-Laure in den Zeugenstand und fragte: »Glauben Sie, dass die vorgebrachten Informationen den Tatsachen entsprechen?« Obwohl mein Anwalt Marie-Laure gewarnt hatte, keine Zeit zu vergeuden, stellte sie sich in Positur und sagte unwillig: »Ja! Das glaube ich allerdings. Es ist kriminell, was die arme Frau mitmachen musste, um ihre lieben Kinder aufzuziehen. Wissen Sie, dass sie seit Jahren keine Unterhaltszahlungen von ihrem Mann erhalten hat? Wir kennen nicht einmal seinen Aufenthaltsort. Sie hat alles allein machen müssen. Alles allein.« Ich schwöre, dass ihre Stimme vor unterdrückten Tränen zitterte.

Glücklicherweise unterbrach mein Anwalt ihren Redefluss, bevor sie sich zu sehr in Details verstrickte, und der Richter entließ sie aus dem Zeugenstand. Er sprach die Scheidung zu meinen Gunsten aus, und wir verließen den Gerichtssaal.

Rot vor Aufregung drückte Marie-Laure meinem Anwalt die Hand, umarmte mich, sprang in die Luft, verlor im Eifer des Gefechts ihren Hut und rief:»Oh, ich danke euch. Danke euch beiden für dieses schöne Erlebnis. So viel Spaß habe ich seit Jahren nicht gehabt.« Mein Anwalt, ein würdevoller junger Gentleman, der sich nur deshalb einverstanden erklärt hatte, mich zu vertreten, weil der komplizierte internationale Fall ihn beruflich interessierte, sah Marie-Laure an und sagte:»Wissen Sie, Sie sollten wirklich Rechtswissenschaft studieren. Sie waren unglaublich gut. Ich hätte Sie weiterreden lassen, aber ich konnte sehen, dass der Richter in Eile war.«

Eine Woche später schrieb Marie-Laure sich in der juristischen Fakultät ein. Sie erklärte mir, sie habe schon oft dran gedacht, ihr Talent für öffentliches Reden zu nutzen. Aber sie fügte hinzu:»Du weißt, Suzanne, wie das mit mir ist. Ich brauche jemanden, der mich inspiriert. Ich bin ein Empfänger. Manchmal auch ein Verstärker. Aber ich bin kein Sender. Du dagegen bist ein Sender.«

So schmeichelhaft ihre Bemerkung war, ich konnte nur sagen: »Vielleicht wirst du mit der Zeit, wenn du Jura studiert hast und etwas Praxis hast, auch etwas mehr Selbstvertrauen gewinnen. Ich bin älter als du. Ich war auch schüchtern. Du wirst sehen. Lass dich nur nicht entmutigen.« Obwohl ich überzeugend sprach, sagte mir doch eine innere Stimme: Sie ist ein Hund-Mensch. Sie wird immer Inspiration von anderen brauchen.

Recht, Medizin, missionarische oder soziale Arbeit sind für Hund-Frauen angemessen. Sie sind nicht damit zufrieden, nur den Haushalt zu führen und die Kinder aufzuziehen. In einem Jahr des Hundes geborene Frauen sind Tatmenschen. Blumen dekorativ zu arrangieren und Teeempfänge zu geben, interessiert sie nicht. Sie brauchen eine Aufgabe, die ihre ganze Kraft erfordert. Wenn man sie mit einer Mission betraut, sind sie nicht aufzuhalten. Und dann kennen sie keine Rücksicht.

Sie lieben eine Hund-Frau? Dann unterstützen Sie ihren Mut. Geben Sie ihr Selbstvertrauen. Erzählen Sie ihr ruhig einmal eine

Lüge, wenn Sie damit die Moral stärken. Wenn Sie schroff und schweigsam sind, wird die Hund-Frau sich in sich selbst verkriechen. In einer ruhigen, selbstverständlichen Art geliebt zu werden, ist für sie nicht genug. Wie alle Hunde braucht sie einen Menschen, der ihr den Kopf krault, sie liebevoll in die Arme nimmt, sie mit munteren Worten aufrichtet und mit ihr spielt. Werfen Sie den Stock so weit, wie Sie können. Richten Sie sie mit ermutigenden Worten auf. Sie ist ein Apportierhund. Sie wird immer munter wedelnd an die Seite ihres geliebten Herrn zurückkommen.

Der Hund-Mann

Der Hund-Mann ist ein misstrauisches Geschöpf. In seinem Zottelkopf ist der Gedanke fest verankert, dass er immer Wache halten, vorsichtig sein, sich von ungewohnten Neuerungen fern halten, die Augen offen halten muss, um sich nicht übertölpeln zu lassen. Für den Freund oder die Geliebte wird er zu jedem Dienst bereit sein. Um für seine eigenen Angelegenheiten einzustehen, bringt er selten den Mut auf.

Marco war Rock Brynners Studienfreund in Yale. Wie dieser ist er 1946 geboren. Er ist Farmer, Schriftsteller, Liedermacher und mein guter, treuer Freund. In seiner frühen Jugend zog er mit seinen Eltern aus den Staaten nach Mailand, wo er die italienische Volksschule besuchte. Nach seiner Rückkehr studierte er in Yale Französisch, das er fließend und elegant schreibt und spricht. Seinen Lebensunterhalt verdient er sich abwechselnd mit harter Farmarbeit auf seinem kleinen Hof in Frankreich und mit dem Schreiben von Drehbüchern und Dialogen, wobei ihm seine Dreisprachigkeit gute Dienste leistet.

Marcos Familienname ist Prince. Am Anfang meiner Schriftstellerkarriere eröffneten Marco und ich eine kleine Agentur, in der wir mit englischen und französischen Werbefilmen unser Brot zu verdienen hofften. Die Firma nannte sich *The White Prince*. Nach ein paar scheußlichen Werbespots für ITT und einigen schwachen Reklametexten für ein chemisches Produkt zur Seifenherstellung, das im Gemeinsamen Markt vertrieben werden sollte, wurde Marco nach Rom abberufen, wo er mit Alain Delon an einem Zorro-Film mitwirken sollte, während ich mich an meinen ersten Roman heranwagte. *The White Prince* ging den Weg aller weißen Prinzen. Er ritt auf einem herrlichen Hengst ins Turnier, zeigte ein paar Bravourstücke und landete im Staub. Wir verloren das Interesse.

Marco schreibt poetische Songs, die es verdienten, von den größten Interpreten gesungen zu werden. Er ist verspielt wie ein junger Jagdhund, treu wie ein Neufundländer und würde sich mühelos davon überzeugen lassen, dass die Welt heute Nachmittag um zwei Uhr untergehen wird. Wenn er durch ein Wunder zu dem Entschluss gebracht werden könnte, als Sänger seiner eigenen Lieder aufzutreten (was allerdings an tausend Einwänden und Hemmungen scheitern muss), könnte er nach meiner festen Überzeugung Jagger ausrocken, Dylans Protestsongs in den Schatten stellen und jedem Schlagersänger mit seinen eingängigen Melodien die Schau stehlen. Groß, dunkelhaarig, blendend aussehend und bezaubernd naiv, das ist Marco, und ein Naturgenie dazu.

Aber er ist im Jahr des Hundes geboren. Marco würde seine Lieder wahrscheinlich umsonst hergeben, wenn jemand sagte, dass er sie in der Öffentlichkeit singen wolle. Aber da er sie so selten aus dem Versteck im Gitarrenkasten herausholt, weiß kaum jemand, dass er Songs schreibt. Unter den hunderten von Leuten, die ihn kennen, haben höchstens vier überhaupt jemals eine Note oder eine Zeile von Marcos Meisterwerken zu sehen oder hören bekommen. Warum? Nun, wissen Sie, Marco hat immer das Gefühl, dass man ihn wegen seiner romantisch-zynischen Musik verspotten würde. Außerdem fürchtet er, dass jemand seine herrlichen Songs vermarkten und ihn damit dem Licht der Öffentlichkeit preisgeben könnte. Und dann würde er natürlich mehr Songs schreiben müssen, die seine innersten Gedanken offenbaren und der Kritik aussetzen würden. Daher zieht Marco es vor, seine kreativen Talente als tiefes Geheimnis zu verbergen, statt sein verletzliches Wesen einem neugierigen Publikum auszusetzen.

Wenn man Marco jedoch bittet, einen Text zu überarbeiten, den ein weniger begabter Schriftsteller zusammengestümpert hat, leuchten seine Augen. Er setzt sich an seine Schreibmaschine und tippt brillante, literarische Meisterstücke. Da er nicht glaubt, dass er selbst ein phantastischer Schriftsteller ist, hat er es sich zur Aufgabe gemacht, die Texte anderer zu bearbeiten. Er hat auf diesem Gebiet einen sehr guten Ruf erworben.

Aber Marco ist mit dieser Arbeit nicht recht zufrieden. Oft hat er uns, seinen intimen Freunden, anvertraut: »Wäre es nicht herrlich, wenn jemand einen meiner Songs auf Schallplatten aufnähme?« Wir stimmen freudig zu, drängen ihn, sie zu diesem oder jenem Agenten zu schicken, bieten ihm an, sie einigen guten Interpreten zu zeigen. Und an diesem Punkt legt er seine alte Gitarre hin, zündet sich eine Zigarette an und seufzt: »Ja, aber dann würden sie durch elektronische Musik verhunzt werden. Irgendein blöder Kerl würde sie ganz falsch arrangieren. Ich könnte das einfach nicht ertragen.«

Marcos Problem ist das aller Hund-Menschen, nur noch dadurch verstärkt, dass er ein so intelligenter Mensch ist. In seinem Innern tobt ein heftiger Interessenkonflikt. Brillanz führt einen aussichtslosen Kampf gegen Selbstzweifel. Manchmal reizt es mich, ihn mit einem Knallkörper aus seiner Lethargie zu reißen; aber mit einem einzigen würde man das nicht schaffen. Die Knallkörper müssten überall versteckt sein – in seinem Studio, in der Badewanne, unterm Kopfkissen, um ihn immer und immer wieder daran zu erinnern, was ihm seine Freunde vergeblich einzureden versuchen: »Du bist wundervoll. Du wirst es schaffen. Du kannst es schaffen. Wir sind für dich da. Unterschreibe endlich diesen Vertrag!«

Bei vielen Menschen könnte diese Art Bevormundung nützlich sein. Die Hilfe zuverlässiger Freunde und die begeisterte Zustimmung von Bewunderern würde den meisten von uns genügend Schwung geben, um es mit der ganzen Welt aufzunehmen. Aber das wirkt nicht bei Hund-Menschen. Sie würden solche Methoden als Eingriffe in ihre Privatsphäre betrachten. Zu viel Applaus würde sie nur argwöhnisch gegen ihr Publikum machen. Menschen des Hund-Zeichens würden ein Übermaß von äußerer Einmischung als ärgerlich empfinden.

Wenn man einen Hund-Mann liebt, muss man darauf achten, ihn nicht zu sehr zu drängen. Geben Sie ihm alle Tage genügend Anstoß, damit er sich an die Arbeit macht, ziehen Sie sich dann zurück, und hoffen Sie, dass alles gut geht. Sie müssen immer daran denken, dass das Wichtigste, was Sie Ihrem Hund-Mann geben können, Selbstvertrauen und Mut sind. Dann wird er nie die Hand beißen, die ihn füttert.

Variationen im Jahreskreis

Hund/Widder (21. März–20. April)

Wenn das Feuer des Widders mit dem Metall, dem Element des Hundes, in Berührung kommt, wird es lange dauern, bis das Metall sich erhitzt. Der steife, kühle Hund ist ein unbeugsamer Kreuzfahrer. Widder-Menschen besitzen ausgeprägte kriegerische Eigenschaften. Im Kampf wird dieser Typ des Hundes sich bewähren. Ob er sich für die Menschenrechte einsetzt oder ob er sich vorgenommen hat, einen geliebten Menschen zu erobern, immer zeigt sich der Widder-Hund ungewöhnlich draufgängerisch. Der Haken dabei ist, dass ein im Zeichen des Widders geborener Hund allzu leicht in die Versuchung gerät, blindlings loszuschlagen. Er muss seine Strategie sorgfältig planen, sonst wird er seine Kräfte verzetteln. Seine außergewöhnliche Zuversicht gründet sich mehr auf die Bedeutung seiner Mission als auf seine tatsächliche Fähigkeit, sie zu erfüllen.

Hund/Stier (21. April–21. Mai)

Diese Verbindung von Erde und Metall hat mehr innere Festigkeit und Härte als andere Hund-Typen. Sie kann eine wahre Goldgrube von Talent und Schaffenskraft sein. Stiere zeigen ihre Gefühle, sie sind extrovertiert. Hunde neigen eher zum Gegenteil. Das ist eine sehr glückliche Kombination. Nichts kann einen entschlossenen Stier entmutigen. Dem misstrauischen Hund wird ein Schuss dieser Entschlossenheit gut tun. Stiere sind sinnlich; sie lieben einen gewagten Scherz und wissen ein gutes Leben zu schätzen. Die Kühle und Reserviertheit des Hundes wird einen wärmeren Ton bekommen. Dieser Hund-Typ ist nicht gerade verwegen und zu großen Späßen aufgelegt; doch macht sich die Lebensfreude des Stiers wohltuend bemerkbar. Er ist nicht so kritisch gegenüber den Narreteien seiner Mitmenschen wie andere Hund-Typen.

Hund/Zwillinge (22. Mai–21. Juni)

Luft und Metall verbinden sich hier in einer nicht sehr glücklichen Weise. Damit ein Zwillinge-Hund eine ihm gestellte Aufgabe erfolgreich durchführen kann, muss eine starke magnetische Kraft ihn ständig davor bewahren, auszubrechen. Dieser Hund-Typ scheint überall zu gleicher Zeit zu sein. Manchmal ist er hoffnungsvoll und hochgestimmt; dann wieder stürzen ihn Depressionen in tiefste Verzweiflung. Das lebhafte Temperament der Zwillinge wird dem unruhigen Hund seine Fehler und Schwächen noch stärker bewusst machen. Dieser Hund-Typ ist gutherzig und überaus altruistisch. Er sollte sein Bankkonto unter ständiger Kontrolle halten, damit er sein Geld nicht zu verschwenderisch ausgibt. Geschenke für Freunde, großzügige Verwöhnung geliebter Menschen, sind für ihn selbstverständlich. Er hat einfach kein Verhältnis zum Geld. Frühzeitige Erziehung zu Selbstdisziplin ist wichtig. Dieser Hund begrüßt schweifwedelnd jeden Fremden. Man sollte ihn abrichten, damit er nicht nur zu bellen versteht, sondern auch zu beißen lernt.

Hund/Krebs (22. Juni–23. Juli)

Der Krebs-Hund, eine Verbindung von Wasser und Metall, ist gefühlsbetont und sensibel; er hat ein Herz aus reinstem Gold. Krebse leiden mehr als andere unter seelischen Depressionen. Hunde sind auch nicht gerade Bollwerke von Macht und Stärke. Der in einem Jahr des Hundes geborene Krebs-Mensch setzt sich aufopfernd für seine Familie, seinen Beruf, sein Land ein. Er möchte an das Gute glauben, aber eine innere Stimme sagt ihm, dass es in der Welt viel Böses gibt. Wenn man ihn nicht ermutigt, in die Welt hinauszugehen, wird er sich wie ein Eremit in die Einsamkeit zurückziehen und die Kämpfe, die er von Rechts wegen kämpfen sollte, anderen überlassen, die weniger dazu berufen sind. Menschen dieses Typs sind aufopferungsvolle Eltern und zärtliche Liebhaber. Im Kampf wird der Krebs-Hund zu viel Mitleid mit seinen Feinden haben, um sie zu vernichten. Er würde Konflikte lieber mit Argumenten beilegen, statt sich der Gewalt zu bedienen. Aber lassen Sie sich nicht von seiner Sanftmut täuschen. Er hat ein sehr heftiges Temperament, das er gut unter Kontrolle zu halten versteht. Zwingen Sie ihn nicht, es zu beweisen.

Hund/Löwe (24. Juli–23. August)

Der Anführer der Meute. Wenn dieses hitzige Temperament losgelassen wird, kann niemand es bändigen. Nichts vermag dem stürmischen Elan eines Löwe-Hundes Einhalt zu gebieten, außer vielleicht sein eigener Stolz oder das Fehlen eines lohnenden Ziels. Kein Zweifel, der im Zeichen des Löwen geborene Hund strebt nach Herrschaft. Zumindest spricht er oft genug davon. Unglücklicherweise lassen sich Feinde nicht immer durch lautes Brüllen verjagen. Wenn der Löwe-Hund Erfolg hat, spornt ihn das zu großen Leistungen an. Er muss sich davor hüten, sich zu viel vorzunehmen. Er ist zwar ein mutiger Löwe, aber auch ein selbstzweiflerischer Hund.

Hund/Jungfrau (24. August–23. September)

Die reinsten Metalle liegen tief im Schoß der Erde. Beide, Hund und Jungfrau, weigern sich, die bösen Kräfte zu tolerieren, die das hochkarätige Gold ihres Geistes zu verunreinigen drohen. Viel Zeit und Mühe wird darauf verwandt, sich Menschen und Sachen vom Leibe zu halten, die immer wieder die makellose Umgebung des Jungfrau-Hundes zu verschmutzen suchen. Peinliche Genauigkeit im Detail, hoher Idealismus und eine extreme Bescheidenheit charakterisieren dieses tugendhafte Geschöpf. Der im Zeichen der Jungfrau geborene Hund wird das Landleben dem Lärm und der Unrast einer städtischen Existenz vorziehen. Das Leben in der Stadt erhöht die Unsicherheit, und die Gefahren lauern in jedem Torweg und jeder finsteren Allee.

Hund/Waage (24. September–23. Oktober)

Hier trifft wieder Luft auf Metall. Aber in diesem Fall ist nicht mit heftigen Stürmen zu rechnen, vielmehr wird diese Verbindung einen nach Gleichgewicht suchenden Hund-Typ erzeugen, dessen Fähigkeit, zu vergeben und zu vergessen ihm zahlreiche liebe und verständnisvolle Freunde verschafft. Die Gefahr der Ausbeutung ist für Waage-Menschen, die im Zeichen des Hundes geboren sind, besonders groß. Sie sind zu leicht beeinflussbar und zu unsicher, um Manipulationen ihrer Feinde rechtzeitig zu erkennen. Dieser Hund-Typ ist nicht in der Lage, sich einen neuen Anzug zu kaufen, ohne dass zwei Freunde ihn begleiten und zehn Verkäufer und vier Kunden ihm bestätigen, dass er eine gute Wahl getroffen hat. Da er ständig einen großen Kreis von Bekannten um sich versammelt, ist für Zweierbeziehungen kaum Platz. Frauen und Männer des Waage-Hund-Zeichens erscheinen zum Rendezvous immer in Begleitung irgendeines Bekannten, den sie gerade getroffen haben, bringen ständig einen Arbeitskollegen mit oder gehen mit einer Clique aus. Dieser Typ ist ganz auf andere orientiert; er ist das Musterbeispiel altruistischer Verhaltensweise. Er will nicht nur von allen Menschen geliebt werden; er möchte ihnen auch zeigen, dass er bereit ist, Gut und Leben für sie zu opfern.

Hund/Skorpion (24. Oktober–22. November)

Ich möchte nicht in die Schussbahn eines solchen menschlichen Torpedos geraten. Er ist außerordentlich angriffslustig und spürt Gefahren, bevor sie offenkundig werden. Wenn jemand einem Menschen, den er liebt, ein Unrecht zufügt, macht er kurzen Prozess mit ihm. Er ist wild entschlossen, alles Unrecht auszurotten, und er tut sein Bestes, um das zu erreichen. Dieser Hund-Typ ist zynisch und scharfzüngig, aber auch humorvoll, und er scheint durch Wände sehen zu können. Er ist so misstrauisch, so argwöhnisch gegen vermutliche Feinde und Konkurrenten, dass er sofort zubeißt und erst später bellt. Wenn Sie ihn in einen Kampf verwickelt sehen, versuchen Sie nicht, zu schlichten. Er scheut kein Mittel, um sein Ziel zu erreichen.

Hund/Schütze (23. November–21. Dezember)

Eine wahre Feuersbrunst von Energie und Idealismus treibt dieses Geschöpf, rastlos immer neue Ziele zu verfolgen. Aber was zu viel ist, ist zu viel. Der Schütze-Hund ist manchmal mehr energisch als realistisch. Sein Sarkasmus und seine scharfen, rigorosen Bemerkungen können die Menschen, die ihn lieben, tief verwunden. Um seine Kreuzzüge siegreich zu führen, wird er eine gewisse Kompromissbereitschaft akzeptieren müssen. Das ist schwierig für diesen so ungestümen und draufgängerischen Ritter in strahlender Rüstung. Schützen lieben die Aktion; Hunde sind nervös und unsicher. Die Verbindung der beiden Zeichen kündigt Konflikte und innere Zerrissenheit an. Dieser Mensch hat den Ehrgeiz, die Welt vor selbstzerstörerischen Kräften zu schützen. Mit seiner angeborenen Fähigkeit, sich durch nichts abschrecken zu lassen, dürfte er am besten für so hohe Ziele geeignet sein.

Hund/Steinbock (22. Dezember–20. Januar)

Der Steinbock-Hund ist großmütig und warmherzig unter seiner kühlen Schale. In ihm vereinigen sich Kaltblütigkeit und Enthusiasmus. Er ist ein Freund, auf den man zählen, ein Ratgeber, dem man Vertrauen schenken kann. Für sein eigenes Wohl wird er sich nicht strapazieren; für die Sache, an die er glaubt, wird er sich bis zum Äußersten und ohne Rücksicht auf Leben und Gesundheit einsetzen. Dieser Mensch ist ein Asket. Ein komfortables Leben reizt ihn nicht, materieller Wohlstand beleidigt sein soziales Gewissen. Der Steinbock-Hund beschützt seine Lieben mit der Wachsamkeit und Treue eines deutschen Schäferhundes. Er hat ein Gespür für Bosheit und Heimtücke, das der bescheidenen Hund-Seite seines Charakters eigentlich fremd ist. Bösartig ist er nur, wenn es notwendig ist; aber man sollte sich dessen immer bewusst sein.

Hund/Wassermann (21. Januar–19. Februar)

Welch ein Paar! Möge ihr Haus vor Tigern sicher sein. Ein Wassermann-Hund ist die betriebsame Kombination von liberalem Sozialarbeiter und unbeugsamem Kämpfer gegen das Unrecht. Er ist ein reformistischer Intellektueller. Philosophische Abstraktion verbindet sich mit einer Neigung zu idealistischen Weltverbesserungsideen. Da der Mensch des Hund-Zeichens sich sehr stark für seine Familie und seine Freunde engagiert, wird die Wassermann-Seite seines Charakters eine gute Ergänzung sein. Wie wir wissen, liegt Wassermann-Geborenen das Wohl der Menschheit am Herzen, aber sie vergessen darüber oft, sich ihrer Familie und ihren Freunden mit der gleichen Hingabe zu widmen. Die Verbindung der beiden Zeichen ist positiv. Sie werden Erfolg mit ihrer sozialen Reformarbeit haben, wenn sie auf dem Boden der Wirklichkeit bleiben.

Hund/Fische (20. Februar–20. März)

Der Charakter dieses Menschen wird von einer reichen Phantasie geprägt. Er versteht es, einen einfachen Gedanken in ein Gedicht oder ein Gemälde umzusetzen. Hunde sind zwar unruhig und unsicher, doch sie zeigen Stärke, wenn sie einem schwächeren Geschöpf begegnen. Ein Fische-Mensch sucht die ihm fehlende Charakterstärke zu kompensieren, indem er sich an einen Stärkeren anlehnt. Hunde sind außergewöhnlich großmütig und hilfsbereit. Im Zeichen der Fische geborene Hund-Menschen sind fähig, ihre Kreativität in eine solide Karriere einzubinden. Schon früh im Leben sollte dieser Typ des Hund-Menschen lernen, seine Schüchternheit zu überwinden und seine Talente in der Öffentlichkeit zu zeigen. Er könnte sonst die Fähigkeit verlieren, seine Gedanken artikuliert auszudrücken. Loben Sie seine frühen poetischen Versuche, zeigen Sie sich begeistert von seinem rednerischen und schriftstellerischen Talent. Er braucht alle sein Selbstbewusstsein stärkenden Ermutigungen, die er bekommen kann. Ein zu später Start in die angestrebte Karriere kann verhängnisvoll sein. Er sollte sich früh dem Wettbewerb stellen, nur das kann ihn vor Überempfindlichkeit bewahren, die seine Chancen im Lebenskampf sehr beeinträchtigen würde.

Ratschläge für die Zukunft

Von Zweifeln geplagter Hund, ich zähle dich zu den Heiligen des chinesischen Tierkreises. Ohne auf Dank oder Anerkennung zu spekulieren, widmest du einen so großen Teil deiner Zeit und deiner Gedanken denen, die dich um Hilfe in der Not bitten. Du bist ein wirklich aufopferungsvolles Geschöpf, du verdienst unseren herzlichen Beifall für deine Gutwilligkeit, für deine Hilfsbereitschaft, für deinen harten Kampf gegen die Ungerechtigkeit – also, ganz allgemein gesagt: für deine Nächstenliebe. Wenn uns manchmal auch deine etwas zu direkte Ironie stört, wir lieben dich trotzdem sehr.

Verfalle bitte nicht auf die Idee, ich könnte dir deine Bemerkung verübeln, der Flecken auf meiner neuen Couch sehe sehr lustig aus, oder der graue Schimmer meines Haares passe so gut zu meinem alternden Gesicht. Ich verzeihe dir gern diesen Mangel an Subtilität. Ich könnte mich sogar zu der Behauptung durchringen, dass deine Taktlosigkeit ein sehr liebenswerter Zug ist. Du hast nicht die Absicht, uns mit deiner schockierenden Direktheit zu kränken. Sie ist ein Teil deines Charmes.

Aber was wir gar nicht gut finden, mein kleiner Hund, das ist die Tatsache, dass deine unbegrenzte Selbstlosigkeit manchmal andere Leute dazu verführt, dich auszubeuten und zu verletzen. Nun, wenn du dich mit dem Status eines professionellen Opfers zufrieden geben könntest, würden wir kein Wort mehr darüber verlieren. Aber immer und immer wieder musst du dich bei uns darüber beklagen, warum dieser oder jener schlechte Mensch es wagen dürfe, dich zu kränken und dir Schaden zuzufügen.

Es ist ein seltsames Verhängnis, dass du dich immer in der Defensive zu befinden scheinst und dass du so oft der Verlierer in diesem harten Kampf gegen Feinde bist, die dich überraschend angreifen. Ehrlich gesagt, du siehst so aus, als wüsstest du, was du tust. Obwohl wir dich manchmal vor deinen überzogen mildtätigen Unternehmungen warnen möchten, verführen uns doch die Entschlossenheit, die von dir ausstrahlt, und die Erinnerung an deine tapferen Ruhmestaten zu der Annahme, dass du die Situation unter Kontrolle hast. Was ich meine, ist, dass du nicht halb so unsicher aussiehst, wie du in Wirklichkeit bist.

Dieser stolze Gang, diese ernsten Augen und scharfen Ohren verleiten uns zu dem Glauben, dass du mehr Mut und Stärke hast als wir alle zusammen. Du kommst selten zu uns, wenn du so nervös bist, als ob du jeden Augenblick mit einem Angriff aus dem Hinterhalt rechnetest. Wenn du uns brauchst, warum rufst du uns nicht? Vielleicht könnten wir dir etwas von deiner seelischen Last abnehmen. Du wirst uns vermutlich antworten: »Warum fragt ihr mich dann nicht?«

Tatsache ist, wir wissen es einfach nicht. Ist es deine abwehrende Haltung? Dein kühles, ruhiges Aussehen? Deine philosophische Gelassenheit, die Dinge so zu nehmen, wie sie kommen? Was hält uns davon ab, auf dich zuzugehen und zu sagen: »Hör zu, Junge, wollen wir uns nicht einmal richtig aussprechen?« Irgendwie scheint eine solche Annäherung nicht möglich zu sein. Wir befürchten wohl, dass du uns mit irgendeiner zynischen Bemerkung abfahren lässt oder uns zu verstehen gibst, wir sollten uns gefälligst um unsere eigenen Angelegenheiten kümmern.

Du brauchst Ermutigung von uns. So viel wissen wir. Aber was uns beunruhigt, ist, dass du eine Art zweites Gesicht hast, das dir sagt, wann *wir* dich brauchen. Du bist immer zur rechten Zeit zur Stelle. Aber wie sollen wir in deinem Pokergesicht wohl lesen, wann dir unsere Hilfe genehm ist?

Sprich dich aus, mein treuer Hund, klage ein bisschen lauter, wenn du fühlst, dass ein Unwetter im Anzug ist. Jammere nicht immer so herzzerbrechend, wenn das Unglück schon geschehen ist. Ich weiß, du bist sehr selbstbeherrscht und kannst mit einem einzigen Anlauf die große Hürde nehmen. Aber du bist kein Supermann. Du bist nur ein ganz normaler Mensch. Selbst der reservierteste Mensch braucht aber gelegentlich eine Schulter, an der er sich ausweinen kann.

Und weil ich einmal dabei bin, will ich dir auch noch sagen, dass alles nur halb so schlimm ist, wie du es dir vorstellst. Hast du Schulden? Wie viel brauchst du? Hast du einen Freund gekränkt? Vielleicht können wir dir helfen, es wieder ins Lot zu bringen. Du neigst dazu, dich selbst und andere zu ernst zu nehmen. Bei deiner unglückseligen Kombination von Menschenliebe und Zynismus wirst du auf die Dauer das Lachen und das Weinen verlernen.

Hör zu, mein kleiner Hund, was mein prophetischer Mund dir

rät: Vielleicht bist du zu ängstlich darauf bedacht, anderen Gutes zu tun, und vergisst dabei, an dich selbst zu denken. Damit meine ich nicht, dass deine Hilfsbereitschaft gegenüber denen, die du liebst, etwas Falsches ist. Aber du musst zugeben, dass bei den seltenen Gelegenheiten, bei denen wir ein vertrautes Gespräch miteinander führen konnten, bei dir immer wieder ein zwar unausgesprochener, aber doch ernst gemeinter Wunsch zu spüren war, mehr aus dir selbst zu machen.

Das beginnt etwa so: »Weißt du, Suzanne, ich habe oft gedacht, wenn ich nicht zu spät damit angefangen hätte, könnte ich jetzt ganz groß im Eiskunstlaufen sein.« Oder, schlimmer noch, es geht wie folgt: »Weißt du, ich wäre furchtbar gern Schauspielerin geworden, aber mit den Kindern und dem Hund und Jerry am Hals habe ich nie Zeit gefunden, Unterricht zu nehmen oder bei einer kleinen Theatergruppe mein Glück zu versuchen.« Vielleicht versperrst du dir selbst alle Wege, wenn du sagst: »Schau, ich bin anscheinend zu alt, um beim Fernsehen in New York Chancen zu haben. Ich könnte vielleicht in Iowa oder so einen Versuch machen, aber ich mag keine halben Sachen. Wenn es nicht New York sein kann, dann lasse ich es lieber ganz.«

Klingt dir das vertraut? Ich denke schon.

Es liegt mir fern, dich der Trägheit zu bezichtigen. Ich weiß, wie fleißig du bist. Aber erlaube mir eine Bemerkung: Wenn du nicht so offensichtlich ein Hund wärest, könnte man meinen, du seiest ein Angsthase.

Beziehungen zu anderen Tierzeichen

Herzensangelegenheiten

Der Hund wacht aufmerksam und loyal über seine Lieben wie über sich selbst. Niemand könnte sich einen besseren Freund oder liebevolleren Lebensgefährten wünschen. Der Hund ist ein echter Kamerad, ein Tröster, ein Helfer und ein moralischer Halt. Da er im Grunde überzeugt ist, dass jeder andere das Leben besser zu meistern versteht als er selbst, wird er im Allgemeinen gern im Schatten seines erfolgreichen Partners stehen und für ihn das Herdfeuer bewachen, wenn dieser auf Reisen ist. Obwohl Hunde für sich selbst pessimistisch sind, können sie doch einem geliebten Partner Mut und Selbstvertrauen geben.

Das Pferd wird im Austausch für seine Unabhängigkeit dem Hund die so begehrte Sicherheit und ein komfortables Leben bieten. Pferde können den deprimierten Hund mit ihrem Optimismus aufrichten. Obwohl sie die liberalen Anschauungen des Hundes nicht immer teilen, bewundern sie ihn.

Ein Hund kann mit einem Tiger-Partner sehr zufrieden sein. Tiger sind rebellisch und stark; Hunde sind rebellisch, aber besorgt. Die liebevolle Unterstützung des Tigers wird dem Hund erlauben, manchen Kampf gegen das Unrecht in der Welt siegreich zu beenden. Der unbeherrschte Tiger wird den guten Rat des Hundes schätzen. Zudem brauchen Tiger Leidenschaft, Zärtlichkeit und Treue, die der Hund in so hohem Maße besitzt.

Katzen und Hunde kommen gut miteinander aus. Ihre Beziehung wird ruhig und intellektuell fruchtbar sein. Der Hund flößt Vertrauen ein; die Katze liebt die scheue Zurückhaltung ihres Hund-Gefährten und gibt sich auch viel Mühe, in ihrer unaufdringlichen Art seine Ziele zu unterstützen.

Ziegen sind ein bisschen zu launisch für Hunde. Sie steigern ihre Nervosität noch. Auch wenn die fröhliche Ziege und der ängstliche Hund sich leidenschaftlich lieben, sind sie kein sehr glückliches Paar.

Drachen bewundern die hohen Ideale des Hundes; aber sie sind im Grunde ängstlich. Wenn die beiden ein Paar werden, kann der Pessimismus des Hundes den stolzen Drachen infizieren. Eine doppelte Dosis Vorsicht könnte für dieses Paar sehr schädlich sein.

Freundschaften und gesellschaftliche Beziehungen

Wenn der Hund etwas besonders vorsichtig auswählen muss, dann sind es seine Freunde. Da er von Natur ein Pessimist ist, braucht er Freunde, die ihn immer wieder ermutigen und ihm Selbstvertrauen geben. Seine eigene Loyalität und seine Begabung zu echter Freundschaft stehen außer Zweifel. Wenn ein Hund sich entschlossen hat, jemanden als Freund zu akzeptieren, dann kann dieser sich bedingungslos auf ihn verlassen.

Ein Mensch des Hund-Zeichens wird sehr gut mit Vertretern der folgenden Zeichen harmonisieren: mit der Katze, die ein ausgezeichneter und ehrlicher Diskussionspartner ist; mit dem Pferd, das den Idealismus des Hundes bewundert und mit seinem Elan den Hund-Freund ermutigt; mit dem munteren Affen, der den Hund aufheitert und der seine Tricks nicht an dem pflichtbewussten Freund ausprobiert, und dem tugendhaften Schwein, das den Hund aus seiner Reserve zu locken versteht. Der Hund ist ein guter Waffengefährte seines Hund-Freundes. Aber dieses Paar wird fast zu argwöhnisch sein, um sich auf Dauer gut zu vertragen.

Ratten sind ebenso ehrgeizig wie Hunde; aber sie haben nicht dieselben ehrenwerten Ziele. Konflikte zwischen den beiden sind unvermeidlich. Drachen sind nicht realistisch genug, um eine dauerhafte Freundschaft mit dem Hund pflegen zu können. Ziegen und Hähne bringen den Hund mit ihren verschwommenen Ideen und abenteuerlichen Vorstellungen leicht aus der Fassung. Schlangen sind eine Spur zu elegant, um mit dem biederen Hund mehr als eine oberflächliche Beziehung zu pflegen.

Aber Tiger ... Tiger sind die beste Wahl für den Hund. Keine dauerhaftere, von gegenseitiger Verehrung getragene Freundschaft ist im chinesischen Tierkreis denkbar als die zwischen Hund und Tiger.

Geschäfte

Das Geschäftsleben ist nicht das Spezialgebiet des Hundes. Er eignet sich besser für freiberufliche Tätigkeiten oder für politische Karrieren. Hunde sind keine Materialisten. Und wenn sie sich einmal mit kommerziellen Dingen befassen und finanziellen Erfolg haben, dann verschwenden sie die Gewinne allzu großzügig für ihre karitativen Zwecke. Hunde können als Lehrer, Ärzte, Anwälte oder Sozialarbeiter viel erfolgreicher und glücklicher sein, als wenn sie sich am harten geschäftlichen Wettbewerb beteiligen.

Natürlich sind manche Hund-Menschen im Geschäftsleben tätig. Eine kluge Auswahl des Geschäftspartners wird ihnen den notwendigen Rückhalt geben, um intelligente finanzielle Entscheidungen zu treffen und mit allen Sparten des Geschäftslebens vertraut zu werden. Um ein gutes gegenseitiges Verständnis in einer geschäftlichen Partnerschaft zu sichern, sollten Hunde sich mit Pferden assoziieren. Das Pferd kann dem Hund, dem sein Mangel an Selbstvertrauen so sehr zu schaffen macht, langsam aber sicher das Bewusstsein seiner eigenen Kraft vermitteln und ihn zu guten Leistungen anspornen. Auch Katzen sind gute Geschäftspartner des Hundes. Sie streiten sich selten, und der Hund vertraut dem gesunden Urteil der Katze in schwierigen Situationen.

Tiger und Hunde haben zwar großes Verständnis für die beiderseitigen Ideale, sie sind aber nicht besonders geeignet, geschäftlich zusammenzuarbeiten. Sie ziehen beide die Politik dem Geschäft vor.

Alle anderen Geschäftspartner werden zu ungeduldig, zu sehr auf ihren eigenen Vorteil bedacht oder von ihrer Arbeit beansprucht sein, um sich mit dem Hund-Partner jeweils über notwendige Schritte auseinander zu setzen. Hunde sollten entweder auf solche Partner verzichten, oder sie müssen sich auf manche schlaflose Nacht einstellen.

Familie

Hund-Eltern machen sich ständig Sorgen. Sicherlich hat der Hund ein sehr ausgeprägtes Pflichtbewusstsein und ist immer loyal und liebevoll zu seinen Kindern – aber, du lieber Himmel, was für ein Getue!

Das Tiger-Kind lernt viel von seinen Hund-Eltern. Sie sind echte Komplizen. Der Hund ist stolz auf die Stärke und Menschenliebe seines Tiger-Kindes. Pferd-Kinder kommen besser mit ihren Hund-Eltern aus, als man erwarten würde. Probleme können auftauchen durch den exzessiven Egoismus des Pferdes, der Hund-Eltern schwer enttäuschen muss. Trotzdem respektieren sie seinen Selbstständigkeitsdrang.

Katze-Kinder sind die Lieblinge ihrer Hund-Mütter und Hund-Väter. Ihr unaufdringlicher Charme und ihre Intelligenz sind wohltuend für den bekümmerten Hund. Hund-Kinder fühlen sich sehr wohl in der Atmosphäre einer Hund-Familie. Die gegenseitige Bewunderung kann manchmal etwas übertrieben wirken; aber Hunde spielen gern miteinander.

In den meisten anderen Fällen wird das wachsame Auge des Hundes den Kindern mehr Verantwortlichkeit abfordern, als diesen lieb sein kann. In einer Hund-Familie muss ein Kind viel Energie darauf verwenden, seinen Eltern immer wieder zu bestätigen, dass ihm nichts fehlt, dass es satt geworden ist, dass das Kleid, dass sie ihm gekauft haben, ihm gefällt. Kurz: Das Kind eines Hund-Vaters oder einer Hund-Mutter muss diesen eine Menge von ihrer ängstlichen Besorgtheit nehmen.

Da alle Kinder von ihren pflichtbewussten Hund-Eltern beispielhaft behütet und umsorgt werden, wird kein Kind irgendeines Zeichens sich sehr zu beklagen haben.

Das Schwein

DIE JAHRE DES SCHWEINS

30. Januar	1911	bis	17. Februar	1912
16. Februar	1923	bis	5. Februar	1924
4. Februar	1935	bis	23. Januar	1936
22. Januar	1947	bis	9. Februar	1948
8. Februar	1959	bis	27. Januar	1960
27. Januar	1971	bis	15. Februar	1971
13. Februar	1983	bis	1. Februar	1984
31. Januar	1995	bis	18. Februar	1996
18. Februar	2007	bis	6. Februar	2008
5. Februar	2019	bis	24. Januar	2020

SCHWEINE SIND: Zuvorkommend. Loyal. Übergewissenhaft. Nachsichtig. Wahrheitsliebend. Unparteiisch. Intelligent. Ehrlich. Umgänglich. Gründlich. Kultiviert. Sinnlich. Entschlossen. Friedliebend. Liebevoll. Tiefsinnig. Sensibel. ABER SIE KÖNNEN AUCH SEIN: Naiv. Hilflos. Unsicher. Sardonisch. Genusssüchtig. Uninteressiert. Eigensinnig. Leichtgläubig. Grob. Tölpelhaft.

Schweine, die ich gekannt und geliebt habe

Menschen des Zeichens Schwein sind reizend und galant, liebenswürdig, aber willensstark. Und vor allem sind sie Muster an Reinheit und Güte. Man wird ein Schwein nie vergebens bitten. Kein Geheimnis wird seinen Lippen entfliehen, keine Enttäuschung kann seine Loyalität erschüttern oder seinen Glauben an das Gute im Menschen ins Wanken bringen. Es mag im Angesicht von Verrat und Heimtücke für einen Augenblick erschreckt zurückweichen, doch die Bosheit kann ihm nichts anhaben. Es wird ihr entgegentreten und das Banner der Humanität und Nächstenliebe schwingen.

Alle Schwein-Menschen, die ich kennen gelernt habe, mussten sich ihr Leben lang mit ungebührlich vielen Widrigkeiten plagen. Ob ein Teil dieser Misshelligkeiten auf ihr eigenes Schuldkonto zu setzen ist, wird sich nicht leicht klären lassen. Vielleicht werden Sie mir, wenn ich Ihnen einige Geschichten von Schwein-Menschen berichte, zustimmen, dass eine zugleich schwer fassbare und böswillige Macht sie zu verfolgen scheint. Wenn auch die Verantwortung für manche Fehlschläge der Unüberlegenheit der Schwein-Menschen zuzuschreiben ist, so ist das doch wiederum nur teilweise sein Fehler.

Es kommt mir vor, als sei es noch gar nicht so lange her, dass ich mit meinen drei Brüdern und meiner Schwester Linda in einem typisch amerikanischen Milieu aufwuchs. Damals fand ich eine Menge kindische Gründe, Linda ein »Schwein« zu nennen. Damals wusste ich nichts davon, dass ihr Geburtsjahr 1935 aus meinen Beschimpfungen eine Tatsache machte.

Linda war fast zu gut, um echt zu sein. Sie war die Art ältere Schwester, die alles richtig macht. Ich war die Art kleine Schwester, die fast alles falsch macht. Linda wurde selten, wenn überhaupt, geschimpft. Ich für meinen Teil verbrachte manchen langen Abend damit, mit leerem Magen auf die geblümte Decke meines Bettes zu starren. Vor kurzer Zeit unterhielt ich mich mit meiner geliebten Schwester über unsere idyllische Kindheit. Dabei erzählte sie mir auch von einigen unbewussten Assoziationen, die ihr Verhalten beeinflusst hatten.

Die hübsche Linda warf ihren Pagenkopf mit charakteristischer Geste zurück und vertraute mir an: »Ich freute mich, wenn ihr anderen Kinder etwas ausgefressen hattet. Nicht dass es mir Spaß gemacht hätte, eurer Bestrafung zuzusehen; du weißt, ich hasse Streit. Aber ich versuchte immer, ein braves Kind zu sein. Ihr anderen kamt sooft ungestraft mit euren Schandtaten davon, dass ich mich wie ein Sieger fühlte, wenn Mama oder Daddy euch einmal beim Ungehorsam erwischten.« Lächelnd nippte Linda an ihrem Glas Sherry.

»Aha!«, rief ich lachend. »Jetzt erinnere ich mich, dass du immer dabeistandest, wenn ich bestraft wurde. Du hast mir nie heimlich Süßigkeiten zugesteckt, wenn ich ohne Abendessen ins Bett geschickt wurde. Du hast mir nie geholfen, wenn Daddy mich beim Rollschuhlaufen auf der belebten Straße erwischte, was er uns ausdrücklich verboten hatte.«

Linda sah mich plötzlich bestürzt und verletzt an. »Ich konnte das nicht tun, Suzanne. Noch heute gelingt es mir nicht, zu lügen, ohne dass man es mir sofort anmerkt. Daddy sagte immer zu mir, meine Augen würden grün, wenn ich eine Lüge erzählte. Irgendwie beunruhigt mich das noch heute im Unterbewusstsein.«

Schwein-Menschen können nicht die Unwahrheit sagen, ohne das Schlimmste zu befürchten. Ihr gutes Betragen und ihr Wunsch, sich anderen angenehm zu machen, hat nichts mit Berechnung oder mit Beifallheischerei zu tun. Sie glauben einfach, dass es keine andere Verhaltensweise gibt.

Ich möchte hoffen, dass jeder zum mindesten einen Schwein-Menschen kennt, den er als Freund betrachten kann. Schwein-Menschen gehören zu den liebenswertesten, respektabelsten und aufrechtesten Bürgern auf unserem Planeten. Wenn sie sich entschließen, jemandem ihre Freundschaft anzubieten, dann nehmen sie diese Beziehung sehr ernst. Ich möchte wetten, dass die meisten der freundlichen Menschen, die lange Fahrten von und zu Flughäfen auf sich nehmen, um reisende Freunde oder Familienangehörige abzuholen und ihnen damit die Kosten und Beschwerlichkeiten einer Bus- oder Taxifahrt zu ersparen, in einem Jahr des Schweins geboren sind.

Schwein-Geborene lesen ihren Lieben die Wünsche von den Augen ab. Sie bringen einem Kranken unaufgefordert ein Glas

Fruchtsaft oder die Wärmflasche oder was ihm sonst gut tun könnte. Meine Mutter ist ebenfalls im Zeichen des Schweins geboren. Da ich nicht nur ein unerträgliches Plappermaul und bei allen wilden Streichen in vorderster Linie zu finden war, sondern auch durch eine Anämie häufig kränkelte, hatte Mutter tausende von Gelegenheiten, ihre Güte und Nachsicht zu beweisen. In unserem Haus krank zu sein, war ein beinahe himmlisches Vergnügen. Ich hatte eine Messingglocke mit einer Schildkröte am Griff, mit der ich meine Mutter jederzeit bei Tag und bei Nacht an mein Bett rufen konnte. Die zwei Jahre meiner schweren Krankheit, die meine Geschwister als »akute Betttitis« bezeichneten, hätten jede andere Mutter zur Verzweiflung gebracht, nicht allein aus Sorge, sondern auch wegen all der zusätzlichen Arbeit. Wir waren fünf Kinder, für die sie kochen und waschen und bügeln, die sie zur Schule schicken, schelten und trösten musste. Ich habe mich später oft gefragt, wie sie das alles schaffen konnte. Ich kann mich nicht erinnern, dass sie uns viel schimpfte oder anschrie. Schläge bekam ich nur in besonders schweren Fällen, wenn ich zum Beispiel versucht hatte, mich selbst umzubringen, indem ich mich an die rückwärtige Stoßstange eines Lastwagens zu einer kostenlosen Schlitterparty im Schnee anhängte. Im Großen und Ganzen war meine Kindheit, wie meine lyrisch veranlagte irische Mutter vor einiger Zeit so treffend feststellte, »ein Vorläufer von Disneyland«.

Menschen des Schwein-Zeichens können ihre Gedanken nicht sehr gut formulieren. Sie brillieren nicht in Situationen, in denen Redegewandtheit und Schlagfertigkeit verlangt werden. Sie sind gut beraten, sich in Diskussionen zurückzuhalten und die Verfechtung ihrer Argumente anderen zu überlassen, die sich besser zu artikulieren verstehen. Aber wenn sie sich in einer Gesellschaft wohl fühlen, wenn sie keine Angst vor lauernden Gefahren haben, können sie einen ganzen Abend lang ihre Umgebung mit lustigen Geschichten, Späßen und Scherzen unterhalten. Nicht selten würzen sie ihre Geschichten mit riskanten und frivolen Anspielungen. Schwein-Geborene sind extrem sinnlich (manchmal sogar in recht schockierender Weise) und an allem, was mit Sex zusammenhängt, sehr interessiert. Ein Schwein ohne Liebhaber bzw. Geliebte ist ein armes Schwein.

Die meisten Schwein-Menschen sind intellektuell. Ihnen ihre

Bücher wegzunehmen oder sie von kulturellen Veranstaltungen auszuschließen, wäre grausam und dumm. Da sie sowohl sehr sensibel wie auch gefühlsbetont sind, ist das, was Lesen, Theater, Konzerte, Kunstausstellungen und dergleichen ihnen geben, ein sehr entscheidender Faktor für ihr seelisches Gleichgewicht und wirkt stabilisierend auf ihr manchmal sehr unruhiges und ängstliches Gemüt. Sie kleiden sich diskret und unauffällig und sind in ihrem Auftreten eher schüchtern und zurückhaltend. Die Folge ist, dass man sie in Gesellschaften wenig beachtet. Aber glauben Sie ja nicht, dass eine solche Zurücksetzung sie nicht kränkt. Im Gegenteil, es bekümmert sie sehr, und sie fühlen sich verunsichert und wertlos. Sie wünschen sich, nicht so verletzlich zu sein. Aber ihre scheue Natur steht ihnen im Wege.

Traurigkeit ist ein Gefühl, das Schwein-Menschen sehr vertraut ist. Sie neigen nur selten zu Selbstmitleid, aber sie leiden unter dem Unrecht, das anderen zugefügt wird. Enttäuschung ist ihr tägliches Brot. Menschen, Beruf, Kinder, das Wetter und Gott lassen sie ständig im Stich, verletzen ihre Gefühle und schubsen sie herum. So sehr sie versuchen, sich in Phantasietürme der Sicherheit zu flüchten, Bastionen der Weisheit und Häfen der Ruhe aufzubauen, sie fühlen sich immer von irgendwelchen unvorhersehbaren Gefahren bedroht.

»Fat Jim«, ein Mann, den ich ziemlich gut kenne, ist im Zeichen des Schweins geboren (1935). Jahrelang war er ein erfolgreicher Börsenmakler in Wall Street und lebte mit seiner Frau und seinen vier Kindern in sorgenfreien und komfortablen Verhältnissen. Als dann vor Jahren der Markt gefährlich ins Schleudern kam, machte Jim in kluger Voraussicht die Reste seiner fallenden Aktien flüssig und zog mit seiner Familie aus der eleganten Wohnung in New Yorks Upper East Side nach Martha's Vineyard in Massachussetts. Dort eröffnete Jim ein Restaurant und begann mit der dem Schwein-Charakter eigenen Entschlossenheit, seine Talente als Koch zu nutzen. Im ersten Jahr arbeitete Jim mit Verlust. Aber jeder weiß ja, dass man in einem neuen Geschäft im ersten Jahr Geld verliert. Die Bilanz des zweiten Jahres war ausgeglichen. Jim war begeistert, dass er aus den roten Zahlen heraus war. Er war dem Los entgangen, als arbeitsloser Makler in New York ein kümmerliches Leben zu fristen, und hatte es geschafft, sich eine Gewinn versprechende Existenz in einem selbstständigen Beruf zu schaffen, den er liebte.

Während der dritten Saison in Vineyard beschloss Jim, ein paar alte Freunde und Kumpel aus New York einzuladen, ihn in seiner neuen Heimat zu besuchen, natürlich mit freier Unterkunft und Verpflegung. Was ihm bei diesem Inselleben gar nicht gefiel, war der Mangel an kulturellen Angeboten. Er vermisste schmerzlich die anregenden Gespräche und die Bridgepartien mit seinen alten Freunden. Als typischer Vertreter des Schwein-Zeichens fiel es ihm schwer, neue Freunde zu finden. Er brauchte die Gesellschaft seiner alten Kumpel. Er war Eigentümer eines Gourmetrestaurants, warum sollte es also nicht möglich sein, durch das Angebot seiner Gastfreundschaft ein paar Freunde zu einem Besuch zu verlocken?

Was Jim jedoch nicht bedachte, war, wie wir, die nicht so naiv-warmherzig waren wie er, instinktiv reagieren würden. Eine Einladung in ein Urlaubsparadies musste natürlich ein Urlaubsfieber bei uns auslösen, die wir in stickig heißen, kleinen Stadtwohnungen leben mussten und die Freuden eines solchen Ferienaufenthaltes unserer Familie aus Kostengründen gar nicht bieten konnten. Freunde (und manche Bekannte, die Jim völlig gleichgültig waren) begannen in Jims frequentiertes Etablissement einzufallen. Zuerst war er entzückt über die Reaktion auf sein großzügiges Angebot. Aber zu der Zeit, als der profitreichste Urlaubsmonat Juli anbrach, bestand fast die Hälfte der Restaurantgäste aus Jims kostenlos tafelnden »Freunden«.

Ich rief Jim im Restaurant an, um mich zu erkundigen, wie er das Problem zu lösen gedachte.

»Ganz einfach«, sagte Jim. »Ich habe die Preise erhöht. Ein bisschen hier, ein bisschen dort. Man merkt es kaum.«

Natürlich kamen immer weniger Touristen in sein beliebtes Restaurant mit Meeresblick. Ende August wurde die Situation kritisch. Jims Hauswirt war eines Abends mit seiner Frau zum Essen gekommen. Die Preise waren exorbitant und alle Tische besetzt. Der Eigentümer des Hauses musste glauben, dass Jim mit seiner Küche ein enormes Geschäft mache. Also erhöhte er die Miete um fünfzig Dollar im Monat.

Der gute Jim geriet in Panik. Eines Abends machte er gegenüber einigen Freunden, die noch spät beim Bridge zusammensaßen, seinem Herzen Luft. »Ich stehe vor dem Ruin. Es tut mir ehrlich Leid, Jungens, aber es sieht so aus, als müsste ich euch fragen, ob ihr mir nicht etwas Bargeld für die Miete in den Wintermonaten leihen könnt.«

Aber Jims »Freunde« mussten, einer nach dem anderen, aus wichtigen Gründen plötzlich abreisen.

Im Oktober war Jim mit seinem Restaurant am Ende. Er konnte die Miete nicht aufbringen. Sandra musste einen Job als Kellnerin annehmen. Jim saß zu Hause herum und passte auf die Kinder auf. Gelegentlich kamen ein paar Aufträge, für private Gesellschaften das Essen zu liefern. Aber die meiste Zeit verbrachte Jim damit, seinen Kummer zu ertränken und zu wünschen, er wäre nicht ein so netter Bursche.

Jims Story ist typisch für Schwein-Menschen, die im Geschäftsleben stehen. Sie arbeiten sehr hart, haben kaum einen freien Abend und kämpfen tapfer gegen Sturm und Wellen, nur um schließlich doch kapitulieren zu müssen, weil sie zu gutmütig sind, um zu einem Kunden »Nein« zu sagen, der einen Kredit oder einen Zahlungsaufschub braucht.

Es gibt einige aus diesem Rahmen fallende Geschichten von Industrie- oder Geschäftsmagnaten, die mehr als »gut durch den Winter gekommen« sind. Es gibt in der Tat einen ganzen Zweig der Schwein-Sippe, der für seinen Fleiß mit brillanten Erfolgen belohnt worden ist. Eine Aufzählung dieser Namen wird Sie sicherlich überraschen. William Randolph Hearst, der Zeitungsmagnat, wurde 1863 geboren; Al Capone, der herzlose Gangster, und seine Schwein-Kollegen Ernest Hemingway und Humphrey Bogart gehören zum Jahrgang 1899. 1911 erschien Ali Khan, begleitet von Lucille Ball. Henry Kissinger, Fürst Rainier, Peter Lawford und der Fotograf Richard Avedon sind alle 1923 geboren. 1935 brachte uns Woody Allen, Julie Andrews, Diahann Carroll, Eldridge Cleaver und die europäischen Filmstars Alain Delon und Bibi Anderson. Elton John ist 1947 in England geboren, und er nagt wirklich nicht am Hungertuch.

Es ist vielleicht schwierig, Ähnlichkeiten zwischen den Vertretern dieser Gruppe zu erkennen; doch schließlich kennen wir sie ja nicht persönlich. Das öffentliche Image ist immer etwas irreführend. Wer außer Nancy Kissinger weiß wirklich, wie es Henry Kissinger zumute war, als ihm Gerald Ford (Ochse, 1913) schwer wiegende außenpolitische Fehler vorwarf? Wie viele Leute können wirklich bezeugen, dass Al Capone nicht einen Teil seiner gestohlenen Gelder an die Armen gab? Wir wissen aus dem Film *Citizen Kane*, dass W. R. Hearst ein larmoyanter Idiot im Umgang mit Frauen war, dass er ihnen fabelhafte Paläste für ein Lächeln schenkte. Ali Khan war ein vom Pech verfolgter Casanova, der nie Geld verdienen musste, weil seine Untertanen ihn jedes Jahr in Gold aufwogen. Bogart? Er arbeitete für sein Geld, aber er ging daran zugrunde. Wir wissen nicht, wie viele Nächte er in den Armen Lauren Bacalls das ihm aufgezwungene verhasste Filmimage als Gangster und harter Bursche beklagt hat.

Denken wir einen Augenblick an Ernest Hemingway. »Papa«, wie ihn seine engsten Freunde nannten, schrieb viele Storys und Romane, in denen harte Männer die gefährlichsten Situationen meistern. Solange er lebte und eine ganze Zeit noch nach seinem Tode galt er in der öffentlichen Meinung als der Inbegriff männlicher Bravour und Stärke. In seinen Schriften gibt es keinen Anti-Helden, wie wir sie in der heutigen Literatur oft finden. Es schien für »Hem« nichts anderes zu geben als den Wahlspruch: Ein Mann ist ein Mann ist ein Mann.

Aber erinnern wir uns, was Shakespeare uns über diese Charaktere auf der Bühne des Lebens gelehrt hat, die »zu viel protestieren«. Er warnte uns vor den Menschen, die zu leidenschaftlich ihre Abneigung gegen eine bestimmte Person zur Schau stellen. Dank Shakespeare wissen wir, dass eine Frau, die dem Werben eines Mannes standhaft widersteht und ihn mit Schmähungen und Beschimpfungen überhäuft, damit manchmal nur verbergen will, wie anziehend sie ihn findet. – So viel zu Shakespeare.

Nachdem ich Hemingways letztes Buch, die autobiografische Erzählung *A Moveable Feast* (deutsch: *Ein Fest fürs Leben*) gelesen hatte, grübelte ich ein wenig darüber, was für ein Mensch der stämmige bärtige Mann wohl privat gewesen war. Das kleine Buch, das ich gerade gelesen hatte, handelte von Hemingways frühen Jahren mit seiner ersten Frau und dem Baby »Bumby« in Paris. *A Moveable Feast* ist eines der ergreifendsten sentimentalen Stücke der zeitgenössischen Literatur, die ich je gelesen habe. Ich schlug in meiner Horoskoptabelle nach und stellte fest, dass Hemingway in einem

Jahr des Schweins geboren war. Die Entdeckung überraschte mich anfangs. Dann aber überlegte ich noch einmal. Wahrscheinlich gab es gute Gründe für Hemingway, all diese Machismo-Geschichten über Soldatentum und Heldentum zu schreiben. Zunächst einmal waren ästhetisierende esoterische Romane zu seiner Zeit höchst unpopulär. Schmachtende Ergüsse blumiger Prosa ließen sich nicht verkaufen. Zweitens waren diese Bravadofiguren, die ihr Draufgängertum in allen Lebenslagen, bei Frauen wie bei wütenden Stieren, zu beweisen hatten, höchstwahrscheinlich eine Tarnung seiner sensiblen und verletzlichen Natur.

Ob als Mittel, um ihre Schüchternheit zu überspielen, oder aus Freude am Schauspielern – Menschen des Zeichens Schwein spielen ihren Freunden oft bühnenreife Stücke vor. Sie sind exzellente Schauspieler und Schauspielerinnen, gute Sänger und Tänzer. Fred Astaire wurde im Jahr des Schweins 1899 geboren. Der Humor dieses Menschentyps hat oft eine gewisse Schärfe. Obwohl Menschen des Schwein-Typs oft vom Leben gebeutelt werden, haben sie eine angeborene Fähigkeit, aus ihrer Erfahrung zu lernen. Sie gehören zu denen, die beiläufig sagen können: »Ich weiß, ich habe mir eine Imitation andrehen lassen, als ich diesen Pelzmantel kaufte. Aber wenn man so dumm ist, hat man es nicht besser verdient.« Ein zwinkerndes Schwein-Lächeln verwandelt sich leicht in ein schallendes Gelächter, und häufig hat der Schwein-Mensch die Lacher auf seiner Seite.

In Jahren des Schweins Geborene nehmen es nicht übel, wenn man sie aufzieht oder sich über sie lustig macht. Sie können eine Menge verkraften. Aber leider macht ihre Gutmütigkeit es anderen manchmal zu leicht, sie auszunehmen. Schwein-Menschen sind keine Narren, sie sind auch nicht begriffsstutzig oder dumm. In ihrem Beruf sind sie fast ausnahmslos tüchtig und erfolgreich. Ob sie künstlerisch tätig sind oder ein Handwerk betreiben, sie führen ihre Arbeiten exakt aus und verwenden viel Aufmerksamkeit auf die Details. Aber woran liegt es, dass sie so oft ein Opfer skrupelloser und böswilliger Menschen werden? Den Vertretern des Schwein-Zeichens fehlt die Menschenkenntnis. Sie sind so glühende Verfechter der Theorie vom »naturhaften Gutsein des Menschen«, dass es ihnen fast unmöglich erscheint, die bedauerliche Wahrheit anzuerkennen, dass sehr oft die Menschen »keinen Heller wert sind«.

In Paris lernte ich vor einigen Jahren bei einem Diner in kleinem Kreis ein Ehepaar kennen. Der Mann, Yves (geboren 1935), war mein Tischnachbar. Während des Essens unterhielten wir uns angeregt über Malerei. Yves ist, wie sich dabei herausstellte, ein sehr erfolgreicher Kunsthändler. Er kauft und verkauft Grafiken des achtzehnten Jahrhunderts und ist Experte auf diesem Gebiet. Yves' Frau Martha ist Amerikanerin aus Kalifornien. Sie ist blond, statuenhaft und eher dünn als grazil. Sie gehört zu den Frauen, die sich sehr gut zu kleiden verstehen, die aber ihr gutes Aussehen immer wieder durch ihre larmoyante Art und ihre scharfe Zunge verderben. Weil mir die gute Unterhaltung mit ihrem Mann aber so sehr gefallen hatte, fragte ich die beiden, ob sie nicht an einem der nächsten Abende zum Diner zu mir kommen wollten. Mit einem höchst unattraktiven, verkniffenen Lächeln antwortete Martha: »Ich schätze, wir könnten kommen. Wo wohnen Sie?«

Ich gab ihr meine Adresse und legte mir im Geiste eine Liste meiner künstlerisch besonders interessierten Freunde zurecht, die ich zu dem Diner einladen könnte. Ich wusste, dass Yves mit meiner Freundin Marie, einer sehr begabten abstrakten Malerin, sehr gut harmonieren würde. Marie diskutiert gern über kunstgeschichtliche Probleme, wovon sie eine Menge versteht. Ein paar andere Freunde schienen mir auch sehr gut in diese Tafelrunde zu passen. Wir würden zu acht sein. Ich entschied mich, ein *Bœuf bourguignon* zu machen und *Mousse au chocolat* zum Nachtisch zu servieren. Yves war ein wohlbeleibter Mann, dessen *Gourmandise* beim Diner keine Zweifel über seine Vorliebe für ein reichhaltiges Essen hatte aufkommen lassen.

Obwohl mir die Planung meines Diners Freude gemacht hatte, ließ das Ereignis selbst viel zu wünschen übrig. Yves' Frau Martha entpuppte sich als ein richtiges Ekel. Vom Aperitif bis zum Dessert (das sie nicht essen konnte, weil ihre Leber es nicht vertrug) nörgelte sie an ihrem armen Ehemann herum. Mit mir sprach sie den ganzen Abend lang kein Wort. Aber Yves bekam umso mehr zu hören. »Deine Esserei widert mich an«, bemerkte sie während des Hauptgangs, was die Runde mit betretenem Schweigen quittierte. Nachdem meine Gäste diese Bemerkung verdaut hatten, sagte Martha: »Yves, ich glaube, mir wird schlecht.« Auf diese nette Ankündigung folgte der Auszug ins Badezimmer mit den üblichen rituellen Begleiterscheinungen. Als Martha und Yves nach diesem Anfall von Übelkeit zurückkehrten, wurde ich gefragt, ob man wohl den Roquefort vom Tisch entfernen könnte. Sein Geruch beleidigte Marthas empfindliche Nase. Und übrigens, könnte sie wohl ein Sandwich mit Erdnussbutter und Gelee haben?

Nach endlosen sorgfältigen Vorbereitungen, um Marthas delikate Gesundheit vor den schädlichen Einflüssen der Nachtluft zu schützen, warf Yves ein fröhliches *bonsoir* in die Runde und führte sie mit unser aller Segen weg, bevor ich Cognac und Kaffee am Kamin servierte.

Charlotte, die Gastgeberin der Soiree, bei der ich Yves' und Marthas Bekanntschaft gemacht hatte, seufzte erleichtert und sagte: »Diese Frau ist ein Monster. Sie hat keine Kinder, die ihr die Langeweile vertreiben könnten, Unmengen von Geld und zu viel Zeit, sich immer neue Torturen für ihren Mann auszudenken.«

Da Yves so unglaublich aufmerksam auf alle Launen seiner Frau eingegangen war und ihre wiederholten Seitenhiebe so gelassen hingenommen hatte, fragte ich Charlotte, ob ihr Freund Yves immer so nachsichtig mit solchen minderwertigen Kreaturen gewesen sei.

Charlotte gab mir die Insiderstory: »Es ist die Geschichte seines Lebens. Man kann sie amüsant finden oder auch nicht. Manchmal macht es mich traurig. Yves ist ein wunderbarer, begabter Mensch. Er hat alles, was eine Frau sich wünschen kann. Aber seine Erfahrungen mit Menschen, Männern und Frauen, sind immer enttäuschend gewesen. Er hat jahrelang ein paar nichtsnutzige Maler in dieser Stadt protegiert, weil er sie für begabt hielt. Sie nutzen ihn aus, sie arbeiten jetzt fast überhaupt nicht, und für seine Großzügigkeit revanchieren sie sich nicht einmal mit einer Einladung zum Essen. Er soll auch Frauen Geld geliehen haben, um sich ihre Gunst zu sichern. Ich glaube, es fehlt Yves an Selbstsicherheit, obwohl ich keinen Grund dafür sehe. Von den wenigen netten Menschen, mit denen er verkehrt, wird er sehr geschätzt, aber er fühlt sich mehr zu den Parasiten hingezogen, die seine Gutmütigkeit ausnutzen. Um Yves De La Barres Charakter mit einem kurzen Satz zu skizzieren – er ist ein Mensch, der einem an Zirrhose leidenden Alkoholiker Geld gibt, weil er ihm sagt, er sterbe vor Durst.«

Meine treue Freundin Marie hatte dieser Geschichte mit Tränen in den Augen gelauscht. Sie sagte: »Der arme Mann. Ich glaube, ich werde ihn morgen in seinem Büro anrufen und ihn zum Lunch einladen. Er könnte einen Freund wie mich brauchen.«

Wir alle mussten über Maries Besorgtheit um Yves' Wohlergehen lachen. Doch ich erinnerte mich, dass auch sie im Zeichen des Schweins geboren ist, und diese Menschen sind nicht zu halten, wenn sie jemandem helfen möchten, der unglücklicher ist als sie selbst.

Wie ich schon erwähnt habe, ist es für mich noch immer ein Geheimnis, was in einem Menschen des Schwein-Zeichens vor sich geht, was der Grund ist, dass er so oft scheitert, wo er eigentlich gewinnen müsste. Wenn ich mir die Lebensgeschichten meiner Schwein-Freunde und -Bekannten vor Augen führe, wünschte ich, ich könnte ihnen etwas gesundes Selbstbewusstsein einimpfen oder wenigstens eine misstrauische Haltung gegenüber solchen Leuten beibringen, die sie auszubeuten versuchen. Aber andererseits sage ich mir, wenn wir keinen braven, leichtgläubigen Schwein-Menschen unter uns hätten, wer würde sich dann der Armen und Bedürftigen annehmen?

Wenn es eine Eigenschaft bei diesem Menschentyp gibt, die man als Charakterfehler bezeichnen muss, so ist das ihre störrische Weigerung, den Rat anderer Menschen anzunehmen. Obwohl sie aufmerksam zuhören und wirklich gute Freunde sind, kümmern sie sich in Wirklichkeit wenig darum, was andere Leute denken. Die eigensinnige Art, in der sie die Wahrheit über sich selbst nicht zur Kenntnis nehmen, ist geradezu unheimlich. Versuchen Sie einmal, einem dieser Geschöpfe einen Rat zu geben, dann werden Sie verstehen, was ich meine. Sie sind Meister in der Kunst, Wege zu umgehen, die sie direkt zum Ziel führen könnten. Es ist fast so, als legten sie es darauf an zu scheitern.

Schwein-Menschen sind manchmal zu großen Leistungen fähig, wenn sie ihre Talente nutzen und von treuen Freunden unterstützt werden. Viel häufiger aber scheinen sie zu gleichgültig zu sein, um ihre Karriere erfolgreich voranzutreiben. Wirklicher Ruhm oder weltweite Anerkennung erschreckt sie eher. In ihren Träumen mögen sie sich nach Ruhm und Reichtum sehnen, der Weg nach oben jedoch wird sicherlich häufige Kompromisse erfordern, vielleicht sogar ein bisschen Bestechlichkeit, und gewiss die Unannehmlichkeiten vieler neuer Kontakte. Solche Verwicklungen sind mit der Natur des Schweins unvereinbar. Erinnern Sie sich: Der Schwein-Geborene verabscheut es, Lügen zu erzählen oder auch nur die Wahrheit durch Auslassungen zu verfälschen. Der Weg zum Gipfel, den andere als Triumph betrachten, hat zu viele Krümmungen für das ehrenhafte Schwein.

Was Schwein-Geborene am meisten fürchten, ist Diskriminierung. Wenn sie in irgendeiner Weise in zweifelhafte Situationen verstrickt worden sind, die ihre Achtbarkeit in Frage stellen, können sie gefährlich in Wut geraten – gegen sich selbst und gegen diejenigen, die sie in diese verhasste Lage gebracht haben. Aus diesem Grunde kann ihre geistige Stabilität manchmal sehr zerbrechlich sein. Obwohl der im Zeichen des Schweins geborene Mensch fast jede ehrenhafte Niederlage oder Kränkung seines Selbstbewusstseins gelassen hinzunehmen bereit ist, kann er keine Gefährdung seiner Integrität ertragen. Die mögliche Missbilligung seines Verhaltens durch seine Umgebung weckt wahre Horrorgefühle in ihm. Wenn er sich in einen zwielichtigen Handel hat verstricken oder wenn er sich gar zu einem Vergehen hat überreden lassen, dann wird er darunter schrecklich leiden. Von diesem Augenblick an wird sich sein Leben ändern. Er wird ständig Angst vor Entdeckung haben; er wird von Gewissensbissen geplagt werden; er wird herumschleichen wie ein geprügelter Hund. Entweder wird er von diesem Augenblick an ein tugendhaftes Leben führen, versuchen, sein Unrecht wieder gutzumachen, oder er wird nicht die Kraft aufbringen, sich wieder aus dem Schlamm herauszuarbeiten. Exzesse aller Art bedrohen sein seelisches Gleichgewicht. Vielleicht liegt da auch der Grund, weshalb so viele Menschen dieses Typs Übergewicht haben. Die Versuchung lauert an jeder Straßenecke. Sein Geist ist stark, aber sein Wille ist schwach.

Man findet im Zeichen des Schweins geborene Menschen in jedem Beruf. Sie haben Erfolg als Künstler, sind tüchtige Unternehmer und scheuen auch vor harter körperlicher Arbeit nicht zurück. Sie sind charmante Unterhalter und verlässliche Freunde. Sie brauchen sich nie wirkliche Sorge um ihr materielles Wohlergehen zu machen. Sie sind so geliebt und geachtet, dass man sie mit Gaben überhäuft. Eine große Gefahr bedroht allerdings ihre Existenz: Wenn auch alle Welt sie verwöhnt und das Manna vom Himmel zu fallen scheint, um sie und ihre Kinder zu ernähren, sollten sie doch immer argwöhnisch die Quelle im Auge behalten, die so reichlich sprudelt. Es könnte sein, dass diejenigen, die er für reine menschenfreundliche Seelen hält, ihn nur deshalb mit Geschenken überhäufen, weil sie das Schwein mästen wollen, bevor sie es schlachten.

Die Schwein-Frau

Wenn meine Mutter mich aufgebracht aufforderte, in meinem wüst aussehenden Zimmer für Ordnung zu sorgen, pflegte sie zu sagen: »Wie kannst du es aushalten, in einem solchen Schweinestall zu leben?« Ich wusste damals nicht, dass meine ältere Schwester und meine liebe Mutter beide in einem Jahr des Schweins geboren waren (1935 bzw. 1911), sonst hätte ich vielleicht geantwortet, dass unser Haus ja genau das war – ein Schweinestall! Aber vielleicht war es gut, dass ich mich damals noch nicht mit chinesischer Astrologie beschäftigte. Schwein oder nicht, meine ernste Mutter würde eine solch smarte Antwort, die sie als unverschämt empfunden hätte, nicht geduldet haben.

Da ich meine ersten siebzehn Jahre im besagten Schweingehege verbracht habe, kann ich Ihnen versichern, dass Schwein-Damen alles andere als unordentlich sind. Unser Haus war immer vorbildlich sauber und aufgeräumt. Ohne Übertreibung kann ich sagen, dass meine im Zeichen des Schweins geborene Mutter während unserer Kindheit fast ihre ganze kostbare Zeit damit verbracht hatte, hinter mir und meiner mit mir konkurrierenden Geschwister aufzuräumen, geduldig hoffend, dass wir irgendwann erwachsen und »stubenrein« werden würden. Sie sollte Recht behalten. Dank ihrem meisterhaften Vorbild verwandelten sich ihre Sprösslinge in peinlich saubere Erwachsene.

Aber neben der einer Medaille für gute Haushaltsführung würdigen Sauberkeit und Ordnungsliebe hatte meine Mutter eine große Menge anderer guter Qualitäten. Wie alle Menschen des Schwein-Zeichens, die ich kenne, ist Elva (wie wir sie jetzt zu nennen pflegen) fast übertrieben loyal, rechtschaffen und naiv. Sie erzählte uns oft Geschichten aus ihrem Leben mit unserem Vater. Der ironisch-bissige britische Humor meines Vaters gefiel sich vor allem darin, seine Angehörigen und Freunde in lächerliche Situationen zu bringen. Bis wir Kinder so weit waren, dass mein Vater seinen so genannten Witz an uns auslassen konnte, war hauptsächlich Elva das arme Opfer seiner Narreteien.

Als ich meine Mutter über ihr chinesisches Horoskop aufklärte, lachte sie ungläubig und fragte: »Ein Schwein? Was soll das bedeuten! Erwartet man von mir, dass ich mich im Dreck suhle?«

»Natürlich nicht«, beruhigte ich sie. »Es bedeutet vor allem, dass du leichtgläubig bist und sehr sanft und zu gut für diese schlechte Welt.«

Und tatsächlich antwortete Elva: »Ich bin leichtgläubig, das stimmt. Habe ich dir einmal erzählt, was dein Vater und deine Pokerfreunde mit mir angestellt haben, als er mir den Hof machte?«

Neugierig und immer auf der Suche nach Bestätigung der Tierzeichencharaktere drängte ich meine Mutter, mir alles ausführlich zu erzählen. Sie berichtete mir mindestens zehn solcher Geschichten, mit denen mein Vater sie während dieser Zeit zum Narren gehalten hatte. Elva gab zu, die meisten davon bis vor wenigen Jahren für wirklich wahr gehalten zu haben. Drei der besten sind mir im Gedächtnis geblieben. Ich will sie Ihnen als Beispiel der fast absurden Leichtgläubigkeit von Schwein-Geborenen nicht vorenthalten.

1. Mein Vater erzählte mir, dass Autofahrer, die auf dem Hauptplatz von Buffalo parken wollten, ihren Wagen an der Tatze des riesigen Steinlöwen anbinden müssten, der in der Mitte des Platzes stand. Um die Sicherheit des Wagens zu garantieren, müsse der Fahrer seine Hand in das weit aufgerissene Maul des Löwen stecken, ein Vorhängeschloss aus der Kehle des Ungeheuers herausziehen und eine Geldmünze dafür hineinlegen. Elva glaubte das tatsächlich, bis sie zwanzig Jahre später ihren eigenen Wagen fuhr und diese einzigartige Parkmethode selbst anzuwenden versuchte.

2. Die Niagarafälle liegen etwas mehr als dreißig Kilometer nordwestlich von Buffalo. Als junge Frau hatte meine Mutter keine Vorstellung von örtlichen Entfernungen. Sie war nicht in dieser Gegend aufgewachsen und hatte sich auch nie für Landkarten interessiert. Also sagte mein Vater einmal, wenn sie gern die Fälle sehen wollte, dann würden sie einen Nachtzug nehmen und standesge-

mäß im Schlafwagen dorthin reisen. Meine Mutter war keineswegs dumm, aber sie glaubte an diesen Luxusschlafwagen. Inzwischen weiß sie, dass man in weniger als einer Stunde von Buffalo zu den Niagarafällen fahren kann. »Es war einfach so eine nette Idee«, entschuldigte sie ihre Leichtgläubigkeit.

3. Die folgende Geschichte stellt alles in den Schatten. Haben Sie jemals den Indianerkopf als Emblem an der Haube eines alten Pontiac-Autos gesehen? Nun, wenn nicht, dann können Sie mir glauben, dass es ihn gab, als Elva jünger war. Eines Tages, als sie mit meinem Vater und einem seiner Freunde spazieren ging und ihnen ein Pontiac entgegenkam, fiel ihr auf, wie attraktiv der Kopf aussah. Sie machte eine entsprechende Bemerkung, und mein Vater, immer zu einer Fopperei aufgelegt, antwortete: »O ja, er hat eine starke Ähnlichkeit mit dem alten Joe.«

»Welchem Joe?«, fragte meine Mutter erstaunt.

»Joe Pontiac. Der Bursche aus diesem Indianerreservat in Tonawanda. Wir kennen ihn (ein Zwinkern über Elvas Kopf hinweg), nicht wahr, Jim?«

Jim nickte zustimmend. Und wieder einmal nahm meine Mutter den Scherz für bare Münze. Welchen Grund hätte sie haben sollen, an Vaters Worten zu zweifeln?

Frauen des Schwein-Zeichens sind einfach wunderbare Geschöpfe. Sie sind weder aggressiv, noch nörgeln sie ständig an ihrem Ehemann und ihren Kindern herum. Sie verlangen wenig oder keine Anerkennung für ihre guten Taten und tröstenden Worte. Aber wenn sie älter werden, bedauern sie oft, nicht wagemutiger und egoistischer gewesen zu sein. Langzeitfrustrationen sind keine Seltenheit bei Frauen dieses Zeichens. Oft werden sie in mittleren Jahren bitter und vergrämt wegen der vielen Enttäuschungen, die das Leben ihnen zugefügt hat. Solange sie gut verheiratet und sicher versorgt sind, denken sie nicht viel an die Welt draußen. Wenn sie aber plötzlich Witwe werden, wenn sie von Krankheiten heimgesucht werden, wenn ihre Kinder aus dem Nest geflogen sind, dann werden Depressionen und Traurigkeit ihnen das Leben schwer machen.

Wenn Sie eine Frau lieben, die im Zeichen des Schweins geboren ist, sollten Sie sich über zwei Dinge klar werden, bevor Sie eine feste Bindung eingehen. Vor allem müssen Sie sich bewusst sein, dass sie von Ihnen Schutz und Sicherheit erwartet. Die Frau des Schwein-Zeichens ist von Natur anlehnungsbedürftig und abhängig. Sie müssen sie unter Ihre schützenden Fittiche nehmen. Geben Sie ihr ein Heim und ein behagliches Leben. Und erzählen Sie ihr keine Lügen!

Zweitens müssen Sie sie, auch wenn sie gern den Kopf in den Sand steckt und immer den Weg des geringsten Widerstands wählt, ermutigen – ja zwingen –, sich in die Welt hinauszuwagen. Geduldig müssen Sie sie lehren, sich selbst durchzusetzen. Stärken Sie Ihr Selbstvertrauen! Überschütten Sie sie mit Liebe und Zärtlichkeit. Aber bitte, erlauben Sie ihr nicht, ihrem Hang nachzugeben, die Augen vor den Tatsachen zu verschließen.

Die Existenz der Schwein-Frau ist ständig von Feinden bedroht; sie muss lernen, sich zur Wehr zu setzen, in schwierigen Augenblicken auch einmal zuzuschlagen. Sie sollte ihr etwas verkümmertes Talent zur Verteidigung pflegen, indem sie ihren Ärger, ihren Zorn und ihrer Angst Luft macht. Wenn Ihre Schwein-Partnerin nicht rechtzeitig lernt, Wahrheit und Gerechtigkeit nach realistischen Maßstäben zu beurteilen, werden Sie, wenn sie älter wird, feststellen, dass Sie eine enttäuschte und frustrierte Lebensgefährtin haben.

Der Schwein-Mann

Güte wirkt auf den im Zeichen des Schweins geborenen Mann anziehend; Bösartigkeit kränkt ihn, macht ihn wütend und treibt ihn manchmal zu destruktiven Exzessen. Es wäre eine gefährliche Fehleinschätzung, wenn man annehmen wollte, es gäbe keine bösen Züge im Charakter des Schwein-Menschen. Wir alle wissen, dass Al Capone und William Randolph Hearst alles andere als freundliche Wohltäter der Menschheit waren. Wenn man über die Taten dieser despotischen Ungeheuer nach ihren eigenen Wertmaßstäben urteilt, dann kann man ihnen nicht absprechen, dass sie sich auch für andere einsetzen, für diejenigen nämlich, die nach ihrer Meinung dazu berufen waren, die Erde zu beherrschen. So wie Hearst überzeugt war, die Welt habe sich tyrannischen Reaktionären seines Schlages unterzuordnen, so kann man sich vorstellen, dass Capone sich bei seinen Verbrechen von der Hoffnung leiten ließ, mit seinen Gangstern die Macht über das von ihnen korrumpierte Amerika an sich zu reißen.

Die meisten Männer des Schwein-Zeichens sind aber gutherzige und liebevolle Ernährer ihrer Familie, der sie ein gemütliches und komfortables Heim schaffen. Der Begriff der Untreue, der automatisch den der Heuchelei einschließt, hat für den durchschnittlichen Schwein-Mann etwas Abstoßendes. Wenn man ihm echte Zuneigung entgegenbringt, wird er sein Bestes für die ihm anvertrauten Menschen tun. Entziehen Sie ihm Leidenschaft und Zärtlichkeit, berauben Sie ihn Ihrer Sympathie, zerstören Sie die sentimentale Romantik Ihrer Beziehung, so wird er sich in sich selbst zurückziehen, wird übermäßig essen, seinen Kummer im Alkohol ertränken und schweigend leiden. Obwohl er verletzt und betrübt durch das ist, was er als sein eigenes Versagen ansieht, wird er kaum ein anderes Gefühl zeigen als mürrische Verschlossenheit.

Doch sind Schwein-Männer durchaus keine Narren. Sie sind intelligent und im Allgemeinen äußerst kultivierte Menschen. Sie sind gesellig, verstehen sich gut mit Menschen aller Temperamente, geben hinreißende Partys, bei denen sie hervorragende Gastgeber und amüsante Unterhalter sind. Sie sind im Allgemeinen sehr erfolgreich und haben ein überdurchschnittliches Einkommen. Und außerdem haben sie Glück in Geschäften.

Aber in der Liebe…

Männer des Schwein-Zeichens sind oft so gutmütig, dass ihnen die Braut noch vor dem Altar davonläuft. Sie finden es schwierig, zu verstehen, dass manche Frauen Konflikte und Herausforderungen lieben, dass sie ständig umworben werden wollen. Statt sich zu wehren, wenn man sie kränkt oder ihre Eitelkeit verletzt, schütteln sie nur traurig den Kopf und fragen sich, womit sie das verdient haben.

Schwein-Gentlemen sind so verführerisch, so liebevoll, so direkt und ehrlich und sinnlich, dass eine Frau manchmal bis ans Ende der Welt davonlaufen möchte, um ihrem aufdringlichen männlichen Charme zu entfliehen.

Sollten Sie das Glück haben, von einem Menschen des Schwein-Zeichens umworben zu werden, dann denken Sie daran, ihn ernst zu nehmen. Spielen Sie nie mit seinen Gefühlen. Ich will Sie damit nicht warnen, dass er ihre Wohnungstür gewaltsam aufbrechen oder irgendwelche heimtückischen Racheakte inszenieren würde, wenn Sie seine empfindsame Seele verletzen. O nein, das genaue Gegenteil wird eintreten. Sie werden sein zartes und vertrauendes Herz brechen.

Also, meine Schwester, behandeln Sie einen Verehrer des Schwein-Zeichens mit rücksichtsvoller Umsicht. Wenn Sie sich selbst für eine vertrauensvolle und starke Frau halten, die in der Lage ist, häufig wiederkehrende Anfälle von Pessimismus, Lamentationen, ein Übermaß von Liebe in der Form maßloser Aufmerksamkeiten und sentimentaler Demonstrationen mit seelischer Gelassenheit hinzunehmen, dann heiraten Sie einen Mann dieses Zeichens. Damit Ihre Ehe ein Erfolg wird, müssen Sie enthusiastisch, von Fröhlichkeit überschäumend, äußerst ehrenhaft sein und ihm in seinen häufigen Anfällen von Melancholie mit Rat und Tat zur Seite stehen.

Wenn Sie aus irgendeinem Grunde fürchten, dass Ihr eigenes Temperament Ihnen nicht erlaubt, eine so überschwängliche Liebe zu ertragen, dann ziehen Sie sich besser zurück, solange es noch nicht zu spät ist. Ich weiß nicht, wie Sie darüber denken, aber mir bricht es das Herz, einen Mann weinen zu sehen.

Variationen im Jahreskreis

Schwein/Widder (21. März–20. April)

Hier trifft Feuer auf das Element des ruhigen Wassers. Ein Geysir ist das Ergebnis dieser Verbindung. Das Widder-Schwein ist etwas lebhafter als seine Artgenossen. Es wird sich kämpferischer einsetzen für das, was es für Recht hält, als man das bei Vertretern des Schwein-Zeichens gewohnt ist. Vorschnelle Urteile und unüberlegte Reaktionen sind seine weniger attraktiven Charaktereigenschaften. Im Zeichen des Widders geborene Schwein-Menschen sind künstlerisch begabt. Sie scheinen sich mit gleichem Erfolg in drei oder vier verschiedenen Kunstgattungen zugleich oder nacheinander bestätigen zu können. Ihre Leistungen werden öffentliche Anerkennung finden, wenn sie sich den Beistand geschickter Manager oder guter Agenten sichern. Der Mensch des Widder-Schwein-Zeichens hat eine Menge Energie, aber es fehlt ihm an Durchsetzungsvermögen.

Schwein/Stier (21. April–21. Mai)

Unter diesem scheinbar stillen Wasser verbergen sich in der Tiefe gefährliche Strudel. Da der Mensch des Stier-Schwein-Zeichens es schwierig findet, sich anders als durch die Tat auszudrücken, wird seine natürliche Sinnlichkeit manchmal durch den Verstand blockiert. Ohne ein funktionierendes Ventil für diese erdhafte Kraft werden innere Kämpfe seine sinnhaft-naive Ausdruckskraft bedrohen. Kunst, Literatur, Kultur in allen ihren Formen werden den Stier-Schwein-Menschen interessieren und begeistern. Vielleicht sollte er sich in Gesang und Tanz üben, um sein etwas schwerfälliges Erscheinungsbild zu lockern. Schweine sind Reinheitsfanatiker; Stiere sind überaus hartnäckig. Beide Zeichen lieben materiellen Komfort und wissen die Freuden einer guten Küche zu schätzen. Wenn Menschen dieses Typs ihre Tendenz zu Exzessen nicht unter Kontrolle halten, können sie fett wie Schweine werden und sich in ihrer Sturheit festfahren.

Schwein/Zwillinge (22. Mai–21. Juni)

Wenn die leichte Brise der Zwillinge das stille Wasser kräuselt, wird das Leben des Schweins an Leichtigkeit gewinnen, was es an Ruhe verliert. Mit seiner ungekünstelten, aber intelligenten Beweglichkeit wird dieser Schwein-Typ die Gaben der Diplomatie und des Taktes besitzen. Er ist zu rascher und geschickter Anpassung fähig. Der Gefahr einer verschwommenen Unverbindlichkeit begegnet er durch seine rhetorisch überzeugende und prägnante Formulierungskunst. Seine geistige Beweglichkeit wird den Zwillinge-Schwein-Menschen, wenn sie durch Selbstdisziplin kontrolliert wird, zu großen Leistungen befähigen. Wenn auch sein introvertierter Schwein-Charakter vor einer ehrgeizigen öffentlichen Karriere zurückschreckt, die angeborene schauspielerische Neigung der Zwillinge-Menschen überwindet dieses Hindernis mühelos. Aber Vorsicht! Diejenigen, die Ihnen jetzt applaudieren, könnten damit ihre eigenen Ziele verfolgen. Wenn Sie plötzlich den Geruch von frischem Blut wahrnehmen, dann könnte das Ihr eigenes sein, das aus einem heimtückischen Stich in Ihre Kehle entweicht. Feinde liegen überall auf der Lauer.

Schwein/Krebs (22. Juni–23. Juli)

Zu viel stilles Wasser könnte zu tief sein, als dass man ihm trauen sollte. Frustrationen drängen zu den Menschen des Krebs-Schwein-Zeichens. Was auch immer er unternimmt, er wird stets von seiner inneren Unsicherheit gehemmt sein. Instinktiv ist dieser Mensch dauernd in Verteidigungsbereitschaft, auch wenn noch gar kein Angriff droht. Er sucht durch Drohgebärden seine Feinde abzuschrecken. Er ist übersensibel, gefühlsbetont und oft von Sorge und Mitleid für seine vom Glück weniger begünstigten Mitmenschen gequält. Seine Nächstenliebe verbirgt er manchmal hinter einer mürrisch-abweisenden Fassade. Er fürchtet sich, seine sentimentalen Gefühle zu offen zu zeigen, weil er glaubt, dass er damit seinen Feinden, die hinter jedem Baum und jedem Busch lauern, eine Blöße gibt. Daher unterdrückt er sein fröhliches und unbeschwertes Temperament. Er versteckt sich hinter einer Maske der Unnahbarkeit. Lassen Sie sich durch diese Tarnung nicht täuschen. Wenn Sie hinter seine Fassade schauen, werden sie einen gutmütigen und hilfsbereiten Menschen finden. Seine Reserviertheit garantiert sein Überleben.

Schwein/Löwe (24. Juli–23. August)

In diesem Typ verbindet sich überströmendes Temperament mit einer pessimistischen Lebensauffassung. Ein unzähmbarer Drang, mit sardonischen Bemerkungen zu brillieren, hilft ihm, seine Hemmungen gegenüber öffentlichem Auftreten zu überwinden. Das

Feuer des Löwen erhitzt das klare Wasser zu einer gefällig sprudelnden Munterkeit. Das im Zeichen des Löwen geborene Schwein ist durch seine verschmitzte und witzig-ironische Wesensart besser geeignet, seine Talente erfolgreich zur Schau zu stellen, als die Vertreter anderer Tierkreiszeichen. Der Löwe gibt seinem Temperament Schwung, Feuer und Aggressivität; der Einfluss des Schweins wirkt dämpfend und beruhigend. Die Verbindung der beiden Zeichen ist positiv und Erfolg versprechend. Menschen dieses Typs müssen sich vor zügelloser Genusssucht hüten. Ein Bauch und ein verkatertes Aussehen wirken im Rampenlicht nicht gerade erhebend. Also Zurückhaltung bei den Tafelfreuden. Schlank ist beautiful.

Schwein/Jungfrau (24. August–23. September)

Hier haben wir einen funkelnden Edelstein, dessen Glanz verblassen wird, wenn er nicht dem Licht der Sonne ausgesetzt wird. Die Jungfrau und das Schwein sind sich in ihrem Reinheitsfanatismus so ähnlich, dass man manchmal versucht sein könnte, sie in den nächsten Misthaufen zu werfen, damit sie ein wenig von ihrer tugendhaften Unberührbarkeit verlieren. In jeder Beziehung – in ihrer Sinnlichkeit, ihrer geistigen Klarheit, ihrer übergroßen Genauigkeit und ihrer krassen Naivität – gleichen sich diese beiden Zeichen. Um diesen Menschen etwas von ihrer Einfalt zu nehmen, empfehle ich eine weltoffene Erziehung, viele Reisen, um ihre Erfahrung zu bereichern und ihnen auch die weniger angenehmen Aspekte des Lebens nahe zu bringen. Es ist aber auch durchaus nicht sicher, ob das alles genügt, um sie von ihrem Traum eines weltabgeschiedenen, einfachen Lebens zu heilen. Koste es, was es wolle, der Mensch des Jungfrau-Schwein-Zeichens wird immer wieder seinen Erfolg aufs Spiel setzen, weil er glaubt, ihn nicht mit seinen eigenen Begriffen von Rechtschaffenheit und Ehre vereinbaren zu können. Was er braucht, ist ein unerbittlicher Antreiber, der ihn täglich mit der harten Wirklichkeit des Lebens konfrontiert.

Schwein/Waage (24. September–23. Oktober)

Schwebend zwischen Himmel und dem tiefen blauen Meer, kann der Mensch dieses Doppelzeichens sich nie entscheiden, wie er sich verhalten soll. Natürlich will er Ihnen gern diese Besorgnis abnehmen. Selbstverständlich ist ihm nichts lieber, als sich an Ihr Krankenbett zu setzen und Ihre Hand zu halten. Aber warum ist niemand bereit, dasselbe auch für ihn zu tun? Waage-Menschen sind ihrem Wesen nach nicht aggressiv. Sie wollen das schwankende Boot nicht zum Kentern bringen. Schwein-Menschen lieben friedliche Lösungen und haben einen Horror vor heftigen Auseinandersetzungen. Unentschlossenes Schwanken ist das schlimmste Handikap des Menschen, der im Zeichen des Waage-Schweins geboren ist. Also entscheidet er sich, für eine Weile unausstehlich zu sein. Das aber zahlt sich nicht aus, weil ihm dann der eine oder andere böse sein könnte. Er kann Missbilligung nicht ertragen. Er will geliebt sein und es mit niemandem verderben. Doch unglücklicherweise ist die Wirklichkeit nicht immer, wie man sie sich wünscht. Es lässt sich nicht vermeiden, dass es aus diesem luxuriösen Elfenbeinturm heraustritt, den er sich eigens deshalb erbaut hat, um sich den Teufel vom Leib zu halten. Er lehnt es kategorisch ab, zur Kenntnis zu nehmen, dass der alte Satan komfortabel und stilvoll in seinem eigenen Kopf residiert. Irgendwie, auf irgendeinem Wege wird der alte Knabe sich Gehör verschaffen. Sein Erscheinen könnte schlimme Folgen haben. Menschen des Waage-Schwein-Zeichens sollten früh in die Welt hinausgehen, um das Kämpfen zu lernen. Sonst wird das Erwachen schlimm sein.

Schwein/Skorpion (24. Oktober–22. November)

Wenn mir bestimmt wäre, ein Schwein zu sein, würde ich diese Variante bevorzugen. Obwohl der Skorpion vom Element des Wassers geprägt ist, hat er Sinn für Macht und Intrige; Schweine können einen Schuss Verschlagenheit sehr gut gebrauchen. Kein im Zeichen des Schweins geborener Mensch kann seine Unschuld ganz verleugnen. Doch das Skorpion-Schwein ist mehr als seine anderen Artgenossen geneigt, Verschlagenheit und List zu akzeptieren. Nicht dass dieser Menschentyp machiavellistisch oder bösartig wäre, er versteht es nur besser, sich mit Ausflüchten aus der Klemme zu ziehen, als andere Vertreter der Sippe. Sex spielt in seinem Leben eine wichtige Rolle. Seine Sinnlichkeit ist stark ausgeprägt. Vorsicht! Hemmungslosigkeit kann schlimme Folgen haben. Der Mensch dieses Zeichens muss mit beiden Füßen fest auf dem Boden der Wirklichkeit stehen und darf sich nicht vom rechten Weg abbringen lassen. Wenn man zu tief in trübes Wasser taucht, kann man im Sumpf stecken bleiben.

Schwein/Schütze (23. November–21. Dezember)

Wenn diese Zeichenkombination einmal richtig in Fahrt kommt, dürfte sie in allen Unternehmungen unschlagbar sein. Da der Mensch dieses Schwein-Zeichens durch seinen überzogenen Idealismus oft in seiner Jugend enttäuscht wird und das Selbstvertrauen verliert, wird er im Allgemeinen erst in seinen mittleren Jahren die Früchte seiner Anstrengungen ernten können. In der Liebe befindet sich der Mensch des Schütze-Schwein-Zeichens auf gefährlichem Grund. Er vertraut zu sehr darauf, dass die Macht der Liebe alle Probleme lösen kann. Die Kraft, sich in der Welt durchzusetzen, muss von innen kommen. Man findet sie nicht in romantischen Kämpfen gegen Windmühlen. Ein Mensch dieses Typs muss viel Zeit und Mühe darauf verwenden, sein Leben zu planen und einzurichten. Seine Partner und Mitarbeiter können selten der Verlockung widerstehen, ihn zu manipulieren. Sie werden zwar seine Talente erkennen, aber sie werden versuchen, sie für ihre eigenen Zwecke auszunutzen.

Schwein/Steinbock (22. Dezember–20 Januar)

Die Härte des Steinbocks gibt dem schwankenden Schwein Halt. Dieser Typ wird wahrscheinlich defensiv und ein wenig kantig im Umgang sein. Da er von Natur aus arbeitsam und rechtschaffen ist, wird er wenig Schwierigkeiten haben, sich in jedem Beruf auszuzeichnen. Schwein-Menschen sind manchmal halsstarrig und rechthaberisch (besonders wenn sie sich bedroht fühlen) und unangenehm anmaßend. In seinem Ehrgeiz, sich an die Spitze hochzuarbeiten, wird ein Steinbock-Schwein-Mensch leicht das Augenmaß verlieren. Es gibt dann zwei Möglichkeiten: Er kann fallen und sich das Bein brechen; oder er kann sich in seiner Lagebeurteilung so sehr irren, dass er sich in den Schlingen der Schikane verstrickt und keinen Ausweg mehr findet.

Schwein/Wassermann (21. Januar–19. Februar)

Der Mensch des Zeichens Wassermann-Schwein ist ein wahrer Strudel von Aktivität. Nur kann ihn dieser Strudel leicht in den Abgrund ziehen, wenn nicht ein starker Arm ihm zu Hilfe kommt. Der Wassermann ist ein ungestümes Geschöpf. Er kümmert sich wenig um das, was der Augenblick von ihm verlangt. Das Schwein ist ein erdhaftes Geschöpf. Verantwortungslose Launenhaftigkeit erschreckt es nicht nur, sondern beleidigt auch seinen Sinn für Rechtschaffenheit. In der Kombination dieser beiden Zeichen wird es viel Konfliktstoff geben. Das Schwein liebt dauerhafte Gefühlsbindungen. Obwohl der Wassermann sehr liebenswert sein kann, ist er doch mehr an oberflächlichen Kontakten als an anspruchsvollen Beziehungen interessiert. Die Verbindung der beiden Zeichen kann faszinierend sein. Wenn beide an einem Strang ziehen, besitzen sie genügend Intelligenz und Charakterstärke, um die größten Leistungen zu vollbringen. Die Wahrscheinlichkeit ist gering, aber sie ist nicht ausgeschlossen.

Schwein/Fische (20. Februar–20. März)

Ein schwächliches Duo, das muss man schon sagen. Die leicht beeinflussbaren Fische und das friedfertige Schwein auf ewig vereint in sentimentaler Umarmung. Der wahrscheinlich einzige Schutz, den dieser Schwein-Typ gegen Täuschung und Enttäuschung finden kann, ist eine Haltung gleichgültiger Unempfindlichkeit. Das ist einer der Gründe, warum die erfolgreichen Menschen dieses Typs oft prahlerische und eitle Angeber sind. Obwohl Menschen des Fische-Schwein-Zeichens das oft erfolgreich verbergen, sind sie die ärgsten Hasenfüße, die man sich vorstellen kann. Sie fürchten sich sozusagen vor ihrem eigenen Schatten und klammern sich ängstlich an jeden, von dem sie sich Sicherheit erhoffen. Sentimentale Lieder, klassische Malerei, traditionelle Literatur sind ihre bevorzugten Hobbys.

Diese Zeichenkombination steht am äußersten Ende des chinesischen Tierzyklus von der Ratte bis zum Schwein. Bis das Wasser der Erde dahin gelangt ist, wo die Fische in ihm schwimmen können, ist es von Grund auf trübe geworden. Vielleicht könnte man sagen, dass der Zwölferzyklus am Ende seines Lebens der ständigen Veränderung müde geworden ist. Menschen des Fische-Schwein-Zeichens müssen härter als alle anderen schuften, um dem Antlitz der Erde ein wenig von ihrer Wesensart einzuprägen. Die Weisheit von zwölf Jahren lastet schwer auf ihren schwachen Schultern. Und nicht minder hart ist das Gewicht der Sorgen und Verwicklungen zu tragen, die die anderen Zeichen ihnen hinterlassen haben. Nach dem Abtreten des Fische-Schweins eröffnet die aggressive Ratte mit neuer Kraft und Munterkeit den nächsten Reigen. Das im Zeichen der Fische geborene Schwein hat keinen leichten Stand.

Ratschläge für die Zukunft

Ehrpusseliges Schwein, hab keine Angst, ich will dich nicht mit herabsetzenden Redensarten behelligen, die dein Ehrgefühl beleidigen könnten. Ich freue mich vielmehr über das Privileg, dir meine Reverenz erweisen zu können und dir sagen zu dürfen, wie wunderbar ich dich finde. Wenn deine Integrität noch intakt ist, wenn deine Tugendhaftigkeit im höchsten Glanz erstrahlt und du den Mut aufbringst, mir zu glauben, dann könntest du vielleicht einen kleinen Vorsprung vor all den anderen Vertretern unseres chinesischen Tierkreises gewinnen, die dir so oft in diesem Leben überlegen sind. Ob munteres Ferkel oder stämmiger Eber, in allen Etappen deiner Existenz bist du viel zu sanftmütig. Aus Gründen, die niemand von uns ganz versteht, lässt du geduldig und friedfertig die ungerechtesten Kränkungen über dich ergehen. Die hässlichen Dinge, die du dir widerspruchslos ins Gesicht sagen lässt, die Art, wie du deine Nerven strapazieren lässt, um Szenen zu vermeiden, die vielen Liebesbeweise, die du ohne Erwartung einer Erwiderung austeilst – alle diese so offensichtlich edlen Eigenschaften sind ironischerweise deine schlimmsten Fehler.

Ein weiser Mann hat einmal zu mir gesagt: »Niemand liebt einen Wohltäter.« Was er mit dieser kryptischen Bemerkung meinte, mag dir brutal und ungerecht erscheinen, aber diese Feststellung entspricht der rauen Wirklichkeit. Selbstlose Wohltätigkeit wird selten von den Empfängern geschätzt, zumindest solange sie nicht gezwungen sind, sie auf Heller und Pfennig zurückzuzahlen. Ich bin mir bewusst, dass du dies schockierend findest. Ich kann dich direkt murren hören: »Zynisch. Was glaubt sie, was sie ist, meine reine Seele so in den Schmutz ziehen zu wollen?« Beruhige dich. Ich versichere dir, dass ich ehrlich wie ein Schwein versuche, meiner Mission gerecht zu werden, deine reine und liebevolle Seele vor Schaden zu bewahren.

Die Wahrheit ist, mein kleines Schwein, du kannst absolut mit allem fertig werden, was deine Intelligenz dir rät. So viel weißt du wahrscheinlich selbst. Ob du die angenehme Aufgabe erhältst, ein 10-Zimmer-Haus einzurichten, oder die weniger angenehme, die unordentlichen Schränke in besagtem Haus aufzuräumen, du wirst an jeden Job mit gleicher Sorgfalt und Intelligenz herangehen. Du setzt deinen Ehrgeiz darin, jede Arbeit schnell und gründlich zu erledigen. Auch wenn niemand dir helfen will, wenn alle anderen dich im Stich lassen, du zuckst nur die Schultern und machst dich an die Arbeit, als ob solche Gewaltaktionen deine liebste Beschäftigung wären.

»Oh, mach dir meinetwegen keine Sorgen«, wirst du mir erzählen. »Ich komme ganz gut allein zurecht.« Oder: »Tatsächlich mache ich das lieber selbst. Dann weiß ich wenigstens, dass es ordentlich gemacht wird.« Und damit hast du wahrscheinlich Recht. Zweifellos ist niemand gründlicher und gewissenhafter als ein Schwein. Aber, Schwein meines Herzens, wenn dir meine Tiraden nicht lieblich in den Ohren klingen, vielleicht brauchst du nur einmal auf deine innere Stimme zu hören. Deine Gutwilligkeit, deine Bereitschaft, alles auf dich zu nehmen und alle Schläge klaglos einzustecken, mag ja ganz schön für dich sein. Doch alle Menschen des Schwein-Zeichens, die ich kenne, haben mir irgendwann einmal in einer schwachen Stunde anvertraut, wie viel ihnen daran gelegen ist, anerkannt zu werden. Das gilt für meine Mutter, die sich heimlich wünschte, ein Filmstar zu werden; das gilt für meinen Freund Jim, der mir einmal, als er beschwipst war, gestand, sein größter Herzenswunsch sei, dass sein Restaurant der Treffpunkt aller großer Stars werde. Beide hätten liebend gern einmal im Rampenlicht gestanden.

Oder meine Freunde Marie, die sich immer wünschte, ein cleverer Agent würde eines Tages bei ihr aufkreuzen und ihr Ölgemälde für eine Sonderausstellung in Paris abholen. Bezaubernde Marie, immer wieder fragst du mich, warum Talent und harte Arbeit für den Erfolg nicht ausreichen. Und immer und immer wieder versuche ich dir klarzumachen, dass man manchmal, um die Oberhand zu gewinnen, akzeptieren muss, unter der Hand mit Zaubertricks zu arbeiten.

Vergiss deine Integrität einmal für einen Augenblick. Male dieses blaue Ölgemälde für die Frau des Bankiers, wenn du Blau auch hasst. Gib dir Mühe damit. Mache einen hohen Preis für dein Auftragsmeisterstück. Du kannst sicher sein, die nette Dame wird dein Ölgemälde in die Mitte ihrer Wohnzimmerwand hängen. Alle ihre Freundinnen werden sie fragen, wer der Maler ist. Bald wird dich vielleicht eine von ihnen anrufen und dir einen Auftrag erteilen. Oder, besser noch, vielleicht kennt sie die Frau eines Galeristen. Die ungewöhnlichsten Geschenke kommen immer, wenn und von wo man sie am wenigsten erwartet. Aber du musst dich dazu verstehen, aus deinem elfenbeinernen Prinzipienturm herauszutreten. Ein blaues Gemälde mehr oder weniger wird deinem Ruf nicht das Etikett »kommerziell« anhängen. Blaue Gemälde können wirklich ganz hübsch sein.

»Aber nein«, wirst du vielleicht protestieren, »ich werde dieses Risiko nicht eingehen. In Wirklichkeit bin ich ja gar nicht so ehrgeizig. Wie soll ich überhaupt wissen, ob ich tatsächlich so gut bin?«

Ich denke, liebes Schwein, du protestierst zu viel. Wenn du wirklich so verdammt wenig Wert auf Erfolg legst, warum bist du dann immer so völlig verzückt, wenn jemand einmal ein Bild von dir kaufen möchte? Was ist so wichtig daran, berühmt zu sein, wenn dir doch so wenig daran liegt?

Vielleicht werden eines Tages, liebes Schwein, wenn du längst nicht mehr unter den Lebenden weilst, deine Kinder in deinen Sachen herumkramen. Ich höre schon ihre verwunderten Ausrufe: »He, schau einmal, wusstest du, dass Vater schreiben konnte? Sieh dir einmal all diese Tagebücher an. Was für eine ausgezeichnete Prosa. Lies einmal diese Gedichte. Man sollte sie wirklich einem Verleger zeigen.« Verwundert werden sie sich den Kopf kratzen und dann deine Aufzeichnungen sorgfältig wieder in der Erinnerungskiste verstauen. Ist es das, was du möchtest? Posthumer Ruhm bei deinen Sprösslingen?

Komm, raffe dich endlich einmal auf. Ein Kompromiss tut überhaupt nicht weh. Warum willst du es nicht wenigstens versuchen? Sieh den Tatsachen ins Gesicht, solange es noch Zeit ist. Tanze tapfer auf diesen heißen Kohlen des vermeintlichen Verrats. Du kannst es schaffen. Immer schön einen Fuß vor den anderen setzen. Kopf hoch! Augen geradeaus! Und vorwärts, marsch!

Beziehungen zu anderen Tierzeichen

Herzensangelegenheiten

Schweine sind alles andere als schwach. In der Liebe (wie im Geschäft und beim Vergnügen) ist das Schwein ein mutiges, wenn auch friedliebendes Geschöpf. In Liebesaffären wird es im Allgemeinen offenherzig und aufrichtig sein. Schwein-Menschen sind ihren Partnern ergeben und oft überaus großherzig gegenüber ihren Schwächen und Unzulänglichkeiten.

Die Diskretion, die Menschen des Schwein-Zeichens in ihrem Privatleben üben, täuscht oft darüber hinweg, dass sie enorm sinnlich und sogar ein klein wenig obszön sind. Die Liebe eines Schwein-Menschen ist unkompliziert. Er braucht keine Gaukeleien der Phantasie und nicht den Stachel der Sünde, um die Liebe zu genießen.

Katzen sind die optimalen Liebespartner der Schweine. Die manchmal etwas puritanische und sogar prüde Katze mag durch den unverblümten, etwas obszönen Witz des Schweins schockiert sein, auf die Dauer aber gewinnt die Katze durchaus Geschmack an den herzhaft-sinnlichen Liebesbezeugungen des Schweins.

Wenn der Drache freundlich und wohlgesinnt ist, kann die Liebe zwischen einem Schwein und einem Drachen dauerhaft und für beide befriedigend sein. Das Schwein wird dem Drachen ein gemütliches Heim schaffen, und der Drache wird das Schwein vor den Gefahren der Welt beschützen. Der Drache wird oft versucht sein, dem leichtgläubigen Schwein etwas vorzuflunkern. Ein Schwein zu belügen, ist ja die einfachste Sache der Welt. Aber wehe, wenn das Schwein herausfindet, dass es zum Narren gehalten worden ist; dann werden die Fetzen fliegen. Das Motto des Schweins ist zwar »Friede um jeden Preis«, aber nicht auf Kosten der Ehre!

In einem sehr weiten Sinne ist das Schwein nachsichtig mit jedermanns Fehler. Es trägt niemals etwas nach und ist seinem Partner gegenüber selten arrogant.

Es gibt jedoch keine anderen Tierzeichen, die das Risiko eingehen würden, von einem intelligenten, gewissenhaften und erfolgreichen Schwein abgewiesen zu werden. Das Schwein besitzt durchaus genügend Selbstachtung, um sich nicht längere Zeit manipulieren zu lassen. Hähne, Schlangen und Ziegen können vielleicht versuchen, die Zuneigung des Schweins zu gewinnen; aber das Schwein wird sie wohl als zu unseriös für seinen sensiblen Geschmack empfinden.

Sogar der menschenfreundliche Hund und der hochgesinnte Tiger könnten versucht sein, die Gutmütigkeit des Schweins auszunutzen. Das Schwein ist sich dieser Gefahr bewusst. Es trifft nicht oft eine unkluge Wahl.

Freundschaften und gesellschaftliche Beziehungen

Freundschaft ist etwas, was das Schwein sehr ernst nimmt. Menschen des Zeichens Schwein haben selten viele intime Freunde. Sie sind sich ihres Rufes als gutmütige Trottel bewusst, die man leicht ausbeuten kann. Daher vermeiden sie zu enge Kontakte mit Zufallsbekanntschaften. Sie sind charmant und freundlich, jedoch von kumpelhaften Freundschaften halten sie nichts.

Seine besten Freunde dürfte ein Mensch des Schwein-Zeichens unter denen finden, die in Jahren der Ratte, des Affen, des Hundes oder des Schweins geboren sind. Ratte, Affe und Hund haben viel Gemeinsames mit dem Schwein und sind von seiner scheinbaren Unbedarftheit nicht schockiert.

Ebenfalls eine gute Wahl wären Vertreter des Katze- oder Ziege-Zeichens. Obwohl die Katze manchmal die etwas herb-anzügliche Art des Schweins abstoßend findet und vermeiden wird, sich in eleganten Kreisen mit ihm zu zeigen, kommen die beiden privat ausgezeichnet miteinander aus. Zudem ist das Schwein kein Snob und legt auf Galadiners oder dergleichen Mumpitz nicht den geringsten Wert. Ziege und Schwein verstehen sich gut. Das Schwein hilft der Ziege gern und mit Takt in pekuniären Verlegenheiten aus; die Ziege verschönt mit ihrer Phantasie das etwas triste Leben des Schweins.

Drache und Tiger können sich mit dem Schwein ebenfalls anfreunden, doch wird ihnen das Schwein nicht recht trauen. Das Schwein ist gegen die Selbstsicherheit und Arroganz, die diese beiden Geschöpfe ausstrahlen, allergisch und fühlt sich in der Umgebung dieser beiden Tierzeichen nicht wohl.

Hahn und Schwein werden über eine sehr oberflächliche Beziehung selten hinauskommen. Sie haben zu wenig gemeinsame Interessen. Auch für Schlangen kann sich das Schwein nicht erwärmen. Die Schlange ist zu stolz auf ihren Scharfsinn und ihre Eleganz, um dem rustikalen Schwein zu gefallen.

Geschäfte

Menschen des Schwein-Zeichens haben, obwohl sie weder verschlagen sind noch an dubiosen Methoden Gefallen finden, fast immer eine glückliche Hand in Geldangelegenheiten. Nach einer chinesischen Legende ist das Schwein vom Glück gesegnet. Durch dick und dünn wird das friedliche Schwein sich unermüdlich vorarbeiten und auch nicht in Situationen aufgeben, die andere als ruinös bezeichnen würden. Nach jedem Debakel taucht das Schwein strahlend lächelnd und mutig wieder auf, bereit, von vorn zu beginnen.

Die Naivität, die Schweine von Zeit zu Zeit so penetrant zur Schau stellen, wird in geschäftlichen Partnerschaften mit Menschen des Ratte-Zeichens oder mit denen des Hahns und des Pferdes besonders deutlich. Diese drei Zeichen haben in geschäftlichen Dingen völlig andere Vorstellungen als das Schwein. Schweine, die doch so leicht zu täuschen sind, werden ihre Politik der Rechtschaffenheit um keinen Preis aufgeben.

Ochsen, Drachen und Katzen sind die besten Partner für das glückhafte Schwein. Sie sind zu harter Arbeit fähig und geneigt und bringen in die Verbindung gerade so viel Verschlagenheit ein, dass das Schwein sich nicht zu genieren braucht.

Tiger und Hunde gehen zu spontan und großzügig mit Geld um, als dass eine Partnerschaft mit dem Schwein dauerhaft sein könnte. Affen und Ziegen machen den Mangel an Phantasie wett, die dem glückhaften Schwein fehlt, und sind deshalb sehr nützliche Partner.

Und eine der erfolgreichsten Bindungen im Geschäftsleben ist die Partnerschaft zweier Schweine. Beide sind von Natur aus vom Glück gesegnet – was könnte eine bessere Grundlage für den Erfolg sein?

Familie

Menschen des Schwein-Zeichens sind wunderbare Eltern. Elternschaft ist für sie ein Erlebnis, das man mit dem Gefühl eines revolutionären Anarchisten vergleichen könnte, dem es gelungen ist, die Regierung zu stürzen. Sieg! Eine Chance, zu Hause zu bleiben, weg von der entfesselten Menge, weit vom Schuss und behaglich etabliert als Herr im eigenen Haus.

Nun, bedingt durch dieses Gefühl elterlichen Wohlbehagens, neigen Menschen des Schwein-Zeichens dazu, sich ein bisschen zu stark an ihre Kinder zu klammern. In manchen Fällen wird dieses Gluckensyndrom von den Sprösslingen als angenehm empfunden; in anderen Fällen müssen Schwein-Eltern damit rechnen, zurückgewiesen und verletzt zu werden.

Schlange-Kinder zum Beispiel können ihren so nachsichtigen Schwein-Vater (oder ihre Schwein-Mutter) zu ihrem Sklaven machen. Schlange-Kinder verlangen umso mehr Fürsorge, je mehr sie bekommen. Und das gutmütige Schwein kann ihnen nichts abschlagen. Pferd- und Katze-Kinder nehmen die erstickenden Liebesbeweise ihrer Schwein-Eltern nicht mit der Begeisterung auf, die diese erwarten. Kinder dieser beiden Zeichen zeigen sich den Wünschen ihrer Eltern gegenüber gleichgültig. Diese Aspekte finden Schwein-Eltern schwer erträglich.

Kinder aller anderen Zeichen können mit einem Schwein-Vater (oder einer Schwein-Mutter) sehr glücklich sein. Schwein-Eltern sind die personifizierte Selbstverleugnung. Ein Kind, für das es so wichtig ist, in einem friedlichen Heim ohne Streitereien und Szenen aufzuwachsen, kann es nicht besser treffen, als in einer Schwein-Familie geboren zu werden. Schwein-Eltern machen die Kindheit zu einem Paradies, die Jugend zu einem Hort verständnisvoller Freundschaft, und sie werden die Kinder, wenn sie erwachsen sind, mit Liebe und Zuneigung überschütten, bis der Tod sie scheidet.

Die chinesischen Jahre –
Tendenzen und Aussichten

Das Jahr der Ratte
1900, 1912, 1924, 1936, 1948, 1960, 1972, 1984, 1996, 2008

Jahre der Ratte sind voll von Überraschungen. Eine Zeit, zu investieren oder zu sparen. Obwohl diese Jahre manchmal Wohlstand und Reichtum bringen, sind solche Ernten nur die Ruhe vor möglichen Stürmen zukünftiger Armut. Eröffnen Sie ein Sparkonto, legen Sie einen Gemüsegarten an, verstecken Sie Ihren Schmuck unter der Matratze. Regnerische Tage sind zu erwarten.

Kinder, die in diesen Jahren geboren werden, sind besser daran, wenn ihr Geburtstag in den Sommer fällt. Sie brauchen ihre Vorräte nicht aus dem Schnee zu graben und können von der Sommersonne profitieren, um die Ernte einzubringen, die sie für die langen Wintermonate so dringend brauchen.

▶ RATTE   Dies sind Ihre Jahre. Ergreifen Sie jede günstige Gelegenheit, die sich Ihnen bietet. Es wird nicht lange dauern, bis Ihr Zeichen unter negative Einflüsse kommt. Legen Sie Vorräte an.

▶ OCHSE   Ratte-Jahre sind für den Ochsen günstig. Der Ochse ist selten verschwenderisch, doch in Ratte-Jahren kann er zusätzlich etwas auf die hohe Kante legen.

▶ TIGER   Tiger finden Ratte-Jahre uninteressant. Sie sollten bei aller Langeweile nicht Ihren Sinn für sparsames Wirtschaften außer Acht lassen. Sparen Sie, knausern Sie, und schnallen Sie den Gürtel enger.

▶ KATZE   In Ratte-Jahren läuft für Katzen nicht alles so, wie es sollte. Die Fundamente der Existenz drohen zu zerbrechen. *En garde!*

▶ DRACHE   Ein gutes Jahr für den Drachen. Ratten verehren diesen extrovertierten Feuerspeier. Drachen sollten in Ratte-Jahren ihr Vermögen gut anlegen und freundschaftliche Beziehungen festigen.

▶ SCHLANGE   Schlangen fühlen sich in dem Wirbel der Ratte-Aktivitäten nicht immer sehr wohl. Aber sie mögen Ratten und Ratten sind gut zu ihnen. Schließen Sie das Scheckbuch weg. Im nächsten Jahr können Sie ein ordentliches Bankpolster gebrauchen, um die schlechte Zeit zu überbrücken.

▶ PFERD Ratten mögen die hochnäsige Art des arroganten Pferdes nicht besonders. Pferde müssen in einem Ratte-Jahr damit rechnen, kräftig zur Ader gelassen zu werden. Vorsicht in Geschäften und in der Liebe!

▶ ZIEGE Ziegen tun gut daran, in Ratte-Jahren ihre Ausgaben einzuschränken. Auch andere Leute können zu knapp bei Kasse sein, um ihnen auszuhelfen.

▶ AFFE Ein gutes Jahr für Menschen des Affe-Zeichens. Erfolg in allen Lebensbereichen. Liebesbeziehungen zwischen Affe und Ratte können in solchen Jahren außerordentlich glücklich sein.

▶ HAHN Vorsicht mit den so mühsam erarbeiteten Ersparnissen. Sie könnten in einem Jahr der Ratte versucht sein, damit Engpässe zu überwinden. Rechnen Sie nicht damit, dass die Ratte Ihnen aus der Patsche hilft. Sie mag Sie, aber sie hat wenig Zeit für Sie.

▶ HUND Das Jahr der Ratte ist dem Idealismus abhold, der für die Schaffenskraft des Hundes so entscheidend ist. Hunde finden diese Jahre oberflächlich und banal materialistisch.

▶ SCHWEIN Es freut mich, Ihnen sagen zu können, dass das ein ausgezeichneter Jahrgang für ein Schwein ist. Genießen Sie die gute Zeit. Wenn die Ratte das Zepter führt, kann das Schwein sich nicht beklagen.

Das Jahr des Ochsen
1901, 1913, 1925, 1937, 1949, 1961, 1973, 1985, 1997, 2009

In diesen Jahren muss sich jeder kräftig ins Geschirr legen, um den Wagen durch den Dreck zu ziehen. Für den, der harte Arbeit verabscheut, werden Jahre des Ochsen leere Scheunen bringen. Diktatoren haben in Jahren des Ochsen leichtes Spiel. Seien Sie auf der Hut, damit Sie mit Ihrem Stimmzettel nicht die falschen Männer an die Macht bringen.

Ochse-Jahre sind ertragreich für Bauern. Die Ernte wird selten durch Schädlinge, Überschwemmungen oder Dürre gefährdet. In diesen Jahren steht der Ochse einmal nicht mit der Sicherheit auf Kriegsfuß.

Ochsen, die im Winter geboren sind, haben ein leichteres Leben und eine bessere Konstitution als diejenigen, die während der arbeitsreichen Sommermonate zur Welt kommen.

▶ RATTE Für Ratten ist das Jahr des Ochsen nicht günstig. Erinnern Sie sich, dass Ratten gern von den Vorräten leben, die andere angesammelt haben. Der Ochse hat kein Verständnis für Schmarotzer.

▶ OCHSE Natürlich wird der Ochse in seinem eigenen Jahr am glücklichsten sein, weil er das Regiment führt. Er kann die besten Entscheidungen treffen, wenn seine Autorität nicht in Frage gestellt wird.

▶ TIGER Tiger haben wenig Gutes vom Ochsen zu erwarten. Sie sollten sich ruhig verhalten und abwarten, bis bessere Zeiten für sie kommen. In Jahren des Ochsen wird den Unternehmungen des Tigers kein Glück beschert sein.

▶ KATZE Obwohl der Ochse nicht direkt das Gleichgewicht der Katze bedroht, hat er doch wenig Nachsicht mit ihrem zimperlichen Getue. Wenn ich an Ihrer Stelle wäre, liebe Katze, würde ich mich bemühen, möglichst wenig anzuecken. Nutzen Sie Ihren Charme, so gut Sie können. Das nächste Jahr wird nicht viel besser sein.

▶ DRACHE Autoritäres Gehabe beeindruckt den unerschrockenen Drachen nicht. Aber trotzdem, glückliche Jahre sind das für ihn nicht. Ochsen halten Drachen für falsche Götter. Sie tun wenig, um ihnen das Leben zu erleichtern.

▶ SCHLANGE Die elegante Schlange scheint die Autorität des Ochsen zu ignorieren. Sie müssen Geduld haben, liebe Schlange, Ochsen verteilen keine Schönheitspreise, wenn sie auf dem Thron sitzen.

▶ PFERD Die Arbeit wird sich für das Pferd im Jahr des Ochsen bezahlt machen. Die Liebe aber wird dabei zu kurz kommen und abkühlen. Hüten Sie sich vor irrationalen Entscheidungen in Augenblicken seelischer Depression. Das nächste Jahr wird Ihnen mehr entgegenkommen.

▶ ZIEGE Schlimmer kann es nicht kommen. Man muss die Ziege bedauern, die es so sehr liebt, in Ruhe und Frieden zu grasen. Der Ochse wird mit seinem Gespann kommen und den ganzen süßen Klee unterpflügen.

▶ AFFE   Wie gut oder schlecht das Jahr ist, der Affe findet gewöhnlich sein Auskommen. Er fühlt sich unter der Herrschaft des Ochsen wohl. Hofnarren heitern den ernsten Ochse-König auf.

▶ HAHN   Wenn es nötig ist, kann der Hahn sich ins Zeug legen. Ein Jahr des Ochsen kann ihm Erfolg bringen oder ihn ruinieren. Wenn er sich einsetzt, kann er reichen Gewinn erwarten.

▶ HUND   Das sind nicht Ihre besten Jahre, mein Freund. Sie könnten versucht sein, sich ein größeres Stück vom Kuchen abzuschneiden, als Ihnen zusteht, aber der Ochse wird Ihnen auf die Schliche kommen. Riskieren Sie nicht Ihre Position. Das nächste Jahr wird glücklicher sein.

▶ SCHWEIN   In Ochse-Jahren wird sich das Schwein an das raue Klima harter und mühsamer Arbeit gewöhnen müssen. Nicht seine schlechtesten Jahre, aber wohl die am wenigsten amüsanten.

Das Jahr des Tigers
1902, 1914, 1926, 1938, 1950, 1962, 1974, 1986, 1998, 2010

Tiger-Jahre sind notorisch turbulent. Politische Unruhen, Staatsstreiche und Katastrophen ereignen sich besonders oft in diesen aktionsreichen Jahren.

Vorsicht bei allen neuen Unternehmungen ist geboten. In Tiger-Jahren sollte sich niemand in ein Risiko oder Abenteuer stürzen, ohne vorher das Terrain genau zu sondieren. Der Tiger ist zwar ein edles und ehrenhaftes Geschöpf, aber er drückt seinen Jahren den Stempel von Unsicherheit und Gefahr auf. Tiger wissen nie, wohin sie den nächsten Sprung machen. In Tiger-Jahren müssen Menschen aller anderen Zeichen immer mit Überraschungsangriffen ihrer Feinde rechnen. Wenn wir das Unheil am wenigsten erwarten, finden wir uns unverhofft mit ihm konfrontiert. Wir alle brauchen viel Kraft in diesen unwirtlichen Zeiten.

Ein Tiger-Kind ist gegen die unvermeidlichen Gefahren des Tiger-Lebens am besten gerüstet, wenn es in den Tagesstunden geboren wird.

▶ RATTE   Tiger-Jahre bringen Ratten nicht die für sie so wichtige und begehrte Sicherheit. Sie sollten Situationen vermeiden, in denen Sie mit den Interessen des Tigers kollidieren könnten. Der Tiger mag es nicht, wenn man sich in seine Angelegenheiten einmischt.

▶ OCHSE   Ein Jahr unter dem Einfluss des Tigers wird dem manchmal streitsüchtigen Ochsen viel Ungemach bringen. Klugheit und Gewaltlosigkeit sollten seine Losung sein.

▶ TIGER   Für einen Tiger kann es nichts Besseres geben als das Leben in einem Tiger-Jahr. Langfristige, weit greifende Projekte sollten jetzt in die Tat umgesetzt werden. Es kann nichts scheitern.

▶ KATZE   Tiger-Jahre sind beunruhigend für die bequeme Katze. Sie hasst es, ihre Anschauungen und ihren Lebensstil zu modifizieren. Aber es hilft nicht, der Tiger verlangt von der Katze Beweglichkeit und Anpassung. Es ist nicht leicht, in Tiger-Jahren eine Katze zu sein.

▶ DRACHE   Der Tiger wird seinen Drache-Kumpel gern zu einigen waghalsigen Bravourstücken ermutigen. Der Drache wird mit Freuden im Rampenlicht stehen, das ihm so sehr behagt.

▶ SCHLANGE   Schlangen finden Tiger-Jahre entnervend. All dieses Hetzen und Jagen. Vielleicht kann die Schlange als unbeteiligte Zuschauerin einiges lernen.

▶ PFERD   Pferde können in Tiger-Jahren große Unternehmungen starten. Sie werden vom Tiger keinen Widerstand zu erwarten haben. Veränderungen sind in Tiger-Jahren für das Pferd günstig.

▶ ZIEGE   Nicht die glücklichsten Jahre für die Ziege. Sie sollte sich die Tatsache zu Nutze machen, dass niemand sie beobachtet, und ihren nächsten Coup in Ruhe planen.

▶ AFFE   Der Affe mag sich vernachlässigt fühlen, aber er wird unter dem Einfluss des Tigers nicht zu leiden haben. Vielleicht sollte er es sich bequem machen und sich die Show in Ruhe ansehen.

▶ HAHN   Tiger-Jahre sind für den Hahn anstrengend. Er wird danach Ruhe brauchen.

▶ HUND   Alles, was der Tiger unternimmt, interessiert den ernsten Hund. Auch er wird eine Chance haben, sich in Tiger-Jahren auszuzeichnen.

▶ SCHWEIN   Das Schwein bewundert die Heldentaten des Tigers. Es wird sich willig am Kampf beteiligen.

Das Jahr der Katze
1903, 1915, 1927, 1939, 1951, 1963, 1975, 1987, 1999, 2011

Es kündigen sich große Ereignisse an, die die Welt verändern könnten. Doch bis dahin wird noch einige Zeit vergehen. In der Zwischenzeit sollten Sie alle Sorgen vergessen und das Leben genießen. Partys, Empfänge, gesellschaftliche Veranstaltungen bringen Abwechslung in das eintönige Alltagsleben. Ein reges kulturelles Leben blüht in Jahren der Katze. Nehmen Sie an Kursen teil, lernen Sie malen, schreiben, sticken...

In Jahren der Katze hat die Gerechtigkeit einen hohen Stellenwert. Niemand wird dem langen Arm des Gesetzes entkommen. Halten Sie sich von zweifelhaften Unternehmungen fern.

Katze-Kinder sind begünstigt, wenn sie in Sommermonaten geboren werden. Der Winter ist der delikaten Natur der Katze abträglich.

▶ RATTE   Wenn ich eine Ratte in einem Katze-Jahr wäre, ich würde mich in eine warme Ecke verkriechen und auf das nächste Jahr warten. Katzen würden allzu gern mit ihren Krallen die arme Ratte zur Strecke bringen. Lassen Sie sich möglichst wenig blicken.

▶ OCHSE   Die Lage bessert sich. Aber Ochsen sind noch nicht in ihrem Element. Die Katze lächelt ihn zwar freundlich an, aber sie möchte sich nicht in all diese Ochsen-Schinderei hineinziehen lassen.

▶ TIGER   Tiger sind in Katze-Jahren keine bewunderten Stars. Sie sollten daher abwarten. Geduld. Das nächste Jahr wird Sie für alles entschädigen.

▶ KATZE   Gute Geschäfte und viel Vergnügen. Was kann eine Katze mehr verlangen?

▶ DRACHE   Drachen amüsieren Katzen. Und Katzen haben keinen Grund, ihre Drache-Freunde zu verletzen. Kein Anlass zur Sorge. Warten Sie das Klingelzeichen für Ihren Auftritt ab. Der nächste Akt des Dramas ist Ihre große Chance.

▶ SCHLANGE   Ein Erfolg versprechendes Jahr für Schlangen. Katzen und Schlangen haben viel gemein. Guter Geschmack und

Eleganz überall, wohin das Auge blickt. Die Schlange wird freudig ihre Mission erfüllen.

▶ PFERD   Pferde haben ein ertragreiches Jahr auf allen Gebieten – Liebe, Beruf und Geselligkeit. Sie können sich im besten Licht zeigen.

▶ ZIEGE   Sind Sie endlich einmal zufrieden? Das sind köstliche Jahre für die Ziege. Ihre Arbeit wird unter dem wohlwollenden Einfluss der Katze ausgezeichnete Ergebnisse bringen.

▶ AFFE   Geschäftliche Gelegenheiten in Hülle und Fülle. Grund zum Lächeln. Es könnte nicht besser sein.

▶ HAHN   Nutzen Sie dieses Jahr, um sich in Ruhe zu erholen. Richten Sie Ihre Augen auf die Zukunft. Im nächsten Jahr werden die Chancen erheblich besser sein.

▶ HUND   Jahre der Katze sind für den Hund erholsam und köstlich. Jetzt hält endlich einmal ein anderer Wache. Also freuen Sie sich. Sie sind in guter Hut.

▶ SCHWEIN   Will jemand Ihnen schaden? Gehen Sie ihm aus dem Weg. Halten Sie sich abseits und hören Sie nicht hin. Und vor allem: Lassen Sie sich nicht von ihren eigenen Problemen das Leben schwer machen. »Nein« zu sagen ist der einzige Weg, um sich zu behaupten. Wenn Sie sich weigern mitzumachen, kann Ihnen nichts Böses zustoßen.

Das Jahr des Drachen
1904, 1916, 1928, 1940, 1952, 1964, 1976, 1988, 2000, 2012

In Jahren des Drachen gibt es viele Feste und viele Ehrungen. Es sind die Jahre der Phantasien, die von großen Erfolgen und glänzenden Siegen träumen.

Wegen der irrationalen und mythischen Natur des Drachen können in diesen Jahren erzielte Gewinne sehr unbeständig und kurzlebig sein. Viel Arbeit steht denen bevor, die in diesen Jahren der Extravaganz begünstigt sind. Es ist eine Sache, an die Spitze zu kommen, aber eine andere, oben zu bleiben.

Ein im Jahr des Drachen geborenes Kind ist mit der Gabe der

Großmut und des Glücks gesegnet – wenn nicht an seinem Geburtstag ein Sturm wütet. In diesem Fall müssen die Eltern es mit wachsamen Augen auf seinem Weg behüten.

▶ RATTE   Diese Jahre kommen der Vorliebe der Ratte für Pomp und Prunk entgegen. Drachen sind Ratten wohlgesinnt. Sie haben die Chance, die Parade anzuführen.

▶ OCHSE   Wenn im Jahr des Drachen dem Ochsen auch eine reiche und mühelose Ernte zu winken scheint, würde es doch klug sein, fest im Geschirr zu bleiben.

▶ TIGER   Tiger können mit einem sehr guten Jahr rechnen. Jahre des Drachen sind machtvoll und spektakulär. Tiger, die neue Projekte starten oder begonnene zu Ende führen wollen, werden unter dem Einfluss des Drachen erfolgreich sein.

▶ KATZE   Erfolg und vielleicht auch Anerkennung für frühere Leistungen sind in einem Jahr des Drachen zu erwarten. Katzen können sich diskret auf die Seite des Siegers schlagen, doch wahrscheinlich werden sie lieber in einer ruhigen Ecke am warmen Herdfeuer Zuflucht suchen.

▶ DRACHE   Der Sturm hat sich verzogen. Jetzt ist die Zeit für ruhmvolle Taten. Planen Sie sorgfältig, arbeiten Sie Ihre Projekte gründlich aus, und dann lassen Sie die Fanfaren blasen und schicken Sie sich selbst Blumen ins Haus. Es ist Ihr Jahr!

▶ SCHLANGE   Schlangen sind in Drache-Jahren vom Glück begünstigt. Sie sind in Pomp und Prunk vernarrt. Der Drache lächelt freundlich auf seinem Thron. Die Schlange ist glücklich, nahe seinem Thron zu stehen.

▶ PFERD   Herrliche Zeiten für Pferde. Wie könnte das stolze Pferd solchen prunkvollen Zeremonien widerstehen? Es zieht mit erhobenem Kopf im Zuge mit. Seine Leistungen finden Anerkennung.

▶ ZIEGE   Ziegen kommen in Drache-Jahren gut voran. Das fröhliche Treiben beflügelt die Phantasie der Ziege. Der Drache lädt Sie ein, an seinem reich gedeckten Tisch Platz zu nehmen.

▶ AFFE   Der regierende Drache kann immer die Dienste des Affen gebrauchen. Wenn der Drache an der Spitze ist, ist auch der Affe oben. Genießen Sie die gute Zeit!

▶ HAHN   Dem Hahn lacht das ganze Jahr des Drachen über die Sonne. Drachen halten Hähne für erfinderisch und vernünftig.

Wenn wichtige Entscheidungen anstehen, sollten Sie sie jetzt treffen.

▶ HUND Sie werden sich bei der Prachtentfaltung des Drachen nicht sehr wohl fühlen und sich fragen, wozu dieser ganze Aufwand gut sein soll. Aber wenn Ihnen auch die großen Sprüche des Drachen ziemlich trivial erscheinen, sie könnten doch auch für Sie einige interessante Neuigkeiten bringen.

▶ SCHWEIN Die vielen Festivitäten des Drache-Jahrs werden Ihnen nicht behagen. Viel Lärm um nichts. Schauen Sie aufmerksam aus der Entfernung zu, wenn Sie nicht mitmachen wollen. Aber seien Sie wachsam. Dieser Pomp und das ganze Gepränge sind nicht so leer, wie es aussehen mag.

Das Jahr der Schlange
1905, 1917, 1929, 1941, 1953, 1965, 1977, 1998, 2001, 2013

Schlange-Jahre haben oft katastrophale Folgen gehabt. Revolutionen, wirtschaftliche Depressionen und aus Verrat und Überheblichkeit entstehende soziale Erschütterungen sind in diesen Jahren nicht selten.

Die Jahre der Schlange sind besonders günstig für gesellschaftlichen Erfolg und für die Anknüpfung neuer Liebesbeziehungen. Sinnlichkeit liegt in der Luft. Aber auch für Studien sind Schlange-Jahre besonders vorteilhaft. Sie sollten den Kurs jetzt belegen, für den Sie sich schon so lange interessieren.

Kinder, die in Schlange-Jahren geboren werden, sind am glücklichsten, wenn ihr Geburtstag warm und mild ist. Schlangen gedeihen nicht bei kaltem Wetter.

▶ RATTE Geld wird in Schlange-Jahren für die Ratte knapp sein. Eine gute Zeit, um eine seit langem ersehnte Reise anzutreten. Viele Mußestunden sollten Sie zum Lesen verwenden. Greifen Sie Ihre Vorräte nicht zu stark an. Lächeln Sie und bleiben Sie auf dem Boden der Wirklichkeit.

▶ OCHSE Unsicherheit ist für Sie etwas sehr Bedrohliches. In

Schlange-Jahren werden Sie von mehr Selbstzweifeln geplagt sein als in anderen Jahren. Lassen Sie sich viel Zeit. Seien Sie optimistisch. Auch das geht vorüber.

▶ TIGER   Seien Sie auf der Hut. Und warten Sie nicht gelangweilt ab, ob nicht von selbst das Leben ins Haus kommt. Gehen Sie aus. Es ist Ihre einzige Hoffnung, Abwechslung zu finden.

▶ KATZE   Es gibt so viel zu denken. Katzen können das ganze Schlange-Jahr damit verbringen, vor dem Kamin zu meditieren. Der Einfluss der Schlange ist Glück verheißend.

▶ DRACHE   Nicht so brillant wie das Vorjahr. Aber schließlich ist der Drache nicht mehr Herr über das Schicksal. Die Schlange ist Ihnen nicht übel gesinnt. Ruhen Sie sich nicht auf Ihren Lorbeeren aus. Erfolg fällt Ihnen nicht in den Schoß.

▶ SCHLANGE   Stellen Sie sich, liebe Schlange, auf ein Jahr der Muße und der Liebe ein. In Ihrem Jahr kann Sie kein Unglück treffen. Und eine Atempause in all dem Trubel ist nicht zu verachten. Oder?

▶ PFERD   Lassen Sie Ihren Lebensgefährten in einem Jahr der Schlange nicht im Stich. Das nächste Jahr wird Ihnen gehören. Sie können dann schalten und walten, wie Sie wollen. Geben Sie sich selbst und ihm noch eine Chance; es ist einfach eine schwierige Zeit.

▶ ZIEGE   Sie haben jetzt nichts zu befürchten, liebreizende Ziege. In diesem Jahr brauchen Sie nicht immer auf der Hut zu sein vor Unglück und Katastrophen. Die Schlange schützt sie.

▶ AFFE   Lassen Sie die Schranken noch nicht herunter, lieber Affe. Lächeln Sie bei der Arbeit und beim Kampf um den Erfolg. Es hat keinen Sinn, sich die Üppigkeit des Schlange-Jahres entgehen zu lassen und sich schmollend ins Abseits zu stellen.

▶ HAHN   Ein Problem ist nicht zu lösen, indem man es einfach übersieht. Beißen Sie sich durch, lieber Hahn. Am Horizont zeigt sich schon ein heller Schein.

▶ HUND   Das Jahr der Schlange gibt Ihnen Gelegenheit zu interessanten Forschungsarbeiten. Schlangen wollen Ihnen nichts Böses. Sie brauchen nicht die ganze Zeit über so wachsam zu sein!

▶ SCHWEIN   Wie gewöhnlich wird das Geld reichlich fließen. Aber in Ihrem Herzen wird es weniger verheißungsvoll aussehen. Sie fühlen sich eingeengt. Versuchen Sie, öfter »Nein« zu sagen. Sie werden wahrscheinlich wieder einmal zu nett gewesen sein.

Das Jahr des Pferdes
1906*, 1918, 1930, 1942, 1954, 1966*, 1978, 1990, 2002, 2014

Das sind die Jahre, in denen wir alle den ersten Gang einlegen müssen, um über den Berg zu kommen. Ein Wirbel von Betriebsamkeit und Geselligkeit. Bauen Sie, bauen Sie um, machen Sie sich Freunde, brechen Sie alte Beziehungen ab, ändern Sie Ihr Image, bringen Sie Ordnung in Ihr Leben...

Aktivität ist das Losungswort des Jahres. Machen Sie mit, oder ziehen Sie sich in Ihr Haus zurück und sperren Sie zu, damit nicht alle diese geschäftigen Pferd-Menschen Ihnen die Tür einrennen mit ihrem ständigen: »Wir möchten Sie einladen.« »Wir bitten Sie, teilzunehmen.« »Wir wollen Ihnen eine Medaille verleihen...«

Energiegeladene Menschen sind in Jahren des Pferdes in ihrem Element. Für geruhsamere Naturen sind diese Jahre eine arge Belastung.

Im Winter geborenen Pferd-Kindern wird es besser ergehen als denen, die an einem heißen Tag das Licht der Welt erblickten.

▶ RATTE   Ratten, das wissen wir, sprühen vor Lebensfreude. Aber Pferde können ihnen das Leben schwer machen. Wenn eine Ratte sich ständig Sorgen macht wegen dieser unerfreulichen Einmischungen, wird sie allen Mut verlieren. Sie sollten dieses hektische Treiben ignorieren und sich von Ihrer Arbeit nicht ablenken lassen. Es ist die einzige Methode, um zu überleben.

▶ OCHSE   Arbeiter sind gefragt. Sie werden unter dem Einfluss des fleißigen Pferdes für Ihre harte Mühe belohnt werden.

▶ TIGER   Tiger sollten Jahre des Pferdes ernst nehmen. Sie müssen sich neue Taktiken für den Angriff gegen Ihre Feinde ausdenken. Letztes Jahr hatten Sie Zeit, sich zu erholen. Jetzt aber geht der Kampf weiter.

▶ KATZE   Katzen lieben übertriebene Aktivität nicht. Aber ein Jahr des Pferdes ist für gesellschaftliche Erfolge günstig. Gehen Sie aus. Das Glück ist Ihnen hold.

* Jahre des Feuerpferdes

▶ DRACHE   Nichts steht dem Drachen im Weg, außer vielleicht ein Übermaß an Vitalität. Lassen Sie es ein bisschen langsamer gehen; Pferde sind nicht ganz so schnell wie Sie.

▶ SCHLANGE   Eine übermäßige und zu leidenschaftliche Vergnügungssucht könnte zu emotionellen Übersteigerungen führen. Sie können sicherlich mit einem geselligen Jahr rechnen. Viele neue Liebesaffären.

▶ PFERD   Wenn sich eine Katastrophe angekündigt hat, könnte sie jetzt voll zum Ausbruch kommen. Haben Sie ein wachsames Auge auf Ihre Finanzen, und halten Sie Ihre Gefühle im Zaum. Ihr eigenes Jahr ist nicht das Beste für Sie, vor allem wenn Sie ein Feuerpferd sind.

▶ ZIEGE   Ziegen sehen es gern, wenn viel Betriebsamkeit herrscht. Es bedeutet wahrscheinlich eine reiche Ernte.

▶ AFFE   Affen werden gezwungenermaßen hinter den Kulissen bleiben. Sie können unter dem Einfluss des Pferdes gute Leistungen bringen, doch sie tun gut daran, das Rampenlicht zu meiden.

▶ HAHN   Die Höhen und Tiefen des Pferd-Jahres gefährden das Wohl des Hahns nicht. Er kann in relativer Sicherheit herumvagabundieren, wenn er die nötigen Mittel findet.

▶ HUND   Nervös wie immer, findet der Hund die Jahre des Pferdes anregend, aber gefährlich. Er könnte Schaden nehmen, wenn er nicht denkt, bevor er bellt.

▶ SCHWEIN   Ihr seelisches Gleichgewicht ist immer noch bedroht. Die Dinge standen aber schon schlechter. Es geht jetzt langsam wieder aufwärts.

Das Jahr der Ziege
1907, 1919, 1931, 1943, 1955, 1967, 1979, 1991, 2003, 2015

Obwohl Jahre der Ziege gewöhnlich mit außerordentlichen politischen und finanziellen Spannungen belastet sind, so erscheint doch immer, wenn die Katastrophe sich anbahnt, im letzten Augenblick ein tapferer Ritter, der den totalen Zusammenbruch verhindert. Ziege-Jahre sind Jahre der Überraschungen. Und sie können denen eine gute Zeit bescheren, die sich auf die Kunst der Improvisation verstehen.

Kunst, Musik, Theater florieren in Jahren der Ziege. Für alles, was der Ziege lieb und wert ist, ist in den Jahren gesorgt, in denen sie das Regiment führt. Stellen Sie sich darauf ein, dass nichts vorhersehbar ist. Sie können nichts anderes tun. Die Ziege ist ein launischer Herrscher.

Ziege-Kinder werden am besten gedeihen, wenn sie an einem milden Tag geboren werden. Schlechtes Wetter ist nicht günstig, um sich Freunde zu machen, die für das Wohl der Ziege so wichtig sind.

▶ RATTE   Sehen Sie, jetzt sieht alles viel besser aus. Machen Sie sich einen schönen Tag. Schicken Sie sich selbst Blumen. Und öffnen Sie die letzte Flasche Cognac. Es gibt Grund zum Feiern. Für Nachschub ist gesorgt.

▶ OCHSE   Ochsen bringen mit all ihrer Plackerei in einem Jahr der Ziege nicht viel zu Stande. Unsicherheit irritiert den verständigen Ochsen. Er kann Launenhaftigkeit nicht ertragen. Und doch könnte er einiges von der fröhlichen Ziege lernen, die sich in schwierigen Situationen so elegant zu helfen weiß.

▶ TIGER   Wieder einmal eine gute Zeit zum Reisen. Ein Tiger wird sich in solchen Jahren zu Tode langweilen, wenn er zu Hause sitzen muss. Und die Ziege ist froh, wenn er aus dem Weg ist. Sie mag es nicht, wenn man ihr nachspioniert.

▶ KATZE   Eine glückliche Zeit für die Katze. Ziege-Jahre begünstigen alle Künste. Katzen genießen diese Atmosphäre. Sie können sich entspannen.

▶ DRACHE   Ein weiser Drache sollte sich nicht mit solchen leichtfertigen Spielereien abgeben, aber er könnte sich aus Liebe dazu verleiten lassen. Die Ziege wird sein pompöses Gehabe auflockern.

▶ SCHLANGE   Es sieht nicht sehr sicher aus, nicht wahr, schweigsame Schlange? Nun, machen Sie sich keine Sorgen und nehmen Sie den Trubel gelassen hin. Die Ziege will Ihnen nichts Böses.

▶ PFERD   Ihre Zukunft sieht nicht so rosig aus wie die Gegenwart. Sie haben aber jetzt die Chance, verlorene Zeit wettzumachen. Arbeit wird Ihnen gut tun, langsam aber sicher. Beteiligen Sie sich wieder am Rennen.

▶ ZIEGE Es ist Ihre Zeit, fröhliche Ziege. Wie fühlt man sich auf dem Gipfel? Nach all den Widrigkeiten der letzten Jahre haben Sie wieder festen Boden unter den Füßen. Planen Sie für die Zukunft.

▶ AFFE All die unerwarteten Dinge, die jetzt passieren, sind Wasser auf Ihre Mühlen. Ideen, wohin man blickt. Schauen Sie gut hin, bevor Sie springen. Aber springen Sie.

▶ HAHN Der Hahn ist konservativ. Ziegen sind so leichtsinnig, dass es den Hahn ängstigt. Er wird sich unnötig Sorgen machen.

▶ HUND Oh, lieber Hund, es tut mir Leid, dass die Dinge nicht besser in Ordnung sind. Sie sind ein so loyales Geschöpf; aber die Ziege weiß Ihre Art von Ergebenheit nicht zu schätzen. Entspannen Sie sich ein wenig, es wird bald vorbei sein.

▶ SCHWEIN Sie haben genügend Geld. Mit der Liebe geht es auch besser. Hoffnung ist berechtigt. Sie erholen sich von Ihren Enttäuschungen.

Das Jahr des Affen
1908, 1920, 1932, 1944, 1956, 1968, 1980, 1992, 2004, 2016

In einem Jahr des Affen hat es wenig Sinn, Pläne zu schmieden, Vorräte anzulegen oder darauf zu warten, dass die Situation sich bessert, bevor man etwas unternimmt. In Affe-Jahren kann alles passieren.

Der Einfluss des Affen zieht alle Welt in seinen Bannkreis. Es wird viel geschafft, aber meist durch individuelle Initiativen. Größere politische Umwälzungen oder Revolutionen kommen in diesen Jahren selten zu Stande. Affe-Jahre sind interessant und nie langweilig.

Gehen Sie an die Arbeit. Seien Sie nicht übervorsichtig; schreiten Sie zügig voran; nehmen Sie Hindernisse mit einem entschlossenen Sprung. Es ist eine günstige Zeit für gewagte Geschäfte. Greifen Sie entschlossen zu, wenn sich eine entsprechende Gelegenheit bietet. Wenn Sie neue Ideen haben – jetzt ist die Zeit, sie zu verwirklichen. Schauen Sie nicht zurück. Sie haben alle Chancen zum Erfolg.

In der Sommerzeit geborene Affen-Kinder sind von der Natur begünstigt. Sie sind hübsch und clever wie kleine Teufel.

▶ RATTE Das ist die Zeit, auf die Sie gewartet haben. Gehen Sie an die Arbeit. Und vergessen Sie auch das Vergnügen nicht. Ihre Anstrengungen zahlen sich jetzt aus. Der Affe ist Ihr Freund.

▶ OCHSE Improvisieren liegt Ihnen nicht. Die Tricks des Affen verwirren Sie. Holen Sie tief Atem. Wursteln Sie sich durch und lächeln Sie.

▶ TIGER Springen Sie ins kalte Wasser. Räumen Sie die Hindernisse aus dem Weg. Sie müssen in diesem Jahr geschäftig sein. Und achten Sie auf die Umtriebe des Affen. Es könnten ein paar Überraschungen auf Sie warten.

▶ KATZE Scheue Katze, Sie glauben, Sie könnten mit dem »Sturm und Drang« fertig werden, indem Sie kräftig Ihre Krallen gebrauchen. Seien Sie vorsichtig, dass Sie sich die Pfoten nicht einklemmen. Dem Affen ist nichts heilig.

▶ DRACHE Sie werden wahrscheinlich etwas vorschnell handeln. Es kann gelingen, aber es kann Sie auch in Schwierigkeiten bringen. Affen sind Drachen nicht immer wohlgesinnt.

▶ SCHLANGE Dieses ganze Affentheater interessiert Sie. Aber finden Sie es nicht etwas übertrieben? Lassen Sie sich nicht irritieren. Grübeln Sie nicht, es wird Ihnen doch nichts nutzen.

▶ PFERD Halten Sie die Augen offen, dass man Sie nicht betrügt. Aber tun Sie etwas. Gehen Sie zügig voran. Der Affe hat nichts Böses im Sinn.

▶ ZIEGE Es ist in dieser Zeit nicht leicht für die Ziege, die Nerven zu behalten. Es geht alles so schnell. Und Ziegen haben nun mal keine Zeit zum Nachdenken.

▶ AFFE Amüsieren Sie sich. Seien Sie aber nicht vorwitzig. Exponieren Sie sich nicht zu sehr. Dies ist Ihre Zeit. Doch wenn Sie nicht vorsichtig sind, könnten Sie sich ins Unglück stürzen.

▶ HAHN Es ist wirklich zum Weinen, armer Hahn. Man verliert manchmal einfach die Übersicht. Denken Sie nach, wie Sie die Dinge wieder in den Griff bekommen können. Es bleibt nicht viel Zeit. Doch nur Mut!

▶ HUND Sie werden eine Stinkwut haben; aber das tut Ihrer ängstlichen Natur nur gut. Diese Zeit wird nicht leicht für Sie sein. Aber Sie werden sie siegreich überstehen, wenn Sie etwas wagen.

▶ SCHWEIN Das ist eine gute Zeit, um Ihre neuen Theorien zu entwickeln. Der Affe gibt Ihnen den Schwung, der Ihnen so oft fehlt. Das Glück ist auf Ihrer Seite. Und Ihr Herz ist im Einklang mit Ihrem Verstand.

Das Jahr des Hahns
1909, 1921, 1933, 1945, 1957, 1969, 1981, 1993, 2005, 2017

Jahre des Hahns sind Jahre, in denen wir alle in unsere Büros, Werkstätten und auf unsere Äcker zurückkehren müssen. Der Hahn ist ein einfallsreiches Geschöpf. Er will, dass alle sich seine Ideen zu Eigen machen. Phantasie und Kreativität sind in diesen Jahren begünstigt. Wenn Sie schon immer den Wunsch hatten, aufs Land zu ziehen – jetzt ist die Zeit, das verfallene Haus am Dorfrand zu kaufen.

Der Hahn wird mit Gewalt Ordnung schaffen. Kriegerische Ereignisse werden den Horizont verdunkeln. Generäle werden für ihre Heldentaten ausgezeichnet.

Ein Hahn, der im Frühling geboren ist, wird aggressiver sein als einer, der im harten Winter zur Welt kommt.

▶ RATTE Bringen Sie Ihren Keller in Ordnung. Der Hahn wird zur Inspektion kommen. Aber Sie haben nichts zu befürchten. Der Hahn-Herrscher wird seine Ratte-Untertanen beschützen.

▶ OCHSE Das Leben macht Ihnen Freude, wenn wieder Schwung einkehrt. Machen Sie sich die geordneten Jahre des Hahns zu Nutze, um mit harter Arbeit eine gute Ernte einzubringen.

▶ TIGER Wenn Sie je gewünscht haben, sich gegen die ungerechte Obrigkeit aufzulehnen, jetzt ist die Zeit dafür. Fechten Sie es durch. Und viel Glück!

▶ KATZE Sie Pazifistin werden die aufgezwungene Ordnung nicht mögen. Halten Sie sich möglichst im Hintergrund, und mischen Sie sich unauffällig unter die Menge, bis die Dinge sich etwas beruhigt haben.

▶ DRACHE   Sie sind in guter Position, um sich Geltung zu verschaffen. Hähne wollen starke Persönlichkeiten um sich haben. Aber lassen Sie Ihre liberalen Ideen besser in der Tasche. Heben Sie sie fürs nächste Jahr auf; dann werden sie sich besser verwirklichen lassen.

▶ SCHLANGE   Es bewegt sich alles ein bisschen zu schnell für Sie, freundliche Schlange. Sie sollten gegen Ihre Depressionen ankämpfen. Lächeln Sie viel. Fassen Sie Mut. Verbringen Sie Ihre Abende mit Lesen und Musik. Und bleiben Sie von den Straßen weg.

▶ PFERD   Sie, kluges Pferd, haben wahrscheinlich Ihre Dispositionen für dieses Jahr mit Umsicht getroffen. Ihre Arbeit wird nicht gestört. Gehen Sie ihr mit Eifer nach.

▶ ZIEGE   Sie werden sich wahrscheinlich auf die Höhen zurückziehen müssen. Leben Sie, so gut es geht, auf den weniger fruchtbaren Weiden. Und lassen Sie sich nicht vom Gehabe des Hahns irritieren; der Schein trügt. Die erzwungene Pause kann für Sie ganz erholsam sein.

▶ AFFE   Wie üblich besteht keine wirkliche Gefahr für Ihre anpassungsfähige Person. Machen Sie Ihre Späße, und nehmen Sie die Dinge leicht. Der Hahn findet Sie amüsant.

▶ HAHN   Sie sehen wieder optimistischer in die Zukunft. Lassen Sie aber in Ihren Anstrengungen nicht nach. Nicht gleich aufhören, wenn Sie müde werden!

▶ HUND   Vergraben Sie diese Knochen. Warten Sie geduldig ab. Und lassen Sie den Mut nicht sinken. Im nächsten Jahr geht es wieder aufwärts.

▶ SCHWEIN   Sie arbeiten immer hart, wie wir alle wissen. Und da Sie Recht und Ordnung lieben und kein Rebell sind, wird Ihnen das Klima im Jahr des Hahns behagen.

Das Jahr des Hundes
1910, 1922, 1934, 1946, 1958, 1970, 1982, 1994, 2006, 2018

Wenn wir auch in Jahren des Hundes nicht sehr vertrauensvoll in die Zukunft blicken, so entschädigt uns doch ein wenig die Atmosphäre allgemeiner Gutwilligkeit und Großzügigkeit.

In der Politik wird liberaler Idealismus eine neue Blüte erleben. Man kann wieder offen seine Meinung sagen. Der Sozialismus wird mit seiner rosa-roten Nasenspitze die Windrichtung prüfen. Alle Welt zeigt sich freigebig. Man streitet sich nicht um die Beute.

Hund-Kinder werden weniger wachsam sein müssen, wenn sie bei Tageslicht geboren werden. Ein Hund, der in der Nacht auf die Welt kommt, wird ruhelos und doppelt wachsam sein.

▶ RATTE   Das Jahr des Hundes wird für Ihre geschäftlichen Unternehmungen günstig sein. Vermeiden Sie jeden Gefühlsüberschwang. In Hund-Jahren hat die Arbeit Vorrang.

▶ OCHSE   Sie, lieber Ochse, haben nicht viel übrig für diese ungestümen Liberalen, die auf der Straße nach mehr Macht für das Volk schreien. Aber es werden auch viele gute Ideen verwirklicht. Bleiben Sie bei Ihrer Arbeit. Alles andere ist eine vorübergehende Entscheidung.

▶ TIGER   Sie kommen in Jahren des Hundes gut voran. Wenn die Atmosphäre auch sehr spannungsgeladen ist, können Sie doch Ihre Pläne erfolgreich verwirklichen.

▶ KATZE   Sie fühlen sich nicht sicher. Denken Sie aber daran, der Hund ist Ihr Freund. Sie können damit rechnen, dass er Ihnen beisteht.

▶ DRACHE   Sie haben keine Angst. Und es gibt auch keinen Grund, sich zu fürchten. Behalten Sie Ihren gesunden Menschenverstand. Andere könnten Ihren Rat brauchen.

▶ SCHLANGE   Gehen Sie Ihren anspruchsvollen Ideen nach. Und fürchten Sie sich nicht vor Fehlschlägen. Sie stehen unter dem Schutz des Hundes.

▶ PFERD   Obwohl diese ganze politische Agitation nicht Ihrem

Geschmack entspricht, so lieben Sie doch anregende Diskussionen. Machen Sie mit und vertreten Sie mutig Ihre Ansichten.

▶ ZIEGE   Vielleicht fühlen Sie sich unter den so heftig politisierenden Menschen ein wenig einsam. Man hat so wenig Zeit für das Privatleben. Aber Geduld. Die Aufregung wird sich auch wieder legen.

▶ AFFE   In finanzieller Beziehung sind das nicht Ihre besten Jahre. Aber Sie haben wahrscheinlich Vorsorge getroffen und Ihr Vermögen gut angelegt. Behalten Sie einen klaren Kopf.

▶ HAHN   Wo ist das viele Geld geblieben? Es sieht aus, als müssten Sie sich wieder nach Arbeit umsehen. Aber Sie sind ja nicht arbeitsscheu, oder?

▶ HUND   Schritt für Schritt haben Sie den Gipfel des Erfolgs erreicht. Nun zucken Sie nicht gleichgültig die Schultern. Ihr Einfluss ist positiv und die Menschheit wird davon profitieren.

▶ SCHWEIN   Friede ist eingekehrt. Die Tugenden, die Sie immer gepredigt haben, haben sich endlich durchgesetzt. Jetzt sollten Sie ein wenig kürzer treten. Nehmen Sie sich Zeit für Ihre Studien.

Das Jahr des Schweins
1911, 1923, 1935, 1947, 1959, 1971, 1983, 1995, 2007, 2019

In Jahren des Schweins hat jeder das Gefühl, dass das Leben doch gar nicht so schlimm ist. Sie werden sich erinnern, dass das Schwein viel Verständnis für andere hat. Es liebt aufrichtig die Menschlichkeit. Es glaubt, dass alle Menschen von Natur gut sind. Sein Einfluss kann nur bereichernd und erfreulich sein.

Geld und Studien stehen im Jahr des Schweins unter günstigen Vorzeichen.

Als letztes Zeichen des chinesischen Tierkreises repräsentiert das Schwein die ganze Fülle des Reichtums, die sich in zwölf Jahren angesammelt hat. Aber es verkörpert nicht nur Glück und Freude, es fasst auch alle die Sorgen und Fehlschläge des zwölfjährigen Zyklus noch einmal in sich zusammen.

Die Schwein-Kinder, die zum Ende des Jahres hin geboren werden, sind vom Glück gesegnet. Je näher der Geburtstag dem fernöstlichen Neuen Jahr liegt, umso glückhafter ist es. Die Legende sagt, dass das früh im Jahr geborene Schwein am Ende des Jahres so fett ist, dass es wahrscheinlich zum Neujahrsfest geschlachtet wird.

▶ RATTE   Nichts zu fürchten. Ihr Leben ist voller Verheißungen.

▶ OCHSE   Das Jahr des Schweins bietet fast zu viele günstige Gelegenheiten. Überanstrengen Sie sich nicht.

▶ TIGER   Je verwegener, umso besser. Erfolg ist sicher, wenn Sie wagemutig sind. Riskieren Sie etwas.

▶ KATZE   Sicherheit ist jetzt gegeben. Sie können Ihren Geschäften in Gelassenheit und Ruhe nachgehen.

▶ DRACHE   Ein wahres Feuerwerk verheißungsvoller Gelegenheiten. Folgen Sie Ihrem Glücksstern mit Intelligenz und Ausdauer.

▶ SCHLANGE   Sie finden nie etwas ganz vollkommen, liebe Schlange. Aber dieses Jahr ist eines der besten, das es für Sie geben kann. Weisheit ist gefragt.

▶ PFERD   Sie haben in der Vergangenheit gute Arbeit geleistet. Jetzt sollten Sie daran denken, sich ein wenig zu verwöhnen. Genießen Sie die gute Zeit.

▶ ZIEGE   Viel Gutes wird Ihnen widerfahren. Das Schwein hat Verständnis für die Launen der Ziege und überhäuft sie mit Geschenken.

▶ AFFE   Zeigen Sie, was Sie können. Nicht dass Sie sonst herumlungerten, aber dieses Jahr ist außergewöhnlich Erfolg versprechend. Schmieden Sie das Eisen, solange es heiß ist.

▶ HAHN   Sie werden gut daran tun, Ihre konservative Haltung ein wenig zu lockern. Sichern Sie sich Ihren Anteil an dem Reichtum, der auf der Straße liegt. Nehmen Sie mit, was Sie kriegen können. Die Zeit ist günstig.

▶ HUND   Sie haben lange genug die Wache für andere gehalten; jetzt können Sie ein wenig an sich selbst denken. Lächeln Sie. Das Schwein regiert in Frieden.

▶ SCHWEIN   Falls Sie einen reichen Onkel haben, wird er in dieser Zeit sein Testament machen und Sie zum Alleinerben einsetzen. Sie haben die Gabe des Midas, alles, was Sie berühren, in Gold zu verwandeln. Liebe und Glück sind Ihnen geneigt.

Register

444

GOLDMANN

*Das Gesamtverzeichnis aller lieferbaren Titel erhalten Sie
im Buchhandel oder direkt beim Verlag.
Nähere Informationen über unser Programm erhalten Sie auch im Internet unter:*
www.goldmann-verlag.de

★

Taschenbuch-Bestseller zu Taschenbuchpreisen
– Monat für Monat interessante und fesselnde Titel –

★

Literatur deutschsprachiger und internationaler Autoren

★

Unterhaltung, Kriminalromane, Thriller
und Historische Romane

★

Aktuelle Sachbücher, Ratgeber, Handbücher und
Nachschlagewerke

★

Bücher zu Politik, Gesellschaft, Naturwissenschaft und Umwelt

★

Das Neueste aus den Bereichen
Esoterik, Persönliches Wachstum und Ganzheitliches Heilen

★

Klassiker mit Anmerkungen, Anthologien und Lesebücher

★

Kalender und Popbiographien

★

Die ganze Welt des Taschenbuchs

★

Goldmann Verlag • Neumarkter Str. 18 • 81673 München

Bitte senden Sie mir das neue kostenlose Gesamtverzeichnis

Name: _____